ACCESO GRATIS ***a la Lectura en la Nube***

Para visualizar el libro electrónico en la nube de lectura envíe junto a su nombre y apellidos una fotografía del código de barras situado en la contraportada del libro y otra del ticket de compra a la dirección:

ebooktirant@tirant.com

En un máximo de 72 horas laborales le enviaremos el código de acceso con sus instrucciones.

Código Procesal Agrario

Ley 9609 del 27/09/2018

Código Procesal Agrario

Ley 9609 del 27/09/2018

Vigencia desde 28/02/2025

GEISON LÓPEZ BARRANTES
(Coordinador)

RUTH ALPÍZAR RODRÍGUEZ
MAGDA DÍAZ BOLAÑOS

tirant lo blanch
San José, 2025

© EDITA: TIRANT LO BLANCH
DISTRIBUYE: TIRANT LO BLANCH COSTA RICA
Grupo Editorial Tirant CR
San José, Yoses Sur.
Costa Rica
Tel. 2280-1370
ventas@cr.tirant.com
Librería virtual: editorial.tirant.com/cr/
ISBN: 979-13-7010-226-5

Si tiene alguna queja o sugerencia, envíenos un mail a: *atencioncliente@tirant.com*. En caso de no ser atendida su sugerencia, por favor, lea en *www.tirant.net/index.php/empresa/politicas-de-empresa* nuestro procedimiento de quejas.

Responsabilidad Social Corporativa: http://www.tirant.net/Docs/RSCTirant.pdf

Índice

TÍTULO II
LOS SUJETOS PROCESALES, LA PRETENSIÓN Y EL PATROCINIO LETRADO

CAPÍTULO I
PARTES Y LA CAPACIDAD PROCESAL

CAPÍTULO II
LEGITIMACIÓN PROCESAL

CAPÍTULO III
PRETENSIÓN PROCESAL

CAPÍTULO IV
PATROCINIO LETRADO

TÍTULO III
DERECHOS Y DEBERES DE QUIENES SEAN SUJETOS PROCESALES

TÍTULO IV
DISPOSICIONES ESPECIALES SOBRE EL DESAHUCIO ADMINISTRATIVO

TÍTULO V
ACTIVIDAD PROCESAL

CAPÍTULO I
ACTOS PROCESALES

SECCIÓN I
DISPOSICIONES GENERALES

SECCIÓN II
ACTOS DE PARTE

SECCIÓN III
ACTOS DEL TRIBUNAL

SECCIÓN IV
RESOLUCIONES JUDICIALES

CAPÍTULO II
PLAZOS

CAPÍTULO III
ACTIVIDAD PROCESAL DEFECTUOSA

CAPÍTULO IV
SUSPENSIÓN DEL PROCESO

CAPÍTULO V
LA DEMANDA Y LA CONTESTACIÓN

TÍTULO VI
ACTIVIDAD PROCESAL PROBATORIA

CAPÍTULO I
DISPOSICIONES GENERALES SOBRE LA PRUEBA

CAPÍTULO II
MEDIOS DE PRUEBA

SECCIÓN I
DECLARACIÓN DE PARTE

SECCIÓN II
PRUEBA TESTIMONIAL

SECCIÓN III
PRUEBA PERICIAL

SECCIÓN IV
PRUEBA DOCUMENTAL

SECCIÓN V
RECONOCIMIENTO JUDICIAL

SECCIÓN VI
OBJETOS Y SUSTANCIAS PROBATORIAS

SECCIÓN VII
OTROS MEDIOS PROBATORIOS

SECCIÓN VIII
PRUEBA ANTICIPADA

TÍTULO VII
ACTIVIDAD PROCESAL EN LAS AUDIENCIAS ORALES

CAPÍTULO I
DISPOSICIONES GENERALES

CAPÍTULO II
AUDIENCIA PREPARATORIA Y AUDIENCIA DE JUICIO

TÍTULO VIII
ACTIVIDAD PROCESAL IMPUGNATICIA

CAPÍTULO I
DISPOSICIONES GENERALES

CAPÍTULO II
MEDIOS DE IMPUGNACIÓN

TÍTULO XI
MEDIDAS CAUTELARES Y TUTELARES

CAPÍTULO I
DISPOSICIONES GENERALES

CAPÍTULO II
MEDIDAS CAUTELARES ESPECÍFICAS

CAPÍTULO III
PROCEDIMIENTO CAUTELAR

TÍTULO XII
PROCESOS DE CONOCIMIENTO, MONITORIOS Y ESPECIALES

CAPÍTULO I
PROCESO ORDINARIO

CAPÍTULO II
PROCESOS SUMARIOS

SECCIÓN I
DISPOSICIONES VARIAS

SECCIÓN II
DESAHUCIO

SECCIÓN III
INTERDICTOS

SECCIÓN IV
SUSPENSIÓN DE OBRA NUEVA

SECCIÓN V
DERRIBO

CAPÍTULO III
PROCESO MONITORIO

CAPÍTULO IV
INCIDENTES Y TERCERÍAS

CAPÍTULO V
DISPOSICIONES ESPECIALES PARA LA TUTELA DEL AMBIENTE

TÍTULO XIII
PROCESO DE EJECUCIÓN

CAPÍTULO I
DISPOSICIONES GENERALES

CAPÍTULO II
EJECUCIÓN PROVISIONAL

CAPÍTULO III
DISPOSICIONES SEGÚN EL TIPO DE CONDENA

CAPÍTULO IV
EMBARGO Y REMATE DE BIENES

CAPÍTULO V
EJECUCIÓN HIPOTECARIA Y PRENDARIA

TÍTULO XIV
PROCESO SUCESORIO

TÍTULO XV
PROCESOS NO CONTENCIOSOS

TÍTULO XVI
DISPOSICIONES FINALES

TÍTULO XVII
REFORMAS Y DEROGACIONES

DISPOSICIONES TRANSITORIAS

ABREVIATURAS DE LA NORMATIVA CONCORDADA
(por jerarquía y fecha de emisión)

Título de la normativa	Número	Año de emisión	Abreviatura
Constitución Política	---	1949	---
DECLARACIONES, CONVENIOS Y TRATADOS INTERNACIONALES			
Declaración Universal de Derechos Humanos - 1948	---	---	DUDH
Declaración Americana de los Derechos y Deberes del Hombre - 1948	---	---	DADDH
Convenio de OIT 107 sobre Protección de Pueblos Indígenas y Tribales - 1957	2330	1959	Convenio 107-OIT
Convención Americana sobre Derechos Humanos (Pacto de San José) - 1970	4534	1970	CIDH
Convención sobre la Eliminación de Todas las Formas de Discriminación Contra la Mujer - 1979	6968	1984	CEDAW
Convención sobre los Derechos del Niño - 1989	7184	1990	CDN
Convenio de OIT 169 sobre Pueblos Indígenas y Tribales en Países Independientes - 1989	7316	1992	Convenio 169-OIT
Convenio de Biodiversidad Biológica - 1992	7416	1994	CDB
Convención Interamericana para prevenir, sancionar y erradicar la violencia contra la mujer "Convención Belem Do Pará" - 1994	7499	1995	Convención Belem Do Pará
Declaración de Naciones Unidas sobre medio ambiente y desarrollo (Declaración de Río) - 1992	--	--	DRMD
Declaración de Naciones Unidas sobre derechos de los pueblos indígenas - 2006	---	---	---
Convenio Internacional para la Protección de las Obtenciones Vegetales - 1961	8635	2008	CPOV
Convención sobre los derechos de las personas con discapacidad - 2007	8661	2008	CDPD
Declaración Americana sobre los derechos de los pueblos indígenas (OEA), 2016	--	---	---
Convención Interamericana de Derechos Humanos de las Personas Mayores - 2015	9334	2016	CIDHPM
Convención para la Salvaguardia del Patrimonio Cultural Inmaterial - 2003	8560	2006	---
LEYES			
Código Civil	XXX	1885	CC
Ley de cercas divisorias y quemas	121	1909	---
Ley orgánica del Poder Judicial (reformada completamente en 1993).	8	1937	LOPJ
Ley de informaciones posesorias	139	1941	LIP

Título de la normativa	Número	Año de emisión	Abreviatura
Ley de Aguas	276	1942	LAg
Ley de Construcciones	833	1949	---
Ley general de agua potable	1634	1953	---
Ley de creación de la Oficina Central de Marcas de Ganado	2247	1958	---
Ley sobre localización de derechos indivisos	2755	1961	---
Ley de tierras y colonización	2825	1961	LTC
Ley orgánica de JAPDEVA	3091	1963	Ley JAPDEVA
1, 2 Código de Comercio	3284	1964	CCo
Ley de inscripción de documentos en Registro Público	3883	1967	LIDRP
Ley de planificación urbana	4240	1968	LPU
Código Penal	4573	1970	---
Ley general de caminos públicos	5060	1972	LGCP
Ley general de aviación civil	5150	1973	LGAV
Ley universalización seguro integral de cosechas	5932	1976	---
Ley del servicio de parques nacionales	6084	1977	---
Ley Indígena	6172	1977	LI
Ley General de la Administración Pública	6227	1978	LGAP
Ley del Catastro Nacional	6545	1981	LCN
Ley Orgánica de la Procuraduría General de la República (PGR)	6815	1982	LOPGR
Ley de fomento a la producción agropecuaria	7064	1987	Ley FODEA
Ley del impuesto sobre la renta	7092	1988	---
Ley de promoción de la igualdad social de la mujer	7142	1990	---
Ley de conservación de la vida silvestre	7317	1992	LCVS
Ley general de policía	7410	1994	---
Ley de bienestar de los animales	7451	1994	LBA
Ley de promoción de la competencia y defensa efectiva del consumidor	7472	1994	LPCDEC
Ley general de arrendamientos urbanos y suburbanos	7527	1995	LGAU
Ley orgánica del ambiente	7554	1995	LOA
Ley Orgánica del Banco Central de Costa Rica	7558	1995	LOBCCR
Ley Forestal	7575	1996	LF
Código Procesal Penal	7594	1996	CPP
Ley de igualdad de oportunidades para las personas con discapacidad	7600	1996	---
Ley de Defensa del Idioma Español y Lenguas Aborígenes Costarricenses	7623	1996	---
Ley Orgánica del Patronato Nacional de la Infancia (PANI)	7648	1996	LOPANI
Ley de protección fitosanitaria	7664	1997	LPF
Ley resolución alterna de conflictos y promoción de la paz social	7727	1997	Ley RAC

Título de la normativa	Número	Año de emisión	Abreviatura
Código de la niñez y la adolescencia	7739	1998	CNA
Código Notarial	7764	1998	---
Ley reforma integral Fondo Nacional de Estabilización Cafetalera	7770	1998	Ley FONECAFE
Ley de uso, manejo y conservación de suelos	7779	1998	LUMCS
Ley de Biodiversidad	7788	1998	LB
Código Municipal	7794	1998	CM
Ley Orgánica de la Agricultura e Industria de la Caña de Azúcar	7818	1998	---
Ley reguladora de la propiedad en condominio	7933	1999	LRPC
Ley Integral para la persona adulta mayor	7935	1999	LIPAD
Ley de información no divulgada	7975	2000	LIND
Ley de marcas y otros signos distintivos	7978	2000	LMSD
Ley de procedimientos de observancia de los derechos de propiedad intelectual	8039	2000	LODPI
Ley de administración financiera de la República y presupuestos públicos	8131	2001	---
Ley de fortalecimiento de las pequeñas y medianas empresas	8262	2002	---
Ley de creación de la Corporación Arrocera	8285	2002	Ley Conarroz
Ley de pesca y acuicultura	8436	2005	LPAc
Ley de certificados, firmas digitales y documentos electrónicos	8454	2005	---
Ley general del servicio nacional de salud animal	8495	2006	Ley SENASA
Código procesal contencioso-administrativo	8508	2006	CPCA
Ley de desarrollo, promoción y fomento de la actividad agropecuaria orgánica	8591	2007	---
Ley de protección de las obtenciones vegetales	8631	2008	LPOV
Ley de notificaciones judiciales	8687	2008	LNJ
Ley para el control de ganado bovino, prevención y sanción de su robo, hurto y receptación	8799	2010	---
Ley para la gestión integral de residuos	8839	2010	LGIR
Ley de protección de la persona frente al tratamiento de sus datos personales	8968	2011	---
Ley que transforma el Instituto de Desarrollo Agrario (IDA) en el Instituto de Desarrollo Rural (Inder)	9036	2012	---
Ley de garantías mobiliarias	9246	2014	LGM
Código Procesal Civil	9342	2016	CPC
Ley para promoción de la autonomía personal de las personas con discapacidad	9379	2016	LPAPPD
Ley de acceso a la justicia de los pueblos indígenas de Costa Rica	9593	2018	LAJPI
Ley para fortalecimiento de la seguridad registral inmobiliaria	9602	2018	LFSRI
Código Procesal Agrario	9609	2018	CPA

Título de la normativa	Número	Año de emisión	Abreviatura
Ley de creación del fondo de garantía de depósito y de mecanismos de resolución de los intermediarios financieros.	9816	2020	---
Ley reforma integral régimen relaciones de productores, beneficiadores y exportadores café (sustituyó texto de Ley 2762/1961)	9872	2020	---
Ley concursal de Costa Rica	9957	2021	---
Ley de manejo eficiente de la liquidez del sector público.	10495	2024	---
Ley para establecer el correo electrónico como medio de notificación para las sociedades mercantiles	10597	2024	
DECRETOS EJECUTIVOS (REGLAMENTACIÓN DE LEYES)			
Declara ríos navegables en el territorio nacional	4	1966	---
Reglamento a la Ley Indígena	8487	1978	RLI
Reglamento a la Ley Forestal	25721	1996	RLF
Reglamento a la Ley de protección fitosanitaria	26921	1998	RLPF
Reglamento a Ley creación Fondo Nacional de Estabilización Cafetalera	27782	1999	Reglamento Ley FONECAFE
Reglamento Ley orgánica agricultura e industria de la caña de azúcar	28665	2000	---
Reglamento a la Ley de uso, manejo y conservación de suelos	29375	2000	RLUMCS
Reglamento a la Ley reguladora de la propiedad en condominio	32303	2005	RLRPC
Reglamento a la Ley de conservación de la vida silvestre	32633	2005	RLCVS
Reglamento a la Ley de información no divulgada	34927	2008	RLIND
Reglamento para el desarrollo, promoción y fomento de la actividad agropecuaria orgánica	35242	2008	---
Reglamento para quemas agrícolas controladas	35368	2009	---
Reglamento a la Ley de protección de las obtenciones vegetales	35677	2009	RLPOV
Declara de interés público la solución de la problemática de tenencia de la tierra en territorios rurales ocupados por campesinos y trabajadores rurales	35959	2010	---
Reglamento para el trámite de desalojos administrativos presentados ante el Ministerio de Seguridad Pública	37262	2012	RPDAMSP
Reglamento General a la Ley para la gestión integral de residuos	37567	2012	RLGIR
Reglamento a la Ley de promoción de la competencia y defensa efectiva del consumidor 7472	37899	2013	RLPCDEC
Creación Comisión de Atención Integral a los Desalojos y del Procedimiento especial para la atención de desalojos considerados como vulnerabilidad social.	39277	2015	---
Reglamento a la Ley para promoción de la autonomía personal de las Personas con Discapacidad	41087	2018	RLPAPPD
Reglamento a la Ley 9036 Transformación del Instituto de Desarrollo Agrario (IDA) en el Instituto de Desarrollo Rural (Inder)	43102	2021	Reglamento Ley Inder
Reglamento a la Ley de relaciones entre productores, beneficiadores y exportadores de café	43794	2022	---
Reglamento para las actividades de aviación agrícola	44083	2023	RAAA

Título de la normativa	Número	Año de emisión	Abreviatura
Reglamento general del Registro Inmobiliario (sustituye el Reglamento del Registro Público 26771/1998, vigente hasta marzo 2025)	44647	2024	RGRI
REGLAMENTOS ADMINISTRATIVOS, ACUERDOS, DIRECTRICES Y OTROS			
Reglamento del programa de recuperación de tierras en reservas indígenas - Comisión Nacional de Asuntos Indígenas	5	1994	---
Código de deberes jurídicos, morales y éticos del profesional en Derecho - Colegio de Abogados y Abogadas	47	2004	---
Directriz sobre valoración de bienes - Dirección Nacional de Notariado Directriz	02	2014	---
Acuerdo sobre procesos sucesorios notariales - Dirección Nacional de Notariado Acuerdo	20	2018	---
Reglamento de fraccionamiento y urbanizaciones - Instituto de Vivienda y Urbanismo (versión vigente, se actualiza periódicamente). La versión 6411 del 2019 ha sido reformada en los años 2020 y 2022.	6411	2019	RFU-INVU
DIRECTRICES Y CIRCULARES DEL PODER JUDICIAL			
Circular Consejo Superior: Función de los auxiliares ejecutores.	66	1998	---
Circular Presidencia de la Corte: Sustitución de los jueces cuando tengan que separarse del conocimiento de un asunto, por motivo de impedimento, recusación, excusa u otro motivo (Artículo 29, inciso 1° Ley Orgánica del Poder Judicial) (adicionada por circular 128-2000).	64	2000	---
Circular Corte Suprema de Justicia: Deber de los despachos y oficinas judiciales de realizar las comunicaciones a las personas indígenas en sus propios idiomas	10	2003	---
Circular Corte Suprema de Justicia: Normas prácticas para el trámite de las comisiones para notificar y posibilidad de suministrar información sobre el estado de un asunto por vía telefónica (modificada en circular 61-2010 y reiterada en circular 157-2018).	28	2003	---
Circular Corte Suprema de Justicia: Sobre la aplicación del artículo 4 de la Ley de Notificaciones, Citaciones y otras comunicaciones judiciales	38	2003	---
Circular Consejo Superior: Obligación de brindar buen trato y respeto a los usuarios, así como deber de informar a testigos y partes cuando sea suspendida una audiencia o debate.	15	2004	---
Circular Consejo Superior: Aclaración de la Circular N° 32-09 sobre "Políticas de accesibilidad para las personas con discapacidad" (lenguaje lesco).	67	2009	---
Circular Consejo Superior: Acceso a los expedientes judiciales	91	2010	---
Circular Corte Suprema de Justicia: Debido comportamiento de los abogados y abogadas en los despachos judiciales	32	2011	---
Circular Corte Suprema de Justicia: Aplicación del artículo 38 de la Ley de Notificaciones Judiciales	42	2011	---

Título de la normativa	Número	Año de emisión	Abreviatura
Circular Corte Suprema de Justicia: Reglamento de actuación de la Ley de Protección de la persona frente al tratamiento de sus datos personales en el Poder Judicial.	193	2014	---
Circular Consejo Superior: Reglamento para regular la función de las y los intérpretes, traductores, peritos y ejecutores en el Poder Judicial.	02	2015	---
Circular Corte Suprema de Justicia: Anotaciones de embargos practicados en predios con limitaciones vigentes	165	2015	---
Circular Consejo Superior: Sobre la existencia de la reforma a la Ley N° 2755, denominada "Ley sobre Localización de Derechos Indivisos"	215	2015	---
Circular Corte Suprema de Justicia: Reiteración de la circular 91-2010 "Acceso a los expedientes judiciales"	8	2016	---
Circular Consejo Superior: Recomendaciones a las personas juzgadoras agrarias para su valoración con el fin de orientar y facilitar la aplicación de la materia (remate de bienes).	66	2018	---
Circular Consejo Superior: Sobre la responsabilidad de indicar en las sentencias judiciales la existencia de datos sensibles.	71	2018	---
Circular Corte Suprema de Justicia: Reglamento sobre expediente judicial electrónico ante el Poder Judicial	164	2021	---
Circular Corte Suprema de Justicia: Reglas de Brasilia sobre Acceso a la Justicia de las personas en condiciones de vulnerabilidad	173	2019	Reglas de Brasilia
Circular Corte Suprema de Justicia: Modificación a la circular 123-2019 Sobre los 21 ejes de acción recomendados por Comisión de Acceso a la Justicia con ocasión del cumplimiento de las Medidas Cautelares N°321-12 del 30 de abril de 2015 establecidas por la Comisión Interamericana de Derechos Humanos (CIDH) contra Costa Rica.	188	2019	---
Circular Corte Suprema de Justicia: Deber de las personas servidoras judiciales de utilizar lenguaje claro y sencillo en la atención de personas indígenas.	192	2019	---
Circular Corte Suprema de Justicia: Lineamientos para la realización de puestas en posesión y desalojos de personas en situación de vulnerabilidad o vulnerabilizadas, entre otras, pertenecientes a pueblos indígenas, en situación de discapacidad, adultas mayores y menores de edad.	227	2020	---
Circular Corte Suprema de Justicia: Lineamientos para las personas servidoras judiciales en relación con las Medidas Cautelares 321-12 de la Comisión Interamericana de Derechos Humanos contra el Estado, y aplicación de la normativa internacional de derechos humanos a personas indígenas.	32	2021	---
Circular Corte Suprema de Justicia: Reiteración de la circular 10-09 sobre las Reglas Prácticas para facilitar el acceso a la justicia de las Poblaciones Indígenas.	108	2021	---

Título de la normativa	Número	Año de emisión	Abreviatura
Circular Consejo Superior: Procedimiento para la Grabación de Audiencias Orales y Actos de Investigación (reitera circulares 198-2013 y 177-2015)	172	2021	---
Circular Dirección Ejecutiva: Asignación de intérpretes indígenas y pago de honorarios con facturas ocasionales.	123	2023	---
Circular Corte Suprema de Justicia: Reiteración de la circular No. 206-2021 denominada "Guía práctica de comunicaciones judiciales", la cual lleva adjunta las "Reglas generales que contemplan la Ley de Notificaciones Judiciales"	57	2024	---
Circular Corte Suprema de Justicia: Deber de todas las personas servidoras judiciales que laboran en los ámbitos Jurisdiccional, Auxiliar de Justicia y Administrativo, de gestionar los riesgos vinculados al servicio que brindan a los Pueblos Indígenas beneficiarios de las Medidas Cautelares.	240	2024	---
Circular Consejo Superior: Parámetros para definir la competencia entre la Jurisdicción Agraria y la Jurisdicción Civil y de Cobro en procesos cobratorios donde el bien dado en garantía esté destinado a la actividad de producción agraria.	30	2025	-

PRESENTACIÓN

A partir de la Ley de la Jurisdicción Agraria Ley 6734/1982 se estableció en nuestro país la Jurisdicción especializada en materia agraria, para que conociera y resolviera los conflictos derivados de las actividades de producción, transformación, industrialización y enajenación de productos agrarios y materias afines. Esa legislación procesal implicó *"una manifestación divina frente al sacrificio y amor por darle al país una Justicia Agraria"* (Zeledón, 2012). No obstante, fue hasta 1988 que entraron a funcionar los tribunales agrarios efectivamente especializados.

Lo anterior explica el porqué, en ese periodo, los primeros criterios jurídicos aplicados con base en esa legislación se vieron influenciados por posiciones de corte civilista, que no permitieron cumplir a cabalidad las disposiciones jurídicas contenidas en tan importante instrumento procesal. Empero, gracias a la capacitación y especialización de las personas juzgadoras en la materia, algunos años después la situación tuvo un giro relevante, que generó el desarrollo de criterios jurídicos valiosos que poco a poco fueron configurando los institutos y principios procesales del Derecho Agrario costarricense.

Posteriormente, la evolución de la materia y los cambios sociales, económicos, jurídicos y ambientales propiciaron la necesidad de examinar y reflexionar sobre la importancia de ajustar la normativa y reformar la justicia agraria a través de un proceso más moderno, que permitiera continuar resolviendo las disputas judiciales, pero, con mejores herramientas jurídicas. Después de un importante proceso de deliberación, la Asamblea Legislativa aprobó en el año 2018, el Código Procesal Agrario (Ley 9609, en adelante CPA), cuyo principal objetivo era humanizar la justicia, para brindar una mejor solución en los conflictos agrarios. Por diversos motivos, entró en vigor hasta el 28 de febrero del año 2025.

Esta reforma procesal propuso cambios significativos en los diversos procesos agrarios, basados algunos en criterios consolidados y emitidos por instancias judiciales como la Sala Constitucional, la Sala Primera de la Corte Suprema de Justicia, la Sala Segunda de la Corte Suprema de Justicia y el Tribunal Agrario.

Dentro de las novedades incorporadas en el Código podemos citar las siguientes: ampliación de la competencia material; estructura del proceso agrario basado en un sistema de audiencias orales; regulaciones especiales cuando se trata de aplicar el desahucio administrativo a bienes inmuebles de naturaleza agraria; normas especiales que deben de aplicarse en conflictos agrarios relacionados con bienes y servicios ambientales; en la actividad probatoria se reguló el trámite de la prueba de objetos y sustancias peligrosas; en las medidas cautelares se reconoció la importancia de regular el acceso provisional a fundos en diversas situaciones; el régimen recursivo varió en plazos y en las causales de casación; solo por citar algunos ejemplos.

De relevancia se denota la tutela y protección de grupos en condición de vulnerabilidad o vulnerabilizables. De un cúmulo importante de normas se desprende la protección a los derechos de las personas indígenas, adultas mayores y otros grupos en aras de garantizar acceso a la justicia de calidad y respetando los compromisos de la convencionalidad como las Reglas de Brasilia sobre el acceso a la justicia de las personas en condición de vulnerabilidad, entre otros instrumentos de gran relevancia para la protección, defensa y reivindicación de los derechos humanos.

Este Código concordado pretende facilitar a las personas operadoras jurídicas y quienes lo estudien como usuarias, la aplicación armónica e integrada de sus preceptos, teniendo presente además lo regulado en otras leyes generales o especiales, reglamentos y circulares del Poder Judicial. Ofrece además una visión más amplia de los institutos y principios del Derecho Agrario plasmados en esta ley. Aspectos que es necesario reforzar, debido a que aún nos encontramos en una etapa de estudio, discusión y reflexión de cómo se deben aplicar, interpretar e integrar estas normas, algunas ya conocidas, otras novedosas, a la luz del fin de la reforma y los principios de la materia agraria. Lo anterior para seguir dignificando la justicia agraria en nuestro país.

TÍTULO I
JURISDICCIÓN AGRARIA

CAPÍTULO I
ALCANCES Y LÍMITES

ARTÍCULO 1- Jurisdicción agraria

La jurisdicción agraria tiene por objeto tutelar las situaciones y las relaciones jurídicas que se susciten con respecto al desarrollo de las actividades de producción agraria de animales, vegetales u otros organismos. Además, de las actividades de transformación, industrialización, valorización y comercialización de productos agrarios, su trazabilidad, así como las auxiliares a estas, referidas a actos y contratos propios del ejercicio de la actividad agraria y el desarrollo rural.

CONCORDANCIAS:

- **Alcances de la Jurisdicción Agraria:** Arts. 45, 46, 50, 69, 152, 153 Constitución Política (1949) // 1, 3, 92, 100, 113, 162 Ley Orgánica del Poder Judicial (LOPJ), Ley 8/1937.
- **Reglas generales para definir la competencia material y territorial de los tribunales agrarios:** Arts. 2, 3, 20, 21 Código Procesal Agrario (CPA), Ley 9609/2018 // 100, 113, 165, 166 LOPJ // 1, 2 Ley de Fomento a la Producción Agropecuaria (Ley FODEA), Ley 7064/1987 // 56 Ley de uso, manejo y conservación de suelos (LUMCS), Ley 7779/1998 // 108 Ley de Biodiversidad (LB), Ley 7788/1998 // 1, 2, 5, 8, 81 Ley de Pesca y Acuicultura (LPAc) // 16-j, 69 Ley que transforma el Instituto de Desarrollo Agrario (IDA) en el Instituto de Desarrollo Rural (Ley Inder), Ley 9036/2012 // 157 Reglamento a la Ley de Uso, Manejo y Conservación de Suelos (RLUMCS), Decreto 29375/2000 // 67 a 109 Reglamento a la Ley Inder (Reglamento Ley Inder), Decreto 43102/2021.

ARTÍCULO 2- Competencia material

Los tribunales agrarios serán competentes para conocer, de acuerdo con lo dispuesto en el artículo anterior, las pretensiones y los asuntos referidos a los siguientes aspectos, siempre que correspondan a materia agraria y de desarrollo rural:

1) Derechos reales y personales sobre bienes agrarios, destinados o aptos para el desarrollo de actividades y servicios agrarios, así como los vinculados a su tutela y aprovechamiento. Además, los procesos sucesorios relativos a estos.

2) La posesión, el deslinde, la división, la localización de derechos, el derribo, la suspensión de obra, la titulación, la rectificación de medida y la entrega material de bienes citados en el inciso anterior.

3) Los actos y los contratos vinculados con la constitución o el ejercicio de actividades y servicios agrarios. Quedan comprendidos el cobro de deudas cuyo plan de inversión esté vinculado con las actividades citadas, o cuya garantía esté constituida por los bienes

indicados en el inciso 1) de este artículo, los contratos de seguro, así como aquellos entre particulares relacionados con la prospección de la biodiversidad cuando tengan relación con el desarrollo de actividades de producción agraria o conexas a estas.

4) Los conflictos surgidos entre particulares por el aprovechamiento de bienes o servicios ambientales para actividades agrarias y los relativos a lo regulado en el inciso 12) de este artículo. Además, la prevención, la restauración e indemnización de daños causados por las actividades agrarias, así como aquellos que impacten tales actividades.

5) Las controversias entre particulares originadas en el ejercicio de las actividades agrarias vinculadas con especies y variedades endémicas, orgánicas, mejoradas, derivadas, esencialmente derivadas o provenientes de organismos vivos modificados; incluyendo los relativos a los derechos de obtentores de variedades vegetales, y los relativos a lo regulado en el inciso 12) de este artículo.

6) Las pretensiones entre particulares, derivadas de controversias en materia de propiedad intelectual.

7) Los asuntos relativos a aspectos fitosanitarios y zoosanitarios, así como los reclamos de las personas consumidoras vinculados con productos o servicios agrarios.

8) La constitución, el desarrollo, la transformación, la disolución y la liquidación de personas jurídicas, cuando la actividad principal sea agraria.

9) Los conflictos de competencia desleal entre las empresas vinculadas con las actividades agrarias o conexas a estas.

10) La administración y reorganización por intervención judicial de las personas físicas o jurídicas, cuando sea su actividad principal.

11) En grado y de forma definitiva, de los recursos que se interpongan contra las resoluciones del Instituto de Desarrollo Rural (Inder) en procedimientos administrativos de revocatoria de asignación y nulidad de títulos de propiedad, otras modalidades de dotación de tierras, así como de las resoluciones vinculadas al desarrollo rural.

12) Las situaciones y las relaciones jurídicas relacionadas con conductas administrativas o manifestaciones específicas de la función administrativa, que por el contenido material o sustancial de la pretensión correspondan a extremos exclusivamente agrarios y de desarrollo rural y se deriven del Instituto de Desarrollo Rural o el instituto correspondiente.

13) Las demás que el ordenamiento jurídico disponga.

CONCORDANCIAS:

- **Alcances de la Jurisdicción Agraria:** Arts. 45, 46, 50, 69, 152, 153 Constitución Política (1949) // 1 Código Procesal Agrario (CPA), Ley 9609/2018 // 1, 3, 92, 100, 113, 162 Ley Orgánica del Poder Judicial (LOPJ), Ley 8/1937.
- **Derechos reales y personales sobre bienes agrarios o aptos para el desarrollo de actividad agraria (inciso 1):** Arts. 45, 46, 50, 69 Constitución Política (1949) // 17 Declaración Universal de Derechos Humanos (DUDH) // 13 Declaración Americana de los Derechos y Deberes del Hombre (DADDH) // 1, 3, 7, 11, 13, 14 Convenio de OIT 107 sobre Protección de Pueblos Indígenas y Tribales (Convenio 107-OIT), Ley 2330/1959 // 8, 21, 25 Convención Americana sobre Derechos Humanos (CIDH), Ley 45347/1970 // 1, 3, 4, 8, 12, 13 a 18 Convenio de OIT 169 sobre Pueblos Indígenas y Tribales en Países Independientes (Convenio 167-OIT), Ley 7316/1992 // 1, 4, 25 a 33 Declaración de Naciones Unidas sobre derechos de los pueblos indígenas // 1, 19, 22, 25, 38 Declaración Americana sobre los

derechos de los pueblos indígenas (OEA) // 23, 31 Convención Interamericana de Derechos Humanos de las Personas Mayores (CIDHPM), Ley 9334/2016 // 20, 28, 33 CPA // 259, 260, 264 a 274, 277, 278, 280, 283, 287 a 289, 290 a 293, 316 a 334, 295 a 302, 305 a 308, 316 a 334, 335 a 365, 366 a 369, 370 a 382, 383 a 385, 395 a 400, 401 a 408, 409 a 440, 452, 455, 480 a 484 Código Civil (CC), Ley XXX/1885 // 126 a 130 Ley de Aguas (LAg), Ley 276/1942 // 2, 3 Ley de Creación de la Oficina Central de Marcas de Ganado, Ley 2247/1958 // 94 a 110 Ley de Tierras y Colonización (LTC), Ley 2825/1961 // 1, 2 Código de Comercio (CCo), Ley 3284/1964 // 1, 4, 5 a 13 Ley de inscripción de documentos en Registro Público (LIDRP), Ley 3883/1967 // 1 a 8 Ley Indígena (LI), Ley 6172/1977 // 1 a 3 Ley del Catastro Nacional, Ley 6545/1981 (LCN) // 2 Ley de Fomento a la Producción Agropecuaria (Ley FODEA), Ley 7064/1987 // 88 Código Notarial, Ley 7664/1998 // 1, 3, 4, 54 a 72, 81 a 86, 93 a 113 Ley Orgánica de la Agricultura e Industria de la Caña de Azúcar, Ley 7818/1998 // 1 a 3 Ley Reguladora de la propiedad en condominio (LRPC), Ley 7933/1999 // 1, 7 Ley de Creación de la Corporación Arrocera (Ley Conarroz), Ley 8285/2002 // 16-j, 69 Ley que transforma el Instituto de Desarrollo Agrario (IDA) en el Instituto de Desarrollo Rural (Ley Inder), Ley 9036/2012 // 1 a 4, 72 y 73 Ley de Garantías Mobiliarias (LGM), Ley 9246/2014 // Ley para fortalecimiento de la seguridad registral inmobiliaria, Ley 9602/2018 // 1, 4 a 23, 64 a 81, 84, 87, 89 Ley reforma integral Régimen Relaciones de Productores, Beneficiadores y Exportadores Café, Ley 9872/2020 // 1, 2, 5 Reglamento Ley Indígena (RLI), Decreto 8487/1978 // 1 a 3, 14, 20, 43 Reglamento a la Ley Reguladora de la Propiedad en Condominio (RLRPC), Decreto 32303/2005 // Declara de interés público la solución de la problemática de tenencia de la tierra en territorios rurales ocupados por campesinos y trabajadores rurales, Decreto 35959/2010 // 1 a 4, 32 a 45, 67 a 109 Reglamento a la Ley Inder (Reglamento Ley Inder), Decreto 43102/2021 // 1, 4, 5, 22, 23, 68 a 70, 105 a 112 Reglamento a la Ley de Relaciones entre Productores, Beneficiadores y Exportadores de Café, Decreto 43794/2022 // Reglamento general del Registro Inmobiliario (RGRI), Decreto 44647/2024 // 1, 4, 7, 25 Reglamento del programa de recuperación de tierras en reservas indígenas, Comisión Nacional de Asuntos Indígenas, número 5/1994.

- **Sucesorios (inciso 1):** Arts. 21 CPA / 294, 520 a 626 CC (en lo que no se contradiga norma especial contenida en legislación agraria) // 68 Ley Inder // 313 a 320 CPA // 129 Código Notarial // 115 a 135 Código Procesal Civil (CPC), Ley 9342/2016 (en lo que no se contradiga norma especial contenida en legislación agraria) // 124 a 132 Reglamento Ley Inder.
- **Posesión (mera) de bienes agrarios (inciso 2):** Arts. 282, 305, 307, 313, 317, 319, 323, 334 CC.
- **Deslinde y cerramiento de inmuebles de naturaleza agraria (inciso 2):** Arts. 325 CPA // 2, 3 Ley de Cercas Divisorias y Quemas, Ley 121/1909 // 295 a 302 CC // 7, 24 a 26 Ley de Construcciones, Ley 833/1949 // 129 Código Notarial.
- **División de inmuebles de naturaleza agraria en copropiedad (inciso 2):** Arts. 266, 270, 271, 272 párrafo primero, 272 incisos 2 y 4, 273, 274, 290 a 293, 460 CC // 7, 8, 14 LIDRP // 33, 34 Ley de Planificación Urbana (LPU), Ley 4240/ 1968 // 129 Código Notarial // 205 RGRI.
- **Localización de derechos en inmuebles de naturaleza agraria (inciso 2):** Arts. 327 CPA // 270, 272 párrafo primero, 272 incisos 2 y 4, 460 CC // Ley sobre Localización de Derechos Indivisos, Ley 2755/1961 // 7, 8 LIDRP // 33, 34 LPU // 129 Código Notarial // 92.9, 99, 151, 207 RGRI // Circular Consejo Superior 215-2015: Sobre la existencia de la reforma a la Ley 2755, denominada "Ley sobre Localización de Derechos Indivisos".
- **Derribo de construcciones o árboles relacionados con inmuebles de naturaleza agraria (por peligro inminente) (inciso 2):** Arts. 310, 311 CC // 145 a 161 LAg.
- **Suspensión de obras en inmuebles de naturaleza agraria o que puedan afectar a tales (inciso 2):** Arts. 310, 311, 312 CC // 89, 94 a 98 LAg.
- **Titulación de inmuebles de naturaleza agraria (inciso 2):** Arts. 45, 50 Constitución Política (1949) // 328 a 331 CPA // 479 CC // Ley de Informaciones Posesorias (LIP), Ley 139/1941 // 2 Ley General

de Agua Potable, Ley 1634/1953 // 7 Ley de Tierras y Colonización (LTC), Ley 2825/1961 // 1, 2, 41, 45 Ley Orgánica de JAPDEVA (Ley JAPDEVA), Ley 3091/1963 // 10 a 12 Ley del Servicio de Parques Nacionales, Ley 6084/1977 // 2, 82 a 87 Ley de Conservación de la Vida Silvestre (LCVS), Ley 7317/1992 // 32 a 34, 37 Ley orgánica del ambiente (LOA), Ley 7554/1995 // 1, 3, 13 a 16, 34 Ley Forestal (LF), Ley 7575/1996 // 40, 85 y transitorio III Ley Inder // 58 a 63 Reglamento a la Ley de Uso, Manejo y Conservación de Suelos (RLUMCS), Decreto 29375/2000 // 150 a 152 Reglamento a la Ley de Conservación de la Vida Silvestre (RLCVS), Decreto 32633/2005 // 92.5, 121, 148-b, 151-a RGRI.

- **Rectificación de medida de inmuebles de naturaleza agraria (inciso 2):** Arts. 45 Constitución Política (1949) // 12, 13, 14 LIP // 22 LCN // 92 RGRI.
- **Entrega material de bienes (muebles) de naturaleza agraria (inciso 2):** Arts. 21.7, 324 CPA // 253 a 258, 264-5, 316 a 321, 481, 482 CC.
- **Negocios jurídicos (contratos y actos) vinculados con actividades y servicios agrarios o con bienes y empresas agrarias (inciso 3):** Arts. 45, 46, 69 Constitución Política (1949) // 21 CPA // 627 a 633, 1007 a 1025 CC // Ley FODEA // 1 Ley Universalización Seguro Integral de Cosechas, Ley 5932/1976 // 1 Ley Reforma Integral Fondo Nacional de Estabilización Cafetalera (Ley FONECAFE), Ley 7770/1998 // 3, 9 Ley del impuesto sobre la renta, Ley 7092/1988 // 7 inciso h) Ley General de Arrendamientos Urbanos y Suburbanos (LGAU), Ley 7527/1995 // 1, 3, 4, 54 a 72, 81 a 86, 93 a 113 Ley Orgánica de la Agricultura e Industria de la Caña de Azúcar, Ley 7818/1998 // 3 Ley de fortalecimiento de las pequeñas y medianas empresas, Ley 8262/2002 // 1, 7, 27 a 36 Ley Conarroz // 2, 3, 6 a 9, 13 Ley para el control de ganado bovino, prevención y sanción de su robo, hurto y receptación, Ley 8799/2010 // 1, 4 a 23, 64 a 81, 84, 87, 89 Ley reforma integral Régimen Relaciones de Productores, Beneficiadores y Exportadores Café, Ley 9872/2020 // 1, 24, 29 a 32 Reglamento a Ley Creación Fondo Nacional de Estabilización Cafetalera (Reglamento Ley FONECAFE), Decreto 27782/1999 // 1, 164 a 173, 184 a 243 Reglamento Ley Orgánica Agricultura e Industria de la Caña de Azúcar, Decreto 28665/ 2000 // 245 a 264 Reglamento a la Ley de Promoción de la Competencia y Defensa Efectiva del Consumidor (RLPCDEC), Decreto 37899/2013 // 67 a 109 Reglamento Ley Inder // 1, 4, 5, 22, 23, 68 a 70, 105 a 112 Reglamento a la Ley de Relaciones entre Productores, Beneficiadores y Exportadores de Café, Decreto 43794/2022 // Circular Consejo Superior 30-2025: Parámetros para definir la competencia entre la Jurisdicción Agraria y la Jurisdicción Civil y de Cobro en procesos cobratorios donde el bien dado en garantía esté destinado a la actividad de producción agraria.
- **Negocios jurídicos (contratos y actos) vinculados con el ejercicio de actividades y servicios agrarios en relación con bienes, elementos y servicios ambientales (biodiversidad, agua, aire, bosque, suelo, etc.) (inciso 3):** Arts. 46, 50, 153 Constitución Política (1949) // 282 a 290 CPA // 34, 46, 57 Ley de Promoción de la competencia y defensa efectiva del consumidor (LPCDEC), Ley 7472/1994 // 17 a 24, 73, 74 LOA // 1, 3, 19 a 25, 28 a 32, 36, 52, 53, 68 LF // 108 Ley de Biodiversidad (LB), Ley 7788/1998 // 3 Ley de fortalecimiento de las pequeñas y medianas empresas, Ley 8262/2002 // 1 a 4, 12, 20 a 23, 31 a 33 Ley de Desarrollo, Promoción y Fomento de la Actividad Agropecuaria Orgánica, Ley 8591/2007 // 31, 42, 59 Reglamento a la Ley Forestal (RLF), Decreto 25721/1996.
- **Controversias entre particulares por uso y aprovechamiento de bienes o servicios ambientales usados en actividades agrarias e indemnización de daños relacionados con tales (inciso 4):** Arts. 46, 50 Constitución Política (1949) // 25 CIDHPM // 1, 2, 8 a 10, 15, 16, 19 Convenio de Biodiversidad Biológica (CBD), Ley 7416/1994 // 28.2, 282 a 290 CPA // 702 a 707, 1045 a 1048 CC // 4, 5 Ley de Cercas Divisorias y Quemas, Ley 121/1909 // 38, 47 a 57, 63 a 68, 94 a 98 LAg // 249 a 251, 270 a 274 Ley General de Aviación Civil (LGAV), Ley 5150/ 1973 // 1, 43, 61 a 70, 126 LCVS // 3 a 6, 22 Ley de Bienestar de los Animales (LBA), Ley 7451/1994 // 1, 2, 17 a 24, 39 a 72, 98, 101 LOA // 11, 45, 110 LB // 57 LF // 31, 32, 67, 84 Ley de protección fitosanitaria (LPF), Ley 7664/1997 // 56 Ley de uso, manejo y conservación de suelos (LUMCS), Ley 7779/1998 // 1, 2, 5, 8, 9, 32, 35, 37 a 43, 81, 89, 90, 98, 116, 118, 149-d Ley de Pesca y Acuicultura (LPAc), Ley 8436/2005 // 1, 3, 4, 43, 44, 45, 64,

69, 86 Ley General del Servicio Nacional de Salud Animal (Ley SENASA), Ley 8495/2006 // 21, 31 a 33 Ley de Desarrollo, Promoción y Fomento de la Actividad Agropecuaria Orgánica, Ley 8591/2007 // 1, 2, 5, 38 a 46 Ley para la Gestión Integral de Residuos (LGIR), Ley 8839/2010 // 101, 102, 110, 119, 246 Reglamento a la Ley de Protección Fitosanitaria (RLPF), Decreto 26921/1998 // 34 RLF // 157 RLUMCS // 1 a 4, 7, 23 a 26, 150 a 152 RLCVS // 53, 54 a 57, 59 Reglamento para el Desarrollo, Promoción y Fomento de la Actividad Agropecuaria Orgánica, Decreto 35242/2008 // 1, 2, 13 a 17 Reglamento para Quemas Agrícolas Controladas, Decreto 35368/2009 // 14 a 16, 22, 43, 44, 55 a 65, Reglamento para las actividades de aviación agrícola (RAAA), Decreto 44083/2023.

- **Controversias entre particulares relacionadas con derechos de propiedad intelectual tradicionales (marcas comerciales, signos, patentes, indicaciones geográficas, denominaciones de origen, etc.) y modernos (derechos de persona obtentora, derechos comunitarios sui géneris y derechos de la persona agricultura)** (incisos 5 y 6): Arts. 47 Constitución Política (1949) // 15, 16, 19 CBD // 1, 2, 3 Convención para la Salvaguardia del Patrimonio Cultural Inmaterial, Ley 8560/2006 // 1, 5 a 11, 14 a 17, 19 a 22 Convenio Internacional para la Protección de las Obtenciones Vegetales (CPOV), Ley 8635/ 2008 // 38 Declaración Americana sobre los derechos de los pueblos indígenas (OEA) // 21 CPA // 275 CC // 78 LB // 33 LPF // 1, 43 LCVS // 1 a 8 Ley de Marcas y Otros Signos Distintivos (LMSD), Ley 7978/2000 // 1, 2, 28, 38 a 40 Ley de Procedimientos de Observancia de los Derechos de Propiedad Intelectual (LODPI), Ley 8039/2000 // 20 a 22, 31 a 33 Ley de Desarrollo, Promoción y Fomento de la Actividad Agropecuaria Orgánica, Ley 8591/2007 // Ley de protección de las obtenciones vegetales (LPOV), Ley 8631/2008 // 3, 52 Reglamento para el Desarrollo, Promoción y Fomento de la Actividad Agropecuaria Orgánica, Decreto 35242/2008 // 1 a 3, 6, 23, 25 a 27, 39, Reglamento a la Ley de protección de las obtenciones vegetales (RLPOV), Decreto 35677/2009.
- **Controversias por aspectos fitosanitarios o zoosanitarios relacionados con la actividad agraria ejercida por particulares (inciso 7):** Arts. 73, 74 LOA // 1 a 3, 11, 15, 16, 20 a 32 a 43, 67, 84 LPF, Ley 7664/1997 // 1 a 4, 20 a 22, 31 a 33 Ley de Desarrollo, Promoción y Fomento de la Actividad Agropecuaria Orgánica, Ley 8591/2007 // 1, 2, 21, 22, 40 A 64, 101, 102, 110, 119, 246 RLPF, Decreto 26921/1998 // 1 a 3, 53 a 57, 59 Reglamento para el Desarrollo, Promoción y Fomento de la Actividad Agropecuaria Orgánica, Decreto 35242/2008.
- **Reclamos en materia de derechos de la persona consumidora relacionados con la actividad agraria ejercida por particulares (inciso 7):** Arts. 46 Constitución Política (1949) // 34 a 43, 46, 54, 57, 59 a 63 LPCDEC // 59 Reglamento para el Desarrollo, Promoción y Fomento de la Actividad Agropecuaria Orgánica, Decreto 35242/2008 // 87 a 135, 194 a 198, 216, 245 a 264 RLPCDEC.
- **Conflictos relacionados con la constitución, transformación y extinción de empresas agrarias (personas jurídicas) (inciso 8):** Arts. 33, 34, 1196 a 1250 CC // 17 a 32, 201 a 225 CCo // 129 Código Notarial.
- **Conflictos de competencia desleal relacionadas con la actividad agraria (inciso 9):** 17 LPCDEC // 1, 2, 30, 31, 36 RLPCDEC.
- **Administración y reorganización por intervención judicial de empresas agrarias (físicas o jurídicas) (inciso 10):** Derogado por ley posterior. Arts. 8 CC // 73 Ley concursal, Ley 9957/2021.
- **Recursos (jerarquía impropia) contra resoluciones del Inder (inciso 11):** Arts. 28.1 CPA // 16-j, 69 Ley Ley Inder: Ley 9036/2012 // 65, 104, 114, 121, 150, 180, Reglamento Ley Inder.
- **Situaciones y relaciones jurídicas relacionadas con conductas administrativas o manifestaciones específicas de la función administrativa, que por el contenido material o sustancial de la pretensión correspondan a extremos exclusivamente agrarios, emitidas por el Inder o el instituto correspondiente (inciso 12):** Arts. 49 Constitución Política (1949) // 3 CPA // 1 a 5 Código Procesal Contencioso-Administrativo, Ley 8508/2006 (CPCA).
- **Procesos anticipados (cuestiones preliminares: probatorias y cautelares):** Arts. 19, 20.3, 21.5, 167 a 169, 248 CPA.

ARTÍCULO 3- Pretensiones excluidas

Quedan excluidas del conocimiento de los tribunales agrarios, las pretensiones propias de las jurisdicciones penal, laboral y contencioso-administrativa.

CONCORDANCIAS:

- **Alcances de la Jurisdicción Agraria:** Arts. 1, 45, 46, 50, 69, 152, 153 Constitución Política (1949) // 1 Código Procesal Agrario (CPA), Ley 9609/2018 // 1, 3, 92, 100, 113, 162 Ley Orgánica del Poder Judicial (LOPJ), Ley 8/1937.
- **Reglas generales para definir la competencia material y territorial de los tribunales agrarios:** Arts. 1, 2, 20, 21 CPA // 100, 113, 165, 166 LOPJ // 1, 2 Ley de Fomento a la Producción Agropecuaria (Ley FODEA), Ley 7064/1987 // 56 Ley de uso, manejo y conservación de suelos (LUMCS), Ley 7779/1998 // 108 Ley de Biodiversidad (LB), Ley 7788/1998 // 1, 2, 5, 8, 81 Ley de Pesca y Acuicultura (LPAc) // 16-j, 69 Ley que transforma el Instituto de Desarrollo Agrario (IDA) en el Instituto de Desarrollo Rural (Ley Inder), Ley 9036/2012 // 157 Reglamento a la Ley de Uso, Manejo y Conservación de Suelos (RLUMCS), Decreto 29375/2000 // 67 a 109 Reglamento a la Ley Inder (Reglamento Ley Inder), Decreto 43102/2021.

CAPÍTULO II
GENERALIDADES

ARTÍCULO 4- Principios y reglas generales

Los tribunales agrarios deberán aplicar los principios generales del proceso y, además, sus actuaciones serán fundamentalmente orales. Aplicarán la inmediatez, la concentración, la publicidad, la itinerancia y la gratuidad en lo procedente. Todas las personas intervinientes en el proceso actuarán con buena fe procesal.

Se evitará el exceso de formalismos y todas aquellas actuaciones contrarias a la celeridad propia del proceso, sin demérito de la calidad de las decisiones judiciales, las cuales deben ajustarse a criterios de equidad y de derecho, así como la búsqueda de la verdad.

Los procesos regulados en esta ley se iniciarán a gestión de parte. Continuarán por actuación procesal de oficio o por actividad de parte.

CONCORDANCIAS:

- **Principios y reglas generales del proceso (debido proceso, derecho de defensa y contradictorio, tribunal natural, imparcialidad del tribunal, independencia del tribunal, respeto a la dignidad humana y otros):** Arts. 41, 42, 153, 154, 155 Constitución Política (1949) // 1, 2, 7, 8, 10 Declaración Universal de Derechos Humanos (DUDH) // 13, 18 Declaración Americana de los Derechos y Deberes del Hombre (DADDH) // 8, 11, 25 Convención Americana sobre Derechos Humanos (CIDH), Ley 453471970 // 5, 6, 31 Convención Interamericana de Derechos Humanos de las Personas Mayores (CIDHPM), Ley 9334/2016 // 4, 6, 7, 48, 49, 52, 92, 123, 168, 170, 171.1, 171.3, 184, 208.4, 209, 255, 340 Código Procesal Agrario (CPA), Ley 9609/2018 // 1, 2, 4, 5, 9 incisos 7) y 9), 168 Ley Orgánica del Poder Judicial (LOPJ), Ley 8/1937 // 1, 6 Ley Integral para la Persona Adulta Mayor (LIPAM), Ley 7935/1999 // 1, 3 Convención sobre los derechos de las personas con discapacidad (CDPD), Ley 8661/2008 // 1, 5 Ley para Promoción de la Autonomía Personal de las Personas con Discapacidad (LPAPPD), Ley 9378/2016 // 2, 7 Ley de Acceso a la justicia de los pueblos indígenas de Costa Rica (LAJPI), Ley 9593/2018 // 5 Reglamento a la Ley para Promoción de la Autonomía Personal de las Personas con Discapacidad (RLPAPPD), Decreto 41087/2018 // Sección 3 capítulo II, capítulo III circular Corte Suprema de Justicia 173-2019: Reglas de Brasilia sobre Acceso a la Justicia de las personas en condiciones de vulnerabilidad (Reglas de Brasilia).

- **Principio de igualdad procesal**: Arts. 33 Constitución Política (1949) // 1, 2, 7 DUDH // 2 DADDH // 24 CIDH // 5 CIDHPM // 1 a 5, 13, 14, 15 Convención sobre la Eliminación de Todas las Formas de Discriminación Contra la Mujer (CEDAW), Ley 6968/1984 // 1 a 6 Convención Interamericana para prevenir, sancionar y erradicar la violencia contra la mujer "Convención Belem Do Pará", Ley 7499/1995 // 4, 48.1, 49.8, 171.3 CPA // 1, 2, 19 Ley de Promoción de la Igualdad Social de la Mujer, Ley 7142/1990 // 2 Declaración de Naciones Unidas sobre derechos de los pueblos indígenas // 1, 2, 56 a 68 Ley de Igualdad de Oportunidades para las Personas con Discapacidad, Ley 7600/1996 // 1 Ley Integral para la Persona Adulta Mayor, Ley 7935/1999 // 1, 2, 3, 5 LPAPPD // 1, 2, 3, 5 Reglamento a la Ley para Promoción de la Autonomía Personal de las Personas con Discapacidad (RLPAPPD), Decreto 41087/2018.
- **Principio de tutela judicial efectiva y de calidad en la Administración de Justicia (eficiencia y eficacia):** Arts. 4, 6, 49, 52, 338, 340 CPA.
- **Principio de interculturalidad (respeto a la diversidad cultural):** Arts. 1, 33 Constitución Política (1949) // 1, 4, 7, 13 Convenio de OIT 107 sobre Protección de Pueblos Indígenas y Tribales (Convenio 107-OIT), Ley 2330/1959 // 1, 3, 5, 8, 12 Convenio de OIT 169 sobre Pueblos Indígenas y Tribales en Países Independientes (Convenio 167-OIT), Ley 7316/1992 // 1, 4, 5, 9, 11, 13, 27 a 35 Declaración de Naciones Unidas sobre derechos de los pueblos indígenas // 1, 4, 13, 14, 22, 38 Declaración Americana sobre los derechos de los pueblos indígenas (OEA) // 4, 48.10, 49.8, 59, 127, 221 CPA // 1, 2 LAJPI // Circular Corte Suprema de Justicia 108-2021: Reiteración de la circular 10-09 sobre las Reglas Prácticas para facilitar el acceso a la justicia de las Poblaciones Indígenas.
- **Principio de gratuidad procesal:** Arts. 4, 49.4, 49.5, 50, 51, 249, 65 (excepción), 127, 230 (excepción), 233 CPA // 114 Código de la Niñez y la Adolescencia (CNA), Ley 7739/1998 // 6, 7 LAJPI // Circular Consejo Superior: Aclaración de la Circular 32-09 sobre "Políticas de accesibilidad para las personas con discapacidad" (lenguaje lesco).
- **Principio de buena fe procesal:** Arts. 4, 48.5, 53, 54, 232.4 CPA.
- **Principio de informalismo procesal:** Arts. 4, 46, 48.7, 58, 67 (excepciones), 70, 72, 75, 92, 226 CPA.
- **Principio de instrumentalidad:** Arts. 4, 6 CPA.
- **Principio de celeridad procesal:** Arts. 7, 48.2, 54, 66, 115, 170, 176, 178, 187, 188, 199, 208.4, 279.5, 340 CPA // 5 LOPJ.
- **Principio de economía procesal (costos mínimos):** Arts. 4, 14, 52, 49.5, 170 CPA.
- **Principio de concentración de actos procesales:** Arts. 4, 170, 176, 187 CPA.
- **Principio de equidad**: Arts. 81, 130, 301.3 CPA // 11 CC // 4 Ley de Procedimientos de Observancia de los Derechos de Propiedad Intelectual (LODPI), Ley 8039/2000.
- **Principio de búsqueda de la verdad:** Arts. 48.8, 52, 113, 139, 170, 171.4, 189.10 CPA.
- **Principio de oficiosidad:** Arts. 4, 25, 48.2 CPA. Ejemplos de aplicación específica: 29.5, 50, 66, 75, 85, 87, 93, 121, 128, 129, 170, 173, 182, 189.10, 283 CPA // 5 LOPJ.
- **Principio de impulso procesal:** Arts. 5 LOPJ.
- **Principio dispositivo:** Arts. 8, 48.9, 86, 196, 220, 226, 229 CPA // 5 LOPJ.

- **Regla de preclusión procesal:** Art. 92, 93, 211.4 CPA // 2.9 Código Procesal Civil (CPC), Ley 9342/2016.
- **Regla de itinerancia del tribunal:** Arts. 14, 52, 65, 123 CPA.
- **Regla de inmediación del tribunal:** Arts. 76, 95, 123, 124, 190.4, 195, 209.2, 209.6, 216, 219, 255, 279.6 CPA.
- **Regla de publicidad procesal:** Arts. 64, 173, 182, 185, 189.2 (excepción) CPA.
- **Regla de priorizar la oralidad (instrumento procesal):** Arts. 4, 46, 67, 74, 75, 79, 122, 146, 153.4, 199, 200, 202, 206, 208.4, 213, 226, 279.5, transitorio primero CPA.
- **Regla de respeto a la lealtad procesal por las partes:** Arts. 48.5, 53 CPA.
- **Regla de fundamentación debida de decisiones judiciales:** Arts. 81, 209.3 CPA.
- **Regla de respeto de la especialidad de la materia:** Art. 5 LOPJ.

ARTÍCULO 5- Ámbito de aplicación

Las disposiciones de esta ley son de aplicación en todo el territorio nacional, sin perjuicio de lo dispuesto en el ordenamiento jurídico internacional aplicable y en leyes especiales.

CONCORDANCIAS:

- **Sedes de tribunales**: Art. 14 Código Procesal Agrario (CPA), Ley 9609/2018.
- **Criterios para determinar competencia territorial**: Art. 21 CPA.
- **Eficacia de sentencias y laudos internacionales**: Arts. 98, 99 Código Procesal Civil (CPC), Ley 9342/2016.
- **Auxilio judicial internacional**: Art. 98, 99 CPC.
- **Eficacia de sentencia internacional en sucesiones**: Art. 135 CPC.

ARTÍCULO 6- Finalidad del proceso

El fin u objeto del proceso es la efectividad del ordenamiento jurídico sustantivo y la solución del conflicto sometido a su conocimiento.

CONCORDANCIAS:

- **Derecho de acceso a la justicia**. Art. 41 Constitución Política (1949).
- **Principio de tutela judicial efectiva y de calidad en la Administración de Justicia (eficiencia y eficacia):** Arts. 4, 6, 49, 52, 338, 340 CPA.
- **Principio informalismo**: Arts. 4, 46, 58, 67 (excepciones), 75, 92, 226 Código Procesal Agrario (CPA), Ley 9609/2018.

- **Derechos de las partes**: Arts. 43 Constitución Política (1949) // 220 CPA // 2 Ley Resolución Alterna de Conflictos y Promoción de la Paz Social (Ley RAC), Ley 7727/1997. 

ARTÍCULO 7- Integración

En ausencia o insuficiencia de norma procesal expresa se deberán aplicar las disposiciones legales que rijan las situaciones análogas, los usos y las costumbres, cuando procedan, así como los principios generales del derecho.

Procede la aplicación supletoria de otras normas procesales que ofrezcan soluciones más céleres al proceso, siempre que se respeten los principios y las reglas de esta ley y ante ausencia o insuficiencia de una norma expresa.

CONCORDANCIAS:

- **Interpretación de normas jurídicas**: Arts. 9 a 12 Código Civil (CC), Ley XXX/1885.
- **Integración y aplicación supletoria de normas:** Arts. 7 CPA // 12 CC // 5 Ley Orgánica del Poder Judicial (LOPJ), Ley 8/1937.
- **Principios y reglas generales del proceso** (debido proceso, derecho de defensa y contradictorio, tribunal natural, imparcialidad del tribunal, independencia del tribunal): Arts. 41, 153, 154, 155 Constitución Política (1949) // 6, 7, 48.4, 48.5, 49.1, 49.6, 49.7, 92, 123, 170, 171.1, 171.3, 184, 208.4, 255, 340 Código Procesal Agrario (CPA), Ley 9609/2018 // 1, 2, 4, 5, 9 incisos 7) y 9), 168 LOPJ.
- **Principio de igualdad procesal**: Arts. 33 Constitución Política (1949) // 48.1, 49.8, 171.3 CPA.
- **Principio de interculturalidad** (respeto a la diversidad cultural): Arts. 1, 33 Constitución Política (1949) / 48.10, 49.8, 59 CPA.
- **Principio de gratuidad procesal**: Arts. 49.4, 49.5, 50, 51, 249, 65 (excepción) CPA.
- **Principio de buena fe procesal**: Art. 48.5, 53 CPA.
- **Principio de informalismo procesal**: Arts. 46, 58, 67 (excepciones), 75, 92, 226 CPA.
- **Principio de celeridad procesal**: Arts. 66, 170, 176, 178, 187, 188, 199, 208.4, 279.5, 340 CPA // 5 LOPJ.
- **Principio de economía procesal**: Art. 170 CPA.
- **Principio de concentración de actos procesales**: Arts. 170, 176, 187 CPA.
- **Principio de tutela judicial efectiva y de calidad en la Administración de Justicia (eficiencia y eficacia):** Arts. 6, 49.1, 49.6, 49.7, 340 CPA.
- **Principio de equidad**: Arts. 81, 130, 301.3 CPA // 11 CC.
- **Principio de búsqueda de la verdad**: Arts. 48.8, 170, 171.4, 189.10 CPA.
- **Principio de oficiosidad**: Arts. 48.1, 50, 66, 170, 189.10 CPA // 5 LOPJ.
- **Principio de impulso procesal**: Arts. 5 LOPJ.
- **Principio dispositivo:** Arts. 8, 48.9, 86, 196, 220, 226, 229 CPA // 5 LOPJ.
- **Regla de la itinerancia del tribunal**: Arts. 24, 52, 65 CPA.
- **Regla de publicidad procesal**: Arts. 64, 173, 182, 185 CPA.

- **Regla de priorizar la oralidad (instrumento procesal):** Arts. 46, 67, 74, 75, 79, 122, 146, 153.4, 199, 200, 202, 206, 208.4, 213, 226, 279.5, transitorio primero CPA.
- **Regla de inmediación del tribunal**: Arts. 95, 123, 124, 190.4, 209.2, 216, 255, 279.6 CPA.
- **Regla de respeto a la lealtad procesal por las partes**: Arts. 48.5, 53 CPA

ARTÍCULO 8- Indisponibilidad de las normas procesales

Las normas procesales son de orden público y, en consecuencia, de obligado acatamiento, tanto por el tribunal como por las partes y los eventuales terceros. Se exceptúan de esta regla las de carácter facultativo, por referirse a intereses privados disponibles de las partes o cuando el ordenamiento jurídico lo autorice expresamente.

CONCORDANCIAS:

- **Derechos de uso de medios alternos de resolución de conflictos**: Art. 220 Código Procesal Agrario (CPA), Ley 9609/2018 // 2 Ley Resolución Alterna de Conflictos y Promoción de la Paz Social (Ley RAC), Ley 7727/1997.
- **Derechos indisponibles de interés para la materia agraria:** Arts. 49 CPA // 18, 19, 274, 621, 850, 1407 Código Civil (CC), Ley XXX/1885 // 970 Código de Comercio (CCo), Ley 3284/1964 // 59 Ley Orgánica de la Agricultura e Industria de la Caña de Azúcar, Ley 7818/1998 // 64, 143 Ley reforma integral Régimen Relaciones de Productores, Beneficiadores y Exportadores Café, Ley 9872/2020.
- **Procedimiento simplificado**: Art. 112 CPA.
- **Renuncia, ampliación o restricción de plazos**: Art. 86 CPA.
- **Renuncia del plazo para recurrir**: Arts. 196, 202, 208 CPA.

CAPÍTULO III
ORGANIZACIÓN Y FUNCIONAMIENTO

ARTÍCULO 9- Órganos jurisdiccionales

La jurisdicción agraria estará a cargo de los juzgados y tribunales agrarios, integrados por personas juzgadoras especializadas y por la Sala Primera de la Corte Suprema de Justicia. Además, se contará con un equipo especializado de personas juzgadoras especialistas en materia agraria, a cargo de conciliaciones y de ejecución, sin perjuicio de que por las cargas de trabajo asuman funciones de las demás personas juzgadoras para lograr una gestión más eficiente.

Para su organización, funcionamiento y conformación, se aplicará lo dispuesto en este Código y en la Ley N° 7333, Ley Orgánica del Poder Judicial, de 5 de mayo de 1993. Con ese fin, el Tribunal Agrario deberá constituirse con las secciones que sean necesarias, y tendrá su sede en el Segundo Circuito Judicial de San José; sin perjuicio de que la Corte

Plena disponga la creación de otras sedes regionales del Tribunal, conforme a los requerimientos de trabajo para ofrecer un servicio público eficiente y de calidad.

Los juzgados contarán con las personas juzgadoras que sean necesarias. Se faculta a la Corte Plena para que amplíe las sedes de los juzgados agrarios, conforme a los criterios señalados.

CONCORDANCIAS:

- **Sala de casación**: Arts. 1, 92, 102 Ley orgánica del Poder Judicial (LOPJ) // Art. 12 Código Procesal Agrario (CPA), Ley 9609/2018.
- **Tribunal agrario**: Arts. 11 CPA // 1, 92, 100 (LOPJ).
- **Juzgados de primera instancia**: Arts. 10 CPA // 1, 92, 103, 113 (LOPJ).
- **Juzgados de ejecución:** Art. 13 CPA.
- **Órgano de conciliación:** Arts. 186, 222, 225 CPA.
- **Sede de tribunales agrarios**: Art. 14 CPA.
- **Itinerancia del tribunal**: Arts. 52, 65, 123 CPA.

ARTÍCULO 10- Funciones de los juzgados agrarios

Los juzgados agrarios conocerán los asuntos propios de su competencia, independientemente del valor económico de las pretensiones.

Entre ellos se encuentran:

1) La primera instancia en todos los procesos anticipados, contenciosos, no contenciosos y de ejecución.

2) Los impedimentos y las recusaciones de sus juezas y jueces, en la forma dispuesta en la Ley N.° 7333, Ley Orgánica del Poder Judicial, de 5 de mayo de 1993.

3) El auxilio requerido por otros tribunales judiciales y arbitrales.

4) La ejecución de laudos y medidas cautelares emitidas en procesos arbitrales referidos a asuntos vinculados a la actividad de producción agraria.

5) El impulso y la práctica de conciliaciones.

6) Los demás asuntos que determine el ordenamiento jurídico.

CONCORDANCIAS:

- **Juzgados de primera instancia**: Arts. 1, 92, 103, 113 Ley Orgánica del Poder Judicial (LOPJ), Ley 8/1937 // 24 Código Procesal Agrario (CPA), Ley 9609/2018.
- **Medios alternos de resolución de conflictos**: Arts. 220 CPA // 2 Ley Resolución Alterna de Conflictos y Promoción de la Paz Social (Ley RAC), Ley 7727/1997.
- **Impedimento, recusación o excusa**: Arts. 26, 27 CPA // 29 a 33 LOPJ.
- **Competencia**: Arts. 164, 165, 166 LOPJ.

ARTÍCULO 11- Funciones del Tribunal Agrario

El Tribunal Agrario conocerá:

1) El recurso de apelación interpuesto contra los autos y contra las sentencias emitidas por los juzgados agrarios, cuando proceda.

2) Las inconformidades de las partes y conflictos de competencia que se susciten entre los juzgados agrarios.

3) Los conflictos entre los juzgados agrarios generados por la acumulación de procesos.

4) En grado y de forma definitiva, los recursos que se interpongan contra las resoluciones del Instituto de Desarrollo Rural (Inder) y demás entes que la ley LEY N.º 96095 disponga, cuando se vinculen con las actividades agrarias y de desarrollo rural.

5) Los impedimentos y las recusaciones de sus integrantes y de los conflictos que se susciten por dichos motivos entre las personas juzgadoras de los juzgados agrarios.

6) Los demás asuntos que determine el ordenamiento jurídico.

CONCORDANCIAS:

- **Tribunal agrario:** Arts. 11 Código Procesal Agrario (CPA), Ley 9609/2018 // 1, 92, 100 Ley Orgánica del Poder Judicial (LOPJ), Ley 8/1937.
- **Recurso de apelación:** Arts. 196, 202, 203, 204 a 207 CPA.
- **Impedimento, recusación o excusa:** Arts. 26 CPA // 29 a 33 LOPJ.
- **Conflicto de competencia:** Arts. 25, 26 CPA.
- **Control no jerárquico:** Ley que transforma el Instituto de Desarrollo Agrario (IDA) en el Instituto de Desarrollo Rural (Ley Inder), Ley 9036/2012 // Reglamento a la Ley Inder (Reglamento Ley Inder), Decreto 43102/2021.

ARTÍCULO 12- Funciones de la Sala de Casación

La Sala Primera de la Corte Suprema de Justicia será competente para conocer:

1) Las inconformidades y los conflictos de competencia suscitados entre los órganos de la jurisdicción agraria y los de otra materia, siempre que aquellos hayan prevenido en el conocimiento del asunto.

2) Los conflictos que se generen por impedimentos y recusaciones, así como la acumulación de procesos tramitados en distintas jurisdicciones, siempre que estos sean competencia agraria.

3) El recurso de casación contra las sentencias emitidas en procesos ordinarios, así como la revisión y demás resoluciones que tengan eficacia de cosa juzgada material.

4) El recurso de nulidad o la revisión contra laudos referidos a asuntos vinculados con la materia agraria.

5) Los demás asuntos que determine el ordenamiento jurídico.

CONCORDANCIAS:

- **Sala de casación**: Arts. 9 Código Procesal Agrario (CPA), Ley 9609/2018 // 1, 92, 102 Ley Orgánica del Poder Judicial (LOPJ), Ley 8/1937.
- **Recurso de casación**: Arts. 208 a 216 CPA.
- **Impedimento, recusación o excusa**: Arts. 26 CPA // 29 a 33 LOPJ.
- **Revisión:** Arts. 217 a 218 CPA.
- **Recursos contra laudos arbitrales**: Arts. 64 a 67 Ley Resolución Alterna de Conflictos y Promoción de la Paz Social (Ley RAC), Ley 7727/1997.

ARTÍCULO 13- Funciones de las personas juzgadoras agrarias a cargo de la ejecución

Las personas juzgadoras agrarias, a cargo de la ejecución, ejecutarán las sentencias y demás resoluciones que, conforme a la ley, deban tramitarse por medio del proceso de ejecución; además, los procesos monitorios, de ejecución hipotecaria y prendaria.

Deberán asumir otras funciones, incluso aquellas asignadas a las personas juzgadoras decisoras, cuando la organización del despacho lo requiera. De ser necesario, serán itinerantes, abarcando la competencia territorial de dos o más tribunales agrarios.

CONCORDANCIAS:

- **Tribunales de ejecución:** Art. 9 Código Procesal Agrario (CPA), Ley 9609/2018.
- **Proceso monitorio dinerario:** Art. 279 CPA.
- **Proceso de ejecución de sentencia:** Arts. 153 Constitución Política (1949) // 20, 73, 116, 117, 118, 155, 173, 174, 291 a 295, 306 CPA // 1, 5, 6, 7, 167, 168 Ley Orgánica del Poder Judicial (LOPJ), Ley 8/1937.
- **Proceso de ejecución hipotecaria y prendaria:** Art. 312 CPA.

ARTÍCULO 14- Sedes de los tribunales

Con la finalidad de acercar las sedes de los juzgados agrarios a las distintas poblaciones y comunidades, para garantizar el acceso a las personas usuarias, se realizará la distribución de la competencia territorial por zonas, con base en el índice de conflictos y gestiones. La delimitación geográfica podrá comprender distritos de diferentes cantones, o cantones de provincias distintas.

Los asientos de los juzgados se establecerán con ese fin en la cabecera de cada provincia, sin perjuicio de que si las circunstancias lo ameriten se creen otros en otros cantones. Se tomarán en consideración las vías de acceso y comunicación, la lejanía de los lugares y el encarecimiento de costos para el traslado de los usuarios y las usuarias.

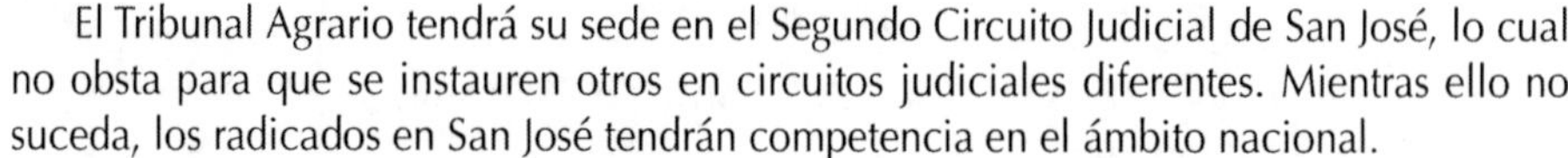

El Tribunal Agrario tendrá su sede en el Segundo Circuito Judicial de San José, lo cual no obsta para que se instauren otros en circuitos judiciales diferentes. Mientras ello no suceda, los radicados en San José tendrán competencia en el ámbito nacional.

La instauración de las sedes citadas no afectará la itinerancia de las personas juzgadoras para la práctica de actos a su cargo.

CONCORDANCIAS:

- **Jurisdicción:** Arts. 1, 92, 102 Ley Orgánica del Poder Judicial (LOPJ), Ley 8/1937.
- **Competencia territorial:** Art. 20.2, 21 Código Procesal Agrario (CPA), Ley 9609/2018.
- **Principio de itinerancia:** Arts. 4, 13, 14, 24, 52, 65 123, 173 CPA.

CAPÍTULO IV
COMPETENCIA OBJETIVA Y SUBJETIVA

ARTÍCULO 15- Perpetuidad de la competencia

Definida la competencia, las alteraciones en cuanto al domicilio de las partes, la situación del bien litigioso y del objeto del proceso no la modificarán, salvo disposición legal en contrario.

CONCORDANCIAS:

- **Alcances de la Jurisdicción Agraria:** Arts. 1, 45, 46, 50, 69, 152, 153 Constitución Política (1949) // 1 Código Procesal Agrario (CPA), Ley 9609/2018 // 1, 3, 92, 100, 113, 162 Ley Orgánica del Poder Judicial (LOPJ), Ley 8/1937.
- **Reglas generales para definir la competencia material y territorial de los tribunales agrarios:** Arts. 1, 2, 3, 20, 21 CPA // 100, 113, 164 a 167, 169, 173 LOPJ // 1, 2 Ley de Fomento a la Producción Agropecuaria (Ley FODEA), Ley 7064/1987 // 56 Ley de uso, manejo y conservación de suelos (LUMCS), Ley 7779/1998 // 108 Ley de Biodiversidad (LB), Ley 7788/1998 // 1, 2, 5, 8, 81 Ley de Pesca y Acuicultura (LPAc) // 16-j, 69 Ley que transforma el Instituto de Desarrollo Agrario (IDA) en el Instituto de Desarrollo Rural (Ley Inder), Ley 9036/2012 // 157 Reglamento a la Ley de Uso, Manejo y Conservación de Suelos (RLUMCS), Decreto 29375/2000 // 67 a 109 Reglamento a la Ley Inder (Reglamento Ley Inder), Decreto 43102/2021.
- **Perpetuidad de la competencia:** Arts. 169, 170 LOPJ.
- **Domicilio para efectos judiciales:** Arts. 69 CPA // 60 a 66 Código Civil: Ley XXX/1885 (CC) // 3, 21, 22 Ley de notificaciones judiciales (LNJ), Ley 8687/2008.

ARTÍCULO 16- Competencia preventiva

Si para un mismo proceso existe más de un tribunal competente, su tramitación corresponderá a aquel ante el cual se haya presentado de primero.

CONCORDANCIAS:

- **Perpetuidad de la competencia:** Arts. 15 Código Procesal Agrario (CPA), Ley 9609/2018 // 170 Ley Orgánica del Poder Judicial (LOPJ), Ley 8/1937.
- **Principio dispositivo**: Art. 5 LOPJ.

ARTÍCULO 17- Conexidad

Los elementos del proceso son el sujeto, el objeto y la causa. La conexidad, respecto de dos o más procesos o pretensiones, se dará cuando al menos dos de sus elementos sean idénticos, o uno si es la causa.

CONCORDANCIAS:

- **Acumulación de pretensiones:** Arts. 43 Código Procesal Agrario (CPA), Ley 9609/2018.
- **Acumulación de procesos:** Arts. 11.3, 12, 22, 206 CPA.
- **Excepción de indebida acumulación de pretensiones:** Arts. 105.6, 108 CPA.
- **Litis pendencia:** Arts. 23, 105.8 CPA.
- **Prejudicialidad:** Art. 96 CPA.
- **Recurso de apelación:** Art. 203 CPA.

ARTÍCULO 18- Competencia funcional

La competencia funcional de los tribunales agrarios de las diversas instancias se regirá por lo dispuesto en este Código, la Ley N.° 7333, Ley Orgánica del Poder Judicial, de 5 de mayo de 1993, y las leyes especiales.

CONCORDANCIAS:

- **Reglas para definir la competencia funcional de los tribunales agrarios**: Arts. 9 a 14 Código Procesal Agrario (CPA), Ley 9609/2018 // 1, 3, 92, 100, 113, 162, 167 Ley Orgánica del Poder Judicial (LOPJ), Ley 8/1937.
- **Procesos anticipados (cuestiones preliminares: probatorias y cautelares):** Arts. 19, 20.3, 21.5, 167 a 169, 248 CPA.

ARTÍCULO 19- Competencia para cuestiones preliminares

La competencia de la jurisdicción agraria se extenderá al conocimiento y a la decisión de las cuestiones preliminares, directamente relacionadas con los procesos agrarios, aunque no lo sean de esta disciplina, salvo las de naturaleza penal. Tal decisión no producirá efecto fuera del proceso donde se emita y podrá ser revisada por la jurisdicción competente.

CONCORDANCIAS:

- **Reglas para definir la competencia funcional de los tribunales agrarios:** Arts. 9 a 14 Código Procesal Agrario (CPA), Ley 9609/2018 // 1, 3, 92, 100, 113 Ley Orgánica del Poder Judicial (LOPJ), Ley 8/1937.
- **Reglas generales para definir la competencia material y territorial de los tribunales agrarios:** Arts. 1, 2, 3, 20, 21 CPA // 100, 113, 164 a 167, 169, 173 LOPJ // 1, 2 Ley de Fomento a la Producción Agropecuaria (Ley FODEA), Ley 7064/1987 // 56 Ley de uso, manejo y conservación de suelos (LUMCS), Ley 7779/1998 // 108 Ley de Biodiversidad (LB), Ley 7788/1998 // 1, 2, 5, 8, 81 Ley de Pesca y Acuicultura (LPAc), Ley 8436/2005 // 16-j, 69 Ley que transforma el Instituto de Desarrollo Agrario (IDA) en el Instituto de Desarrollo Rural (Ley Inder), Ley 9036/2012 // 157 Reglamento a la Ley de Uso, Manejo y Conservación de Suelos (RLUMCS), Decreto 29375/2000 // 67 a 109 Reglamento a la Ley Inder (Reglamento Ley Inder), Decreto 43102/2021.
- **Procesos anticipados (cuestiones preliminares: probatorias y cautelares):** Arts. 20.3, 21.5, 167 a 169, 248 CPA.

ARTÍCULO 20- Criterios objetivos

La competencia de los tribunales agrarios se determinará:

1) Conforme a la especialidad de la materia agraria.

2) Por el territorio definido para ejercer su competencia, con las salvedades de ley. Sin embargo, podrán delegar la práctica de notificaciones y actos de ejecución en otras autoridades que administren justicia de inferior categoría, cuando lo sean de su territorio, o en otros de igual o inferior categoría, de lugares ubicados fuera de su competencia territorial.

3) En medidas cautelares y tutelares, podrá delegarse la práctica de actuaciones a juzgados agrarios del lugar donde deban realizarse, según su competencia territorial. También se podrá delegar la realización, en el lugar, de actos propios del proceso de ejecución, cuando deban realizarse en el territorio que corresponde a la competencia de otro despacho agrario.

CONCORDANCIAS:

- **Alcances de la Jurisdicción Agraria:** Arts. 1, 45, 46, 50, 69, 152, 153 Constitución Política (1949) // 1 Código Procesal Agrario (CPA), Ley 9609/2018 // 1, 3, 92, 100, 113, 162 Ley Orgánica del Poder Judicial (LOPJ), Ley 8/1937.
- **Reglas generales para definir la competencia material y territorial de los tribunales agrarios:** Arts. 1, 2, 3, 19, 21, 24 CPA // 100, 113, 164 a 167, 169, 173 LOPJ // 1, 2 Ley de Fomento a la Producción Agropecuaria (Ley FODEA), Ley 7064/1987 // 56 Ley de uso, manejo y conservación de suelos (LUMCS), Ley 7779/1998 // 108 Ley de Biodiversidad (LB), Ley 7788/1998 // 1, 2, 5, 8, 81 Ley de Pesca y Acuicultura (LPAc) // 16-j, 69 Ley que transforma el Instituto de Desarrollo Agrario (IDA)

en el Instituto de Desarrollo Rural (Ley Inder), Ley 9036/2012 // 157 Reglamento a la Ley de Uso, Manejo y Conservación de Suelos (RLUMCS), Decreto 29375/2000 // 67 a 109 Reglamento a la Ley Inder (Reglamento Ley Inder), Decreto 43102/2021.

- **Reglas para definir la competencia funcional de los tribunales agrarios**: Arts. 9 a 14, 18 CPA // 1, 3, 92, 100, 113, 162, 167 LOPJ.
- **Procesos anticipados (cuestiones preliminares: probatorias y cautelares):** Arts. 19, 21.5, 167 a 169, 248 CPA.
- **Auxilio judicial para realizar actuaciones judiciales:** Arts. 5, 6, 24, 73, 147, 163.2, 165 LOPJ.
- **Suplicatorios, exhortos y mandamientos:** Art. 126 LOPJ.
- **Ejecutorias:** Arts. 46, 335 CPA.

ARTÍCULO 21- Criterios para determinar la competencia territorial

La competencia territorial se determinará por el lugar donde se localice el inmueble objeto de las pretensiones o de las cuestiones preliminares y, en su caso, donde se desarrolle la actividad o los hechos en litigio. Lo anterior se aplicará salvo en los siguientes supuestos:

1) En procesos cobratorios, será competente el tribunal del lugar donde se implementó o pretendió desarrollar el plan de inversión del crédito. En su defecto, el del sitio donde se localice el inmueble dado en garantía. A falta de los supuestos anteriores, el del lugar del domicilio de la parte demandada.

2) Si se reclaman daños y perjuicios de forma accesoria, conocerá el tribunal competente para la pretensión principal.

3) En los asuntos vinculados con controversias en materia de propiedad intelectual, regirá el domicilio de la parte demandada, salvo disposición especial en contrario.

4) Cuando se trate del aseguramiento de bienes, apertura y reconocimiento de testamentos y sucesiones, regirá el último domicilio del causante. En su defecto, el lugar donde se localice la mayor parte de los inmuebles destinados a la actividad agraria y de desarrollo rural. Si no es posible aplicar alguno de los criterios anteriores, será competente el tribunal ante el cual se presentó la solicitud para actuar.

5) Los procesos anticipados serán competencia del tribunal al que le correspondería conocer el proceso para el que fueron planteadas. Si se solicita en relación con un proceso arbitral nacional o con un proceso jurisdiccional o arbitral extranjero, será competente el tribunal de primera instancia del lugar donde se deba ejecutar el laudo o sentencia o donde deban surtir efectos las medidas.

6) En procesos de administración y reorganización por intervención judicial, el competente será el tribunal del lugar donde se ubique la organización empresarial agraria de la parte demandada. Si se trata de varios centros de actividad, será competente el del domicilio social. A falta de coincidencia, el proceso podrá radicarse en cualquiera de los tribunales donde se ubique alguno de esos centros.

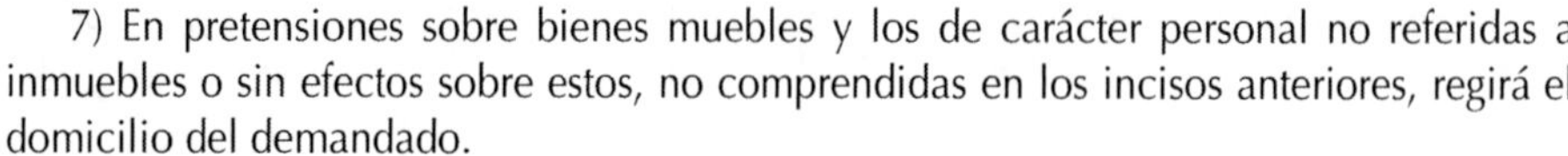

7) En pretensiones sobre bienes muebles y los de carácter personal no referidas a inmuebles o sin efectos sobre estos, no comprendidas en los incisos anteriores, regirá el domicilio del demandado.

CONCORDANCIAS:

- **Reglas para definir la competencia territorial de los tribunales agrarios:** Arts. 19, 20.2, 20.3, 124 Código Procesal Agrario (CPA), Ley 9609/2018 // 164 a 165, 167, 169, 173 Ley Orgánica del Poder Judicial (LOPJ), Ley 8/1937.
- **Reglas para definir la competencia funcional de los tribunales agrarios:** Arts. 9 a 14, 18 CPA / 1, 3, 92, 100, 113, 162, 167 LOPJ.
- **Procesos anticipados (cuestiones preliminares: probatorias y cautelares):** Arts. 19, 20.3, 167 a 169, 248 CPA.
- **Auxilio judicial para realizar actuaciones judiciales:** Arts. 5, 6, 24, 73, 147, 163.2, 165 LOPJ.
- **Suplicatorios, exhortos y mandamientos:** Art. 126 LOPJ.

ARTÍCULO 22- Acumulación de procesos

Si dos o más procesos de igual naturaleza, conexos entre sí, se inician de forma separada, se ordenará su acumulación. La podrá pedir cualquiera de las partes o declararse de oficio.

No procede la acumulación cuando en uno de los procesos inició la audiencia de juicio o si esta no se celebró, si se encuentra en la emisión de sentencia. En procesos de ejecución hipotecaria o prendaria, solo se admitirá cuando exista identidad de causa.

La petición podrá presentarse ante el tribunal de cualquiera de los procesos vinculados; si se presenta ante el tribunal donde se tramita el proceso más antiguo, lo cual se determinará por la fecha de presentación de la demanda, se aportará copia de la demanda o solicitud inicial del que se pretenda acumular, con indicación de su estado procesal y la fecha de presentación. Si se presenta en el proceso más reciente, el tribunal de oficio dispondrá la remisión de la gestión al pertinente y deberá resolverse sin más trámite. Si se acoge, se ordenará traer el otro expediente y se suspenderá la tramitación del más antiguo si es necesario, en espera de que alcancen el mismo estado procesal. No obstante, podrán practicarse actuaciones de carácter urgente.

Si se plantea en el proceso más reciente, el tribunal de oficio dispondrá la remisión de la gestión al pertinente y deberá resolverse sin más trámite. Si se acoge, se ordenará traer el otro expediente y se suspenderá la tramitación del más antiguo, si es necesario, en espera de que alcancen el mismo estado procesal. No obstante, podrán practicarse actuaciones de carácter urgente.

El tribunal requerido podrá oponerse a la acumulación, conflicto que será resuelto por el superior común.

CONCORDANCIAS:

- **Tipos de pretensiones en acciones procesales a plantear en procesos agrarios:** Arts. 1, 2, 21, 42 Código Procesal Agrario (CPA), Ley 9609/2018.
- **Conexidad de pretensiones:** Art. 17 CPA.
- **Acumulación de procesos**: Arts. 11.3, 12.2 CPA.
- **Litis pendencia:** Arts. 23, 105.8 CPA.
- **Prejudicialidad:** Art. 96 CPA.
- **Recurso de apelación:** Art. 203 CPA.
- **Expediente judicial electrónico:** Art. 60 Código Procesal Agrario (CPA), Ley 9609/2018 // 92, 100, 113, 162, 167 Ley Orgánica del Poder Judicial (LOPJ), Ley 8/1937 // Circular Consejo Superior 164-2021: Reglamento sobre expediente judicial electrónico ante el Poder Judicial

ARTÍCULO 23- Litispendencia

Se produce litispendencia cuando se tramiten separadamente dos o más procesos iguales, o con identidad parcial en las pretensiones, en los que no exista sentencia firme.

En el primer caso, de oficio o a solicitud de parte, se ordenará la terminación y el archivo del proceso instaurado más recientemente.

Si se trata de una litispendencia parcial y no procede la acumulación, se continuarán conociendo las pretensiones iguales en el proceso que se encuentre en una etapa más avanzada. En los restantes asuntos, se declarará la terminación del proceso únicamente respecto de las pretensiones sobre las cuales sea improcedente pronunciarse por dicho motivo. Se continuará con la tramitación, salvo si resulta innecesario resolver las pretensiones no coincidentes, en cuyo caso procederá declarar la terminación total y su archivo definitivo. Si todos los procesos se encuentran en el mismo estado procesal, se tramitarán las pretensiones en el más antiguo.

La demanda interpuesta ante un tribunal extranjero no produce litispendencia, salvo disposición expresa en contrario.

CONCORDANCIAS:

- **Tipos de pretensiones en acciones procesales a plantear en procesos agrarios:** Arts. 1, 2, 21, 42 Código Procesal Agrario (CPA), Ley 9609/2018.
- **Conexidad de pretensiones:** Art. 17, 43 CPA.
- **Acumulación de procesos:** Arts. 11.3, 12.2, 22 CPA.
- **Litis pendencia:** Art. 105.8 CPA.
- **Prejudicialidad:** Art. 96 CPA.
- **Recurso de apelación:** Art. 203 CPA.

ARTÍCULO 24- Improrrogabilidad e indelegabilidad de la competencia

La competencia es improrrogable e indelegable. Los tribunales podrán requerir el auxilio de otros órganos jurisdiccionales y de otras autoridades, únicamente en los casos expresamente establecidos por ley.

CONCORDANCIAS:

- **Alcances de la Jurisdicción Agraria:** Arts. 1, 45, 46, 50, 69, 152, 153 Constitución Política (1949) // 1 Código Procesal Agrario (CPA), Ley 9609/2018 // 1, 3, 92, 100, 113, 162 Ley Orgánica del Poder Judicial (LOPJ), Ley 8/1937.
- **Reglas para definir la competencia territorial de los tribunales agrarios:** Arts. 20.2, 20.3, 21, 124 CPA // 164 a 165, 167, 169, 173 LOPJ.
- **Procesos anticipados (cuestiones preliminares: probatorias y cautelares):** Arts. 19, 20.3, 21.5, 167 a 169, 248 CPA.
- **Perpetuidad de la competencia**: Arts. 15 CPA // 170 LOPJ.
- **Auxilio judicial para realizar actuaciones judiciales:** Arts. 5, 6, 73, 147, 163.2, 165 LOPJ.
- **Colaboración de entidades públicas para realizar actuaciones judiciales**: Arts. 116, 117, 118, 173, 174 CPA // 7 LOPJ // 8 Ley General de Policía, Ley 7410/1994.
- **Suplicatorios, exhortos y mandamientos**: Art. 126 LOPJ.

ARTÍCULO 25- Incompetencia e inconformidad

La incompetencia podrá declararse de oficio o a instancia de parte. Si es de oficio, por el territorio deberá disponerse antes de convocar a la audiencia preparatoria; y si es por la materia, antes de convocar a la audiencia de prueba, salvo que se haya definido con anticipación mediante resolución firme.

La excepción de incompetencia deberá interponerse dentro del plazo conferido para contestar la demanda. Se pondrá en conocimiento de la parte contraria por tres días. De ser necesario, se programará una audiencia para recibir la prueba que se ofrezca y admita para tal efecto, y se resolverá de una vez. El tribunal podrá reservar la recepción de tal prueba y la decisión sobre la excepción de incompetencia para la audiencia preparatoria.

Las partes podrán mostrarse inconformes con lo resuelto sobre la excepción de incompetencia o la declaratoria de oficio, dentro del plazo de tres días. De decidirse en audiencia, la inconformidad se deberá plantear en esta. En ambos supuestos, se dispondrá la remisión del expediente al superior competente, el que tendrá tres días para emitir pronunciamiento.

CONCORDANCIAS:

- **Alcances de la Jurisdicción Agraria:** Arts. 1, 45, 46, 50, 69, 152, 153 Constitución Política (1949) // 1 Código Procesal Agrario (CPA), Ley 9609/2018 // 1, 3, 92, 100, 113, 162 Ley Orgánica del Poder Judicial (LOPJ), Ley 8/1937.
- **Reglas generales para definir la competencia material y territorial de los tribunales agrarios:** Arts. 1, 2, 3, 20, 21 CPA // 100, 113, 164 a 167, 169, 173 LOPJ // 1, 2 Ley de Fomento a la Producción Agropecuaria (Ley FODEA), Ley 7064/1987 // 56 Ley de uso, manejo y conservación de suelos (LUMCS), Ley 7779/1998 // 108 Ley de Biodiversidad (LB), Ley 7788/1998 // 1, 2, 5, 8, 81 Ley de Pesca y Acuicultura (LPAc) // 16-j, 69 Ley que transforma el Instituto de Desarrollo Agrario (IDA) en el Instituto de Desarrollo Rural (Ley Inder), Ley 9036/2012 // 157 Reglamento a la Ley de Uso, Manejo y Conservación de Suelos (RLUMCS), Decreto 29375/2000 // 67 a 109 Reglamento a la Ley Inder (Reglamento Ley Inder), Decreto 43102/2021.
- **Procesos anticipados (cuestiones preliminares: probatorias y cautelares):** Arts. 19, 20.3, 21.5, 167 a 169, 248 CPA.
- **Perpetuidad de la competencia:** Arts. 15 CPA / 170 LOPJ.
- **Improrrogabilidad e indelegabilidad de la competencia:** Art. 24 CPA.
- **Reglas para reclamar o declarar incompetencia:** Arts. 11.2, 12.1, 26, 105.1, 106 CPA // 169 LOPJ.
- **Excepción de incompetencia:** Arts. 105.1, 106 CPA.

ARTÍCULO 26- Conflictos de competencia

Si el tribunal que recibe un expediente disiente de lo dispuesto sobre la competencia por el remitente, planteará el conflicto de competencia en el lapso de tres días luego de recibido, el cual será resuelto por el órgano superior de ambos. Se aplicará el mismo trámite dispuesto para la inconformidad. Si ambos tribunales no tienen un superior común, resolverá el órgano competente según la Ley N.° 7333, Ley Orgánica del Poder Judicial, de 5 de mayo de 1993.

CONCORDANCIAS:

- **Alcances de la Jurisdicción Agraria:** Arts. 1, 45, 46, 50, 69, 152, 153 Constitución Política (1949) // 1 Código Procesal Agrario (CPA), Ley 9609/2018 // 1, 3, 92, 100, 113, 162 Ley Orgánica del Poder Judicial (LOPJ), Ley 8/1937.
- **Reglas generales para definir la competencia material y territorial de los tribunales agrarios:** Arts. 1, 2, 3, 20, 21 CPA // 100, 113, 164 a 167, 169, 173 LOPJ // 1, 2 Ley de Fomento a la Producción Agropecuaria (Ley FODEA), Ley 7064/1987 // 56 Ley de uso, manejo y conservación de suelos (LUMCS), Ley 7779/1998 // 108 Ley de Biodiversidad (LB), Ley 7788/1998 // 1, 2, 5, 8, 81 Ley de Pesca y Acuicultura (LPAc) // 16-j, 69 Ley que transforma el Instituto de Desarrollo Agrario (IDA) en el Instituto de Desarrollo Rural (Ley Inder), Ley 9036/2012 // 157 Reglamento a la Ley de Uso, Manejo y Conservación de Suelos (RLUMCS), Decreto 29375/2000 // 67 a 109 Reglamento a la Ley Inder (Reglamento Ley Inder), Decreto 43102/2021.
- **Procesos anticipados (cuestiones preliminares: probatorias y cautelares):** Arts. 19, 20.3, 21.5, 167 a 169, 248 CPA.

- **Perpetuidad de la competencia**: Arts. 15 CPA // 170 LOPJ.
- **Improrrogabilidad e indelegabilidad de la competencia**: Art. 24 CPA.
- **Reglas para plantear y resolver un conflicto de competencia:** Arts. 11.2, 12.1 CPA // 54, 55, 164, 169, 170 LOPJ.

ARTÍCULO 27- Impedimento y recusación

Será causal de inhibitoria por impedimento y recusación cualquier circunstancia que afecte la garantía de imparcialidad o pueda comprometer la integridad del juzgador o juzgadora de cualquier forma, además de las previstas expresamente en otras disposiciones normativas. Se aplicará el trámite dispuesto en la Ley N.° 7333, Ley Orgánica del Poder Judicial, de 5 de mayo de 1993, y supletoriamente la normativa procesal civil. Lo anterior también procederá, en lo que corresponda, respecto de los impedimentos y recusaciones de personas peritas, consultoras técnicas y servidores judiciales.

Cuando la recusación sea temeraria, se impondrá una multa del cincuenta por ciento de un salario base, según lo establece el artículo 2 de la Ley N.° 7337 de 5 de mayo de 1993. En caso de que tal gestión haya tenido como efecto la suspensión de alguna audiencia oral, el monto se duplicará. La multa se depositará en la cuenta del tribunal.

Las resoluciones sobre inhibitorias y recusaciones tendrán únicamente recurso de revocatoria.

CONCORDANCIAS:

- **Principios de tribunal natural, imparcialidad del tribunal e independencia del tribunal**: Arts. 4, 41, 42, 152, 153, 154, 155 Constitución Política (1949) // 6, 48, 49, 340 Código Procesal Agrario (CPA), Ley 9609/2018 // 1, 2, 4, 5, 9, 25, 168 Ley Orgánica del Poder Judicial, Ley 8/1937 (LOPJ).
- **Impedimentos para personas juzgadoras**: Arts. 11.5 CPA // 42, 152, 153, 154, 155 Constitución Política (1949) // 25 a 27, 29 a 31, 163.3 LOPJ // 12, 13, 15 a 17 Código Procesal Civil (CPC), Ley 9342/2016 // Circular Presidencia de la Corte 128-2000: Aclaración y adición del inciso 4) de la parte dispositiva de la Directriz de Presidencia, publicada por Circular 64-2000 de 27 de junio del 2000, relativa a la sustitución de los jueces cuando tengan que separarse del conocimiento de un asunto, por motivo de impedimento, recusación, excusa u otro motivo (Artículo 29, inciso 1° de la Ley Orgánica del Poder Judicial).
- **Recusación de personas juzgadoras:** Arts. 11.5 CPA // 42, 152, 153, 154, 155 Constitución Política (1949) // 25 a 27, 29 a 31, 163.3, 164.2 LOPJ // 12, 14 a 17 CPC // Circular Presidencia de la Corte 128-2000: Aclaración y adición del inciso 4) de la parte dispositiva de la Directriz de Presidencia, publicada por Circular N° 64-2000 de 27 de junio del 2000, relativa a la sustitución de los jueces cuando tengan que separarse del conocimiento de un asunto, por motivo de impedimento, recusación, excusa u otro motivo (Artículo 29, inciso 1° de la Ley Orgánica del Poder Judicial).
- **Recusación de personas peritas, ejecutoras y otras auxiliares de la Administración de Justicia**: Art. 18 CPC.
- **Recusación del personal técnico judicial:** Art. 18 CPC.

- **Integración y aplicación supletoria de normas:** Arts. 7 CPA // 12 Código Civil, Ley XXX/1885 // 5 LOPJ. 

TÍTULO II
LOS SUJETOS PROCESALES, LA PRETENSIÓN Y EL PATROCINIO LETRADO

CAPÍTULO I
PARTES Y LA CAPACIDAD PROCESAL

ARTÍCULO 28- Partes e intervinientes

Parte es quien plantea la pretensión procesal en nombre propio, o en cuyo nombre se formula, o quien tuviera interés directo y la persona contra la cual se dirige.

También lo serán las organizaciones debidamente constituidas y reconocidas conforme a la ley, en aquellos asuntos en que tengan interés directo.

Por disposición legal intervendrán en el proceso:

1) El Instituto de Desarrollo Rural (Inder), en los procesos en los cuales pueda existir un conflicto de posesión precaria, cuando se discutan derechos sobre inmuebles no inscritos en el Registro Público de la Propiedad Inmobiliaria o sobre inmuebles relacionados con un contrato de asignación u otras modalidades de dotación de tierras, así como los asuntos vinculados con el desarrollo rural y en los supuestos que las leyes especiales establezcan.

2) La Procuraduría General de la República, en asuntos relativos a la tutela del dominio público, del ambiente y en el ejercicio de las demás atribuciones conferidas por el ordenamiento jurídico.

3) Las corporaciones y los entes del sector público agrario, en los procesos agrarios de su interés, en el cumplimiento de la normativa vigente.

4) Las asociaciones de desarrollo integral de los territorios indígenas involucrados u otros órganos de representación autónoma de las personas indígenas, en los conflictos agrarios derivados del derecho indígena, derechos e intereses de sus poblaciones y sus territorios.

5) El Catastro Nacional, cuando se diriman pretensiones sobre la modificación, la cancelación, la validez o la nulidad de planos, o ello sea consecuencia intrínseca de lo debatido, en caso de zonas catastrales o catastradas.

6) El Patronato Nacional de la Infancia (PANI), en los procesos en los que figure como parte una persona menor de edad.

Salvo disposición legal en contrario, se les conferirá a los intervinientes citados en este artículo cinco días para que se apersonen. Podrán hacerlo sin ser citados, en cualquier etapa del proceso, pero lo tomarán en el estado en que se encuentre. Si se trata de un apersonamiento fuera de audiencia, el tribunal decidirá sobre su participación en el plazo de tres días.

CONCORDANCIAS:

- **Persona (física y jurídica):** Arts. 31 a 33 Código Civil (CC), Ley XXX/1885.
- **Comunidades indígenas:** Arts. 2 y 4 Ley Indígena (LI), Ley 6172/1977 // 5 Reglamento a la Ley Indígena (RLI), Decreto 8487/1978.
- **Capacidad procesal de actuar:** Arts. 29 Código Procesal Agrario (CPA), Ley 9609/2018 // 36 a 43 CC // 5, 18, 86 Código de la Niñez y Adolescencia (CNA), Ley 7739/1998 // 1 Convención sobre los derechos de las personas con discapacidad (CDPD), Ley 8661/2008 // 1, 5 Ley para Promoción de la Autonomía Personal de las Personas con Discapacidad (LPAPPD), Ley 9378/2016.
- **Legitimación procesal:** Art. 39 CPA.
- **Litis consorcio necesario:** Arts. 32, 33 CPA.
- **Litis consorcio facultativo:** Art. 34 CPA.
- **Intervención coadyuvante:** Art. 37 CPA.
- **Terceras personas interesadas:** Art. 38 CPA.
- **Instituto de Desarrollo Rural (Inder):** Art. 14 Ley Transforma el Instituto de Desarrollo Agrario (IDA) en el Instituto de Desarrollo Rural (Inder), (Ley Inder), Ley 9036/2012.
- **Procuraduría General de la República (PGR):** Art. 13 Ley Orgánica PGR (LOPGR), Ley 6815/1982.
- **Patronato Nacional de la Infancia (PANI):** Art. 1 Ley Orgánica del PANI (LOPANI), Ley 7648/1996.
- **Asociaciones de Desarrollo Integral de territorios indígenas (ADITI):** Art. 3, 5 RLI.
- **Sector Público Agrario:** Arts. 29 a 31 Ley de fomento a la producción agropecuaria (Ley FODEA), Ley 7064/1987.

ARTÍCULO 29- Capacidad procesal

Para la demostración de la capacidad procesal, se aplicarán las reglas establecidas en la normativa procesal civil y la legislación especial, en lo que no se oponga a este Código. Además:

1) Toda persona representante deberá demostrar su capacidad procesal en la primera gestión. En casos de urgencia, podrá admitirse su comparecencia sin presentar la documentación pertinente para ello, pero si no se subsana en el plazo de tres días será nulo lo actuado con imposición del pago de costas, daños y perjuicios causados a quien actuó en tal condición.

2) La parte actora deberá acreditar la personería de la demandada, excepcionalmente podrá solicitar la colaboración del tribunal para cumplir ese requisito, cuando las circunstancias lo ameriten o si la demandada tiene su domicilio en el extranjero.

3) Quien se apersone como representante de un grupo en un proceso no supraindividual, deberá acreditar documentalmente su designación. Debe, en lo sucesivo, indicar los cambios de integración del grupo, si se presentaran.

4) Las personas representantes de entidades, instituciones y corporaciones públicas con facultades suficientes para litigar, cuya designación se publique en el diario oficial La Gaceta podrán invocar dicha publicación como prueba de su personería. Deberán indicar

los datos de forma completa y expresar con el carácter de declaración jurada o bajo juramento que su designación no ha sido modificada o dejada sin efecto.

Asimismo, el tribunal tendrá un registro de personerías del Estado o entes públicos que las personas interesadas deberán actualizar oportunamente mediante certificación, cada vez que se genere un cambio, salvo cuando se trate de una designación publicada en el diario oficial La Gaceta o regida por normativa especial en contrario. En la certificación donde conste la personería se deberá indicar el plazo de vigencia.

5) La falta de capacidad procesal y la defectuosa representación pueden ser apreciadas de oficio u objetadas por simple alegación de la parte contraria en cualquier momento, quien deberá fundamentar su reclamo.

6) Las partes e intervinientes deberán informarle oportunamente al tribunal sobre las correcciones y los cambios de su nombre o razón social, la transformación y la fusión organizativa. La falta de esas indicaciones no será causal de nulidad y en cualquier tiempo podrán realizarse las correcciones pertinentes, aunque exista sentencia firme, siempre y cuando las modificaciones no impliquen sustituciones que violen el debido proceso.

CONCORDANCIAS:

- **Capacidad procesal de actuar:** Arts. Arts. 36 a 43 CC // 5, 18, 86 Código de la Niñez y Adolescencia (CNA), Ley 7739/1998 // 1 Convención sobre los derechos de las personas con discapacidad (CDPD), Ley 8661/2008 // 1, 5 Ley para Promoción de la Autonomía Personal de las Personas con Discapacidad (LPAPPD), Ley 9378/2016.
- **Integración y aplicación supletoria de normas:** Arts. 7 Código Procesal Agrario (CPA), Ley 9609/2018 // 12 CC // 5 Ley Orgánica del Poder Judicial (LOPJ), Ley 8/1937 // 19.2, párrafo 3 Código Procesal Civil (CPC), Ley 9342/2018.
- **Requisitos de la demanda y de la reconvención:** Arts. 97 y 109 Código Procesal Agrario (CPA), Ley 9609/2018.
- **Demanda defectuosa:** Art. 100 CPA.
- **Representación de empresas y sociedades extranjeras:** Art. 124 CPA // 226 a 233 del Código de Comercio (CCo), Ley 3284/1964
- **Curatela (persona curadora) procesal:** Art. 30 CPA // 23 Ley de Notificaciones Judiciales (LNJ), Ley 8687/2008.
- **Arraigo:** Art. 30 CPA.
- **Liquidación de sociedades:** Arts. 209 a 219 CCo.
- **Gestoría procesal:** Art. 31 CPA.
- **Reglas generales para la indemnización de daños y perjuicios**: Arts. 324, 325, 327, 702 a 704, 707, 868, 1046 CC.

ARTÍCULO 30- Representante legal y arraigo

Será procedente el nombramiento de una persona curadora procesal o, en su caso, la aplicación del arraigo, en los supuestos y con las condiciones establecidas en la normativa procesal civil y la legislación especial. En caso de la persona curadora procesal, se aplicará además lo siguiente:

Si se ignora el domicilio de la parte demandada, quien gestione la designación de una persona curadora procesal deberá demostrar el agotamiento de los medios legales para ubicarla. También aportará certificación donde conste su representación legal, certificación de movimientos migratorios y cualquier otro requisito que el tribunal estime necesario, de acuerdo con la información que se desprenda del expediente.

CONCORDANCIAS:

- **Integración y aplicación supletoria de normas:** Arts. 7 Código Procesal Agrario (CPA), Ley 9609/2018 // 12 Código Civil (CC), Ley XXX/1885 // 5 Ley Orgánica del Poder Judicial (LOPJ), Ley 8/1937 // 19.3 Código Procesal Civil (CPC), Ley 9342/2018.
- **Capacidad procesal de actuar:** Arts. 29 CPA // 36 a 43 CC // 5, 18, 86 Código de la Niñez y Adolescencia (CNA), Ley 7739/1998 // 1 Convención sobre los derechos de las personas con discapacidad (CDPD), Ley 8661/2008 // 1, 5 Ley para Promoción de la Autonomía Personal de las Personas con Discapacidad (LPAPPD), Ley 9378/2016.
- **Curatela (persona curadora) procesal:** Arts. 23 Ley de Notificaciones Judiciales (LNJ), Ley 8687/2008 // 19.4 CPC.
- **Comunicaciones judiciales:** Arts. 72 CPA // 10, 13, 15, 16, 19 y 23 LNJ // 1 a 4 Ley para establecer el correo electrónico como medio de notificación para las sociedades mercantiles, Ley 10597/2024.

ARTÍCULO 31- Gestoría procesal

Podrá comparecerse judicialmente a nombre de una persona, de quien no se tenga poder, cuando:

1) La persona se encuentre impedida de hacerlo o esté ausente del país.

2) Quien comparezca sea su ascendiente, descendiente, pariente por consanguinidad o afinidad hasta el segundo grado, cónyuge, o persona socia, asociada, copropietaria o que posea algún tipo de participación o interés común que legitime su actuación.

Si la parte contraria lo solicita, quien gestiona deberá prestar caución suficiente de que su gestión será ratificada por la representada. Tendrá la obligación de comunicarle a esta su actuación, la cual tendrá validez, solo cuando la demanda o la contestación sea ratificada dentro de un mes a partir de su presentación. De lo contrario, de oficio se declarará terminado el proceso, denegada la gestión o se tendrá por no contestada la demanda, y se condenará a la gestora al pago de costas, daños y perjuicios ocasionados.

CONCORDANCIAS:

- **Requisitos de la demanda:** Art. 97 Código Procesal Agrario (CPA), Ley 9609/2018.
- **Personas menores de edad:** Arts. 108 Código de la Niñez y Adolescencia (CNA), Ley 7739/1998 // 41 Código Procesal de Familia (CPF), Ley 9747/2019.
- **Personas con discapacidad:** Art. 8 CPF.

- **Personas copropietarias en el proceso**. Art. 270 Código Civil (CC), Ley XXX/1885.
- **Personas socias y administradoras de una empresa:** Arts. 18 inciso 11, 26, CCo.
- **Garantías y contracautelas:** Art. 230 CPA.
- **Costas:** Arts. 231, 232 y 233 CPA.
- **Actos de parte:** Arts. 67, 68 CPA.
- **Improrrogabilidad de plazos:** Art. 86 CPA.
- **Interrupción de plazos**: Art. 87 CPA.
- **Plazos perentorios**: Art. 88 CPA.
- **Plazos judiciales:** Art. 89 CPA.
- **Conteo y vencimiento de plazos.** Arts. 90 y 91 CPA.
- **Reglas generales para la indemnización de daños y perjuicios**: Arts. 324, 325, 327, 702 a 704, 707, 868, 1046 CC.

ARTÍCULO 32- Litisconsorcio necesario

Cuando por disposición de la ley o por la naturaleza de la relación jurídica material el proceso deba resolverse con la participación de varias personas, estas deberán ser demandadas de una vez.

Se ordenará ampliar la demanda o contrademanda contra quienes falten dentro de los cinco días siguientes, contados a partir de la firmeza de la resolución que así lo disponga, con el apercibimiento de dar por terminado el proceso o archivar la contrademanda, según corresponda. Al formular la demanda de integración no podrá alterarse sustancialmente lo pedido al inicio. Bastará con indicar los datos para identificar y notificar a la demandada, citar y aportar los elementos probatorios, cuando no se amplíen o varíen los hechos o pretensiones en su contra. De lo contrario, la integración deberá cumplir los requisitos de la demanda inicial.

Los recursos y demás actuaciones procesales de cada litisconsorte necesario favorecerán a los otros, salvo que se trate de actos que impliquen disposición del derecho en litigio. En tal caso, solo tendrán eficacia respecto de las otras personas litisconsortes si emanan de todas o de cada una de ellas.

CONCORDANCIAS:

- **Partes e intervinientes:** Art. 28 Código Procesal Agrario (CPA), Ley 9609/2018.
- **Capacidad procesal de actuar:** Arts. 29 CPA // 36 a 43 Código Civil (CC), Ley XXX/1885 // 5, 18, 86 Código de la Niñez y Adolescencia (CNA), Ley 7739/1998 // 1 Convención sobre los derechos de las personas con discapacidad (CDPD), Ley 8661/2008 // 1, 5 Ley para Promoción de la Autonomía Personal de las Personas con Discapacidad (LPAPPD), Ley 9378/2016.
- **Integración y aplicación supletoria de normas:** Arts. 7 Código Procesal Agrario (CPA), Ley 9609/2018 // 12 (CC // 5 Ley Orgánica del Poder Judicial (LOPJ), Ley 8/1937.

- **Curatela (persona curadora) procesal:** Arts. 30 CPA // 23 Ley de Notificaciones Judiciales (LNJ), Ley 8687/2008 // 19.4 CPC.
- **Requisitos de la demanda**: Art. 97 CPA.
- **Modificación o ampliación de la demanda**: Art. 102 CPA.
- **Ofrecimiento de prueba**: Art. 98 CPA.
- **Excepciones procesales:** Arts. 105 a 107 CPA.

ARTÍCULO 33- Supuestos de litisconsorcio necesario

Deberá integrarse el litisconsorcio necesario, entre otros supuestos, contra:

1) Las asociaciones de desarrollo integral de los territorios indígenas involucrados u otros órganos de representación autónoma de las personas indígenas en procesos donde intervenga una comunidad indígena o persona de esa comunidad, o se relacionen las pretensiones con sus territorios o intereses y derechos de esa población.

2) El Instituto de Desarrollo Rural (Inder), cuando se diriman controversias originadas en su actividad agraria y de desarrollo rural. También cuando se trate de pretensiones referidas a inmuebles ubicados en la franja fronteriza, de su administración.

3) La Junta de Administración Portuaria y de Desarrollo Económico de la Vertiente Atlántica (Japdeva), en los asuntos relacionados con bienes de su propiedad destinados o destinables al desarrollo agrario, rural o a la tutela del ambiente.

4) La Procuraduría General de la República, en los casos relativos a bienes del dominio público.

CONCORDANCIAS:

- **Litis consorcio necesario:** Art. 32 Código Procesal Agrario (CPA), Ley 9609/2018.
- **Asociaciones de Desarrollo Integral de territorios indígenas (ADITI):** Art. 3, 5 Reglamento a la Ley Indígena, Decreto Ejecutivo 8487/1978.
- **Comunidades indígenas:** Arts. 2 y 4 Ley Indígena 6172/1977 // 5 RLI.
- **Instituto de Desarrollo Rural (Inder):** Art. 14 Ley Transforma el Instituto de Desarrollo Agrario (IDA) en el Instituto de Desarrollo Rural (Inder), (Ley Inder), 9036/2012.
- **Junta de Administración Portuaria y de Desarrollo Económico de la Vertiente Atlántica (JAPDEVA):** Art. 1 Ley Orgánica de JAPDEVA (Ley JAPDEVA), Ley 3091/1963.
- **Procuraduría General de la República (PGR):** Art. 13 Ley Orgánica PGR, 6815/1982
- **Requisitos de la demanda:** Art. 97 CPA.
- **Ofrecimiento de prueba:** Art. 98 CPA.
- **Excepciones procesales:** Arts. 105 a 107 CPA.

ARTÍCULO 34- Litisconsorcio facultativo

Dos o más personas pueden litigar facultativamente en un mismo proceso de forma conjunta, ya sea activa o pasivamente, cuando sus pretensiones sean conexas por su causa u objeto. Los actos de cada una de ellas no favorecerán ni perjudicarán la situación procesal de las restantes.

CONCORDANCIAS:

- **Litis consorcio necesario**: Arts. 32, 33 Código Procesal Agrario (CPA), Ley 9609/2018.
- **Personas copropietarias:** Art. 270 Código Civil (CC), Ley XXX/1885.

ARTÍCULO 35- Llamada a la persona garante

Cada parte podrá solicitar que se traiga al proceso a una tercera persona, respecto de quien pretenda una garantía. La citación deberá solicitarse antes o durante la audiencia preparatoria.

Se concederá a la persona garante ocho días para que participe en el proceso. Si se opone de forma fundada a la existencia del contrato de garantía o a su eventual ejecución, se remitirá a la citante a la vía ordinaria a dirimir sus eventuales derechos. Si la garante asume ser parte, podrá solicitar quien la citó, si resulta procedente, se le excluya del proceso, para lo cual se necesitará la aceptación de la contraria.

Cuando la garantía exigida no haya sido objetada, la sentencia deberá pronunciarse sobre ella, y producirá, en cuanto a la garante, la eficacia de cosa juzgada material.

Su intervención no confiere ningún derecho a la parte contraria, salvo la responsabilidad relativa a costas.

CONCORDANCIAS:

- **Capacidad procesal de actuar:** Arts. 29 CPA // 36 a 43 Código Civil (CC), Ley XXX/1885 // 5, 18, 86 Código de la Niñez y Adolescencia (CNA), Ley 7739/1998 // 1 Convención sobre los derechos de las personas con discapacidad (CDPD), Ley 8661/2008 // 1, 5 Ley para Promoción de la Autonomía Personal de las Personas con Discapacidad (LPAPPD), Ley 9378/2016.
- **Contrato de garantía:** Arts. 113 y 114 CPA // 1034 a 1042 CC.
- **Proceso ordinario**: Art. 251 CPA.
- **Requisitos y contenidos de la sentencia:** Art. 81 CPA.
- **Cosa juzgada**: Art. 85 CPA.
- **Costas:** Arts. 231, 232 y 233 CPA.

ARTÍCULO 36- Llamada a la persona poseedora mediata

La parte poseedora de un bien en nombre ajeno, al ser demandada en nombre propio, deberá manifestarlo en la contestación e indicar los datos de identificación y domicilio de la persona que se aduce es la titular, para que se le cite. La citación podrá también solicitarse antes o durante la audiencia preparatoria. El tribunal concederá a la persona poseedora un plazo de ocho días, a fin de que intervenga en el proceso. Si asume ser parte, la citante podrá pedir que se le excluya del proceso, para lo cual se necesitará la aceptación de la actora.

No será aplicable lo dispuesto en esta norma, cuando por la naturaleza de lo debatido deba tenerse como litisconsorte necesario a la persona poseedora mediata.

CONCORDANCIAS:

- **Capacidad procesal de actuar:** Arts. 29 Código Procesal Agrario (CPA), Ley 9609/2018 // 36 a 43 Código Civil (CC), Ley XXX/1885 // 5, 18, 86 Código de la Niñez y Adolescencia (CNA), Ley 7739/1998 // 1 Convención sobre los derechos de las personas con discapacidad (CDPD), Ley 8661/2008 // 1, 5 Ley para Promoción de la Autonomía Personal de las Personas con Discapacidad (LPAPPD), Ley 9378/2016.
- **Contestación de demanda**: Arts. 97 y 104 CPA.
- **Actos de parte:** Arts. 67, 68 CPA.
- **Comunicaciones judiciales:** Arts. 72 CPA // 10, 13, 15, 16, 19 y 23 LNJ // 1 a 4 Ley para establecer el correo electrónico como medio de notificación para las sociedades mercantiles, Ley 10597/2024
- **Persona garante**: Art. 1036 CC.
- **Persona usufructuaria:** Art. 357 y 366 CC.
- **Persona arrendante:** Art. 1135 CC.
- **Litis consorcio necesario:** Arts. 32 y 33 CPA.

ARTÍCULO 37- Intervención coadyuvante

Podrá intervenir en el proceso quien tenga un interés jurídico legítimo en su resultado, sin alegar derecho alguno a su favor, solo con el fin de coadyuvar a una parte.

La coadyuvancia podrá gestionarse hasta antes de las conclusiones en la audiencia de juicio. Si la solicitud se efectúa en audiencia, se resolverá de inmediato. Si se realiza fuera de ella, se tramitará por medio del proceso incidental.

Quien se apersone como coadyuvante, tomará el proceso en el estado en que se encuentre. Se le permitirá hacer alegatos, recusar, participar en actividades probatorias e interponer recursos y demás medios procedimentales para hacer valer su interés, excepto en lo que perjudique a quien coadyuva. Por su intervención, no devengará ni pagará costas, salvo en razón de las alegaciones que promueva con independencia de la parte principal.

CONCORDANCIAS:

- **Intereses difusos**: Arts. 46 y 50 Constitución Política (CP) de 1949 // 9 Código Procesal Contencioso Administrativo (CPCA), Ley 8508/2006.
- **Capacidad procesal de actuar:** Arts. 29 Código Procesal Agrario (CPA), Ley 9609/2018 // 36 a 43 Código Civil (CC), Ley XXX/1885 // 5, 18, 86 Código de la Niñez y Adolescencia (CNA), Ley 7739/1998 // 1 Convención sobre los derechos de las personas con discapacidad (CDPD), Ley 8661/2008 // 1, 5 Ley para Promoción de la Autonomía Personal de las Personas con Discapacidad (LPAPPD), Ley 9378/2016.
- **Actos de parte:** Arts. 67, 68 CPA.
- **Persona coadyuvante**: Art. 171.4, 189.5 CPA.
- **Comunicaciones judiciales:** Arts. 72 CPA // 10, 13, 15, 16, 19 y 23 LNJ // 1 a 4 Ley para establecer el correo electrónico como medio de notificación para las sociedades mercantiles, Ley 10597/2024
- **Costas**: Arts. 231, 232 y 233 CPA
- **Incidentes**: Arts. 280 y 281 CPA.

ARTÍCULO 38- Aviso a las personas terceras interesadas

Se podrá dar aviso a las personas vinculadas con el objeto del proceso sobre su existencia, siempre que se desprenda su interés, a fin de que puedan hacer valer sus eventuales derechos por las vías correspondientes.

Se ordenará la comunicación a gestión fundada de parte, en la que se indicará la dirección exacta donde localizar a la persona tercera interesada, siempre que se pida antes de la audiencia de juicio. De acogerse la gestión, se procederá a hacer la comunicación, pero el proceso no se suspenderá por ese motivo. Lo resuelto carecerá del recurso de apelación. Si resulta infructuoso el acto de comunicación, se dejará sin efecto la orden de aviso.

Las personas terceras interesadas podrán comparecer aun cuando no hayan sido citadas. Si se hace en audiencia, se resolverá sobre su participación de forma inmediata. En caso contrario, su solicitud deberá resolverse en tres días.

CONCORDANCIAS:

- **Intereses difusos**: Arts. 46 y 50 Constitución Política (CP) de 1949 // 9 Código Procesal Contencioso Administrativo (CPCA), Ley 8508/2006.
- **Capacidad procesal de actuar:** Arts. 29 Código Procesal Agrario (CPA), Ley 9609/2018 // 36 a 43 Código Civil (CC), Ley XXX/1885 // 5, 18, 86 Código de la Niñez y Adolescencia (CNA), Ley 7739/1998 // 1 Convención sobre los derechos de las personas con discapacidad (CDPD), Ley 8661/2008 // 1, 5 Ley para Promoción de la Autonomía Personal de las Personas con Discapacidad (LPAPPD), Ley 9378/2016.
- **Actos de parte:** Arts. 67, 68 CPA.
- **Comunicaciones judiciales:** Arts. 72 CPA // 10, 13, 15, 16, 19 y 23 LNJ // 1 a 4 Ley para establecer el correo electrónico como medio de notificación para las sociedades mercantiles, Ley 10597/2024
- **Recurso de apelación**: Art. 196 CPA.

CAPÍTULO II
LEGITIMACIÓN PROCESAL

ARTÍCULO 39- Legitimación procesal

Será parte legítima aquella que alegue tener o a quien se le atribuya una determinada relación jurídica con la pretensión.

Como actividad previa al establecimiento de la demanda o dentro del proceso, podrá plantearse una solicitud para determinar la legitimación procesal, cuando se desconozca o no se tenga certeza sobre la persona a quien se propone demandar.

Para tal efecto, se podrá citar a cualquier persona a declarar bajo juramento sobre los datos referentes a la legitimación procesal, necesarios para identificar debidamente a quien se pretenda demandar. También podrá solicitarse el auxilio de la Fuerza Pública, a fin de obtener la identificación de las partes. Los tribunales ordenarán las medidas necesarias para efectuar esa verificación.

Lo anterior será también aplicable cuando se requiera para aspectos referidos a la verificación de la capacidad procesal.

CONCORDANCIAS:

- **Condición de parte:** Art. 28 Código Procesal Agrario (CPA), Ley 9609/2018.
- **Capacidad procesal de actuar:** Arts. 29 CPA // 36 a 43 Código Civil (CC), Ley XXX/1885 // 5, 18, 86 Código de la Niñez y Adolescencia (CNA), Ley 7739/1998 // 1 Convención sobre los derechos de las personas con discapacidad (CDPD), Ley 8661/2008 // 1, 5 Ley para Promoción de la Autonomía Personal de las Personas con Discapacidad (LPAPPD), Ley 9378/2016.
- **Requisitos de la demanda**: Art. 97 CPA.
- **Auxilio policial**: Arts. 153 Constitución Política (CP) (1949) // 8-g Ley General de Policía 7410/1994.

ARTÍCULO 40- Sustitución y sucesión procesal

La sustitución y la sucesión procesal se regirán por la normativa procesal civil y las leyes especiales. Además, se tendrá como sucesión procesal la intervención de una institución, entidad o corporación de derecho público con personalidad jurídica propia cuando por disposición legal, encontrándose en trámite un proceso, se le transfieren las competencias de otra. La gestión podrá formularse de oficio o a solicitud de parte. De declararse procedente, se continuará con la parte sustituta y la demanda se tendrá por dirigida en su contra.

CONCORDANCIAS:

- **Integración y aplicación supletoria de normas**: Arts. 7 Código Procesal Agrario (CPA), Ley 9609/2018 // 12 Código Civil (CC), Ley XXX/1885 // 5 Ley Orgánica del Poder Judicial (LOPJ), Ley 8/1937 // 21.3, 21.4 Código Procesal Civil (CPC), Ley 9342/2018.
- **Capacidad procesal de actuar:** Arts. 29 CPA // 36 a 43 CC // 5, 18, 86 Código de la Niñez y Adolescencia (CNA), Ley 7739/1998 // 1 Convención sobre los derechos de las personas con discapacidad (CDPD), Ley 8661/2008 // 1, 5 Ley para Promoción de la Autonomía Personal de las Personas con Discapacidad (LPAPPD), Ley 9378/2016.
- **Administración Pública (entidades):** Art. 1 Ley General de la Administración Pública (LGAP), Ley 6227/1978.
- **Principio de oficiosidad:** Arts. 4, 25, 48.2 CPA.
- **Persona acreedora**: Arts. 715 y 981 CC.
- **Persona albacea**: Art. 548 CC / 126.3 y 130.1 CPC.
- **Persona liquidadora de sociedades disueltas**: Arts. 209 y 210 Código de Comercio (CCo), Ley 3284/1964.

ARTÍCULO 41- Enajenación del bien o derecho litigioso

La enajenación del bien o del derecho litigioso, a título particular, por acto entre vivos, permite a la persona adquirente o cesionaria suceder a la enajenante o cedente, siempre que la parte contraria no se oponga dentro del plazo de tres días a partir de la resolución que la apruebe. Si se acepta la oposición, la adquirente o cesionaria podrá intervenir como tercera o litisconsorte, según corresponda. En todo caso, la transmitente continuará como parte para todos los efectos procesales que beneficien a la contraria.

CONCORDANCIAS:

- **Contrato de cesión de derechos**: Arts. 1101, 1104 Código Civil (CC), Ley XXX/1885.
- **Derecho de retracto**: Arts. 1121 a 1123 CC // 494 Código de Comercio (CCo), Ley 3284/1964.
- **Subrogación**: Arts. 791 y 792 CC.

CAPÍTULO III
PRETENSIÓN PROCESAL

ARTÍCULO 42- Pretensión procesal

Se podrá pretender ante los tribunales la condena al pago de determinada prestación, la declaratoria de constitución, la modificación o la extinción de derechos y situaciones jurídicas, la adopción de medidas cautelares, la ejecución y cualquier otra clase de tutela prevista por la ley. Igualmente, podrá ejercerse oposición a la pretensión reclamada

 y gestionarse todos los actos legales autorizados para la defensa de una u otra posición procesal.

CONCORDANCIAS:

- **Pretensiones en proceso ordinario:** Arts. 21, 251 Código Procesal Agrario (CPA), Ley 9609/2018.
  - **Reglas especiales cuando están de por medio conflictos de naturaleza agraria relacionados con bienes, elementos y servicios ambientales**: Arts. 282 a 290 CPA.
  - **Reglas especiales cuando están de por medio conflictos sobre propiedad intelectual relacionados con bienes o actividades de naturaleza agraria**: Arts. 47 Constitución Política (1949) // 38 Declaración Americana sobre los derechos de los pueblos indígenas (OEA) // 1, 2, 28, 38 a 40 Ley de Procedimientos de Observancia de los Derechos de Propiedad Intelectual (LODPI), Ley 8039/2000 // 1, 2, 4, 11 a 29, 52 Ley de protección de las obtenciones vegetales (LPOV), Ley 8631/2008.
- **Pretensiones en procesos sumarios**: Arts. 21, 252 a 255 CPA.
  - **Desahucio sobre inmuebles de naturaleza agraria:** Arts. 21, 256 a 264 CPA.
  - **Interdictos sobre inmuebles de naturaleza agraria:** Arts. 21, 265 a 271 CPA // 21, 266 a 271 CPA // 282, 283, 305 a 309, 313, 317, 319, 323, 324 a 326, 334 Código Civil (CC), Ley XXX/1885.
  - **Suspensión de obra nueva en inmuebles de naturaleza agraria**: Arts. 21, 272 a 274 CPA.
  - **Derribo de obra o de árbol en inmuebles de naturaleza agraria o que puedan afectarles**: Arts. 21, 275 a 278 CPA.
  - **Sumario de cancelación de inscripción de garantía mobiliaria de naturaleza agraria:** Art. 21, 70 Ley de Garantías Mobiliarias (LGM), Ley 9246/2014.
  - **Sumario para ingresar a predio ajeno de naturaleza agraria:** Arts. 21 CPA // 103.1.11 Código Procesal Civil (CPC), Ley 9342/2016.
  - **Sumario de entrega o devolución de bienes muebles de naturaleza agraria o relacionados con una actividad agraria**: Arts. 21.7 CPA // 103.1.8 CPC.
  - **Sumario sobre posesión provisional de bienes muebles de naturaleza agraria o relacionados con una actividad agraria, excepto dinero**: Arts. 21.7 CPA // 103.1.7 CPC.
  - **Sumario para resolver controversias sobre la administración de la copropiedad, condominios y dominio compartido en bienes de naturaleza agraria**: Arts. 21 CPA // 103.1.9 CPC.
  - **Sumario sobre la prestación, la modificación o la extinción de garantías relacionadas con contratos de naturaleza agraria**: Arts. 21 CPA // 103.1.10 CPC.
  - **Sumario para cobro de créditos garantizados por el derecho de retención sobre bienes muebles de naturaleza agraria**: Arts. 21 CPA // 103.1.12 CPC.
  - **Sumario para restablecimiento del derecho de paso fundado en un título preexistente, cuando no proceda el interdicto**: Art. 21 CPA // 103.1.13 CPC.
  - **Sumario para defensa de derechos de la persona consumidora cuando estén de por medio bienes y servicios relacionados con un contrato de naturaleza agraria:** Arts. 21 CPA / 46 Ley de Promoción de la competencia y defensa efectiva del consumidor (LPCDEC), Ley 7472/1994.
  - **Sumarios relacionados con competencia desleal cuando estén de por medio bienes y servicios relacionados con un contrato de naturaleza agraria:** Arts. 21 CPA / 17 LPCDEC // 1, 2, 28, 38 a 40 LODPI // // 52 LPOV.
  - **Cualquier otro estipulado en la ley.**
- **Pretensiones en proceso monitorio dinerario**: Arts. 21.1, 279 CPA // 110 a 111 CPC. *Nota: El monitorio arrendaticio no se considera compatible con los fines y principios de la materia agraria, por las reglas especiales que rigen usualmente los contratos de arrendamientos agrarios.*
- **Pretensiones en proceso de ejecución hipotecaria y prendaria:** Arts. 21.1, 312 CPA // 166 a 171 CPC // 1 a 4, 60, 72 y 73 LGM // Circular Consejo Superior 66-2018: Recomendaciones a las personas juz-

gadoras agrarias para su valoración con el fin de orientar y facilitar la aplicación de la materia (remate de bienes).

- **Pretensiones relacionadas con garantías mobiliarias:** Arts. 21 CPA // 54 a 56, 58, 59 LGM.
- **Pretensiones en procesos de ejecución de sentencia, de ejecución de acuerdos conciliatorios, de ejecución de transacciones, de ejecución de laudos en conflictos de naturaleza agraria y otros similares**: Arts. 220, 291 a 302, 326 CPA.
- **Pretensiones en proceso no contenciosos**: Arts. 321 a 323 CPA.
  - **Pago por consignación**: Arts. 322, 324 CPA // 179 CPC // 797 a 802 CC.
  - **Deslinde voluntario de inmuebles**: Arts. 322, 325 CPA // 2, 3 Ley de Cercas Divisorias y Quemas, Ley 121/1909 // 295 a 302 CC.
  - **Homologación de transacción y conciliación extrajudiciales**: Arts. 200 a 227, 326 CPA // 71 LGM.
  - **Inscripción de derechos indivisos:** Art. 327 CPA // 270, 272 párrafo primero e incisos 2 y 4 CC // Ley sobre Localización de Derechos Indivisos, Ley 2755/1961 // Circular Consejo Superior 215 del 31/08/2015: Sobre la existencia de la reforma, a la Ley 2755, denominada "Ley sobre Localización de Derechos Indivisos".
  - **Información posesoria**: Arts. 45, 50 Constitución Política (1949) // 328 a 331 CPA // 479 CC // Ley de Informaciones Posesorias (LIP), Ley 139/1941 // 7 Ley de Tierras y Colonización (LTC), Ley 2825/1961 // 2 Ley General de Agua Potable, Ley 1634/1953 // 40, 85 y transitorio III Ley que transforma el Instituto de Desarrollo Agrario (IDA) en el Instituto de Desarrollo Rural (Inder) (Ley Inder), Ley 9036/2012 // 58 a 63 Reglamento a la Ley de Uso, Manejo y Conservación de Suelos (Reglamento LUMCS), Decreto 29375/2000.
  - **Rectificación de medida**: Arts. 45, 50 Constitución Política (1949) // 290 CC // 12, 13, 14 LIP.
  - **Cualquier otro estipulado en la ley.**
- **Disposiciones según tipo de condena:** Arts. 82, 83, 285 a 290, 303 a 311 CPA.
- **Procesos anticipados (cuestiones preliminares: probatorias y cautelares):** Arts. 19, 20.3, 21.5, 167 a 169, 248 CPA.
- **Medidas cautelares en sede agraria:** Arts. 21.4, 242 a 247, 283 CPA // 58 LPCDEC // 3 a 18, 37 LODPI.
- **Conexidad:** Art. 17 CPA.
- **Acumulación de pretensiones**: Arts. 43, 105.6, 108, 203 CPA.
- **Relación entre pretensión y carga probatoria:** Art. 113 CPA.
- **Litispendencia:** Art. 23 CPA.
- **Contestación de la demanda (oposición a la pretensión):** Arts. 104 a 108 CPA.

ARTÍCULO 43- Acumulación de pretensiones

En la demanda o contrademanda podrán proponerse varias pretensiones, siempre que sean conexas, no se excluyan entre sí, se trate de procedimientos comunes y el tribunal sea competente para conocer de todas. Si fueran peticiones excluyentes, podrán acumularse como principales y subsidiarias.

Si antes del señalamiento de la audiencia preparatoria, el tribunal estima que las pretensiones no son acumulables, requerirá a la parte actora para que las desacumule en el plazo de tres días, manteniendo aquellas cuya acumulación fuera posible. Si no se desacumulan o se mantiene la circunstancia de no acumulabilidad entre las pretensiones escogidas por quien demanda, se ordenará tramitar las que corresponda.

CONCORDANCIAS:

- **Tipos de pretensiones en acciones procesales a plantear en procesos agrarios**: Arts. 1, 2, 42 Código Procesal Agrario (CPA), Ley 9609/2018.
- **Requisitos de demanda y contrademanda:** Arts. 97, 109 CPA.
- **Conexidad de pretensiones:** Art. 17, 22 CPA.
- **Excepción de indebida acumulación de pretensiones:** Arts. 105.6, 108 CPA.
- **Acumulación de procesos:** Arts. 11.3, 12.2, 17, 22 CPA.
- **Litis pendencia:** Arts. 23, 105.8 CPA.
- **Prejudicialidad:** Art. 96 CPA.
- **Recurso de apelación:** Art. 203 CPA.

CAPÍTULO IV
PATROCINIO LETRADO

ARTÍCULO 44- Patrocinio letrado

Las partes deberán actuar con patrocinio letrado, salvo que sean profesionales en derecho. Se otorgará el patrocinio letrado gratuito, conforme lo establece esta ley. Quien autentique será responsable de su contenido. Su firma implicará, salvo manifestación expresa en contrario, la dirección del proceso con las facultades de actuar en nombre de la parte para todo lo que le beneficie, siempre y cuando no se requiera su participación personal o poder especial judicial.

CONCORDANCIAS:

- **Derecho de defensa**: Arts. 39, 41 Constitución Política (CP) (1949).
- **Principio de gratuidad:** Arts. 4, 50 Código Procesal Agrario (CPA), Ley 9609/2018.
- **Persona abogada**: Arts. 45, 171, 172, 177 CPA.
- **Mandato judicial**: Art. 46 CPA.
- **Defensa técnica gratuita (Defensa Pública):** Arts. 47, 49-4, 51, 163 CPA.
- **Defensa gratuita para personas indígenas**: Arts. 163 CPA // 7 Ley de Acceso a la Justicia de los pueblos indígenas de Costa Rica (LAJPI), Ley 9593/2018.
- **Actos de parte**: Arts. 67, 68 CPA.
- **Derecho de la parte sin patrocinio legal en las audiencias judiciales:** Art. 184 CPA.

ARTÍCULO 45- Abogadas o abogados suplentes

Con el fin de evitar la posposición de audiencias, la persona abogada directora podrá designar a uno o dos suplentes, sin que ello implique costo adicional de honorarios para la parte, siempre y cuando la parte que representa así lo autorice de forma expresa, sin que sea obligatoria tal designación, quienes sean suplentes tendrán las mismas facultades de actuación en el proceso.

CONCORDANCIAS:

- **Posposición de audiencias judiciales:** Art. 175 Código Procesal Agrario (CPA), Ley 9609/2018.
- **Derecho de defensa**: Arts. 39, 41 Constitución Política (CP) (1949).
- **Principio de gratuidad:** Arts. 4, 50 Código Procesal Agrario (CPA), Ley 9609/2018.
- **Persona abogada**: Arts. 171, 172, 177 CPA.
- **Mandato judicial**: Art. 46 CPA.
- **Defensa técnica gratuita (Defensa Pública):** Arts. 47, 49-4, 51, 163 CPA.
- **Defensa gratuita para personas indígenas**: Arts. 163 CPA // 7 Ley de Acceso a la Justicia de los pueblos indígenas de Costa Rica (LAJPI), Ley 9593/2018.
- **Actos de parte**: Arts. 67, 68 CPA.

ARTÍCULO 46- Mandato judicial

Las partes podrán actuar en el proceso por medio de apoderado o apoderada judicial, sin perjuicio de que se requiera la comparecencia personal de las primeras.

El poder especial judicial se otorgará a personas abogadas en ejercicio. Podrá conferirse oralmente ante el tribunal, de lo cual se levantará un acta. También se podrá conferir por escrito, siempre que la firma de quien lo otorga esté autenticada por otro abogado o abogada o se trate de una firma digital. El mandato se entiende conferido para todo el proceso, incluyendo los anticipados y de ejecución, salvo disposición en contrario de la parte poderdante.

Para la renuncia, la transacción, la conciliación, el desistimiento, el allanamiento, el sometimiento a arbitraje, el retiro de ejecutorias de sentencias con efectos registrables, y cualquier acto de disposición del objeto del proceso, es necesaria la autorización expresa.

CONCORDANCIAS:

- **Poder especial judicial:** Art. 1256 Código Civil (CC), Ley XXX/1885.
- **Derecho de defensa**: Arts. 39, 41 Constitución Política (CP) (1949).
- **Principio de gratuidad:** Arts. 4, 50 Código Procesal Agrario (CPA), Ley 9609/2018.
- **Regla de priorizar la oralidad**: Art. 4 CPA.

- **Persona abogada:** Art. 171, 172, 177 CPA.
- **Defensa técnica gratuita (Defensa Pública):** Arts. 47, 49-4, 51, 163 CPA.
- **Defensa gratuita para personas indígenas**: Arts. 163 CPA // 7 Ley de Acceso a la Justicia de los pueblos indígenas de Costa Rica (LAJPI), Ley 9593/2018.
- **Actos de parte**: Arts. 67, 68 CPA.
- **Derecho de la parte sin patrocinio letrado en las audiencias judiciales:** Art. 184 CPA.
- **Firma digital en trámites judiciales**: Arts. 5, inciso c y d, 8, 9, y 10 Ley de Certificados, Firmas Digitales y Documentos Electrónicos, Ley 8454/2005.

ARTÍCULO 47- Patrocinio letrado a cargo de la Defensa Pública

Las defensoras y los defensores públicos agrarios tendrán las facultades de directores del proceso, en los procesos en que intervengan, salvo que la parte amplíe sus atribuciones a las de un apoderado especial judicial, lo cual deberá indicar expresamente. Tendrán esas mismas facultades de abogados o abogadas directoras para los procedimientos administrativos que puedan incidir en la sede judicial.

Si actúan con facultades de mandatario o mandataria, estarán sometidos a las mismas prohibiciones del párrafo final del artículo 46 de esta ley. No tendrá valor ni efecto alguno lo que se haga en oposición a esas prohibiciones.

Los dineros por costas personales que se generen a favor de la parte patrocinada por la defensa pública agraria se distribuirán de la siguiente manera:

a) Un cincuenta por ciento (50%) del total recaudado será asignado al Fondo de Apoyo a la Defensa Pública Agraria, para optimizar el servicio y la cobertura en el territorio nacional.

b) Un cincuenta por ciento (50%) restante será depositado en el Fondo de Apoyo a la Administración de Justicia Agraria para garantizar la eficacia y la eficiencia del servicio público agrario. La administración de esos recursos se regirá conforme a la normativa, ambos fondos serán administrados por el Poder Judicial.

CONCORDANCIAS:

- **Derecho de defensa**: Arts. 39, 41 Constitución Política (CP) (1949).
- **Principio de gratuidad:** Arts. 4, 50 Código Procesal Agrario (CPA), Ley 9609/2018.
- **Regla de priorizar la oralidad**: Art. 4 CPA.
- **Mandato judicial**: Art. 46 CPA // 1256 Código Civil (CC), Ley XXX/1885.
- **Persona abogada:** Art. 171, 172, 177 CPA.
- **Defensa técnica gratuita (Defensa Pública):** Arts. 47, 49-4, 51, 163 CPA.
- **Defensa gratuita para personas indígenas**: Arts. 163 CPA // 7 Ley de Acceso a la Justicia de los pueblos indígenas de Costa Rica (LAJPI), Ley 9593/2018.
- **Actos de parte**: Arts. 67, 68 CPA.
- **Derecho de la parte sin patrocinio letrado en las audiencias judiciales:** Art. 184 CPA.

- **Costas:** Arts. 232, 233 CPA

TÍTULO III
DERECHOS Y DEBERES DE QUIENES SEAN SUJETOS PROCESALES

ARTÍCULO 48- Potestades y deberes del tribunal

El tribunal tendrá las siguientes potestades y deberes:

1) Asegurar la igualdad procesal de las partes.

2) Dirigir el proceso y procurar su pronta solución. Una vez iniciado, deberá ordenar de oficio todas las medidas tendientes a evitar su paralización, sin que pueda retardarse el procedimiento, valiéndose de la inercia de las partes, salvo cuando la actividad de estas sea indispensable.

3) Aplicar el régimen disciplinario, según corresponda.

4) Prevenir y sancionar cualquier acción u omisión contrarias a los principios y las reglas que informan el proceso. En especial, deberá desechar solicitudes o gestiones notoriamente improcedentes, o que impliquen una dilación manifiesta.

5) Sancionar cualquier acto contrario a la dignidad, buena fe, lealtad, probidad y el respeto debido entre las personas partícipes del proceso, así como toda forma de abuso y fraude procesal.

6) Emitir las resoluciones dentro de los plazos legales.

7) Utilizar en las resoluciones y en las actuaciones un lenguaje claro y comprensible.

8) Buscar la verdad real, respetando el equilibrio procesal.

9) Informar a las partes sobre su derecho de resolver las diferencias a través de medios alternativos de solución de conflictos; incentivar el uso de estos y prestar la colaboración necesaria dentro de los límites legales.

10) En el caso de asuntos referidos a personas y comunidades indígenas, sus poblaciones y territorios, en la aplicación de la normativa procesal, ha de tomarse en cuenta el derecho indígena, sus valores y prácticas sociales, culturales, religiosas y espirituales. Se utilizarán dictámenes periciales culturales y los métodos a los que recurren tradicionalmente, para la solución de sus conflictos. Lo anterior, siempre que no se infrinjan derechos fundamentales.

11) Los demás que establezca el ordenamiento jurídico.

CONCORDANCIAS:

- **Derecho de acceso a la justicia**. Art. 41 Constitución Política (CP) (1949).
- **Principio de igualdad procesal**: Arts. 33 CP // 4 Código Procesal Agrario (CPA), Ley 9609/2018 // 1, 2, 7 Declaración Universal de Derechos Humanos (DUDH // 2 Declaración Americana de los Derechos y Deberes del Hombre (DADDH) // 24 Convención Americana sobre Derechos Humanos (CIDH), Ley 453471970 // 5 Convención Interamericana de Derechos Humanos de las Personas Mayores (CIDHPM), Ley 9334/2016 // 1 a 5, 13, 14, 15 Convención sobre la Eliminación de Todas

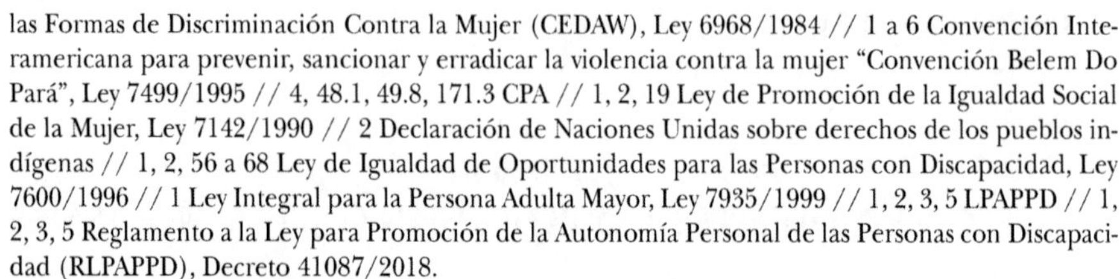
las Formas de Discriminación Contra la Mujer (CEDAW), Ley 6968/1984 // 1 a 6 Convención Interamericana para prevenir, sancionar y erradicar la violencia contra la mujer "Convención Belem Do Pará", Ley 7499/1995 // 4, 48.1, 49.8, 171.3 CPA // 1, 2, 19 Ley de Promoción de la Igualdad Social de la Mujer, Ley 7142/1990 // 2 Declaración de Naciones Unidas sobre derechos de los pueblos indígenas // 1, 2, 56 a 68 Ley de Igualdad de Oportunidades para las Personas con Discapacidad, Ley 7600/1996 // 1 Ley Integral para la Persona Adulta Mayor, Ley 7935/1999 // 1, 2, 3, 5 LPAPPD // 1, 2, 3, 5 Reglamento a la Ley para Promoción de la Autonomía Personal de las Personas con Discapacidad (RLPAPPD), Decreto 41087/2018.

- **Principio de tutela judicial efectiva y de calidad en la Administración de Justicia (eficiencia y eficacia):** Arts. 4, 6, 49, 52, 338, 340 CPA.
- **Principio de oficiosidad.**: Arts. 4, 25, 48.2 CPA.
- **Principio de celeridad:** Arts. 4, 7, 48.2, 54, 66, 115, 170, 176, 178, 187, 188, 199, 208.4, 279.5, 340 CPA // 5 Ley Orgánica del Poder Judicial (LOPJ), Ley 8/1937.
- **Principio de informalismo procesal:** Arts. 4, 46, 48.7, 58, 67 (excepciones), 70, 72, 75, 92, 226 CPA.
- **Principio de búsqueda de la verdad real:** Arts. 4, 48.8, 52, 113, 139, 170, 171.4, 189.10 CPA.
- **Principio de interculturalidad (respeto a la diversidad cultural):** Arts. 1, 33 CP // 4, 10, 48.8, 59, 127, 221 CPA // 1, 2 Ley de Acceso a la Justicia de los pueblos indígenas de Costa Rica (LAJPI), 9593/2018.
- **Finalidad del proceso:** Art. 6 CPA.
- **Lenguaje claro y trato digno**: Arts. 48.7, 49.7, 119, 125, 126 CPA // Circular Corte Suprema de Justicia 192-2019: Deber de las personas servidoras judiciales de utilizar lenguaje claro y sencillo en la atención de personas indígenas.
- **Régimen disciplinario respecto de partes y personas abogadas**. Arts. 216 a 223 LOPJ.
- **Abuso procesal**: Art. 54 CPA.
- **Deberes de partes e intervinientes**: Art. 53 CPA.
- **Plazos procesales:** Arts. 74, 86 a 91 CPA.
- **Conciliación judicial:** Arts. 9, 10-5, 186, 189-2, 222 CPA.
- **Conciliación extrajudicial:** Arts. 224, 326 CPA.
- **Conciliación previa facultativa:** Art. 225 CPA.
- **Derecho consuetudinario indígena:** Arts. 5, 8 Convenio 169 Organización Internacional del Trabajo (Convenio 169-OIT), Ley 7316/1992 // art. 4 Ley Indígena (LI), Ley 6172/1977.
- **Comunidades indígenas:** Arts. 2, 4 LI / 5 Reglamento a la Ley Indígena (RLI), Decreto 8487/1978.

ARTÍCULO 49- Derechos de las partes e intervinientes

A las partes e intervinientes se les deberá garantizar:

1) El acceso a la tutela judicial efectiva.

2) Tribunales imparciales, transparentes e independientes.

3) El derecho al uso de medios alternos de resolución de conflictos. Las partes podrán disponer de sus derechos y bienes, salvo los indisponibles o irrenunciables.

4) La defensa técnica gratuita, cuando proceda.

5) Costos procesales mínimos.

6) El derecho de ser oídas e informadas, de forma clara y oportuna, sobre sus derechos y deberes procesales, así como del estado y trámite de los procesos.

7) Un trato digno, procurándose siempre preservar su intimidad e imagen.

8) Cuando se trate de personas en condición de vulnerabilidad, la integración efectiva al proceso y la especialización de los servicios, acorde con sus requerimientos.

9) Los demás derechos reconocidos por el ordenamiento jurídico.

CONCORDANCIAS:

- **Principio de tutela judicial efectiva y de calidad en la Administración de Justicia (eficiencia y eficacia):** Arts. 4, 6, 49, 52, 338, 340 Código Procesal Agrario (CPA), Ley 9609/2018.
- **Finalidad del proceso:** Art. 6 CPA.
- **Debido proceso**: Arts. 39, 41 Constitución Política (CP) (1949) // 4 CPA.
- **Dignidad de la persona:** Arts. 33 CP // 1 Declaración Universal de los Derechos Humanos (DUDH), 1948 // 11.1 Convención Americana de Derechos Humanos (CADH), Ley 4534/1970.
- **Protección de la intimidad como valor de la personalidad**: Arts. 24 Constitución Política (1949) // 49.7 CPA // 47, 48 Código Civil (CC), Ley XXX/1885.
- **Principio de gratuidad procesal:** Arts. 4, 49.4, 49.5, 50, 51, 249, 65 (excepción), 127, 230 (excepción), 233 CPA // 114 Código de la Niñez y la Adolescencia (CNA), Ley 7739/1998 // 6, 7 LAJPI // Circular Consejo Superior: Aclaración de la Circular N° 32-09 sobre "Políticas de accesibilidad para las personas con discapacidad" (lenguaje lesco).
- **Principio de interculturalidad (respeto a la diversidad cultural):** Arts. 1, 33 CP // 4, 10, 48.8, 59, 127, 221 CPA // 1, 2 Ley de Acceso a la Justicia de los pueblos indígenas de Costa Rica (LAJPI), 9593/2018.
- **Principio de economía procesal (costos mínimos):** Arts. 4, 14, 52, 49.5, 170 CPA.
- **Personas en condición de vulnerabilidad**: Arts. 48.10, 59 CPA // Convención sobre la Eliminación de Todas las Formas de Discriminación Contra la Mujer (CEDAW), Ley 6968/1984 // Circular Corte Suprema de Justicia 173-2019: Reglas de Brasilia sobre Acceso a la Justicia de las personas en condición de vulnerabilidad (Reglas de Brasilia).
- **Regla de priorizar la oralidad**: Art. 4 CPA.
- **Defensa técnica gratuita (Defensa Pública):** Arts. 47, 49-4, 51, 163 CPA.
- **Defensa gratuita para personas indígenas**: Arts. 163 CPA // 7 LAJPI.
- **Deberes y facultades del tribunal.** Arts. 48, 171 CPA.
- **Comunicaciones judiciales:** Arts. 72 CPA // 10, 13, 15, 16, 19 y 23 LNJ // 1 a 4 Ley para establecer el correo electrónico como medio de notificación para las sociedades mercantiles, Ley 10597/2024.
- **Conciliación judicial:** Arts. 9, 10-5, 186, 189-2, 222 CPA.
- **Conciliación extrajudicial:** Arts. 224, 326 CPA.
- **Conciliación previa facultativa:** Art. 225 CPA.
- **Lenguaje claro y trato digno**: Arts. 48.7, 49.7, 119, 125, 126 CPA // Circular Corte Suprema de Justicia 192-2019: Deber de las personas servidoras judiciales de utilizar lenguaje claro y sencillo en la atención de personas indígenas.
- **Derechos indisponibles de interés para la materia agraria:** Arts. 18, 19, 274, 621, 850, 1407 Código Civil (CC), Ley XXX/1885 // 970 Código de Comercio (CCo), Ley 3284/1964 // 59 Ley Orgánica

de la Agricultura e Industria de la Caña de Azúcar, Ley 7818/1998 // 64, 143 Ley reforma integral Régimen Relaciones de Productores, Beneficiadores y Exportadores Café, Ley 9872/2020.

ARTÍCULO 50- Gratuidad

Se litigará con exención de toda clase de timbres, sin obligación de aportar copias, rendir garantías o depósitos de dinero, con las excepciones expresamente dispuestas en este Código y la legislación especial.

Si es necesario publicar una resolución, edicto o aviso, las partes tendrán derecho a elegir si lo hacen en un diario de circulación nacional, o en forma gratuita en el Boletín Judicial, salvo disposición expresa en contrario.

Si es posible, de oficio, se remitirá electrónicamente copia de la resolución y, en su caso, del edicto o aviso, al ente encargado de la publicación. Caso contrario, a solicitud de parte, se emitirá la copia, debidamente sellada, para su diligenciamiento.

CONCORDANCIAS:

- **Principio de gratuidad procesal:** Arts. 4, 49.4, 49.5, 51, 249, 65 (excepción), 127, 230 (excepción), 233 CPA // 114 Código de la Niñez y la Adolescencia (CNA), Ley 7739/1998 // 6, 7 LAJPI // Circular Consejo Superior: Aclaración de la Circular N° 32-09 sobre "Políticas de accesibilidad para las personas con discapacidad" (lenguaje lesco).
- **Principio de oficiosidad:** Arts. 4, 25, 48.2 CPA.
- **Principio de economía procesal (costos mínimos):** Arts. 4, 14, 52, 49.5, 170 CPA.
- **Defensa técnica gratuita (Defensa Pública):** Arts. 47, 49-4, 51, 163 CPA.
- **Defensa gratuita para personas indígenas**: Arts. 163 CPA // 7 Ley de Acceso a la Justicia de los pueblos indígenas de Costa Rica (LAJPI), 9593/2018.
- **Garantías y contracautelas:** Art. 230 CPA.

ARTÍCULO 51- Defensa técnica gratuita

Las partes tendrán acceso a la defensa técnica gratuita especializada, siempre y cuando acrediten plenamente que carecen de recursos económicos suficientes, para lo cual deben emitir una declaración jurada ante la Defensa Pública, cuyos datos serán verificados por esta. Las partes interesadas deberán pedir directamente este beneficio en las oficinas de la Defensa Pública de cada circuito judicial y se acreditará su aceptación en la primera resolución que dé curso al proceso. Si se acredita que quien solicita la defensa técnica tiene recursos económicos suficientes para sufragar el costo de la asesoría legal, dicha dependencia requerirá su pago, mediante de los mecanismos legales pertinentes.

CONCORDANCIAS:

- **Derecho de defensa:** Arts. 39 y 41 Constitución Política (CP) (1949).
- **Principio de gratuidad procesal:** Arts. 4, 49.4, 49.5, 50, 249, 65 (excepción), 127, 230 (excepción), 233 CPA // 114 Código de la Niñez y la Adolescencia (CNA), Ley 7739/1998 // 6, 7 Ley de Acceso a la Justicia de los pueblos indígenas de Costa Rica (LAJPI), 9593/2018 // Circular Consejo Superior: Aclaración de la Circular Nº 32-09 sobre "Políticas de accesibilidad para las personas con discapacidad" (lenguaje lesco).
- **Principio de oficiosidad:** Arts. 4, 25, 48.2 CPA.
- **Defensa técnica gratuita (Defensa Pública):** Arts. 47, 49-4, 51, 163 CPA.
- **Defensa gratuita para personas indígenas:** Arts. 163 CPA // 7 LAJPI.
- **Defensa Pública del Poder Judicial.** Arts. 150 a 159 Ley Orgánica del Poder Judicial (LOPJ), Ley 8/1937.
- **Actos de parte:** Arts. 67, 68 CPA.
- **Derecho de la parte sin patrocinio letrado en las audiencias judiciales:** Art. 184 CPA
- **Mandato judicial.** Arts. 46 CPA / 1256 Código Civil (CC), Ley XXX/1885.
- **Persona abogada:** Art. 171, 172, 177 CPA.

ARTÍCULO 52- Itinerancia del tribunal

El tribunal, independientemente de su sede, ejercerá su función de forma itinerante, a fin de garantizar el acceso a la justicia, la disminución de costos y la búsqueda de la verdad.

CONCORDANCIAS:

- **Regla de itinerancia del tribunal:** Arts. 14, 52, 65, 123 Código Procesal Agrario (CPA), Ley 9609/2018.
- **Sede de los tribunales:** Art. 14 CPA.
- **Lugar y tiempo de las actuaciones judiciales:** Art. 65 CPA.
- **Audiencia en el lugar de los hechos:** Art. 173 CPA.
- **Práctica de la prueba en el lugar de los hechos y en sitios distantes:** Art. 123 CPA.
- **Paso por propiedad privada:** Art. 118 CPA.
- **Ingreso forzoso a fundos:** Arts. 174, 295 CPA.

ARTÍCULO 53- Deberes de las partes e intervinientes

Las partes y demás intervinientes ajustarán su conducta a la buena fe, lealtad, probidad, uso racional del sistema procesal, debido respeto de los sujetos procesales y al deber de cooperar con la administración de justicia y evitarán incurrir en todo comportamiento

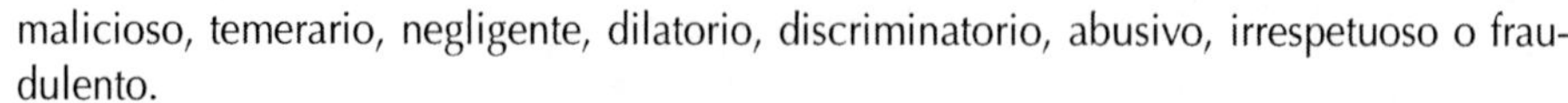

malicioso, temerario, negligente, dilatorio, discriminatorio, abusivo, irrespetuoso o fraudulento.

CONCORDANCIAS:

- **Principio de buena fe procesal**: Arts. 4, 48.5, 53, 54, 232.4 Código Procesal Agrario (CPA), Ley 9609/2018.
- **Deberes y facultades del tribunal**: Arts. 48, 171 CPA.
- **Derechos de las partes e intervinientes**: Art. 49 CPA.
- **Deber de cooperación de las partes:** Art. 116 CPA.
- **Abuso procesal**: Art. 53 CPA.
- **Régimen disciplinario respecto de partes y personas abogadas**: Arts. 216 a 223 Ley Orgánica del Poder Judicial (LOPJ), Ley 8/1937.
- **Demanda improponible**: Art. 101.2 CPA.
- **Costas (exención):** Art. 232.4 CPA.

ARTÍCULO 54- Abuso procesal y procesos fraudulentos

Cuando el tribunal estime, de acuerdo con el resultado del proceso y la valoración probatoria, que una parte actuó con temeridad, mala fe o abuso en el ejercicio de los derechos procesales, lo declarará en sentencia. Podrá hacerlo de manera anticipada cuando existan elementos suficientes para ello.

En cualquier momento en que, por las circunstancias del caso concreto, el tribunal esté convencido del uso de un proceso para practicar un acto simulado o conseguir un móvil prohibido por la ley, dictará sentencia que impida a las partes obtener sus objetivos.

Si una parte incurre en alguna de las faltas contempladas en esta ley, el tribunal aplicará el régimen disciplinario sobre las partes y sus abogados, sancionando cualquier acto contrario a la dignidad de la justicia, la buena fe, la lealtad, la probidad; así como cualquier forma de abuso y fraude procesal. También cuando se compruebe que han realizado gestiones o han asumido actitudes dilatorias o litigado con temeridad. Según la gravedad de la conducta, el tribunal aplicará las amonestaciones, las multas, la expulsión de la oficina o local por el titular del despacho; poner a la orden de la autoridad respectiva para su juzgamiento cuando pudiera constituir delito, contravención o falta, o, en casos graves, la suspensión del abogado, según está prescrito en los artículos 216 al 223 de la Ley N.° 7333, Ley Orgánica del Poder Judicial, de 5 de mayo de 1993.

Además, podrá condenarse a quien sea responsable al pago de daños, perjuicios y costas, los cuales se liquidarán en proceso de ejecución. Cuando sea evidente que quien haya asesorado legalmente a las partes, tenía conocimiento de la situación, se pondrá en conocimiento del Colegio de Abogados y Abogadas de Costa Rica.

CONCORDANCIAS:

- **Principio de buena fe procesal:** Arts. 4, 48.5, 53, 232.4 Código Procesal Agrario (CPA), Ley 9609/2018.
- **Principio de lealtad procesal:** Art. 4 CPA
- **Deberes y facultades del tribunal:** Arts. 48, 171 CPA.
- **Derechos y deberes de las partes e intervinientes:** Arts. 49, 53, 116 CPA.
- **Abuso procesal:** Art. 53 CPA.
- **Régimen disciplinario respecto de partes y personas abogadas:** Arts. 216 a 223 Ley Orgánica del Poder Judicial (LOPJ), Ley 8/1937.
- **Demanda improponible:** Art. 101.2 CPA.
- **Costas (exención):** Art. 232.4 CPA.
- **Proceso de ejecución:** Arts. 291 a 297 CPA.
- **Reglas generales para la indemnización de daños y perjuicios:** Arts. 324, 325, 327, 702 a 704, 707, 868, 1046 CC.

TÍTULO IV
DISPOSICIONES ESPECIALES SOBRE EL DESAHUCIO ADMINISTRATIVO

ARTÍCULO 55- Improcedencia del desahucio administrativo

En inmuebles destinados o destinables a actividades agrarias, el desahucio administrativo será improcedente cuando:

1) Exista proceso judicial en trámite, donde se pretendan el desalojo y la restitución del inmueble, si existe coincidencia de partes en sede administrativa y jurisdiccional.

2) A quien se pretenda desalojar, se encuentre en posesión del bien por causa de un contrato acordado con la persona gestionante o por mera tolerancia cuando esta sea superior a un año.

3) Se trate de personas que tengan una ocupación del inmueble superior a un año.

Si se inicia el procedimiento de desahucio administrativo antes de la interposición del proceso judicial, el tribunal, una vez instaurado este, de oficio o a solicitud de parte, podrá ordenar como medida cautelar la suspensión de la ejecución del desalojo aprobado mediante resolución firme.

CONCORDANCIAS:

- **Desalojo administrativo:** Arts. 7, 74 Ley general de arrendamientos urbanos y suburbanos (LGAU), Ley 7527/1995 // 1, 4, 9 Reglamento para el trámite de desalojos administrativos presentados ante el Ministerio de Seguridad Pública (RPDAMSP), Decreto 37262/2012.
- **Medidas cautelares provisionales:** Arts. 235 y 250 Código Procesal Agrario (CPA), Ley 9609/2018.
- **Medidas cautelares atípicas:** Art. 237 CPA.
- **Procedimiento cautelar:** Arts. 248 a 250 CPA.

ARTÍCULO 56- Informe técnico

La autoridad administrativa competente, previo a resolver la procedencia del desalojo, solicitará al Instituto de Desarrollo Rural (Inder) un informe técnico a fin de determinar, fehacientemente, el tiempo y el motivo por el cual se encuentra ocupando el inmueble la persona contra quien se dirige el procedimiento.

CONCORDANCIAS:

- **Desalojo administrativo:** Arts. 7, 74 Ley general de arrendamientos urbanos y suburbanos (LGAU), Ley 7527/1995 // 1, 4, 9 Reglamento para el trámite de desalojos administrativos presentados ante el Ministerio de Seguridad Pública (RPDAMSP), Decreto 37262/2012.
- **Ministerio de Seguridad Pública:** Art. 2 RPDAMSP.
- **Instituto de Desarrollo Rural (Inder):** Art. 15 Ley Transforma el Instituto de Desarrollo Agrario (IDA) en el Instituto de Desarrollo Rural (Inder) (Ley Inder), Ley 9036/2012.

ARTÍCULO 57- Lanzamiento administrativo

En circunstancias especiales, si el desalojo se ordena contra personas con alguna enfermedad grave o en condición de discapacidad que les dificulte su movilidad y situaciones afines, la autoridad policial podrá conceder un plazo prudencial no mayor de cinco días para practicar el desalojo.

Si no se desaloja el inmueble voluntariamente, se procederá a la expulsión. De existir cosechas por recolectar en ese momento, semovientes u otros animales que deban ser retirados y no pueda hacerse de forma segura y rápida, podrá concederse para el desalojo un plazo no menor de tres días ni mayor de un mes, conforme al ciclo productivo; pasado ese plazo en el caso de cosechas, solo se autorizará la recolección de los frutos en un plazo máximo de seis meses, de acuerdo con el ciclo productivo. Quien gestione el desalojo quedará como depositario de los bienes que no se retiren, con iguales deberes y facultades de uno judicial, salvo que otra persona idónea asuma el cargo. Para tal efecto, la autoridad policial, en el sitio, levantará un acta donde consignará además el inventario de los bienes. Los plazos citados comenzarán a correr a partir del día siguiente del levantamiento del acta.

CONCORDANCIAS:

- **Desalojo administrativo:** Arts. 7, 74 Ley general de arrendamientos urbanos y suburbanos (LGAU), Ley 7527/1995 // 1, 4, 9 Reglamento para el trámite de desalojos administrativos presentados ante el Ministerio de Seguridad Pública (RPDAMSP), Decreto 37262/2012.
- **Desalojo administrativo de personas en condición de vulnerabilidad:** Arts. 1, 11 Creación Comisión de Atención Integral a los Desalojos y del Procedimiento especial para la atención de desalojos considerados como vulnerabilidad social, Decreto 39277/2015.

- **Depósito de bienes.** Art. 245 Código Procesal Agrario (CPA), Ley 9609/2018.

TÍTULO V
ACTIVIDAD PROCESAL

CAPÍTULO I
ACTOS PROCESALES

SECCIÓN I
DISPOSICIONES GENERALES

ARTÍCULO 58- Informalismo de las formalidades

Los actos procesales no estarán sujetos a formas determinadas, salvo las que establezca la ley o resulten indispensables para la finalidad perseguida.

CONCORDANCIAS:

- **Principio de informalismo**: Arts. 4, 46, 58, 67 (excepciones), 75, 92, 226 Código Procesal Agrario (CPA), Ley 9609/2018.
- **Actos (escritos) de partes**: Art. 67 CPA.
- **Demanda y reconvención**: Art. 97 CPA.
- **Demanda de desahucio**: Art. 258 CPA.
- **Demanda de monitorio dinerario**: Art. 279 CPA.
- **Modificación o ampliación de la demanda**: Art. 102 CPA.
- **Incidentes y tercerías**: Art. 281 CPA.
- **Proceso sucesorio**: Art. 315 CPA.
- **Prueba anticipada**: Art. 168 CPA
- **Ofrecimiento y presentación de prueba**: Art. 98 CPA.
- **Acuerdos de conciliación**: Art. 220 CPA //Art. 12 Ley Resolución Alterna de Conflictos y Promoción de la Paz Social (Ley RAC), Ley 7727/1997.
- **Recurso de casación reglas**: Art. 208 CPA.
- **Requisitos de la sentencia**: Art. 81 CPA.

ARTÍCULO 59- Idioma

El idioma español deberá ser utilizado en todos los actos procesales. En los procesos donde participen personas indígenas, el tribunal les informará su derecho a que las resoluciones y actuaciones sean traducidas a su idioma con el apercibimiento de nulidad de lo actuado en caso de incumplimiento.

Deberá acompañarse la traducción de los documentos redactados en otro idioma.

Cuando la parte o interviniente deba ser oída o atendida y no se comunique por medio del idioma español o presente alguna capacidad disminuida temporal o permanentemente, deberá informarlo con suficiente antelación, a fin de que el tribunal tome las previsiones necesarias.

Se le nombrará una persona intérprete, cuyo costo estará a cargo de quien lo requiera, salvo que se trate de una declaración de parte o testimonial. Si se trata de personas indígenas o patrocinadas por la defensa pública, la persona intérprete deberá ser suplida a cargo del Poder Judicial. Lo será también cuando se brinde permanentemente el servicio de traducción en el idioma correspondiente, en el circuito judicial al que pertenece el tribunal.

CONCORDANCIAS:

- **Idioma**: Ley de Defensa del Idioma Español y Lenguas Aborígenes Costarricenses, Ley 762371996.
- **Lenguaje claro y trato digno:** Arts. 48.7, 49.7, 59, 119, 125, 126 Código Procesal Agrario (CPA), Ley 9609/2018 // Circular Corte Suprema de Justicia 192-2019: Deber de las personas servidoras judiciales de utilizar lenguaje claro y sencillo en la atención de personas indígenas.
- **Requisitos y deberes de las personas intérpretes y traductoras**: Arts. 126, 171.2 CPA // 1 a 6, 8 a 11, 14 Circular Consejo Superior 02-2015: Reglamento para regular la función de las y los intérpretes, traductores, peritos y ejecutores en el Poder Judicial // Circular Corte Suprema de Justicia 173-2019: Reglas de Brasilia sobre Acceso a la Justicia de las personas en condiciones de vulnerabilidad (Reglas de Brasilia).
- **Actos de parte de forma oral**: Art. 67 CPA.
- **Personas en condición de vulnerabilidad**: Arts. 48.10, 59 CPA // Convención sobre la Eliminación de Todas las Formas de Discriminación Contra la Mujer (CEDAW), Ley 6968/1984 // Reglas de Brasilia.
- **Traducción de resoluciones y actuaciones para personas indígenas**: Arts. 59, 126 CPA // Reglas de Brasilia // Circular Corte Suprema de Justicia 10-2003: Deber de los despachos y oficinas judiciales de realizar las comunicaciones a las personas indígenas en sus propios idiomas // Circular Dirección Ejecutiva Poder Judicial 123-2023: Asignación de intérpretes indígenas y pago de honorarios con facturas ocasionales.
- **Atención de personas indígenas**: Circular Corte Suprema de Justicia 108-2021: Reiteración sobre las reglas prácticas para facilitar el acceso a la justicia de las poblaciones indígenas // Circular Corte Suprema de Justicia 192-2019: Deber de las personas servidoras judiciales de utilizar lenguaje claro y sencillo en la atención de personas indígenas.

ARTÍCULO 60- Formación del expediente electrónico

Las gestiones, las resoluciones y las actuaciones del proceso darán lugar a la formación de un expediente electrónico. Se formará, consultará y conservará por medios tecnológicos, salvo las excepciones dispuestas en esta ley.

CONCORDANCIAS:

- **Expediente electrónico**: Circular Corte Suprema de Justicia 164-2021: Reglamento sobre expediente judicial electrónico ante el Poder Judicial.
- **Consulta de expediente judicial**: 1, 2, 5, 8 a 12 Ley de Protección de la persona frente al tratamiento de sus datos personales, Ley 8968/2011 // Circular Corte Suprema de Justicia 8-2016: Reiteración de la circular 91-2010 "Acceso a los expedientes judiciales".
- **Actos escritos de las partes**: Art. 67 Código Procesal Agrario (CPA), Ley 9609/2018.
- **Documentación mediante acta**: Arts. 179, 181 CPA.
- **Documentación mediante grabación**: Art. 180 CPA.
- **Formato de prueba documental**: Arts. 61, 98 CPA.
- **Remisión de expediente**: Art. 334 CPA.
- **Certificaciones del expediente**: Art. 335 CPA.
- **Formación de legajos**: Arts. 111, 205, 207, 223, 281, 293, 301, 334 CPA.
- **Archivo de documentos privados**: Art. 61 CPA.
- **Documentos base del proceso**: Art. 62 CPA.
- **Reposición de actuaciones**: Art. 63 CPA.
- **Publicidad de las actuaciones escritas**: Art. 64 CPA.
- **Información no divulgada (secretos comerciales o industriales):** Arts. 120, 148, 153, 182 CPA // 1, 2, 4, 5, 9, 10 Ley de información no divulgada (LIND), Ley 7975/2000 // 39 Ley de Procedimientos de Observancia de los Derechos de Propiedad Intelectual (LODPI), Ley 8039/2000 // 53 Ley de protección de las obtenciones vegetales (LPOV), Ley 8631/2008 // 1, 2, 4, 7 A 11 Reglamento a la Ley de Información No Divulgada (RLIND), Decreto 34927/2008.
- **Datos sensibles y datos de acceso restringido:** Arts. 24 Constitución Política (1949) // 47, 48 Código Civil: Ley XXX/1885 (CC) // 39 LODPI // 1, 2, 5, 8 a 12 Ley de Protección de la persona frente al tratamiento de sus datos personales, Ley 8968/2011 // Circular Consejo Superior 71-2018: Sobre la responsabilidad de indicar en las sentencias judiciales la existencia de datos sensibles // Circular 193-2014: Reglamento de actuación de la Ley de Protección de la persona frente al tratamiento de sus datos personales en el Poder Judicial.

ARTÍCULO 61- Devolución de documentos privados

El tribunal se dejará una copia de los documentos privados originales que las partes aporten como prueba. Para tal efecto, deberá adjuntarse una copia legible y completa, previo a su devolución, salvo que se pueda realizar electrónica o digitalmente, en la oficina que recibe el documento. Las partes presentarán los originales cuando el tribunal lo requiera, de oficio o a solicitud fundada de parte, con el apercibimiento de que, en caso de incumplimiento, si no tienen causa justa, se les podrá testimoniar piezas por el delito de desobediencia a la autoridad. Si no lo presentan será ineficaz, cuando la parte contraria haya alegado oportunamente falsedad del documento. La seguridad del documento estará a cargo del despacho durante el tiempo que se mantenga a su cargo.

CONCORDANCIAS:

- **Expediente electrónico**: Art. 60 Código Procesal Agrario (CPA), Ley 9609/2018 // Circular Corte Suprema de Justicia 164-2021: Reglamento sobre expediente judicial electrónico ante el Poder Judicial.
- **Formato de prueba documental**: Arts. 61, 98 CPA.
- **Remisión de expediente**: Art. 334 CPA.
- **Documentos base del proceso**: Art. 62 CPA.

ARTÍCULO 62- Documentos base

Cuando se deba aportar un documento base requerido para dar trámite a un proceso o gestión, se presentará el original. Para el trámite de devolución, custodia y exhibición, se aplicará lo dispuesto para los documentos privados. Cuando esté en poder de la parte, esta tendrá la responsabilidad exclusiva de su custodia.

Tratándose de títulos valores cambiarios o ejecutivos, el documento base deberá estar contenido en un soporte físico o digital donde aparezca de manera indubitable su contenido.

Las partes presentarán los originales cuando el tribunal lo requiera, de oficio o a solicitud fundada de parte, con el apercibimiento de que, en caso de incumplimiento, si no tienen causa justa, se les podrá testimoniar piezas por el delito de desobediencia a la autoridad. Si no lo presentan será ineficaz, cuando la parte contraria haya alegado oportunamente falsedad del documento. La seguridad del documento estará a cargo del despacho durante el tiempo que se mantenga a su cargo.

CONCORDANCIAS:

- **Expediente electrónico**: Art. 60 Código Procesal Agrario (CPA), Ley 9609/2018 // Circular Corte Suprema de Justicia 164-2021: Reglamento sobre expediente judicial electrónico ante el Poder Judicial.
- **Formato de prueba documental**: Arts. 61, 98 CPA.
- **Deberes de las partes e intervinientes**: Art. 53 CPA.
- **Abuso procesal y procesos fraudulentos**: Art. 54 CPA.

ARTÍCULO 63- Reposición de actuaciones

Si se extravía total, o parcialmente, un expediente, será repuesto inmediatamente por cualquier medio. Para esos efectos, el tribunal ordenará a las partes aportar o remitir electrónicamente los documentos originales para ser certificados, copias electrónicas de los que hayan presentado, si es posible con las constancias de recibidos respectivos, y de las cédulas de notificación recibidas. Si es necesario, se repondrán las pruebas indispensables para decidir conforme a derecho.

La persona que en criterio del órgano disciplinario competente sea responsable por dolo o culpa grave deberá asumir el pago de los daños y perjuicios que se generen con la reposición. 

CONCORDANCIAS:

- **Expediente electrónico**: Art. 60 Código Procesal Agrario (CPA), Ley 9609/2018 // Circular Corte Suprema de Justicia 164-2021: Reglamento sobre expediente judicial electrónico ante el Poder Judicial.
- **Formato de prueba documental**: Arts. 61, 98 CPA.
- **Deberes de las partes e intervinientes**: Art. 53 CPA.
- **Abuso procesal y procesos fraudulentos**: Art. 54 CPA.

ARTÍCULO 64- Publicidad de las actuaciones escritas

Todo alegato escrito o documento incorporado al expediente, con las excepciones de ley, será de acceso a las personas que figuren como partes, abogadas y a quienes el ordenamiento jurídico autorice. Se pondrán a disposición de las personas usuarias los mecanismos necesarios, a fin de que la consulta del expediente físico o electrónico sea efectiva.

CONCORDANCIAS:

- **Principio de publicidad procesal**: Art. 4, 64, 173, 182, 185 Código Procesal Agrario (CPA), Ley 9609/2018.
- **Principio de impulso procesal**: Art. 5 Ley Orgánica del Poder Judicial (LOPJ), Ley 8/1937.
- **Expediente electrónico**: Circular Corte Suprema de Justicia 164-2021: Reglamento sobre expediente judicial electrónico ante el Poder Judicial.
- **Consulta de expediente judicial**: 1, 2, 5, 8 a 12 Ley de Protección de la persona frente al tratamiento de sus datos personales, Ley 8968/2011 // Circular Corte Suprema de Justicia 8-2016: Reiteración de la circular N° 91-2010 "Acceso a los expedientes judiciales".

ARTÍCULO 65- Lugar y tiempo de las actuaciones

La audiencia de juicio y, en general, las diligencias probatorias, según la naturaleza de lo que deba ser definido, se practicarán en el lugar de los hechos. El tribunal, cuando lo considere innecesario, de forma justificada, podrá disponer lo contrario.

Si se realizan en el lugar de los hechos, podrán continuarse o finalizarse en la sede del tribunal y, excepcionalmente, en otro lugar idóneo a criterio de este.

Cuando no sea necesaria la itinerancia del tribunal, las actuaciones se realizarán en su sede.

Las actuaciones judiciales deberán iniciarse a la hora exacta señalada. A criterio del tribunal, podrán comenzar hasta quince minutos después. Aun más tarde, siempre que exista anuencia de las partes y del tribunal, lo cual se hará constar. En ambos supuestos se consignará el motivo del atraso.

CONCORDANCIAS:

- **Principio itinerancia:** Arts. 4, 13, 14, 24, 52, 65 123, 173 Código Procesal Agrario (CPA), Ley 9609/2018.
- **Audiencias judiciales (preparatoria, de juicio, única y específicas)**: Arts. 65, 170 a 173, 179, 180, 186 a 196 CPA.
- **Suspensión de audiencia:** Art. 194 CPA.
- **Posposición de audiencia:** Arts. 170, 175 CPA.

ARTÍCULO 66- Días y horas hábiles

Para las actuaciones judiciales todos los días y las horas son hábiles, salvo aquellos que por disposición de la ley o de los órganos competentes hayan sido declarados inhábiles.

De oficio o a solicitud de parte, se podrán señalar y continuar audiencias en horas y días inhábiles, cuando la dilación pueda causar perjuicio grave a las partes, impedir el ejercicio de la función jurisdiccional o hacer ilusorio el efecto de una resolución. Contra la resolución que declare la habilitación no cabrá recurso alguno.

Tal pronunciamiento será innecesario cuando la habilitación se requiera para proseguir una audiencia.

CONCORDANCIAS:

- **Principio de celeridad procesal**: Arts. 66, 170, 176, 178, 187, 188, 199, 208.4, 279.5, 340 Código Procesal Agrario (CPA), Ley 9609/2018 // 5 Ley Orgánica del Poder Judicial (LOPJ), Ley 8/1937.
- **Principio de concentración de actos procesales**: Arts. 170, 176, 187 CPA.
- **Principio de oficiosidad**: Arts. 48.1, 50, 66, 170, 189.10 CPA / 5 LOPJ.
- **Principio de impulso procesal:** Arts. 5 LOPJ.
- **Derechos de las partes**: Art. 49 Código Procesal Agrario CPA.
- **Audiencias judiciales (preparatoria, de juicio, única y específicas)**: Arts. 65, 170 a 173, 179, 180, 186 a 196 CPA.
- **Suspensión de audiencia:** Art. 194 Código Procesal Agrario CPA.
- **Posposición de audiencia:** Arts. 170, 175 Código Procesal Agrario CPA.

SECCIÓN II
ACTOS DE PARTE

ARTÍCULO 67- Actos escritos de las partes

La demanda, la contestación, la contrademanda, la réplica, la solicitud inicial en procesos no contenciosos, el recurso de casación, la revisión y las alegaciones emitidas fuera de las audiencias serán escritos. Las partes e intervinientes podrán optar por formularlos oralmente en el despacho, siempre que se hagan acompañar de su abogado o abogada y que cumplan todos los requisitos establecidos en esta ley. El tribunal garantizará a las partes el uso efectivo de esta facultad, adecuándola a los requerimientos de los distintos grupos en condición de vulnerabilidad.

Los actos escritos de las partes e intervinientes se regirán por las siguientes reglas:

1) Llevarán la firma de las partes. Si no pudieran firmar, otra persona lo hará a su ruego y la gestionante estampará su huella digital, salvo imposibilidad absoluta.

En ambos casos, debe estar autenticada por persona abogada. Si se omite alguno de esos requisitos, la parte tendrá tres días para subsanar lo omitido, sin necesidad de resolución que así lo prevenga. De lo contrario, no se atenderá la gestión. La interesada podrá optar por ratificar la gestión oralmente en la sede del tribunal, en ese mismo plazo.

2) Si la parte es profesional en derecho, no se requerirá la autenticación.

3) Si se remiten las gestiones por medios tecnológicos, para su validez y eficacia, deberán cumplir los requisitos de seguridad y autenticidad requeridos en las leyes especiales y los reglamentos del Poder Judicial.

CONCORDANCIAS:

- **Principio informalismo**: Arts. 4, 46, 58, 67 (excepciones), 75, 92, 226 Código Procesal Agrario (CPA), Ley 9609/2018.
- **Personas en condición de vulnerabilidad**: Arts. 48.10, 59 CPA // Convención sobre la Eliminación de Todas las Formas de Discriminación Contra la Mujer (CEDAW), Ley 6968/1984 // Circular Corte Suprema de Justicia 173-2019: Reglas de Brasilia sobre Acceso a la Justicia de las personas en condiciones de vulnerabilidad (Reglas de Brasilia).
- **Derechos de las personas indígenas**: Arts. 48.9 CPA // Convenio de OIT 107 sobre Protección de Pueblos Indígenas y Tribales (Convenio 107-OIT), Ley 2330/1959 // Convenio de OIT 169 sobre Pueblos Indígenas y Tribales en Países Independientes (Convenio 169-OIT), Ley 7316/1992 // Declaración de Naciones Unidas sobre derechos de los pueblos indígenas // Declaración Americana sobre los derechos de los pueblos indígenas.
- **Derecho consuetudinario**: Arts. 18.10 CPA // 8.1 Convenio 169-OIT.
- **Patrocinio letrado**: Arts. 44, 47 y 49.4 CPA.
- **Gratuidad en el proceso**: Art. 50 CPA.
- **Traducción de resoluciones y actuaciones para personas indígenas**: Arts. 59, 126 CPA // Reglas de Brasilia // Circular Corte Suprema de Justicia 10-2003: Deber de los despachos y oficinas judiciales de realizar las comunicaciones a las personas indígenas en sus propios idiomas // Circular Dirección Ejecutiva Poder Judicial 123-2023: Asignación de intérpretes indígenas y pago de honorarios con facturas ocasionales.

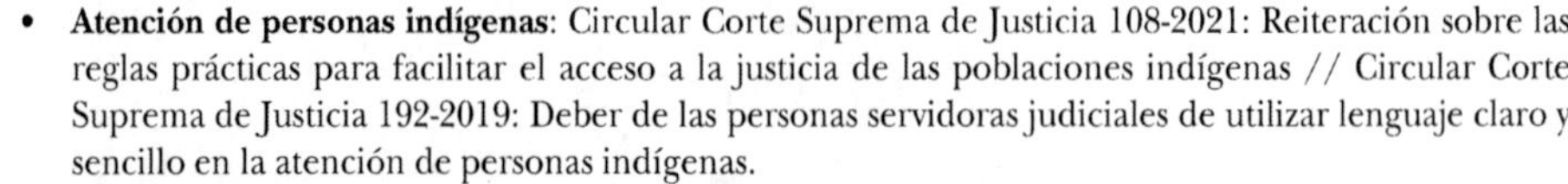

- **Atención de personas indígenas**: Circular Corte Suprema de Justicia 108-2021: Reiteración sobre las reglas prácticas para facilitar el acceso a la justicia de las poblaciones indígenas // Circular Corte Suprema de Justicia 192-2019: Deber de las personas servidoras judiciales de utilizar lenguaje claro y sencillo en la atención de personas indígenas.
- **Firma digital:** Ley de certificados, firmas digitales y documentos electrónicos, Ley 8454/2005

ARTÍCULO 68- Efectos

Los actos procesales de las partes, una vez recibidos de manera efectiva por el despacho competente, producirán inmediatamente la constitución, la modificación o la extinción de derechos y deberes procesales, salvo disposición legal en contrario.

Las gestiones presentadas o remitidas a un despacho u oficina que no corresponda surtirán efecto a partir del momento en que sean recibidas por el órgano que debe conocerlas.

CONCORDANCIAS:

- **Improrrogabilidad de plazos**: Art. 86 Código Procesal Agrario (CPA), Ley 9609/2018.
- **Plazos perentorios**: Art. 88 CPA.
- **Plazos judiciales**: Arts. 89, 291 CPA.
- **Plazos prorrogables**: Arts. 95, 291 CPA.
- **Conteo de plazos**: Arts. 66, 90 CPA.
- **Interrupción de plazos**: Art. 87 CPA.
- **Vencimiento de plazos**: Art. 91 CPA.

ARTÍCULO 69- Localización

Las partes e intervinientes deberán indicar en su primera gestión la dirección exacta de su domicilio y medios adicionales dónde localizarles, entre otros, su dirección electrónica, número telefónico y de fax, así como el de quienes sean sus abogados o abogadas. Estarán obligadas a informar al tribunal los cambios, bajo su responsabilidad.

CONCORDANCIAS:

- **Notificaciones:** Ley de notificaciones judiciales (LNJ), Ley 8687/2008 // Circular Corte Suprema de Justicia 38-3003: Sobre la aplicación del artículo 4 de la Ley de Notificaciones, Citaciones y otras comunicaciones judiciales // Circular Corte Suprema de Justicia 42-2011: Reiteración de la circular No. 206-2021 denominada "Guía práctica de comunicaciones judiciales", la cual lleva adjunta las "Reglas generales que contemplan la Ley de Notificaciones Judiciales // Circular Corte Suprema de Justicia 42-2011: Aplicación del artículo 38 de la Ley de Notificaciones Judiciales.

- **Requisitos del acto de notificación:** LNJ // 147 Ley Orgánica del Poder Judicial (LOPJ), Ley 8/1937 // Circular Corte Suprema de Justicia 57-2024: Reiteración de la circular No. 206-2021 denominada "Guía práctica de comunicaciones judiciales", la cual lleva adjunta las "Reglas generales que contemplan la Ley de Notificaciones Judiciales".
- **Notificaciones personales:** Arts. 73, 87.2, 174, 225, 248, 250, 225, 260 Código Procesal Agrario (CPA), Ley 9609/2018 // 19 LNJ // 314 Código Penal, Ley 4573/1970.
- **Domicilio para efectos judiciales**: Arts. 69 CPA // 60 a 66 Código Civil (CC), Ley XXX/1885 (CC) // 3, 21, 22 LNJ.
- **Domicilio contractual:** Arts. 4 LNJ // Circular Corte Suprema de Justicia 38-2003: Aplicación del art. 4 Ley de notificaciones judiciales.
- **Notificación por medios electrónicos:** Arts. 3, 6, 34 LNJ // 1 a 4 Ley para establecer el correo electrónico como medio de notificación para las sociedades mercantiles, Ley 10597/2024 // Circular Corte Suprema de Justicia 42-2011: Aplicación del artículo 38 de la Ley de Notificaciones Judiciales N°8687.
- **Demanda, contestación, reconvención**: Art. 97 CPA.
- **Patrocinio letrado**: Arts. 44, 45, 47 CPA.

SECCIÓN III
ACTOS DEL TRIBUNAL

ARTÍCULO 70- Forma y firma de las resoluciones

Las resoluciones contendrán los datos básicos para su individualización e identificación del tribunal y proceso en que se emitan.

Las resoluciones deben ser firmadas por las personas juzgadoras que las emitan, salvo que queden respaldadas por audio o video. Cuando se trate de providencias emitidas por tribunales colegiados, serán firmadas únicamente por quien presida.

La falta de alguna firma no provocará la ineficacia del acto, siempre que se corrobore la participación del juez o la jueza en el acto que debió suscribir.

CONCORDANCIAS:

- **Tipos de resoluciones judiciales:** Art. 74 Código Procesal Agrario (CPA), Ley 9609/2018.
- **Requisitos de resoluciones judiciales:** Arts. 48, 58, 59, 60, 74 CPA // 3 Ley Orgánica del Poder Judicial (LOPJ), Ley 8/1937.
  - **Lugar y plazo para emitir sentencias:** Arts. 79, 80, 190.4 CPA // 5 LOPJ.
  - **Reglas especiales de la sentencia**: Arts. 81, 82, 83 CPA.
  - **Reglas especiales para poblaciones vulnerables:** Arts. 48.10, 49.8, 59 CPA.
  - **Reglas especiales cuando están de por medio conflictos de naturaleza agraria relacionados con bienes, elementos y servicios ambientales**: Arts. 282 a 290 CPA.
  - **Reglas especiales cuando están de por medio conflictos sobre propiedad intelectual relacionados con bienes o actividades de naturaleza agraria:** Arts. 47 Constitución Política (1949) // 1, 2, 28, 38 a 40 Ley de Procedimientos de Observancia de los Derechos de Propiedad Intelectual (LODPI), Ley 8039/2000.
- **Aclaración y adición de resoluciones:** Art. 75 CPA.

- **Corrección de errores materiales en resoluciones:** Arts. 75, 84 CPA.
- **Principio de informalismo procesal:** Arts. 4, 46, 48.7, 58, 67 (excepciones), 70, 72, 75, 92, 226 CPA.
- **Colaboración de entidades públicas o de particulares para para ejecutar órdenes contenidas en resoluciones judiciales:** Arts. 20, 73, 116, 117, 118, 173, 174, 291 a 295, 306 CPA // 7 LOPJ // 8 inciso g Ley General de Policía, Ley 7410/1994.
- **Formato de resoluciones judiciales (documentación y registro):** Arts. 60, 180, 181, 333 CPA // 6 bis, 147 LOPJ.
- **Expediente judicial electrónico:** Art. 60 Código Procesal Agrario (CPA), Ley 9609/2018 // 92, 100, 113, 162, 167 Ley Orgánica del Poder Judicial (LOPJ), Ley 8/1937 // Circular Consejo Superior 164-2021: Reglamento sobre expediente judicial electrónico ante el Poder Judicial

ARTÍCULO 71- Forma y firma de las actuaciones

Cuando deba dejarse constancia del resultado de una actuación en un acta, se hará constar el lugar, la fecha, la hora de inicio y la finalización de la diligencia, así como las personas participantes. Si es escrita, será firmada por quien la practicó y, cuando sea necesario, por las demás participantes, previa lectura. Si alguien no sabe o no puede firmar, podrá hacerlo en su lugar otra a ruego, o bien, una persona testigo de la actuación. Cuando alguien no quiera firmar, así se consignará.

Si por algún defecto el acta se torna ineficaz, el acto que se pretendía probar con ella podrá acreditarse por otros elementos válidos. El acta escrita podrá ser reemplazada, total o parcialmente, por otra forma de registro, salvo disposición expresa en contrario.

CONCORDANCIAS:

- **Tipos de actuaciones judiciales:** Arts. 65 Código Procesal Agrario (CPA), Ley 9609/2018.
  - **Audiencias judiciales (preparatoria, de juicio, única y específicas)**: Arts. 65, 170, 171, 173, 179, 180, 187 a 196 CPA.
  - **Diligencias probatorias:** Arts. 20, 65, 73, 114, 119, 122 a 126 CPA.
  - **Notificaciones:** Arts. 72, 73 CPA // Ley de notificaciones judiciales (LNJ), Ley 8687/2008.
  - **Apremio patrimonial (embargo y remate de bienes):** Arts. 303, 310, 311 CPA // 154 a 165 Código Procesal Civil (CPC), Ley 9342/2016 // 984 CC // 160 Ley Orgánica del Poder Judicial (LOPJ), Ley 8/1937 // 66 Ley que transforma el Instituto de Desarrollo Agrario (IDA) en el Instituto de Desarrollo Rural (Ley Inder), Ley 9036/2012 // 10 Ley de Inscripción de Documentos en Registro Público (LIDRP), Ley 3883/1967 // Circular Consejo Superior 66-1998: Función de los Auxiliares Ejecutores // 19 a 30 circular Consejo Superior 02-2015: Reglamento para regular la función de las y los intérpretes, traductores, peritos y ejecutores en el Poder Judicial // Circular Corte Suprema de Justicia 165-2015: Anotaciones de embargos practicados en predios con limitaciones vigentes // Circular Consejo Superior 66-2018: Recomendaciones a las personas juzgadoras agrarias para su valoración con el fin de orientar y facilitar la aplicación de la materia (remate de bienes).
  - **Ejecución de órdenes judiciales:** Arts. 20, 73, 116, 117, 118, 155, 173, 174, 291 a 295, 306 CPA // 1, 5, 6, 7, 167, 168 LOPJ.
  - **Desalojo y puesta en posesión:** Arts. 83, 306 CPA // Circular Corte Suprema de Justicia 227-2020: Lineamientos para la realización de puestas en posesión y desalojos de personas en situación de

vulnerabilidad o vulnerabilizadas, entre otras, pertenecientes a pueblos indígenas, en situación de discapacidad, adultas mayores y menores de edad.
- **Allanamiento de bienes**: Arts. 46.2.3., 137 CPC // 205 Código Penal, Ley 4573/1970 // 193 a 197 Código Procesal Penal (CPP), Ley 7594/1996.

- **Requisitos de las actuaciones judiciales:** Arts. 58, 59, 60, 65, 66 CPA // 3 LOPJ.
- **Formato de actuaciones judiciales (documentación y registro)**: Arts. 60, 156, 179, 180, 181, 333 CPA // 6 bis, 147 LOPJ.
- **Principio de informalismo procesal:** Arts. 4, 46, 48.7, 58, 67 (excepciones), 70, 72, 75, 92, 226 CPA.
- **Lugar de actuaciones judiciales:** Arts. 65, 123, 124, 125, 173 CPA.
- **Momento para realizar actuaciones judiciales:** Art. 66 CPA.
- **Auxilio judicial para realizar actuaciones judiciales:** Arts. 20, 24, 73 CPA // 5, 6, 163.2, 165 LOPJ.
- **Colaboración de entidades públicas o de particulares para realizar actuaciones judiciales:** Arts. 116, 117, 118, 145, 173, 174 CPA // 7 LOPJ // 8 inciso g Ley General de Policía, Ley 7410/1994.
- **Reposición de actuaciones judiciales:** Arts. 63, 71 CPA.
- **Expediente judicial electrónico:** Art. 60 Código Procesal Agrario (CPA), Ley 9609/2018 // 92, 100, 113, 162, 167 Ley Orgánica del Poder Judicial (LOPJ), Ley 8/1937 // Circular Consejo Superior 164-2021: Reglamento sobre expediente judicial electrónico ante el Poder Judicial

ARTÍCULO 72- Comunicación de los actos procesales

La práctica de las notificaciones y todo lo relativo a ese acto procesal, se regirá por lo dispuesto en este código y la normativa especial para notificaciones. Para realizarlas, se considerará una sola persona, quienes litiguen unidas con una misma representación legal.

Las resoluciones pronunciadas en audiencia, se tendrán por notificadas a quienes estén presentes o hayan debido concurrir al acto, salvo disposición expresa en contrario.

Los señalamientos para audiencias y otras actuaciones deberán ser notificados a las partes con una anticipación mínima de tres días, salvo disposición en contrario o en situaciones de urgencia relacionadas con la programación de audiencias. En este último supuesto, la notificación podrá realizarse mediante telegrama, teléfono u otro medio de comunicación similar, de lo cual se dejará constancia.

Si en una resolución se impone una obligación de hacer o una orden de abstención, con el apercibimiento de que se podrá seguir causa por el delito de desobediencia a la autoridad, solo para los efectos penales, se notificará adicionalmente de forma personal a la parte obligada.

CONCORDANCIAS:

- **Requisitos del acto de notificación:** Ley de notificaciones judiciales (LNJ), Ley 8687/2008 // Art. 147 Ley Orgánica del Poder Judicial (LOPJ), Ley 8/1937 // Circular Corte Suprema de Justicia 57-2024: Reiteración de la circular No. 206-2021 denominada "Guía práctica de comunicaciones judiciales", la cual lleva adjunta las "Reglas generales que contemplan la Ley de Notificaciones Judiciales".

- **Notificaciones personales:** Arts. 73, 87.2, 174, 225, 248, 250, 225, 260 Código Procesal Agrario (CPA), Ley 9609/2018 // 19 LNJ // 314 Código Penal, Ley 4573/1970.
- **Domicilio para efectos judiciales:** Arts. 69 CPA // 60 a 66 Código Civil (CC), Ley XXX/1885 (CC) // 3, 21, 22 LNJ.
- **Domicilio contractual:** Arts. 4 LNJ // Circular Corte Suprema de Justicia 38-2003: Aplicación del art. 4 Ley de notificaciones judiciales.
- **Notificación por medios electrónicos:** Arts. 3, 6, 34 LNJ // 1 a 4 Ley para establecer el correo electrónico como medio de notificación para las sociedades mercantiles, Ley 10597/2024 // Circular Corte Suprema de Justicia 42-2011: Aplicación del artículo 38 de la Ley de Notificaciones Judiciales N°8687.
- **Notificación que se tiene por realizada:** Arts. 250 CPA // 10 Ley de notificaciones judiciales (LNJ), Ley 8687/2008.
- **Notificación a personas con discapacidad:** Arts. 5, 6, LNJ.
- **Delegación para notificar:** Art. 20.2 CPA.
- **Comisiones para notificar:** Arts. 15 LNJ // Circular Corte Suprema de Justicia 28-2003: Normas prácticas para el trámite de las comisiones para notificar y posibilidad de suministrar información sobre el estado de un asunto por vía telefónica (reiterada en circular 157-2018).
- **Señalamiento de medio para recibir notificaciones:** Arts. 97.2, 168, 197, 208.3, 306 CPA.
- **Conteo de plazos:** Arts. 66, 90 CPA.
- **Auxilio judicial para notificaciones:** Art. 73 CPA.
- **Colaboración de entidades administrativas para realizar notificaciones:** Art. 73 CPA // 8 Ley General de Policía, Ley 7410/1994.

ARTÍCULO 73- Auxilio judicial

Los tribunales deberán prestarse auxilio en las actuaciones que requieran colaboración. Se exceptúa el auxilio judicial cuando se trate de práctica de prueba o de actos propios de una audiencia, que vulneren el principio de inmediación.

Se podrá pedir colaboración directamente a cualquier funcionario o funcionaria administrativa. Además, solicitar a los entes públicos pertinentes información sobre los datos que consten en sus registros, a fin de identificar o localizar a una parte, cuando sea indispensable realizar una notificación de forma personal y no se cuente con otro medio para lograrlo de forma efectiva.

CONCORDANCIAS:

- **Auxilio judicial para realizar actuaciones judiciales:** Arts. 10.3, 20, 24 Código Procesal Agrario (CPA), Ley 9609/2018 // 5, 6, 147, 163.2, 165 Ley Orgánica del Poder Judicial (LOPJ), Ley 8/1937.
- **Colaboración de entidades públicas para realizar actuaciones judiciales:** Arts. 116, 117, 118, 173, 174 CPA // 7 LOPJ // 8 inciso g Ley General de Policía, Ley 7410/1994.
- **Suplicatorios, exhortos y mandamientos:** Art. 126 LOPJ.
- **Notificaciones personales:** Arts. 73, 87.2, 174, 225, 248, 250, 225, 260 CPA // 19 LNJ // 314 Código Penal, Ley 4573/1970.

- **Regla de inmediación del tribunal**: Arts. 76, 95, 123, 124, 190.4, 195, 209.2, 216, 219, 255, 279.6 CPA. 

SECCIÓN IV
RESOLUCIONES JUDICIALES

ARTÍCULO 74- Resoluciones judiciales

Las resoluciones judiciales se denominarán providencias, autos y sentencias. Serán orales o escritas.

En audiencia, se emitirán de forma oral e inmediata, con las salvedades de ley.

Cuando la complejidad de lo planteado requiera un estudio especial o deliberación, se podrá decretar un receso.

Si son escritas, las providencias se dictarán en el plazo de tres días, y los autos en cinco días, sin perjuicio de lo dispuesto en normas especiales.

CONCORDANCIAS:

- **Forma y firma de resoluciones judiciales**: Art. 70 Código Procesal Agrario (CPA), Ley 9609/2018.
- **Requisitos de resoluciones judiciales**: Arts. 48, 58, 59, 60 CPA // 3 Ley Orgánica del Poder Judicial (LOPJ), Ley 8/1937.
  - **Lugar y plazo para emitir sentencias**: Arts. 79, 80, 190.4 CPA // 5 LOPJ.
  - **Reglas especiales de la sentencia**: Arts. 81, 82, 83, 209.3 CPA.
  - **Reglas especiales para poblaciones vulnerables**: Arts. 48.10, 49.8, 59 CPA.
  - **Reglas especiales cuando están de por medio conflictos de naturaleza agraria relacionados con bienes, elementos y servicios ambientales**: Arts. 282 a 290 CPA.
  - **Reglas especiales cuando están de por medio conflictos sobre propiedad intelectual relacionados con bienes o actividades de naturaleza agraria:** Arts. 47 Constitución Política (1949) // 1, 2, 28, 38 a 40 Ley de Procedimientos de Observancia de los Derechos de Propiedad Intelectual (LODPI), Ley 8039/2000
- **Formato de resoluciones judiciales (documentación y registro):** Arts. 60 CPA // 180, 181 CPA // 6 bis, 147 LOPJ.
- **Regla de fundamentación debida de decisiones judiciales**: Arts. 81, 209.3 CPA.
- **Principio de informalismo procesal:** Arts. 4, 46, 48.7, 58, 67 (excepciones), 70, 72, 75, 92, 226 CPA.
- **Plazos para emitir resoluciones judiciales.** Arts. 48.6, 79 CPA / 5 LOPJ.
- **Aclaración y adición de resoluciones**: Art. 75 CPA.
- **Corrección de errores materiales en resoluciones**: Arts. 75, 84 CPA.
- **Colaboración de entidades públicas o de particulares para para ejecutar órdenes contenidas en resoluciones judiciales**: Arts. 20, 73, 116, 117, 118, 173, 174, 291 a 295, 306 CPA // 7 LOPJ // 8 Ley General de Policía, Ley 7410/1994.
- **Recursos contra resoluciones judiciales:** Arts. 196 a 218 CPA.

ARTÍCULO 75- Adición, aclaración y error material

Las aclaraciones o adiciones de autos y sentencias solo procederán respecto de la parte dispositiva. Si son emitidas en audiencia se gestionarán y resolverán de inmediato. De ser dictados por escrito, deberán pedirse dentro de los tres días hábiles siguientes a su notificación y resolverse en un plazo igual. Podrán ser aclarados y adicionados de oficio, en el mismo lapso. Si se omite resolver acerca de una petición concreta, se podrá pedir oralmente al tribunal que subsane la omisión.

El plazo para interponer el recurso que proceda contra autos y sentencias dictadas de forma escrita, se contará a partir del día inmediato siguiente al de la notificación de la resolución complementaria en la que se acepte o deniegue la gestión.

Los tribunales podrán corregir en cualquier tiempo los errores materiales de sus resoluciones. Tal pronunciamiento será declarado firme. Podrán igualmente corregir y adicionar resoluciones firmes con efectos registrales, cuando se trate de datos que requiera el Registro Nacional para la inscripción, siempre que no se altere sustancialmente lo concedido u ordenado en aquellas.

Cuando un tribunal de primera instancia note un error material en una resolución de un superior, informará electrónicamente a este tal suceso para que resuelva tal gestión.

Los tribunales podrán corregir en cualquier tiempo los errores materiales de sus resoluciones. Tal pronunciamiento será declarado firme. Podrán igualmente corregir y adicionar resoluciones firmes con efectos registrales, cuando se trate de datos que requiera el Registro Nacional para la inscripción, siempre que no se altere sustancialmente lo concedido u ordenado en aquellas. Cuando un tribunal de primera instancia note un error material en una resolución de un superior, informará electrónicamente a tal suceso para que resuelva tal gestión.

CONCORDANCIAS:

- **Tipos de resoluciones judiciales:** Art. 74 Código Procesal Agrario (CPA), Ley 9609/2018.
- **Apartados de las sentencias y autos complejos**: Art. 81 CPA.
- **Principio de informalismo procesal:** Arts. 4, 46, 48.7, 58, 67 (excepciones), 70, 72, 92, 226 CPA.
- **Invariabilidad de sentencias y corrección de errores materiales:** Art. 84 CPA.
- **Resoluciones con efectos registrales**: Arts. 453, 454, 460, 461 CC // 5, 6 Ley de Inscripción de Documentos en Registro Público (LIDRP), Ley 3883/1967 // 33 Ley del Catastro Nacional (LCN), Ley 6545/1981 // 79 Código Notarial, Ley 7764/1998.

ARTÍCULO 76- Tribunal decisor

Las personas juzgadoras, que hayan asistido a una audiencia, deberán resolver, previa deliberación y votación, según corresponda, y asumir la redacción o formulación de su contenido.

CONCORDANCIAS:

- **Tipos de resoluciones judiciales**: Art. 74 Código Procesal Agrario (CPA), Ley 9609/2018.
  - **Requisitos de resoluciones judiciales.** Arts. 48, 58, 59, 60 CPA // 3 Ley Orgánica del Poder Judicial (LOPJ), Ley 8/1937.
  - **Requisitos especiales de la sentencia**: Arts. 81, 82, 83 CPA.
  - **Lugar y plazo para emitir sentencias**: Arts. 78 a 80, 190.4 CPA // 5 LOPJ.
  - **Requisitos especiales para poblaciones vulnerables**: Arts. 48.10, 49.8, 59 CPA.
- **Plazos para emitir resoluciones judiciales.** Arts. 48.6, 79 CPA // 5 LOPJ.
- **Regla de fundamentación debida de decisiones judiciales**: Arts. 81, 209.3 CPA.
- **Regla de inmediación del tribunal**: Arts. 95, 123, 124, 190.4, 195, 209.2, 216, 219, 255, 279.6 CPA.
- **Deliberación y votación en tribunales colegiados:** Arts. 78, 79 CPA.

ARTÍCULO 77- Imposibilidad del tribunal para resolver

Si un juez o jueza integrante del tribunal que realizó una audiencia se imposibilita para deliberar, votar y emitir la resolución respectiva, según corresponda, se aplicarán las siguientes reglas:

1) Si se trata de un tribunal unipersonal, se celebrará nueva audiencia por quien le sustituya.

2) En el caso de uno colegiado, los restantes integrantes tomarán las medidas pertinentes para realizar la deliberación. Podrá deliberarse haciendo uso de medios tecnológicos. Si no es posible integrar a quien tiene la imposibilidad, se celebrará una nueva audiencia.

3) La deliberación solo podrá suspenderse por accidente o enfermedad grave de las personas juzgadoras. En ese caso, la suspensión no podrá ser mayor a tres días, luego de los cuales se les reemplazará para realizar nuevamente la audiencia de juicio.

CONCORDANCIAS:

- **Deberes del tribunal decisor:** Art. 76 Código Procesal Agrario (CPA), Ley 9609/2018.
- **Deliberación y votación en tribunales colegiados:** Arts. 78, 79 CPA.
- **Plazos para emitir resoluciones judiciales.** Arts. 48.6, 79, 80 CPA // 5 Ley Orgánica del Poder Judicial (LOPJ), Ley 8/1937.
- **Regla de inmediación del tribunal**: Arts. 95, 123, 124, 190.4, 195, 209.2, 216, 219, 255, 279.6 CPA.

ARTÍCULO 78- Deliberación, votación y redacción en tribunales colegiados

Si la sentencia se emite en audiencia, la deliberación tendrá una duración máxima de dos días. Para deliberar, votar y emitir resoluciones, los tribunales colegiados aplicarán las siguientes reglas:

1) La deliberación y votación será secreta y dirigida por quien haya presidido la audiencia.

2) Quien la haya dirigido, someterá a deliberación del tribunal las cuestiones de hecho y de derecho. Previo análisis, se procederá a la votación, la cual no podrá interrumpirse salvo algún impedimento insuperable.

3) Para emitir la resolución, será necesario el voto conforme de la mayoría de las personas integrantes.

4) La redacción o emisión íntegra de la resolución corresponderá a quien presida. Cuando no forme parte del voto de mayoría, se asignará a otra de las integrantes.

5) Quien discrepe de la mayoría, salvará su voto de manera razonada y se insertará en la resolución. Deberá emitirlo dentro del plazo conferido para la redacción. Si el voto disidente no se hace en el plazo que legalmente corresponda, se tendrá por no puesto de pleno derecho, sin que se afecte lo resuelto. En tal caso, caducará la facultad de salvar el voto.

CONCORDANCIAS:

- **Deberes del tribunal decisor**: Arts. 76, 190.4 Código Procesal Agrario (CPA), Ley 9609/2018.
- **Deliberación y votación en tribunales colegiados**: Arts. 79, 80, 210.6 CPA
- **Requisitos de resoluciones judiciales:** Arts. 48, 58, 59, 60 CPA // 3 Ley Orgánica del Poder Judicial (LOPJ), Ley 8/1937.
  - **Lugar y plazo para emitir sentencias**: Arts. 79, 80, 190.4 CPA // 5 LOPJ.
  - **Reglas especiales de la sentencia**: Arts. 81, 82, 83, 209.3 CPA.
  - **Reglas especiales para poblaciones vulnerables**: Arts. 48.10, 49.8, 59 CPA.
  - **Reglas especiales cuando están de por medio conflictos de naturaleza agraria relacionados con bienes, elementos y servicios ambientales**: Arts. 282 a 290 CPA.
  - **Reglas especiales cuando están de por medio conflictos sobre propiedad intelectual relacionados con bienes o actividades de naturaleza agraria:** Arts. 47 Constitución Política (1949) // 1, 2, 28, 38 a 40 Ley de Procedimientos de Observancia de los Derechos de Propiedad Intelectual (LODPI), Ley 8039/2000
- **Regla de fundamentación debida de decisiones judiciales**: Arts. 81, 209.3 CPA.
- **Plazos para emitir resoluciones judiciales**: Arts. 48.6, 79, 210.6 CPA / 5 Ley Orgánica del Poder Judicial (LOPJ), Ley 8/1937
- **Regla de inmediación del tribunal**: Arts. 95, 123, 124, 190.4, 195, 209.2, 209.6, 216, 219, 255, 279.6 CPA.

ARTÍCULO 79- Emisión de la sentencia

La sentencia se emitirá oralmente después de la exposición de conclusiones o, en su caso, de la deliberación. Cuando la deliberación no sea necesaria, terminadas las respectivas etapas procesales se pronunciará dentro del plazo legal.

Por razones de seguridad e integridad del tribunal y demás asistentes a la audiencia u otras razones referidas al tiempo y el lugar donde se realice la audiencia, la sentencia podrá emitirse en el plazo de cinco días. En supuestos de excepcional complejidad, su dictado íntegro se podrá realizar en el plazo de veintidós días hábiles. El tribunal deberá exponer el fundamento de la decisión.

Si las partes lo solicitan o el tribunal lo estima necesario, la sentencia deberá transcribirse.

CONCORDANCIAS:

- **Deberes del tribunal decisor**: Arts. 76, 190.4, 209.6 Código Procesal Agrario (CPA), Ley 9609/2018.
- **Deliberación y votación en tribunales colegiados**: Arts. 78, 80 CPA.
- **Requisitos de resoluciones judiciales.** Arts. 48, 58, 59, 60 CPA / 3 Ley Orgánica del Poder Judicial, Ley 8/1937 (LOPJ).
- **Lugar y plazo para emitir sentencias**: Arts. 78, 80, 190.4 CPA // 5 LOPJ.
- **Reglas especiales de la sentencia**: Arts. 81, 82, 83, 209.3 CPA.
- **Reglas especiales para poblaciones vulnerables**: Arts. 48.10, 49.8, 59 CPA.
- **Reglas especiales cuando están de por medio conflictos de naturaleza agraria relacionados con bienes, elementos y servicios ambientales**: Arts. 282 a 290 CPA.
- **Reglas especiales cuando están de por medio conflictos sobre propiedad intelectual relacionados con bienes o actividades de naturaleza agraria:** Arts. 47 Constitución Política (1949) // 1, 2, 28, 38 a 40 Ley de Procedimientos de Observancia de los Derechos de Propiedad Intelectual (LODPI), Ley 8039/2000
- **Plazos para emitir resoluciones judiciales.** Arts. 48.6, 74 CPA // 5 LOPJ.
- **Regla de fundamentación debida de decisiones judiciales:** Arts. 81, 209.3 CPA.
- **Regla de inmediación del tribunal**: Arts. 95, 123, 124, 190.4, 195, 209.2, 209.6, 216, 219, 255, 279.6 CPA.
- **Regla de priorizar la oralidad (instrumento procesal):** Arts. 46, 67, 74, 75, 79, 122, 146, 153.4, 199, 200, 202, 206, 208.4, 213, 226, 279.5, transitorio primero CPA.
- **Principio de tutela judicial efectiva y de calidad en la Administración de Justicia (eficiencia y eficacia):** Arts. 4, 6, 49, 338, 340 CPA.

ARTÍCULO 80- Efectos de la no emisión oportuna de la sentencia

Si no se emite la sentencia en los plazos establecidos, se comunicará al órgano disciplinario respectivo para lo que corresponda.

CONCORDANCIAS:

- **Deberes del tribunal decisor:** Arts. 76, 78, 190.4 Código Procesal Agrario (CPA), Ley 9609/2018.
- **Plazos para emitir resoluciones judiciales:** Arts. 48.6, 74, 209.6 CPA // 5 Ley Orgánica del Poder Judicial (LOPJ), Ley 8/1937.

ARTÍCULO 81- Requisitos y contenido de la sentencia

Las sentencias deberán resolver todos y cada uno de los aspectos objeto de debate.

No podrán conceder extremos no pedidos o dar más de lo solicitado, a excepción de aquello para lo cual el ordenamiento jurídico no exija iniciativa de parte o sean consecuencia intrínseca de lo pretendido para su eficacia.

Deberá indicarse el tipo de proceso, el nombre y las calidades de las partes e intervinientes y sus representantes, además de los requisitos propios de toda resolución. En los considerandos se indicará:

1) Una síntesis de los alegatos, las pretensiones y las excepciones.

2) La enunciación clara, precisa y ordenada de los hechos probados y no demostrados cuando los haya, con referencia concreta a los medios probatorios en que se apoya la decisión, de cuyo contenido se hará una referencia lacónica, así como de los criterios de apreciación de esos elementos.

3) Un análisis de las gestiones incidentales pendientes, de las cuestiones pretendidas y debatidas por las partes, las excepciones y las costas. Se expresarán con claridad los fundamentos jurídicos y las razones de equidad en que se basa la decisión.

La parte dispositiva iniciará con lo resuelto sobre los incidentes, las excepciones y lo decidido en términos imperativos y concretos. Se indicarán, de forma expresa y separada, los extremos que se declaren procedentes y los denegados, así como lo dispuesto sobre costas.

Las sentencias que resuelvan la apelación y la casación incluirán un breve resùmen de los aspectos debatidos en la resolución impugnada y de los alegatos del recurso.

Al tribunal superior le está prohibido resolver solo con remisión a las consideraciones de la sentencia de la instancia inferior. Deberá expresar sus razones.

CONCORDANCIAS:

- **Forma y firma de resoluciones judiciales:** Art. 70 Código Procesal Agrario (CPA), Ley 9609/2018.
- **Requisitos de resoluciones judiciales:** Arts. 48.7, 58, 59, 60 CPA // 3 Ley Orgánica del Poder Judicial (LOPJ), Ley 8/1937.
  - **Lugar y plazo para emitir sentencias**: Arts. 79, 80, 190.4 CPA // 5 LOPJ.
  - **Reglas especiales de la sentencia**: Arts. 78, 81, 82, 83, 209.3 CPA.
  - **Reglas especiales para poblaciones vulnerables**: Arts. 48.10, 49.8, 59 CPA.
  - **Reglas especiales cuando están de por medio conflictos de naturaleza agraria relacionados con bienes, elementos y servicios ambientales**: Arts. 282 a 290 CPA.
  - **Reglas especiales cuando están de por medio conflictos sobre propiedad intelectual relacionados con bienes o actividades de naturaleza agraria:** Arts. 47 Constitución Política (1949) // 1, 2, 28, 38 a 40 Ley de Procedimientos de Observancia de los Derechos de Propiedad Intelectual (LODPI), Ley 8039/2000
- **Tipos de condena**: Art. 83 CPA.
- **Regla de fundamentación debida de decisiones judiciales**: Arts. 81, 209.3 CPA.
- **Congruencia**: Arts. 82, 209.5, 216, 284 CPA.

- **Principio de tutela judicial efectiva y de calidad en la Administración de Justicia (eficiencia y eficacia):** Arts. 4, 6, 49, 338, 340 CPA. 
- **Cosa juzgada:** Arts. 85 CPA // 673, 1385 Código Civil (CC), Ley XXX/1885.

ARTÍCULO 82- Extremos por resolver de oficio

El tribunal podrá ajustar en sentencia las condenas a lo que legalmente corresponda, cuando resulte procedente, si hay de por medio derechos irrenunciables. Se pronunciará sobre extremos que el ordenamiento jurídico permita resolver sin requerimiento de parte, cuando sean consecuencia intrínseca de lo debatido y lo concedido. De igual forma, podrá disponer las nulidades vinculadas con las pretensiones acogidas, cuando sea estrictamente necesario por interés público, para resguardar la seguridad jurídica o garantizar la información de los registros y los archivos oficiales.

CONCORDANCIAS:

- **Congruencia:** Arts. 209.5, 216, 265, 284 Código Procesal Agrario (CPA), Ley 9609/2018.
- **Principio de tutela judicial efectiva y de calidad en la Administración de Justicia (eficiencia y eficacia):** Arts. 4, 6, 49, 338, 340 CPA.
- **Cosa juzgada:** Arts. 85 CPA // 673, 1385 Código Civil (CC), Ley XXX/1885 // 5, 6 Ley de Inscripción de Documentos en Registro Público (LIDRP), Ley 3883/1967 // 33 Ley del Catastro Nacional (LCN), Ley 6545/1981 // 79 Código Notarial, Ley 7764/1998.
- **Derechos irrenunciables:** Arts. 49 CPA // 18, 19, 274, 621, 850, 1407 CC // 970 Código de Comercio (CCo), Ley 3284/1964 // 59 Ley Orgánica de la Agricultura e Industria de la Caña de Azúcar, Ley 7818/1998 // 143 Ley reforma integral Régimen Relaciones de Productores, Beneficiadores y Exportadores Café, Ley 9872/2020.

ARTÍCULO 83- Tipos de condena

La sentencia estimatoria obligará a la ejecución de las obligaciones y las prohibiciones que imponga, así como a la satisfacción de los extremos reconocidos de acuerdo con el ordenamiento jurídico.

De conformidad con el tipo de condena, lo decidido deberá establecer:

1) En pronunciamientos de condena sobre extremos económicos determinables en dinero, se indicarán el monto exacto de las cantidades otorgadas, sus adecuaciones hasta la fecha de la sentencia, el de los intereses cuando corresponda y las costas.

La condena se hará en abstracto, cuando no se pueda determinar de una vez la cuantía o la extensión de dichos extremos, pero se indicarán las bases y los parámetros para hacer la fijación.

2) En condenas a pagar periódicamente sumas de dinero, se establecerán los parámetros para la determinación, la adecuación futura cuando proceda y el pago de estas. A solicitud de parte, podrá realizarse su conmutación.

3) Cuando se condene a pagar una cantidad por liquidar, procedente de frutos, rentas, utilidades o productos de cualquier clase, así como en la rendición de cuentas, se otorgará un plazo de diez días a la persona vencedora para presentar la liquidación o a la obligada para la rendición de cuentas, con arreglo a las bases establecidas.

4) Si se ordena la entrega de un bien, se prevendrá a la parte vencida el deber de hacerlo en el plazo que establecerá el tribunal, de acuerdo con las circunstancias.

Si se trata de un mueble, la entrega deberá hacerse en el lugar donde se localice, según lo que se haya determinado en el proceso, al cual deberá apersonarse la vencedora para su retiro. Si es necesario, se podrá disponer del auxilio de la Fuerza Pública.

Transcurrido el plazo otorgado, se ordenará la puesta en posesión.

Cuando se condene a la entrega de cantidad determinada de frutos en especie, o de efectos de comercio, se le advertirá a la parte deudora que si no cumple en el plazo fijado se convertirán a dinero y se procederá a hacer efectiva la suma resultante.

5) Si se impone una obligación de hacer, el tribunal conferirá a la parte vencida un plazo, de acuerdo con las circunstancias, a fin de que cumpla. Le advertirá que si no lo realiza en ese lapso, la vencedora quedará autorizada, sin necesidad de ulterior resolución, para realizarlo por cuenta de la perdidosa, quien deberá pagar, además, los daños y perjuicios ocasionados con su negativa.

6) Si se condena a otorgar una escritura, se concederá un plazo para su cumplimiento, fijado de acuerdo con las circunstancias, con el apercibimiento que si no se realiza el tribunal la otorgará en nombre de la persona obligada. Si la escritura tiene efectos registrales, deberán cumplirse todos los requisitos necesarios para su inscripción, con los gastos a cargo de quien corresponda.

7) Cuando se trate de condenas de no hacer o de abstenerse de adoptar o ejecutar una conducta, se prevendrá que en caso de infringirse la obligación impuesta se podrá destruir o dejar sin efecto lo hecho en contra de lo ordenado.

Además, se le advertirá que se le denunciará ante el Ministerio Público por el delito de desobediencia a la autoridad, sin perjuicio de que en sede penal la conducta se recalifique.

CONCORDANCIAS:

- **Tipos de condena y reglas para su ejecución**: Arts. 82, 285 a 290, 291 a 296, 303 a 311 Código Procesal Agrario (CPA), Ley 9609/2018.
- **Deberes del tribunal decisor**: Arts. 76, 190.4 CPA.
- **Requisitos de resoluciones judiciales.** Arts. 48, 58, 59, 60 CPA // 3 Ley Orgánica del Poder Judicial (LOPJ), Ley 8/1937.
- **Lugar y plazo para emitir sentencias**: Arts. 78, 80, 190.4 CPA // 5 LOPJ.
- **Reglas especiales de la sentencia**: Arts. 79, 81, 82, 209.3 CPA.
- **Reglas especiales para poblaciones vulnerables**: Arts. 48.10, 49.8, 59 CPA.

- **Reglas especiales cuando están de por medio conflictos de naturaleza agraria relacionados con bienes, elementos y servicios ambientales**: Arts. 282 a 290 CPA.
- **Reglas especiales cuando están de por medio conflictos sobre propiedad intelectual relacionados con bienes o actividades de naturaleza agraria:** Arts. 47 Constitución Política (1949) // 1, 2, 28, 38 a 40 Ley de Procedimientos de Observancia de los Derechos de Propiedad Intelectual (LODPI), Ley 8039/2000
- **Regla de fundamentación debida de decisiones judiciales**: Arts. 81, 209.3 CPA.
- **Principio de tutela judicial efectiva y de calidad en la Administración de Justicia (eficiencia y eficacia)**: Arts. 6, 49.1, 49.6, 49.7, 340 CPA.
- **Notificación personal si existe advertencia de seguirse causa penal por incumplimiento de orden judicial**: Arts. 72 CPA // 19 Ley de notificaciones judiciales (LNJ), Ley 8687/2008 // 314 Código Penal, Ley 4573/1970.

ARTÍCULO 84- Invariabilidad y corrección de sentencias

Los tribunales no podrán revocar ni modificar lo decidido en sentencia, pero sí aclarar cualquier pronunciamiento oscuro o contradictorio, o suplir omisiones sobre algún aspecto debatido.

CONCORDANCIAS:

- **Aclaración, adición y corrección de errores materiales**: Art. 75 Código Procesal Agrario (CPA), Ley 9609/2018.
- **Congruencia**: Arts. 82, 209.5, 216, 284 CPA.
- **Resoluciones con efectos registrales**: Arts. 453, 454, 460, 461 Código Civil (CC), Ley XXX/1885 // 5, 6 Ley de Inscripción de Documentos en Registro Público (LIDRP), Ley 3883/1967 // 33 Ley del Catastro Nacional (LCN), Ley 6545/1981 // 79 Código Notarial, Ley 7764/1998.

ARTÍCULO 85- Cosa juzgada

Para que se produzca cosa juzgada, es necesaria la identidad de sujetos, objeto y causa, salvo norma expresa en contrario. Los efectos se limitarán a lo dispositivo y podrá ser declarada de oficio. Producen eficacia de cosa juzgada material las sentencias firmes emitidas en procesos ordinarios y las resoluciones expresamente indicadas por la ley. Ello hará indiscutible, en otro proceso, la existencia o no de la relación jurídica juzgada.

Las emitidas en los demás procesos tendrán eficacia de cosa juzgada formal.

CONCORDANCIAS:

- **Tipos de resoluciones judiciales:** Art. 74 Código Procesal Agrario (CPA), Ley 9609/2018.
- **Apartados de las sentencias y autos complejos**: Art. 81 CPA.

- **Conexidad:** Art. 17 CPA.
- **Demanda improponible**: Arts. 101, 106 CPA.
- **Cosa juzgada**: Arts. 106, 107 CPA // 469, 673, 1385 Código Civil (CC), Ley XXX/1885.
- **Resoluciones con efecto de cosa juzgada además de la sentencia definitiva**: Arts. 35 (tercera persona garante), 223, 224 (homologación de conciliación), 226 (homologación de transacción) CPA // 1385 CC // 9 (homologación de conciliación), 58 (laudo) Ley Resolución Alterna de Conflictos y Promoción de la Paz Social (Ley RAC), Ley 7727/1997 // 76.3 (incidente cobro honorarios por asesoría legal), 113.3 (cuenta partición en sucesorios) Código Procesal Civil (CPC), Ley 9342/2016.
- **Resoluciones finales que no generan cosa juzgada material**: Art. 323 CPA.
- **Cosa juzgada derivada de proceso penal:** Art. 152 CPA.
- **Recurso de casación**: Arts. 12.3, 208.1, 210.2 CPA.
- **Recurso de revisión:** Art. 218 CPA // 72.1 CPC.

CAPÍTULO II
PLAZOS

ARTÍCULO 86- Improrrogabilidad de plazos

Los plazos establecidos en este Código son improrrogables, con las excepciones de ley. Cuando se permita la prórroga, esta deberá solicitarse antes del vencimiento del plazo. Lo que se resuelva carecerá de recurso.

Podrán renunciarse, ampliarse o restringirse con el consentimiento de las partes, salvo disposición expresa en contrario.

CONCORDANCIAS:

- **Normas procesales de orden público**: Art. 8 Código Procesal Agrario (CPA), Ley 9609/2018.
- **Principio dispositivo**: Arts. 8, 48.9, 86, 196, 220, 226, 229 CPA // 5 Ley Orgánica del Poder Judicial (LOPJ), Ley 8/1937.
- **Plazos perentorios:** Art. 88 CPA.
- **Plazos judiciales**: Arts. 89, 291 CPA.
- **Plazos prorrogables**: Arts. 95, 291 CPA.
- **Conteo de plazos**: Arts. 66, 90 CPA.
- **Interrupción de plazos**: Art. 87 CPA.
- **Vencimiento de plazos**: Art. 91 CPA.

ARTÍCULO 87- Interrupción de plazos

Los plazos podrán interrumpirse por caso fortuito o fuerza mayor que imposibiliten a las partes realizar o participar en el acto por sí o por medio de quien ejerza su representación, y se volverán a iniciar cuando haya cesado la causa. Durante la interrupción solo se practicarán actos urgentes y de aseguramiento.

Los motivos serán apreciados por el tribunal, de oficio o a instancia de parte. Entre otros, serán admisibles:

1) La muerte o la enfermedad grave de una parte, si carece de apoderado o apoderada judicial su abogado o abogada estará en la obligación de informarlo al tribunal tan pronto tengan conocimiento. De igual forma, si quien falleció es representante de una persona jurídica y no existe posibilidad legal de que otra asuma el cargo.

2) La muerte o la enfermedad grave del apoderado o apoderada judicial. En este caso, se notificará a la parte de forma personal, para que en el plazo de tres días, provea al cuidado de sus intereses. Dichos motivos no serán eficaces si son alegados por la parte que ha gestionado después de ocurridos, o no se invocan dentro de los tres días después de haber cesado.

CONCORDANCIAS:

- **Plazos perentorios**: Art. 88 Código Procesal Agrario (CPA), Ley 9609/2018.
- **Plazos judiciales**: Art. 89 CPA.
- **Conteo de plazos**: Arts. 66, 90 CPA.
- **Improrrogabilidad de plazos**: Art. 86 CPA.
- **Vencimiento de plazos**: Art. 91 CPA.
- **Actos urgentes**: Arts. 235, 283, 272, 276 (medidas cautelares y tutelares) CPA.
- **Actos de aseguramiento**: Art. 117 Código Procesal Civil (CPC), Ley 9342/2016.

ARTÍCULO 88- Plazos perentorios

Los plazos perentorios no podrán abreviarse o prorrogarse, ni aún por acuerdo de partes.

CONCORDANCIAS:

- **Plazos judiciales:** Art. 89 Código Procesal Agrario (CPA), Ley 9609/2018.
- **Plazos prorrogables**: Arts. 95, 291 CPA.
- **Ejemplos de plazos perentorios**: Arts. 251, 253 (contestar demandas), 202, 208, 218 (interponer recursos) CPA.
- **Conteo de plazos**: Arts. 66, 90 CPA.
- **Interrupción de plazos:** Art. 87 CPA.
- **Improrrogabilidad de plazos**: Art. 86 CPA.
- **Vencimiento de plazos:** Art. 91 CPA.
- **Normas procesales de orden público**: Arts. 8 CPA.

- **Principio dispositivo**: Arts. 8, 48.9, 86, 196, 220, 226, 229 CPA // 5 Ley Orgánica del Poder Judicial (LOPJ), Ley 8/1937.

ARTÍCULO 89- Plazos judiciales

Cuando la ley sea omisa en cuanto a la duración de un plazo, el tribunal lo fijará tomando en cuenta la naturaleza del proceso, la importancia y las condiciones del acto. Igual facultad tendrá cuando este deba establecerse entre un máximo y un mínimo.

CONCORDANCIAS:

- **Conteo de plazos**: Arts. 66, 90 Código Procesal Agrario (CPA), Ley 9609/2018.
- **Improrrogabilidad de plazos**: Art. 86 CPA.
- **Interrupción de plazos**: Art. 87 CPA
- **Vencimiento de plazos**: Art. 91 CPA.
- **Plazos perentorios**: Art. 88 CPA.
- **Plazos prorrogables**: Arts. 95, 291 CPA.
- **Ejemplos de plazos judiciales**: Arts. 95, 291, 306 CPA.
- **Normas procesales de orden público**: Arts. 8 CPA.
- **Principio dispositivo**: Arts. 8, 48.9, 86, 196, 220, 226, 229 CPA // 5 Ley Orgánica del Poder Judicial (LOPJ), Ley 8/1937.

ARTÍCULO 90- Conteo de plazos

Los plazos de veinticuatro horas corresponden al día completo. Los plazos por días se entenderán hábiles, salvo disposición legal en contrario. Los plazos por años o meses, se contarán de fecha a fecha.

Cuando el día de partida no exista en el mes de vencimiento, el plazo concluirá el último día de este. Si el día final de un plazo es inhábil, se tendrá por prorrogado hasta el día hábil siguiente. La misma regla se aplicará cuando se declare asueto parte de ese día final.

Los plazos serán comunes, salvo disposición legal en contrario o cuando por su naturaleza el tribunal le otorgue el carácter de individual al corresponder el cumplimiento de una actuación o prevención solo a una de las partes.

Los plazos individuales correrán a partir del día siguiente de aquel en que se efectuó la notificación a cada una de las partes. Los comunes, al día siguiente a la última notificación que se practique.

CONCORDANCIAS:

- **Plazos perentorios:** Art. 88 Código Procesal Agrario (CPA), Ley 9609/2018.

- **Plazos judiciales:** Art. 89 CPA.
- **Plazos prorrogables**: Arts. 95, 291 CPA.
- **Improrrogabilidad de plazos**: Art. 86 CPA.
- **Interrupción de plazos**: Art. 87 CPA.
- **Vencimiento de plazos**: Art. 91 CPA.
- **Normas procesales de orden público**: Arts. 8 CPA.
- **Principio dispositivo**: Arts. 8, 48.9, 86, 196, 220, 226, 229 CPA // 5 Ley Orgánica del Poder Judicial (LOPJ), Ley 8/1937.
- **Días hábiles e inhábiles**: Arts. 66 CPA // 38.2 LOPJ // 17 Ley de notificaciones judiciales (LNJ), Ley 8687/2008.
- **Allanamiento de bienes**: Arts. 46.2.3., 137 Código Procesal Civil (CPC), Ley 9342/2016 // 205 Código Penal, Ley 4573/1970 // 193 a 197 Código Procesal Penal (CPP), Ley 7594/1996.

ARTÍCULO 91- Vencimiento de los plazos

En todo plazo, el día de vencimiento se tendrá por concluido en el instante en que, según la ley, deba cerrar el despacho o las oficinas previstas para la recepción de documentos del lugar donde debe hacerse la gestión o practicarse la actuación.

Serán admisibles y válidas las gestiones presentadas y las actuaciones iniciadas a la hora exacta en que se cierran estas.

En caso de que sean recibidas por oficinas encargadas para la recepción de documentos, así como cuando sea procedente el recibo electrónico de actos de parte, sus efectos se producirán el día y la hora de la presentación, con independencia de la jornada ordinaria de trabajo del respectivo despacho.

Para determinar la hora de realización del acto, se seguirá la hora oficial del reloj del tribunal, o lo que se desprenda de los sistemas tecnológicos de los cuales disponga el Poder Judicial.

El tribunal rechazará de plano las gestiones realizadas cuando hayan vencido los plazos, salvo que la ley disponga lo contrario o exija acusar rebeldía.

CONCORDANCIAS:

- **Plazos perentorios:** Art. 88 Código Procesal Agrario (CPA), Ley 9609/2018.
- **Plazos judiciales:** Art. 89 CPA.
- **Plazos prorrogables:** Arts. 95, 291 CPA.
- **Conteo de plazos:** Arts. 66, 90 CPA.
- **Interrupción de plazos:** Art. 87 CPA.
- **Improrrogabilidad de plazos:** Art. 86 CPA.
- **Normas procesales de orden público**: Arts. 8 CPA.
- **Principio dispositivo**: Arts. 8, 48.9, 86, 196, 220, 226, 229 CPA // 5 Ley Orgánica del Poder Judicial (LOPJ), Ley 8/1937.

- **Rebeldía:** Art. 110 CPA.
- **Horario de oficinas judiciales:** Art. 144 LOPJ.

CAPÍTULO III
ACTIVIDAD PROCESAL DEFECTUOSA

ARTÍCULO 92- Nulidad de actos procesales

La nulidad de los actos procesales procederá solo cuando se haya vulnerado el debido proceso y se cause indefensión. Quien la gestione deberá señalar el aspecto a corregir y su posible solución.

No podrá declararse la nulidad cuando:

1) Sea posible la subsanación del acto defectuoso.

2) El acto, aunque irregular, logre el fin para el que estaba destinado.

3) Quien la alegue sea la parte que concurrió a causarla, o esta no haya sufrido perjuicios por la violación.

4) Se trate de solicitudes de nulidad reiterativas ya denegadas.

5) No se haya reclamado la nulidad en la primera oportunidad hábil. En tal caso se tendrá por consentida tácitamente, salvo que se trate de extremos esenciales o insubsanables.

6) Quien tenga legitimación para impugnar el acto haya aceptado, expresa o tácitamente, sus efectos.

Los defectos de los actos procesales deberán subsanarse, siempre que sea posible.

La rectificación del error o el cumplimiento del acto omitido no podrá retrotraer el proceso a periodos ya precluidos, salvo los casos expresamente previstos por este Código.

Cuando sea imprescindible la declaratoria de nulidad, se conservarán todas las actuaciones que en sí mismas no se vean afectadas por la invalidez. La nulidad, total o parcial, de un acto no conlleva la de las actuaciones que fueran independientes de aquel, ni impide que lo conservado produzca efectos legales, salvo disposición en contrario.

CONCORDANCIAS:

- **Reglas para reclamar nulidad de resoluciones judiciales**: Arts. 93, 189.6 Código Procesal Agrario (CPA), Ley 9609/2018.
- **Reglas para reclamar nulidad de actuaciones judiciales**: Arts. 93, 189.6 CPA.
- **Reglas especiales para reclamar nulidad del acto de remate**: Art. 311 CPA // 165 Código Procesal Civil (CPC), Ley 9342/2016.
- **Reglas y principios del saneamiento procesal**: Art. 93 CPA.
- **Efectos del saneamiento procesal**: Arts. 168 Ley Orgánica del Poder Judicial (LOPJ), Ley 8/1937.
- **Nulidad procesal posterior a la sentencia:** Art. 94 CPA.
- **Principios y reglas generales del proceso (debido proceso, derecho de defensa y contradictorio, tribunal natural, imparcialidad del tribunal, independencia del tribunal, respeto a la dignidad humana y otros):** Arts. 41, 42, 153, 154, 155 Constitución Política (1949) // 1, 2, 7, 8, 10 Declaración Uni-

versal de Derechos Humanos (DUDH) // 13, 18 Declaración Americana de los Derechos y Deberes del Hombre (DADDH) // 8, 11, 25 Convención Americana sobre Derechos Humanos (CIDH), Ley 453471970 // 5, 6, 31 Convención Interamericana de Derechos Humanos de las Personas Mayores (CIDHPM), Ley 9334/2016 // 4, 6, 7, 48, 49, 52, 92, 123, 168, 170, 171.1, 171.3, 184, 208.4, 209, 255, 340 CPA // 1, 2, 4, 5, 9 incisos 7) y 9), 168 LOPJ // 1, 6 Ley Integral para la Persona Adulta Mayor (LIPAM), Ley 7935/1999 // 2, 7 Ley de Acceso a la justicia de los pueblos indígenas de Costa Rica (LAJPI), Ley 9593/2018 // 5 Reglamento a la Ley para Promoción de la Autonomía Personal de las Personas con Discapacidad (RLPAPPD), Decreto 41087/2018 // Sección 3 capítulo II, capítulo III circular Corte Suprema de Justicia 173-2019: Reglas de Brasilia sobre Acceso a la Justicia de las personas en condiciones de vulnerabilidad (Reglas de Brasilia).

- **Principio de informalismo procesal:** Arts. 4, 46, 48.7, 58, 67 (excepciones), 70, 72, 75, 92, 226 CPA.
- **Principio de preclusión procesal**: Arts. 93, 211.4 CPA // 2.9 CPC.
- **Regla de inmediación del tribunal**: Arts. 4, 76, 95, 123, 124, 190.4, 195, 209.2, 209.6, 216, 219, 255, 279.6 CPA.
- **Regla de fundamentación debida de decisiones judiciales:** Arts. 81, 209.3 CPA.
- **Expediente judicial electrónico:** Art. 60 Código Procesal Agrario (CPA), Ley 9609/2018 // 92, 100, 113, 162, 167 Ley Orgánica del Poder Judicial (LOPJ), Ley 8/1937 // Circular Consejo Superior 164-2021: Reglamento sobre expediente judicial electrónico ante el Poder Judicial

ARTÍCULO 93- Procedimiento de la nulidad

La nulidad de las resoluciones deberá ser alegada concomitantemente con los recursos procedentes. La de actuaciones practicadas en audiencia se reclamará y resolverá inmediatamente, previa audiencia a la contraria. La nulidad de actuaciones practicadas fuera de audiencia se gestionará vía incidental dentro de los tres días siguientes a que se tuvo conocimiento del acto defectuoso o estuvo en condición de conocerlo. Lo anterior cuando por la naturaleza del acto o por otra circunstancia no corresponda o resulte imposible hacerlo por vía de recursos o en la audiencia.

El derecho de alegar la nulidad precluirá si no se formula en el momento que corresponde, salvo que sea por vicios esenciales e insubsanables.

El tribunal podrá declarar de oficio la nulidad de los actos defectuosos o insubsanables, en su caso, en cualquier estado del proceso. Cuando la nulidad se refiera a resoluciones y actuaciones de un tribunal de instancia superior, el competente para decretarla será este. Contra lo resuelto, solo se podrá interponer recurso de revocatoria.

CONCORDANCIAS:

- **Reglas para reclamar nulidad de resoluciones judiciales**: Art. 92 Código Procesal Agrario (CPA), Ley 9609/2018.
- **Reglas para reclamar nulidad de actuaciones judiciales**: Art. 92 CPA.
- **Reglas y principios del saneamiento procesal**: Arts. 92, 211.4 CPA.
- **Efectos del saneamiento procesal**: Arts. 92, 209.1 CPA // 168 Ley Orgánica del Poder Judicial, Ley 8/1937 (LOPJ).

- **Recursos contra resoluciones judiciales**: Arts. 199 a 203, 208 CPA.
- **Requisitos de los incidentes de nulidad procesal**: Arts. 280, 281 CPA // 113, 114 Código Procesal Civil (CPC), Ley 9342/2016.
- **Causales del recurso de casación relacionadas con el saneamiento procesal**: Arts. 209, 211.4 CPA.
- **Causales del recurso de revisión relacionadas con el saneamiento procesal**: Art. 218 CPA // 72.1 CPC.

ARTÍCULO 94- Nulidad posterior a sentencia

Cuando se trate de procesos litigiosos en los cuales no proceda la revisión, podrá alegarse la nulidad con posterioridad a la resolución firme que ponga fin al proceso, mediante la vía incidental. El reclamo se sustentará en una de las causales por las cuales es admisible la revisión. Deberá plantearse dentro de los tres meses siguientes al conocimiento de la causal, o desde del momento en que debió conocerla o pudo hacerla valer la parte perjudicada. En caso contrario, se declarará inadmisible.

CONCORDANCIAS:

- **Reglas para reclamar nulidad de resoluciones judiciales**: Arts. 92, 93 Código Procesal Agrario (CPA), Ley 9609/2018.
- **Reglas para reclamar nulidad de actuaciones judiciales**: Arts. 92, 93 CPA.
- **Reglas y principios del saneamiento procesal**: Arts. 92, 93 CPA.
- **Efectos del saneamiento procesal**: Arts. 92, 93, 168 Ley Orgánica del Poder Judicial (LOPJ), Ley 8/1937.
- **Principios y reglas generales del proceso (debido proceso, derecho de defensa y contradictorio, tribunal natural, imparcialidad del tribunal, independencia del tribunal, respeto a la dignidad humana y otros):** Arts. 41, 42, 153, 154, 155 Constitución Política (1949) // 1, 2, 7, 8, 10 Declaración Universal de Derechos Humanos (DUDH) // 13, 18 Declaración Americana de los Derechos y Deberes del Hombre (DADDH) // 8, 11, 25 Convención Americana sobre Derechos Humanos (CIDH), Ley 453471970 // 5, 6, 31 Convención Interamericana de Derechos Humanos de las Personas Mayores (CIDHPM), Ley 9334/2016 // 4, 6, 7, 48, 49, 52, 92, 123, 170, 171.1, 171.3, 184, 208.4, 209, 255, 340 CPA // 1, 2, 4, 5, 9 incisos 7) y 9), 168 LOPJ // 1, 6 Ley Integral para la Persona Adulta Mayor (LIPAM), Ley 7935/1999 // 2, 7 Ley de Acceso a la justicia de los pueblos indígenas de Costa Rica (LAJPI), Ley 9593/2018 // 5 Reglamento a la Ley para Promoción de la Autonomía Personal de las Personas con Discapacidad (RLPAPPD), Decreto 41087/2018.// Sección 3 capítulo II, capítulo III circular Corte Suprema de Justicia 173-2019: Reglas de Brasilia sobre Acceso a la Justicia de las personas en condiciones de vulnerabilidad (Reglas de Brasilia).
- **Principio de informalismo procesal:** Arts. 4, 46, 48.7, 58, 67 (excepciones), 70, 72, 75, 92, 226 CPA.
- **Principio de preclusión procesal:** Arts. 92, 93, 211.4 CPA // 2.9 Código Procesal Civil (CPC), Ley 9342/2016.
- **Regla de inmediación del tribunal**: Arts. 76, 95, 123, 124, 190.4, 195, 209.2, 209.6, 216, 219, 255, 279.6 CPA.
- **Regla de fundamentación debida de decisiones judiciales**: Arts. 81, 209.3 CPA.
- **Requisitos de los incidentes**: Arts. 280, 281 CPA // 113, 114 CPC.

- **Causales del recurso de casación relacionadas con el saneamiento procesal**: Arts. 209, 211.4 CPA.
- **Causales del recurso de revisión relacionadas con el saneamiento procesal**: Art. 218 CPA / 72.1 CPC.

CAPÍTULO IV
SUSPENSIÓN DEL PROCESO

ARTÍCULO 95- Suspensión del proceso

El trámite de los procesos solo se suspenderá por convenio de partes, prejudicialidad y en los casos previstos en la ley.

Las partes, de común acuerdo, podrán pedir la suspensión por única vez, por un plazo de hasta dos meses. Se decretará cuando no se vulnere el principio de inmediación y no se perjudique el interés general o a terceras personas. Si la solicitud tiene como fin conciliar o transar el proceso, el plazo podrá ser prorrogado por el período que se estime necesario.

CONCORDANCIAS:

- **Principio dispositivo:** Arts. 8, 48.9, 86, 196, 220, 226, 229 Código Procesal Agrario (CPA), Ley 9609/2018 // 5 Ley Orgánica del Poder Judicial (LOPJ), Ley 8/1937.
- **Prejudicialidad**: Art. 96 CPA.
- **Regla de inmediación del tribunal**: Arts. 76, 95, 123, 124, 190.4, 195, 209.2, 209.6, 216, 219, 255, 279.6 CPA.
- **Plazos prorrogables**: Arts. 95, 291 CPA.
- **Suspensión para conciliar**: Arts. 176, 186, 187.2 CPA.

ARTÍCULO 96- Prejudicialidad

Se podrá decretar la suspensión cuando para resolver el objeto del litigio sea necesario decidir acerca de alguna cuestión que constituya el objeto principal de otro proceso pendiente, ante el mismo o distinto tribunal, si no es posible la acumulación de procesos. Se mantendrá hasta que finalice el proceso que tenga por objeto la cuestión prejudicial.

La existencia de un proceso penal en ningún caso dará lugar a prejudicialidad, salvo lo dispuesto en la ejecución hipotecaria o prendaria.

CONCORDANCIAS:

- **Suspensión del proceso**: Art. 95 Código Procesal Agrario (CPA), Ley 9609/2018.
- **Acumulación de procesos**: Arts. 11.3, 12, 17, 22, 206 CPA.
- **Acumulación de pretensiones**: Arts. 17, 43 CPA.
- **Conexidad de pretensiones**: Art. 17 CPA.

- **Litis pendencia:** Arts. 23, 105.8 CPA.
- **Prejudicialidad penal respecto de procesos hipotecarios y prendarios:** Art. 34.2 Código Procesal Civil (CPC), Ley 9342/2016.

CAPÍTULO V
LA DEMANDA Y LA CONTESTACIÓN

ARTÍCULO 97- Demanda

La demanda deberá contener los siguientes datos:

1) El tribunal destinatario y el tipo de proceso.

2) El nombre de las partes y sus representantes, sus calidades, el número de identificación, los medios de notificación, el lugar exacto de su domicilio y los datos para su localización.

3) Los hechos relacionados con el objeto del proceso, expuestos con claridad y precisión.

4) El ofrecimiento detallado y ordenado de todos los medios de prueba.

5) La formulación clara, precisa e individualizada de las pretensiones, con indicación expresa de cuáles son las principales y separadamente las subsidiarias si las hubiera. Cuando se reclamen daños y perjuicios, deberá concretarse el motivo que los origina, en qué consisten y su estimación, la cual podrá hacerse de forma prudencial.

6) La estimación justificada de la demanda en moneda nacional. Si existen pretensiones en moneda extranjera, se usará el tipo de cambio respectivo al momento de su presentación, sin perjuicio de que en sentencia se pueda conceder lo pedido en la moneda solicitada.

7) Si el objeto de litigio es un inmueble, o se requiriera practicar una audiencia o diligencia fuera del despacho, deberán indicarse la ubicación exacta y las vías de acceso o, en su caso, el lugar idóneo de encuentro con el tribunal para guiarlo oportunamente, cuando sea preciso coordinar lo necesario para su debida realización.

8) El nombre de la persona abogada responsable de la dirección del proceso y sus suplentes, su número de teléfono, el correo electrónico y cualquier otro medio electrónico dónde localizarlos.

9) Cualquier dato de interés para la mejor comprensión del caso.

10) Podrán citarse los fundamentos de derecho que se invoquen en apoyo de la demanda.

11) La firma de la parte o su representante.

CONCORDANCIAS:

- **Órganos jurisdiccionales en materia agraria:** Arts. 9 a 14 Código Procesal Agrario (CPA), Ley 9609/2018.
- **Tipos de procesos:**

- **Prueba anticipada**: Arts. 167 a 169 CPA.
- **Medida cautelar anticipada**: Arts. 235 a 250 CPA.
- **Proceso ordinario:** Art. 251 CPA
- **Procesos sumarios:** Art. 252 CPA.
- **Proceso de ejecución de sentencia:** Arts. 291 a 302 CPA.
- **Ejecución hipotecaria y prendaria:** Art. 312 CPA.
- **Proceso sucesorio:** Arts. 313 a 320 CPA.
- **Procesos no contenciosos:** Arts. 321 a 331 CPA.

- **Partes e intervinientes**: Art. 28 CPA.
- **Actos escritos de las partes**: Art. 67 CPA.
- **Hechos de la demanda**: Arts. 21, 32, 81, 98-4, 102, 104, 107, 110, 113, 115, 122-1, 123, 131, 133, 134, 135, 138, 153, 165, 173, 182-4, 188, 189-3, 189-8, 190, 232-4, 240, 255, 265 párrafo 3 inciso 1, 266, 279-1, 280, 293-1 CPA.
- **Medios de prueba**: Art. 114 CPA.
- **Ofrecimiento y presentación de la prueba**: Art. 98 CPA.
- **Pretensión procesal**: Arts. 28, 42, 43 CPA.
- **Pretensiones de la demanda:** Arts. 2, 3, 10, 17, 21, 23, 32, 33, 34, 39, 81-1, 82, 101, 102, 104, 105, 108, 111, 113, 189-3, 193, 203-5, 226, 232, 236, 247 párrafo 3, 251, 252, 254, 255, 264, 283-1, 286, 293-1, 322 CPA.
- **Estimación de la demanda**: Art. 99 CPA // 35.3 Código Procesal Civil, Ley 9342/2016.
- **Práctica de la prueba en el lugar de los hechos y en sitios distantes:** Art. 123 CPA.
- **Patrocinio letrado**: Art. 44 CPA.

ARTÍCULO 98- Ofrecimiento y presentación de la prueba

En la demanda deberá indicarse la prueba ofrecida. Se aplicarán las siguientes reglas:

1) La prueba documental se aportará con la demanda o reconvención. Salvo los casos en que se exija el original, podrá ser presentada en copia auténtica o simple, así como en certificación electrónica. Si se cuestiona la exactitud de la reproducción, deberá cotejarse con el original o verificarse el procedimiento de firmas y de certificación electrónica, si es posible técnicamente. De lo contrario, su valor probatorio quedará sujeto a la apreciación conjunta de los demás elementos probatorios.

Las copias de planos se presentarán sin fragmentarse y en papel tamaño carta, salvo que ello imposibilite su lectura. Podrán, adicionalmente, aportarse en formato digital. El tribunal procurará que se incorporen también de esa forma al expediente electrónico. Si la prueba documental se adjunta en un soporte que no permita la conservación de su contenido, esté incompleto, fragmentado, ilegible o con alteraciones, el tribunal ordenará que se aporten correctamente.

2) Podrá solicitarse que se emita orden para obtener información de registros o archivos particulares y privados, constancias o certificaciones, de interés para el proceso, siempre que no se contravenga lo dispuesto en el artículo 24 de la Constitución Política, así como en las otras normas que regulen la protección de los datos personales.

3) Si se propone prueba pericial, se indicarán los temas objeto de la pericia, el cuestionario específico y se sugerirá la especialidad de la persona experta. Podrá solicitarse que el dictamen sea rendido por una o un funcionario del Organismo de Investigación Judicial (OIJ) o de instituciones públicas. El tribunal valorará la pertinencia y la legalidad de la petición.

4) Las partes podrán aportar, con la demanda o contestación, informes técnicos elaborados por particulares o colegios profesionales. Se indicarán los datos de quien los elaboró, a fin de verificar su idoneidad.

5) En la prueba testimonial se especificarán el nombre completo, las calidades y el domicilio de las personas declarantes, así como los hechos sobre los cuales se referirán.

6) Cuando se ofrezca declaración de parte, en caso de personas jurídicas y esta cuente con varios representantes, deberá especificarse si se requiere alguien en particular.

Si se omite algún requisito al ofrecerse la prueba, se prevendrá su corrección en el plazo de tres días, con el apercibimiento de que se podrá declarar inadmisible, de una vez o en la audiencia preparatoria, según corresponda.

CONCORDANCIAS:

- **Requisitos de la demanda**: Art. 97 Código Procesal Agrario (CPA), Ley 9609/2018.
- **Apreciación de la prueba**: Art. 130 CPA.
- **Prueba documental:** Arts. 150 a 153 CPA.
- **Documentos privados electrónicos**: Arts. 3 a 14 Ley de Certificados, Firmas Digitales y Documentos Electrónicos, Ley 8454/2005.
- **Expediente electrónico**: Circular Corte Suprema de Justicia 164-2021: Reglamento sobre Expediente Judicial Electrónico ante el Poder Judicial.
- **Derecho fundamental a la intimidad, libertad y secreto de las comunicaciones**: Art. 24 Constitución Política (1949).
- **Prueba pericial:** Arts. 142 a 149 CPA.
- **Dictámenes o informes técnicos:** Art. 148 CPA.
- **Prueba testimonial:** Arts. 133 a 141 CPA.
- **Prueba declaración de parte:** Arts. 131, 132 CPA.
- **Audiencia preparatoria**: Art. 189 CPA.

ARTÍCULO 99- Estimación de la demanda

La estimación se fijará según el interés económico de la demanda. Para su determinación se tomará como base lo establecido en la normativa procesal civil. Al fijar la cuantía, el tribunal podrá aumentar o disminuir el monto de la estimación expresada por la parte actora, con base en los parámetros legales.

CONCORDANCIAS:

- **Requisitos de la demanda**: Art. 92 Código Procesal Agrario (CPA), Ley 9609/2018.
- **Integración y aplicación supletoria de normas:** Arts. 7 CPA, Ley 9609/2018 // 12 CC // Ley Orgánica del Poder Judicial (LOPJ), Ley 8/1937.

ARTÍCULO 100- Demanda defectuosa

Si la demanda no cumple los requisitos legales, el tribunal otorgará tres días para su cumplimiento, especificando todos los defectos, con el apercibimiento de declararla inadmisible. Igual consecuencia se producirá si dentro de ese lapso la parte no subsana los defectos que puedan tener los documentos presentados con la demanda para demostrar su capacidad procesal.

La parte demandada, dentro del emplazamiento, podrá pedir que se corrijan los defectos de la demanda o se subsane cualquier vicio de capacidad o representación de la actora. La petición deberá ser resuelta de inmediato. Si la corrección implica cambios sustanciales en la demanda, se conferirá un nuevo emplazamiento, el cual se notificará donde la parte demandada haya señalado.

CONCORDANCIAS:

- **Actos de parte:** Arts. 67, 68 Código Procesal Agrario (CPA), Ley 9609/2018.
- **Capacidad procesal de actuar:** Arts. 29 CPA // 36 a 43 CC // 5, 18, 86 Código de la Niñez y Adolescencia (CNA), Ley 7739/1998 // 1 Convención sobre los derechos de las personas con discapacidad (CDPD), Ley 8661/2008 // 1, 5 Ley para Promoción de la Autonomía Personal de las Personas con Discapacidad (LPAPPD), Ley 9378/2016.
- **Requisitos de la demanda:** Art. 97 CPA.
- **Emplazamiento:** Art. 103 CPA.
- **Contestación de la demanda:** Art. 97 y 104 CPA.
- **Comunicaciones judiciales:** Arts. 72 CPA // 10, 13, 15, 16, 19 y 23 Ley de notificaciones judiciales (LNJ), Ley 8687/2008 // 1 a 4 Ley para establecer el correo electrónico como medio de notificación para las sociedades mercantiles, Ley 10597/2024.
- **Improrrogabilidad de plazos:** Art. 86 CPA.
- **Interrupción de plazos**: Art. 87 CPA.
- **Plazos perentorios**: Art. 88 CPA.
- **Plazos judiciales:** Art. 89 CPA.
- **Conteo y vencimiento de plazos.** Arts. 90 y 91 CPA

ARTÍCULO 101- Demanda improponible

Se rechazará la demanda, o la solicitud inicial en procesos no contenciosos, cuando sean evidentemente improponibles, mediante sentencia anticipada, emitida al inicio o en cualquier estado del proceso. Lo serán aquellas en que:

1) La pretensión sea evidentemente contraria al ordenamiento jurídico, imposible o carente de interés.

2) Se ejerciten en fraude procesal o con abuso del proceso.

3) Sea aplicable la caducidad.

4) La pretensión haya sido objeto de pronunciamiento en un proceso anterior con autoridad de cosa juzgada, de modo que el nuevo sea reiteración del anterior.

5) Quien la propone carezca, de forma evidente, de legitimación.

6) En proceso anterior se haya renunciado al derecho.

7) El derecho haya sido conciliado o transado y exista resolución firme que los haya homologado o sometido a arbitraje con anterioridad.

8) El proceso se refiera a nulidades procesales que han debido alegarse en aquel donde se causaron.

9) Sea evidente la falta de un presupuesto material o esencial de la pretensión.

CONCORDANCIAS:

- **Pretensiones de la demanda:** Arts. 2, 3, 10, 17, 21, 23, 32, 33, 34, 39, 81-1, 82, 101, 102, 104, 105, 108, 111, 113, 189- 3, 193, 203- 5, 226, 232, 236, 247 párrafo 3, 251, 252, 254, 255, 264, 283-1, 286, 293-1, 322 Código Procesal Agrario (CPA), Ley 9609/2018.
- **Requisitos y contenidos de la sentencia:** Art. 81 CPA.
- **Principio de buena fe procesal**: Arts. 4, 48.5, 53, 232.4 CPA.
- **Abuso procesal**: Art. 54 CPA.
- **Caducidad de la instancia:** Art. 265 CPA.
- **Cosa juzgada:** Art. 85 CPA.
- **Legitimación procesal:** Art. 39 CPA.
- **Renuncia del derecho:** Arts. 46, 49.3 CPA // 53 Código Procesal Civil (CPC), Ley 9342/2016.
- **Homologación del acuerdo conciliatorio:** Art. 223 CPA.
- **Transacción:** Art. 226 CPA.
- **Arbitraje:** Art. 228 CPA.
- **Derechos indisponibles de interés para la materia agraria:** Arts. 49.3 CPA // 18, 19, 274, 621, 850, 1407 Código Civil (CC), Ley XXX/1885 // 970 Código de Comercio (CCo), Ley 3284/1964 // 59 Ley Orgánica de la Agricultura e Industria de la Caña de Azúcar, Ley 7818/1998 // 64, 143 Ley reforma integral Régimen Relaciones de Productores, Beneficiadores y Exportadores Café, Ley 9872/2020.

ARTÍCULO 102- Modificación o ampliación de la demanda

La demanda podrá ser modificada o ampliada en cuanto a las partes, los hechos, las pretensiones y las pruebas, antes de la contestación o de que haya vencido el plazo para contestar, salvo en procesos monitorios y de ejecución. El nuevo emplazamiento deberá hacerse por tres a cinco días.

En el proceso ordinario también podrán ampliarse los hechos y las pretensiones en la audiencia preparatoria.

CONCORDANCIAS:

- **Requisitos de la demanda**: Art. 97 Código Procesal Agrario (CPA), Ley 9609/2018
- **Hechos de la demanda**: Arts. 21, 32, 81, 98, inciso 4, 102, 104, 107, 110, 113, 115, 122, inciso 1, 123, 131, 133, 134, 135, 138, 153, 165, 173, 182-4, 188, 189-3, 189-8, 190, 232-4, 240, 255, 265 párrafo 3 inciso 1, 266, 279-1, 280, 293-1 CPA.
- **Pretensiones de la demanda**: Arts. 2, 3, 10, 17, 21, 23, 28, 32, 33, 34, 39, 42, 43, 81-1, 82, 101, 102, 104, 105, 108, 111, 113, 189-3, 193, 203-5, 226, 232, 236, 247 párrafo 3, 251, 252, 254, 255, 264, 283-1, 286, 293-1, 322 CPA.
- **Contestación de la demanda**: Art. 104 CPA.
- **Emplazamiento**: Art. 103 CPA.
- **Partes e intervinientes**: Art. 28 CPA.
- **Proceso ordinario**: Art. 251 CPA.
- **Audiencia preparatoria**: Art. 189 CPA.

ARTÍCULO 103- Emplazamiento

Si la demanda es admisible, el tribunal emplazará a la parte demandada para su contestación, en la resolución respectiva indicará el plazo, la forma cómo deberá hacerlo y las consecuencias en caso de omisión.

Los efectos del emplazamiento, tanto materiales como procesales, se producirán a partir de su notificación, conforme lo dispuesto en la normativa procesal civil.

CONCORDANCIAS:

- **Requisitos de la demanda**: Art. 97 Código Procesal Agrario (CPA), Ley 9609/2018.
- **Emplazamiento en proceso ordinario**: Art. 251 CPA.
- **Emplazamiento en procesos sumarios**: Art. 253 CPA.
- **Emplazamiento en procesos de ejecución**: Art. 293-4 CPA.
- **Emplazamiento en procesos no contenciosos**: Art. 322 CPA.
- **Emplazamiento en procesos agrarios relacionados con bienes y servicios ambientales**: Art. 282 CPA.
- **Efectos del emplazamiento**: Art. 36.2 Código Procesal Civil (CPC), Ley 9342/2016.

- **Integración y aplicación supletoria de normas**: Arts. 7 CPA // 12 Código Civil (CC), Ley XXX/1885 // 5 Ley Orgánica del Poder Judicial (LOPJ), Ley 8/1937.

ARTÍCULO 104- Contestación negativa de la demanda

La parte demandada deberá contestar la demanda dentro del emplazamiento. De ser necesario, aclarará sus calidades y se referirá a los hechos de la demanda en el orden en que fueron expuestos, expresando, de forma razonada y clara, si los reconoce como ciertos, los rechaza por inexactos, los admite con variantes o rectificaciones, o los desconoce de manera absoluta. Manifestará con claridad su posición sobre la pretensión, la estimación, la prueba y los fundamentos legales si los hay. Ofrecerá y presentará todas sus pruebas del modo previsto para la demanda. Indicará medio para recibir las comunicaciones futuras y los datos necesarios para su localización. Podrá interponer excepciones, debidamente fundadas. Se le otorgarán tres días para que corrija los defectos.

CONCORDANCIAS:

- **Requisitos de la demanda:** Art. 97 Código Procesal Agrario (CPA), Ley 9609/2018.
- **Emplazamiento:** Arts. 103 CPA // 36.2 Código Procesal Civil (CPC), Ley 9342/2016.
- **Estimación de la demanda:** Art. 99 CPA.
- **Excepciones procesales:** Art. 105 CPA.
- **Ofrecimiento y presentación de la prueba:** Art. 98 CPA.

ARTÍCULO 105- Excepciones procesales

Solo son admisibles como excepciones procesales, las siguientes:

1) Falta de competencia.

2) Falta de agotamiento de la vía administrativa, cuando sea obligatoria.

3) Prescripción.

4) Compromiso arbitral o cláusula de sometimiento a conciliación o transacción extrajudiciales.

5) Falta de integración de litisconsorcio pasivo necesario.

6) Indebida acumulación de pretensiones.

7) Demanda improponible.

8) Litispendencia.

CONCORDANCIAS:

- **Reglas generales para definir la competencia material y territorial de los tribunales agrarios:** Arts. 2, 3, 20, 21 Código Procesal Agrario (CPA), Ley 9609/2018 // 100, 113, 165, 166 LOPJ // 1, 2 Ley de

Fomento a la Producción Agropecuaria (Ley FODEA), Ley 7064/1987 // 56 Ley de uso, manejo y conservación de suelos (LUMCS), Ley 7779/1998 // 108 Ley de Biodiversidad (LB), Ley 7788/1998 // 1, 2, 5, 8, 81 Ley de Pesca y Acuicultura (LPAc) // 16-j, 69 Ley que transforma el Instituto de Desarrollo Agrario (IDA) en el Instituto de Desarrollo Rural (Ley Inder), Ley 9036/2012 // 157 Reglamento a la Ley de Uso, Manejo y Conservación de Suelos (RLUMCS), Decreto 29375/2000 // 67 a 109 Reglamento a la Ley Inder (Reglamento Ley Inder), Decreto 43102/2021.

- **Agotamiento de la vía administrativa:** Arts. 41 y 39 Constitución Política (1949) // 94 Ley de Tierras y Colonización (LTC), Ley 2825/1961 // 261 Ley General de la Administración Pública (LGAP), Ley 6227/1978.
- **Prescripción negativa:** Arts. 851, 865 a 883 Código Civil (CC), Ley XXX/1885.
- **Prescripción positiva:** Arts. 851, 853 a 864 CC.
- **Homologación de acuerdo conciliatorio:** Art- 223 CPA.
- **Transacción:** Art. 226 CPA.
- **Arbitraje:** Art. 228 CPA
- **Litis consorcio:** Arts. 32 a 34 CPA.
- **Acumulación de pretensiones:** Art. 43 CPA.
- **Demanda improponible:** Art. 101 CPA.
- **Litispendencia:** Art. 23 CPA.

ARTÍCULO 106- Resolución de excepciones

Todas las excepciones procesales se resolverán en la audiencia preparatoria, salvo la de incompetencia.

La de prescripción, así como transacción, conciliación, cosa juzgada, acuerdo arbitral y caducidad, como causales de demanda improponible, se acogerán en la audiencia preparatoria cuando sean evidentes o manifiestas. De lo contrario, se resolverán en la sentencia. Lo resuelto en cuanto al rechazo de estas en esa audiencia no enervará que puedan ser analizadas nuevamente al resolverse sobre el fondo.

CONCORDANCIAS:

- **Excepciones procesales:** Arts. 104, 105, 107 Código Procesal Agrario (CPA), Ley 9609/2018.
- **Demanda improponible:** Art. 101 CPA.
- **Prescripción negativa:** Arts. 851, 865 a 883 Código Civil (CC), Ley XXX/1885.
- **Prescripción positiva:** Arts. 851, 853 a 864 CC.
- **Cosa juzgada**: Arts. 85, 106, 107 CPA // 469, 673, 1385 CC.
- **Resoluciones con efecto de cosa juzgada además de la sentencia definitiva**: Arts. 35 (tercera persona garante), 223, 224 (homologación de conciliación), 226 (homologación de transacción) CPA // 1385 CC // 9 (homologación de conciliación), 58 (laudo) Ley Resolución Alterna de Conflictos y Promoción de la Paz Social (Ley RAC), Ley 7727/1997 // 76.3 (incidente cobro honorarios por asesoría legal), 113.3 (cuenta partición en sucesorios) Código Procesal Civil (CPC), Ley 9342/2016.
- **Resoluciones finales que no generan cosa juzgada material**: Art. 323 CPA.

- **Cosa juzgada derivada de proceso penal:** Art. 152 CPA.
- **Conciliación y otros medios de solución alterna de conflictos:** Arts. 200 a 227, 326 CPA // Ley Resolución Alterna de Conflictos y Promoción de la Paz Social (Ley RAC), Ley 7727/1997 // 71 Ley de Garantías Mobiliarias (LGM), Ley 9246/2014.
- **Transacción:** Art. 226 CPA.
- **Arbitraje:** Art. 228 CPA.
- **Caducidad de la instancia:** Ejemplos: Art. 265 CPA // 1181 CC.
- **Audiencia preparatoria:** Arts. 188, 189 CPA.

ARTÍCULO 107- Momento y forma para interponer las excepciones

Las excepciones procesales y materiales deberán oponerse al contestar la demanda o la contrademanda. Podrán invocarse y fundamentarse excepciones materiales, incluida la de prescripción, hasta en la fase probatoria de la audiencia de juicio, si los hechos ocurren con posterioridad a la contestación o llegan a conocimiento de la parte demandada, después de expirado el plazo para contestar.

En procesos ordinarios, las excepciones de cosa juzgada, transacción y caducidad podrán formularse hasta antes de dar inicio la fase de conclusiones de la audiencia de juicio. Serán resueltas en sentencia.

CONCORDANCIAS:

- **Excepciones procesales**: Arts. 104, 105, 107 Código Procesal Agrario (CPA), Ley 9609/2018.
- **Excepciones materiales:** Art. 39 CPA.
- **Audiencia de juicio**: Art. 190 CPA.
- **Prescripción negativa:** Arts. 851, 865 a 883 Código Civil (CC), Ley XXX/1885.
- **Prescripción positiva:** Arts. 851, 853 a 864 CC.
- **Cosa juzgada**: Arts. 85, 106, 107 CPA // 469, 673, 1385 CC.
- **Resoluciones con efecto de cosa juzgada además de la sentencia definitiva**: Arts. 35 (tercera persona garante), 223, 224 (homologación de conciliación), 226 (homologación de transacción) CPA // 1385 CC // 9 (homologación de conciliación), 58 (laudo) Ley Resolución Alterna de Conflictos y Promoción de la Paz Social (Ley RAC), Ley 7727/1997 // 76.3 (incidente cobro honorarios por asesoría legal), 113.3 (cuenta partición en sucesorios) Código Procesal Civil (CPC), Ley 9342/2016.
- **Resoluciones finales que no generan cosa juzgada material**: Art. 323 CPA.
- **Cosa juzgada derivada de proceso penal:** Art. 152 CPA.
- **Conciliación y otros medios de solución alterna de conflictos:** Arts. 200 a 227, 326 CPA // Ley RAC // 71 Ley de Garantías Mobiliarias (LGM), Ley 9246/2014.
- **Transacción:** Art. 226 CPA.
- **Arbitraje:** Art. 228 CPA.
- **Caducidad de la instancia:** Ejemplos: Art. 265 CPA // 1181 CC.
- **Requisitos y contenidos de la sentencia:** Art. 81 CPA

ARTÍCULO 108- Excepción de indebida acumulación de pretensiones

La excepción de indebida acumulación de pretensiones se resolverá en la audiencia preparatoria. De acogerse, se ordenará la desacumulación, lo cual podrá disponerse aún de oficio. Si fueran excluyentes, podrán acumularse como principales y subsidiarias. La desacumulación deberá realizarse de inmediato, de lo contrario el tribunal lo hará. Lo anterior se aplicará cuando se mantenga la imposibilidad de acumulación entre las elegidas. Contra la resolución que declare con lugar dicha excepción, procederá el recurso de apelación en efecto suspensivo.

CONCORDANCIAS:

- **Excepciones procesales**: Arts. 104, 105, 107 Código Procesal Agrario (CPA), Ley 9609/2018.
- **Acumulación de pretensiones:** Art. 43 CPA.
- **Audiencia preparatoria:** Arts. 188, 189 CPA.
- **Principio de oficiosidad:** Arts. 4, 25, 48.2 CPA.
- **Recurso de apelación:** Arts. 201 a 207 CPA.

ARTÍCULO 109- Reconvención y réplica

En procesos ordinarios, la parte demandada podrá reconvenir a la actora y a otras personas que no lo sean. Deberá hacerlo al contestar la demanda y cumplir los mismos requisitos exigidos para esta. La demanda y la reconvención han de ser conexas.

Si se admite la contrademanda, se concederá a la reconvenida un plazo de quince días para contestar. La réplica tendrá iguales requisitos que la contestación.

CONCORDANCIAS:

- **Proceso ordinario:** Art. 251 Código Procesal Agrario (CPA), Ley 9609/2018.
- **Requisitos de la demanda:** Art. 97 CPA.
- **Emplazamiento:** Arts. 103, 251 CPA // 36.2 Código Procesal Civil (CPC), Ley 9342/2016.
- **Conexidad:** Art. 17 CPA.

ARTÍCULO 110- Rebeldía

La falta de contestación de la parte demandada la constituirá en rebelde, sin necesidad de resolución que así lo declare. Podrá comparecer en cualquier momento, pero tomará el proceso en el estado en que se encuentre. La rebeldía no implicará que deban tenerse ne-

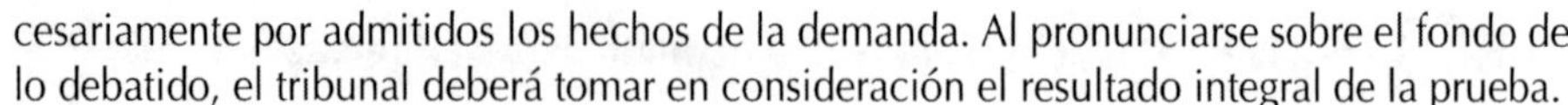

cesariamente por admitidos los hechos de la demanda. Al pronunciarse sobre el fondo de lo debatido, el tribunal deberá tomar en consideración el resultado integral de la prueba.

Si la parte demandada se apersona al proceso pero omite contestar la demanda o no lo hace oportunamente, se emitirá sentencia anticipada luego de escuchar las conclusiones de la parte actora, salvo que sea necesario convocar a audiencia para realizar otras etapas del proceso.

CONCORDANCIAS:

- **Emplazamiento:** Arts. 103, 251 CPA // 36.2 Código Procesal Civil (CPC), Ley 9342/2016.
- **Apreciación de la prueba:** Art. 130 CPA.
- **Contestación de la demanda**: Art. 104 CPA.
- **Requisitos y contenidos de la sentencia:** Art. 81 CPA

ARTÍCULO 111- Allanamiento

Si la parte demandada se conforma de manera expresa con lo pretendido en la demanda, se dictará sentencia anticipada, salvo si existen indicios de fraude procesal, la cuestión planteada es de orden público, se trate de derechos indisponibles, irrenunciables o resulte indispensable recibir prueba para resolver, en cuyo caso se continuará con el procedimiento.

Si se expresa conformidad parcial con la demanda, se dictará de una vez sentencia sobre los extremos aceptados, con las salvedades indicadas en el párrafo anterior.

Cuando se allane la Administración Pública, deberá presentarse el acuerdo o la resolución que lo autorice.

La actora contará con el plazo de cinco días para informar al tribunal si opta por ejecutar lo decidido de inmediato o lo reserva para el proceso de ejecución del principal. En el primer supuesto, la ejecución se tramitará en legajo o carpeta separados. El proceso seguirá su curso normal en cuanto a las pretensiones no aceptadas.

CONCORDANCIAS:

- **Abuso y fraude procesal:** Art. 54 Código Procesal Agrario (CPA), Ley 9609/2018.
- **Actividad probatoria:** Arts. 113 a 169 CPA.
- **Administración Pública (entidades):** Art. 1 Ley General de la Administración Pública (LGAP), Ley 6227/1978.
- **Requisitos y contenido de la sentencia:** Art. 81 CPA.
- **Proceso de ejecución:** Arts. 291 a 311 CPA.
- **Derechos indisponibles de interés para la materia agraria:** Arts. 49 CPA // 18, 19, 274, 621, 850, 1407 Código Civil (CC), Ley XXX/1885 // 970 Código de Comercio (CCo), Ley 3284/1964 // 59 Ley Orgánica de la Agricultura e Industria de la Caña de Azúcar, Ley 7818/1998 // 64, 143 Ley reforma integral Régimen Relaciones de Productores, Beneficiadores y Exportadores Café, Ley 9872/2020.

ARTÍCULO 112- Procedimiento simplificado

Las partes podrán presentar la demanda y la contestación de manera conjunta, renunciando al emplazamiento y solicitando que se señale de una vez la audiencia de juicio. Si no existe prueba que practicar, podrán solicitar se proceda al dictado de la sentencia.

Las partes podrán solicitar, en la demanda o en la contrademanda, que una vez contestadas estas, el proceso se resuelva de una vez, con la prueba que conste. Al emplazarse de la demanda o la reconvención, el tribunal necesariamente hará indicación de esa solicitud. Si no se formula oposición en la contestación o la réplica, se tendrá por aceptada tácitamente la solicitud y se procederá a la emisión de la sentencia, salvo que el tribunal considere que se está ante un fraude procesal.

Cuando se rechace la gestión, se continuará con la tramitación del proceso.

CONCORDANCIAS:

- **Requisitos de la demanda:** Art. 97 Código Procesal Agrario (CPA), Ley 9609/2018.
- **Emplazamiento:** Arts. 103, 251 CPA // 36.2 Código Procesal Civil (CPC), Ley 9342/2016.
- **Contestación de la demanda:** Art. 104 CPA.
- **Audiencia de juicio:** Art. 190 CPA.
- **Requisitos y contenido de la sentencia:** Art. 81 CPA
- **Apreciación de la prueba:** Art. 130 CPA
- **Abuso y fraude procesal:** Art. 54 CPA

TÍTULO VI
ACTIVIDAD PROCESAL PROBATORIA

CAPÍTULO I
DISPOSICIONES GENERALES SOBRE LA PRUEBA

ARTÍCULO 113- Fin y carga de la prueba

La actividad probatoria tiene por objeto la búsqueda de la verdad real. La carga de la prueba incumbe, salvo disposición en contrario, a quien:

1) Formule una pretensión, respecto de los hechos constitutivos de su derecho.

2) Se oponga a una pretensión, afirmando hechos impeditivos, modificativos, extintivos del derecho de la parte demandante.

3) Quien funde su derecho en leyes extranjeras ha de probar la existencia de estas.

Para la aplicación de lo dispuesto en este artículo, se deberá tener presente la disponibilidad y facilidad probatoria de cada una de las partes, de acuerdo con la naturaleza de lo debatido. Las normas precedentes se aplicarán salvo que una disposición legal distribuya con criterios especiales la carga de la prueba.

CONCORDANCIAS:

- **Carga de la prueba**: Arts. 59 Código Procesal Agrario (CPA), Ley 9609/2018 // 39 Ley de Procedimientos de Observancia de los Derechos de Propiedad Intelectual (LODPI), Ley 8039/2000 // 53 Ley de protección de las obtenciones vegetales (LPOV), Ley 8631/2008.
- **Principio de búsqueda de la verdad**: Arts. 4, 48.8, 52, 113, 170, 171.4, 189.10 CPA.
- **Pretensión procesal:** Art. 42 CPA.
- **Regla de inversión de la carga probatoria en conflictos de interés ambiental:** Art. 109 Ley de Biodiversidad (LB), Ley 7788/1998.
- **Carga de la prueba de normativa extranjera:** Arts. 59 CPA // 30 Código Civil (CC), Ley XXX/1885.

ARTÍCULO 114- Medios de prueba

Son medios de prueba admisibles la declaración de parte, la declaración testimonial, el dictamen de peritos, los documentos, los informes, los reconocimientos judiciales, la prueba científica o tecnológica y cualquier medio probatorio legalmente permitido.

CONCORDANCIAS:

- **Carga de la prueba:** Arts. 113 Código Procesal Agrario (CPA), Ley 9609/2018 // 39 Ley de Procedimientos de Observancia de los Derechos de Propiedad Intelectual (LODPI), Ley 8039/2000.
- **Admisibilidad de prueba:** Art. 115 CPA.
- **Declaración de parte:** Arts. 122 a 126, 131, 132 CPA.
- **Declaración testimonial**: Arts. 122 a 126, 133 a 141 CPA.
- **Dictamen pericial:** Arts. 48.10 (peritaje cultural), 142 a 149 CPA // 8, 9 Ley de Acceso a la justicia de los pueblos indígenas de Costa Rica (LAJPI), Ley 9593/2018.
- **Prueba documental**: Arts. 150 a 153 CPA.
- **Reconocimiento judicial:** Arts. 154 a 157 CPA.
- **Reconocimiento de personas**: Art. 157 CPA.
- **Reconstrucción de hechos**: Art. 165 CPA.
- **Prueba científica o tecnológica**: Art. 166 CPA.
- **Reglas especiales tratándose de objetos y sustancias peligrosas**: Arts. 158 a 164 CPA.
- **Otros medios probatorios legalmente permitidos.**

ARTÍCULO 115- Admisibilidad de la prueba

Serán admisibles las pruebas que tengan relación directa con los hechos debatidos, siempre que sean controvertidos.

Se aceptará la prueba útil y pertinente, y se rechazará la referida a hechos admitidos de forma expresa o que legalmente deban tenerse como tales, salvo que el tribunal considere se esté ante un fraude procesal. También se denegará la prueba concerniente a hechos evidentes o notorios y la prueba abundante, la inconducente y la ilegal.

Cuando sea necesario para la celeridad del proceso, el tribunal podrá admitir prueba, previo a la audiencia preparatoria, cuando sea necesario, en tal caso tomará las medidas pertinentes para que pueda ser recibida en la de juicio.

Las pruebas podrán ser consignadas y aportadas al proceso mediante cualquier tipo de soporte documental, electrónico, informático, magnético, óptico, telemático o producido por nuevas tecnologías, siempre que sean compatibles con los dispositivos que utilice el Poder Judicial.

CONCORDANCIAS:

- **Carga de la prueba**: Art. 113 Código Procesal Agrario (CPA), Ley 9609/2018 // 39 Ley de Procedimientos de Observancia de los Derechos de Propiedad Intelectual (LODPI), Ley 8039/2000.
- **Medios de prueba:** Arts. 48.10, 114 CPA.
- **Ofrecimiento de prueba**: Arts. 97.4, 98, 104, 189.4, 202, 208.5 CPA.
- **Admisibilidad de la prueba**: Art. 48.4, 189.10, 206 CPA.
- **Prueba de oficio:** Arts. 128, 189.10 CPA.
- **Prueba para mejor resolver:** Arts. 128, 129 CPA.
- **Hechos controvertidos y no controvertidos**: Arts. 189.8, 190.1 CPA.
- **Fraude procesal**: Arts. 48.5, 54 CPA.
- **Prueba ilegal:** Art. 209.4 CPA.
- **Formato de las pruebas**: Arts. 60, 62, 98, 180, 181 CPA / 6 bis Ley Orgánica del Poder Judicial (LOPJ), Ley 8/1937.
- **Principio de celeridad procesal: Arts.** 7, 48.2, 54, 66, 170, 176, 178, 187, 188, 199, 208.4, 279.5, 340 CPA // 5 LOPJ.

ARTÍCULO 116- Deber de cooperación de las partes

Las partes deben diligenciar la obtención de las pruebas que ofrezcan. Podrán solicitar la cooperación del tribunal para obtener órdenes, citar las y los testigos, las y los peritos u ordenar su comparecencia por cualquier medio legal. La prueba no recibida o practicada por culpa de la oferente, se tendrá por inevacuable sin necesidad de resolución expresa.

Si es necesario practicar un reconocimiento judicial, una revisión de un bien para una pericia o la valoración de partes, si la obligada se opone u obstaculiza el acto injustificadamente, el tribunal la intimará para que preste la colaboración debida. Si mantiene su negativa, podrá tenerse como indicio de lo que se pretende demostrar, desvirtuar o hacer dudoso, sin perjuicio de ordenar el ingreso forzoso.

CONCORDANCIAS:

- **Colaboración de entidades públicas o de particulares para realizar actuaciones judiciales**: Arts. 117, 118, 173, 174 Código Procesal Agrario (CPA), Ley 9609/2018 // 7 Ley Orgánica del Poder Judicial (LOPJ), Ley 8/1937 // 8 Ley General de Policía, Ley 7410/1994.
- **Carga de la prueba**: Art. 113 CPA // 39 Ley de Procedimientos de Observancia de los Derechos de Propiedad Intelectual (LODPI), Ley 8039/2000.
- **Medios de prueba**: Arts. 48.10, 114 CPA.
- **Ofrecimiento de prueba**: Arts. 97.4, 98, 104, 189.4, 202, 208.5 CPA.
- **Admisibilidad de la prueba:** Arts. 48.4, 115, 189.10, 206 CPA.
- **Prueba de oficio**: Arts. 128, 189.10 CPA.
- **Formato de las pruebas**: Arts. 60, 62, 98, 180, 181 CPA // 6 bis LOPJ.
- **Ingreso forzoso:** Arts. 117, 118, 155, 174 CPA.
- **Allanamiento de bienes**: Arts. 46.2.3., 137 Código Procesal Civil (CPC), Ley 9342/2016 // 205 Código Penal, Ley 4573/1970 // 193 a 197 Código Procesal Penal (CPP), Ley 7594/1996.
- **Notificación personal por prevención con efectos penales**: Arts. 72 CPA // 314 Código Penal, Ley 4573/1970.

ARTÍCULO 117- Colaboración de personas ajenas al proceso

Las personas ajenas al proceso tienen el deber de prestar colaboración cuando sea necesario para la práctica efectiva de las actuaciones procesales.

CONCORDANCIAS:

- **Colaboración de entidades públicas o de particulares para realizar actuaciones judiciales:** Arts. 117, 118, 173, 174 174 Código Procesal Agrario (CPA), Ley 9609/2018 // 7 Ley Orgánica del Poder Judicial (LOPJ), Ley 8/1937.
- **Ingreso forzoso:** Arts. 118, 155, 174 CPA.
- **Allanamiento de bienes:** Arts. 46.2.3, 137 Código Procesal Civil (CPC), Ley 9342/2016 // 205 Código Penal, Ley 4573/1970 // 193 a 197 Código Procesal Penal (CPP), Ley 7594/1996.
- **Notificación personal por prevención con efectos penales:** Arts. 72 CPA // 314 Código Penal, Ley 4573/1970.

ARTÍCULO 118- Ingreso o paso por propiedad privada

Si la colaboración de personas ajenas al proceso consiste en ingreso o paso a propiedad privada, el tribunal hará los apercibimientos legales sobre la eventual comisión del delito de desobediencia a la autoridad; si se niegan injustificadamente a colaborar, se remitirá testimonio de piezas a la sede penal, sin perjuicio de ordenar el ingreso forzoso, mediante resolución fundada. Además, advertirá que deberán evitarse daños o gastos innecesarios a esas personas o a su patrimonio. Si se produce alguno, la indemnización estará a cargo de quien propuso la prueba, y si se ordenó de oficio, a quien le corresponda la carga probatoria. 

CONCORDANCIAS:

- **Colaboración de entidades públicas o de particulares para realizar actuaciones judiciales**: Arts. 116, 117, 173, 174 Código Procesal Agrario (CPA), Ley 9609/2018) // 7 Ley Orgánica del Poder Judicial (LOPJ), Ley 8/1937 // 8 Ley General de Policía, Ley 7410/1994.
- **Ingreso forzoso:** Arts. 116, 117, 155, 174 CPA.
- **Allanamiento de bienes:** Arts. 46.2.3, 137 Código Procesal Civil (CPC), Ley 9342/2016 // 205 Código Penal, Ley 4573/1970 // 193 a 197 Código Procesal Penal (CPP), Ley 7594/1996.
- **Notificación personal por prevención con efectos penales:** Arts. 72 CPA // 314 Código Penal, Ley 4573/1970.

ARTÍCULO 119- Deber de veracidad y juramento

Quienes declaren o rindan peritajes serán juramentados. Se les harán las advertencias legales sobre el deber de veracidad. El juramento no será exigido a las personas menores de doce años. No obstante, se les preguntará si conocen la diferencia entre la verdad y la falsedad de sus manifestaciones.

CONCORDANCIAS:

- **Juramentación y deber de veracidad**: Arts. 138, 171.3, 336 Código Procesal Agrario (CPA), Ley 9609/2018) // 41.4.2 Código Procesal Civil (CPC), Ley 9342/2016.
- **Lenguaje claro y trato digno:** Arts. 48.7, 49.7, 122.1, 125, 126 CPA // Circular Corte Suprema de Justicia 192-2019: Deber de las personas servidoras judiciales de utilizar lenguaje claro y sencillo en la atención de personas indígenas.
- **Declaración de personas en estado de vulnerabilidad:** Art. 49.10 CPA.
  - **Menores de edad**: Arts. 126, 133 CPA // 1 a 3 Convención sobre los Derechos del Niño (CDN), Ley 7184/1990 // 1 a 3, 27, 105, 108, 112, 114-f, 125 a 127 Código de la Niñez y la Adolescencia (CNA), Ley 7739/1998 // Sección 3 capítulos II y III circular Corte Suprema de Justicia 173-2019: Reglas de Brasilia sobre Acceso a la Justicia de las personas en condiciones de vulnerabilidad (Reglas de Brasilia).
  - **Personas con discapacidad**: Art. 126 CPA // 13 Convención sobre los derechos de las personas con discapacidad (CDPD), Ley 8661/2008 // 2, 5 Ley para Promoción de la Autonomía Personal de las Personas con Discapacidad (LPAPPD), Ley 9379/2016 // Sección 3 capítulo II, capítulo III Reglas de Brasilia.
  - **Personas indígenas**: Arts. 48.10, 59, 126 CPA // 3, 6 Ley de Acceso a la justicia de los pueblos indígenas de Costa Rica, Ley 9593/2018 (LAJPI) // Sección 3 capítulo II, capítulo III Reglas de Brasilia.
- **Declaración de personas en idioma diferente al español**: 126 CPA // Sección 3 capítulo II, capítulo III Reglas de Brasilia.

ARTÍCULO 120- Deber de guardar secreto

Cuando deban examinarse elementos probatorios de carácter privado, se incorporarán garantizando su reserva. El tribunal prevendrá a las partes y demás personas que presenciaron el acto el deber de guardar secreto acerca de lo examinado.

CONCORDANCIAS:

- **Privacidad de elementos probatorios**: Arts. 64 Código Procesal Agrario (CPA), Ley 9609/2018 // 9 Ley de Acceso a la justicia de los pueblos indígenas de Costa Rica (LAJPI), Ley 9593/2018.
- **Información no divulgada (secretos comerciales o industriales):** Arts. 148, 153, 182 CPA // 1, 2, 4, 5, 9, 10 Ley de información no divulgada (LIND), Ley 7975/2000 // 39 Ley de Procedimientos de Observancia de los Derechos de Propiedad Intelectual (LODPI), Ley 8039/2000 // 53 Ley de protección de las obtenciones vegetales (LPOV), Ley 8631/2008 // 1, 2, 4, 7 A 11 Reglamento a la Ley de Información No Divulgada (RLIND), Decreto 34927/2008.
- **Datos sensibles y datos de acceso restringido:** Arts. 24 Constitución Política (1949) // 47, 48 Código Civil: Ley XXX/1885 (CC) // 39 LODPI // 1, 2, 5, 8 a 12 Ley de Protección de la persona frente al tratamiento de sus datos personales, Ley 8968/2011 // Circular Consejo Superior 71-2018: Sobre la responsabilidad de indicar en las sentencias judiciales la existencia de datos sensibles // Circular 193-2014: Reglamento de actuación de la Ley de Protección de la persona frente al tratamiento de sus datos personales en el Poder Judicial.
- **Publicidad de las audiencias judiciales**: Art. 182 CPA.

ARTÍCULO 121- Concentración y secuencia de las pruebas

La práctica de la prueba iniciará con la incorporación de la documental, el reconocimiento judicial, la declaración de partes, el dictamen pericial y la testimonial.

A solicitud fundada de parte o de oficio, podrá alterarse dicho orden.

Para el recibo de los elementos probatorios el tribunal establecerá en qué sesión y día se practicará cada uno.

CONCORDANCIAS:

- **Medios de prueba:** Arts. 48.10, 114 Código Procesal Agrario (CPA), Ley 9609/2018.
- **Principio de celeridad procesal**: Arts. 4, 7, 48.2, 54, 66, 115, 170, 176, 178, 187, 188, 199, 208.4, 279.5, 340 CPA // 5 Ley Orgánica del Poder Judicial (LOPJ), Ley 8/1937.
- **Principio de concentración de actos procesales**: Arts. 4, 170, 176, 187 CPA.
- **Audiencia de juicio y audiencia única**: Arts. 65, 170, 171, 190, 191, 192 CPA.

ARTÍCULO 122- Forma de los interrogatorios

Los interrogatorios serán orales y directos. En ellos deberán respetarse las siguientes reglas:

1) Las preguntas serán claras y precisas. No podrán referirse a más de un hecho y se procurará que las expresiones utilizadas sean comprensibles para quien declara. Si es necesario, el tribunal explicará sumariamente su contenido.

Rechazará las preguntas que no guarden relación directa con los hechos controvertidos o el objeto del proceso, las impertinentes, las inconducentes, repetidas y dilatorias. También las referidas a hechos admitidos, evidentes y notorios, salvo que la parte alegue desconocimiento de estos, las insinuantes, las ofensivas, las insultantes o las capciosas.

2) Las respuestas no incluirán valoraciones o calificaciones, excepto las que ofrezcan las personas expertas y testigos técnicos. El tribunal limitará las respuestas cuyo contenido no verse sobre lo debatido.

3) Si surge controversia sobre la forma y el contenido de alguna pregunta, las partes expondrán brevemente su posición, sin sugerir o insinuar respuestas. No se decretará el receso de la audiencia y se retirará a la persona declarante, salvo que el tribunal lo estime innecesario.

4) Quien declare no podrá leer notas ni apuntes, excepto cuando sean personas expertas o se autorice por tratarse de preguntas referidas a cifras, fechas, planos, croquis, datos de difícil precisión o cuando el tribunal lo estime necesario. De ser previsible la consulta de documentos en la audiencia, deberán tenerse cuando declare y si se considera pertinente, el tribunal ordenará su incorporación.

5) El tribunal podrá pedir aclaraciones, sin que con ello afecte la declaración fluida de la persona declarante.

CONCORDANCIAS:

- **Lenguaje claro y trato digno:** Arts. 48.7, 49.7, 59, 119, 125, 126 Código Procesal Agrario (CPA), Ley 9609/2018 // Circular Corte Suprema de Justicia 192-2019: Deber de las personas servidoras judiciales de utilizar lenguaje claro y sencillo en la atención de personas indígenas.
- **Declaración de personas en estado de vulnerabilidad:** Arts. 49.10, 59 CPA.
  - **Menores de edad**: Arts. 119, 133 CPA // 1 a 3 Convención sobre los Derechos del Niño (CDN), Ley 7184/1990 // 1 a 3, 27, 105, 108, 112, 114-f, 125 a 127 Código de la Niñez y la Adolescencia (CNA), Ley 7739/1998 // Sección 3 capítulos II y III circular Corte Suprema de Justicia 173-2019: Reglas de Brasilia sobre Acceso a la Justicia de las personas en condiciones de vulnerabilidad (Reglas de Brasilia).
  - **Personas con discapacidad**: Arts. 13 Convención sobre los derechos de las personas con discapacidad (CDPD), Ley 8661/2008 // 2, 5 Ley para Promoción de la Autonomía Personal de las Personas con Discapacidad (LPAPPD), Ley 9379/2016 // Sección 3 capítulo II, capítulo III Reglas de Brasilia.
  - **Personas indígenas:** Arts. 12 Convenio de OIT 169 sobre Pueblos Indígenas y Tribales en Países Independientes (Convenio 167-OIT), Ley 7316/1992 // 48.10, 59 CPA // 3, 6 Ley de Acceso a la justicia de los pueblos indígenas de Costa Rica (LAJPI), Ley 9593/2018 // Sección 3 capítulo II, capítulo III Reglas de Brasilia.

- **Declaración de personas en idioma diferente al español**: Arts. 59 CPA // Sección 3 capítulo II, capítulo III Reglas de Brasilia.
- **Audiencias de juicio y audiencia única**: Arts. 65, 170, 171, 190, 191, 192 CPA.
- **Deberes y potestades del tribunal**: Arts. 48, 49, 171 CPA // 2, 216 a 223 Ley Orgánica del Poder Judicial (LOPJ).
- **Deberes procesales de las partes y personas asesoras legales durante la práctica de la prueba:** Arts. 53, 116, 119, 138, 140, 171, 172, 183 CPA // 2, 216 a 223 LOPJ // 1, 14 a 17, 35, 38 a 40, 44, 53 a 66, 70, 71 Reglamento del Colegio de Abogados y Abogadas 47/2004: Código de Deberes Jurídicos, Morales y Éticos del Profesional en Derecho // Circular Corte Suprema de Justicia 32-2011: Debido comportamiento de los abogados y abogadas en los despachos judiciales.
- **Derecho de abstenerse de declarar:** Arts. 36 Constitución Política (CP) (1949). // 135 CPA.
- **Secreto profesional de la persona abogada declarante:** Arts. 135 CPA // 41 a 42 Reglamento del Colegio de Abogados y Abogadas 47/2004: Código de Deberes Jurídicos, Morales y Éticos del Profesional en Derecho.
- **Secuencia de la prueba testimonial**: Art. 139 CPA.
- **Orden de la palabra durante declaraciones**: Art. 171.4 CPA.
- **Incorporación de prueba:** Art. 190.2 CPA.

ARTÍCULO 123- Práctica de la prueba en el lugar de los hechos y en sitios distantes

La prueba se recibirá en el lugar de los hechos, sin sujeción a las limitaciones de competencia territorial, salvo que sea innecesaria la itinerancia del tribunal, lo cual deberá justificarse.

Se podrá recibir la prueba a través de medios tecnológicos, siempre que se garanticen la inmediación y el contradictorio, cuando deba practicarse en lugares distantes de la sede del tribunal, resulte imposible, muy oneroso o innecesario su desplazamiento, así como por motivos de seguridad. El tribunal deberá justificar las razones de tal decisión.

CONCORDANCIAS:

- **Audiencia de juicio y audiencia única**: Arts. 65, 170, 171, 190, 191, 192 Código Procesal Agrario (CPA), Ley 9609/2018.
- **Lugar de las actuaciones judiciales**: Arts. 52, 65, 123, 124, 125, 174 CPA.
- **Participación de los medios de comunicación**: Art. 184 CPA.
- **Principios y reglas generales del proceso (debido proceso, derecho de defensa y contradictorio, tribunal natural, imparcialidad del tribunal, independencia del tribunal, respeto a la dignidad humana y otros):** Arts. 41, 42, 153, 154, 155 Constitución Política (1949) // 1, 2, 7, 8, 10 Declaración Universal de Derechos Humanos (DUDH) // 13, 18 Declaración Americana de los Derechos y Deberes del Hombre (DADDH) // 8, 11, 25 Convención Americana sobre Derechos Humanos (CIDH), Ley 453471970 // 5, 6, 31 Convención Interamericana de Derechos Humanos de las Personas Mayores (CIDHPM), Ley 9334/2016 // 4, 6, 7, 48, 52, 49, 92, 123, 168, 170, 171.1, 171.3, 184, 208.4, 209, 255, 340 CPA // 1, 2, 4, 5, 9 incisos 7) y 9), 168 Ley Orgánica del Poder Judicial (LOPJ), Ley 8/1937 // 1, 6

Ley Integral para la Persona Adulta Mayor (LIPAM), Ley 7935/1999 // 2,.7 Ley de Acceso a la justicia de los pueblos indígenas de Costa Rica (LAJPI), Ley 9593/2018 // 5 Reglamento a la Ley para Promoción de la Autonomía Personal de las Personas con Discapacidad (RLPAPPD), Decreto 41087/2018 // Sección 3 capítulo II, capítulo III circular Corte Suprema de Justicia 173-2019: Reglas de Brasilia sobre Acceso a la Justicia de las personas en condiciones de vulnerabilidad (Reglas de Brasilia).

- **Regla de inmediación del tribunal:** Arts. 4, 76, 95, 123, 124, 190.4, 195, 209.2, 209.6, 216, 219, 255, 279.6 CPA.
- **Regla de la itinerancia del tribunal**: Arts. 14, 52, 65 CPA.
- **Uso de tecnología para la práctica y documentación de la prueba**: Arts. 115, 124, 128, 154, 156, 180, 185, 333 CPA.

ARTÍCULO 124- Práctica de la prueba en el extranjero

La prueba que se encuentre en otro país podrá ser recibida por medios tecnológicos, siempre que se garantice la inmediación, de conformidad con la legislación costarricense.

CONCORDANCIAS:

- **Audiencia de juicio y audiencia única**: Arts. 65, 170, 171, 190, 191, 192 Código Procesal Agrario (CPA), Ley 9609/2018.
- **Regla de inmediación del tribunal**: Arts. 76, 95, 123, 124, 190.4, 195, 209.2, 209.6, 216, 219, 255, 279.6 CPA.
- **Declaración testimonial en el extranjero**: Art. 134 CPA.
- **Uso de tecnología para la práctica y documentación de la prueba:** Arts. 115, 123, 128, 154, 156, 180, 185, 333 CPA.

ARTÍCULO 125- Declaración domiciliaria o en otro recinto

Cuando quien deba declarar no pueda comparecer a la sede del tribunal o al lugar donde se deba recibir la prueba, por enfermedad, estado de gravidez u otras circunstancias especialmente justificadas, se podrá disponer lo haga en su domicilio o donde se encuentre. La proponente asumirá los gastos, con las salvedades de ley.

En situaciones excepcionales, el tribunal podrá ordenar se reciba la prueba sin la presencia de las partes y sus abogados. En tales casos, si no es posible la videoconferencia u otro medio tecnológico análogo, hará de su conocimiento la reproducción de las respuestas obtenidas mediante video y audio, a fin de que soliciten las aclaraciones o adiciones que estimen necesarias. La proponente asumirá los gastos, con las salvedades de ley.

CONCORDANCIAS:

- **Audiencia de juicio y audiencia única**: Arts. 65, 170, 171, 190, 191, 192 Código Procesal Agrario (CPA), Ley 9609/2018.
- **Protección de la intimidad como valor de la personalidad**: Arts. 24 Constitución Política (1949) // 49.7 CPA // 47, 48 Código Civil (CC), Ley XXX/1885.
- **Trato digno:** Arts. 49.7, 126 CPA.
- **Derecho de abstenerse de declarar:** Arts. 36 Constitución Política (CP) (1949). // 135 CPA.
- **Secreto profesional de la persona abogada declarante:** Arts. 135 CPA // 41 a 42 Reglamento del Colegio de Abogados y Abogadas 47/2004: Código de Deberes Jurídicos, Morales y Éticos del Profesional en Derecho.
- **Uso de tecnología para la práctica y documentación de la prueba:** Arts. 115, 123, 126.5, 128, 154, 156, 180, 185, 333 CPA.

ARTÍCULO 126- Nombramiento de intérpretes y declaraciones en condiciones especiales

Cuando se requiera de una persona intérprete o deba recibirse una declaración en condiciones especiales, se seguirán las siguientes reglas:

1) Si quien declara es una persona menor de edad, adulta mayor, en condición de discapacidad o con limitaciones idiomáticas, el tribunal deberá adoptar las medidas que garanticen sus derechos, dignidad y seguridad.

2) Si se requiere una persona intérprete, la parte proponente deberá solicitarlo al ofrecer la prueba, y cubrir sus honorarios y gastos, salvo disposición en contrario.

El tribunal procurará que las declarantes comprendan lo que acontece en la audiencia. Si es del caso, deberá proveer intérprete aun cuando no exista solicitud expresa, con los costos a cargo de quien corresponda.

3) En los procesos en que intervenga como parte o declarante una persona indígena, si requiere intérprete será facilitado a cargo del Poder Judicial. En tales supuestos, así como cuando sea necesario para evitar discriminaciones y garantizar la efectividad de la declaración, se adoptarán medidas según las características y las necesidades particulares de quien declara.

4) Quien tenga alguna limitación que le afecte la comunicación oral de forma permanente o temporal, se le nombrará intérprete. Si sabe leer y escribir, podrá optar por contestar el interrogatorio por escrito, en cuyo caso así se les formulará.

Si no pueden usar métodos alternativos conocidos, pero sí un lenguaje personal, la intérprete deberá conocer su forma de comunicación y no tener interés en el asunto.

5) Si es necesario, a fin de garantizar la seguridad e integridad del tribunal, las partes y las personas declarantes, se tomarán las previsiones tecnológicas y de infraestructura necesarias.

CONCORDANCIAS:

- **Audiencia de juicio y audiencia única:** Arts. 65, 170, 171, 190, 191, 192 Código Procesal Agrario (CPA), Ley 9609/2018.
- **Protección de la intimidad como valor de la personalidad:** Arts. 24 Constitución Política (1949) // 49.7 CPA // 47, 48 Código Civil (CC), Ley XXX/1885.
- **Lenguaje claro y trato digno:** Arts. 48.7, 49.7, 122.1, 125, 126 CPA // Circular Corte Suprema de Justicia 192-2019: Deber de las personas servidoras judiciales de utilizar lenguaje claro y sencillo en la atención de personas indígenas.
- **Declaración de personas en estado de vulnerabilidad:** Arts. 49.10, 59 CPA.
  - **Menores de edad:** Arts. 119, 133 CPA // 1 a 3 Convención sobre los Derechos del Niño (CDN), Ley 7184/1990 // 1 a 3, 27, 105, 108, 112, 114-f, 125 a 127 Código de la Niñez y la Adolescencia (CNA), Ley 7739/1998 // Sección 3 capítulos II y III circular Corte Suprema de Justicia 173-2019: Reglas de Brasilia sobre Acceso a la Justicia de las personas en condiciones de vulnerabilidad (Reglas de Brasilia).
  - **Personas con discapacidad:** Arts. 13 Convención sobre los derechos de las personas con discapacidad (CDPD), Ley 8661/2008 // 2, 5 Ley para Promoción de la Autonomía Personal de las Personas con Discapacidad (LPAPPD), Ley 9379/2016 // Sección 3 capítulo II, capítulo III Reglas de Brasilia // Circular Consejo Superior 67-2009: Aclaración de la Circular N° 32-09 sobre "Políticas de accesibilidad para las personas con discapacidad" (lenguaje lesco).
  - **Personas indígenas:** Arts. 12 Convenio de OIT 169 sobre Pueblos Indígenas y Tribales en Países Independientes (Convenio 167-OIT), Ley 7316/1992 // 48.10, 59 CPA // 3, 6 Ley de Acceso a la justicia de los pueblos indígenas de Costa Rica (LAJPI), Ley 9593/2018 // Sección 3 capítulo II, capítulo III Reglas de Brasilia.
- **Declaración de personas en idioma diferente al español:** Arts. 59 CPA // Sección 3 capítulo II, capítulo III Reglas de Brasilia.
- **Uso de tecnología para la práctica y documentación de la prueba:** Arts. 115, 123, 128, 154, 156, 180, 185, 333 CPA.
- **Requisitos y deberes de las personas intérpretes y traductoras:** Arts. 1 a 6, 8 a 11, 14 circular Consejo Superior 02-2015: Reglamento para regular la función de las y los intérpretes, traductores, peritos y ejecutores en el Poder Judicial.
- **Costos de la traducción o interpretación (honorarios profesionales):** Arts. 59 CPA // Circular Consejo Superior: Aclaración de la Circular N° 32-09 sobre "Políticas de accesibilidad para las personas con discapacidad" (lenguaje lesco) // 15, 16, 18 (supuestos de gratuidad) Circular Consejo Superior 02-2015: Reglamento para regular la función de las y los intérpretes, traductores, peritos y ejecutores en el Poder Judicial.

ARTÍCULO 127- Prueba trasladada

Podrán admitirse las pruebas practicadas en otro proceso y en procedimientos administrativos, cuando se trate de las mismas partes. Si quien no ha sido parte en aquel proceso o procedimiento se opone, no podrán ser trasladas, y se podrá admitir como prueba documental.

CONCORDANCIAS:

- **Parte procesal:** Art. 28 Código Procesal Agrario (CPA), Ley 9609/2018.
- **Medios de prueba**: Arts. 48.10, 114 CPA.
- **Ofrecimiento de prueba**: Arts. 97.4, 98, 104, 189.4, 202, 208.5 CPA.
- **Admisibilidad de la prueba**: Art. 48.4, 189.10, 206 CPA.
- **Prueba de oficio**: Arts. 128, 189.10 CPA.
- **Prueba ilegal:** Art. 209.4 CPA.
- **Formato de las pruebas**: Arts. 60, 62, 98, 180, 181 CPA // 6 bis Ley Orgánica del Poder Judicial (LOPJ), Ley 8/1937.

ARTÍCULO 128- Prueba para mejor resolver

En la audiencia preparatoria, el tribunal podrá ordenar la prueba de oficio que estime necesaria para determinar la verdad real de los hechos.

Además, podrá admitirse u ordenarse para mejor resolver, de manera excepcional, hasta antes de cerrarse la audiencia de juicio. De ser necesario, podrá decretarse la suspensión de esa audiencia para obtenerla. Si no se han logrado incorporar las probanzas ordenadas al cierre de la audiencia de juicio, se prescindirá de ella.

Cuando se trate de prueba referida a información de registros públicos o la actualización de información que conste en el proceso, para verificar su vigencia, el tribunal podrá obtener la información directamente, por algún medio electrónico o tecnológico a su alcance. De no ser posible, la pedirá de oficio o prevendrá aportarla a quien corresponda la carga probatoria.

CONCORDANCIAS:

- **Medios de prueba:** Arts. 48.10, 114 Código Procesal Agrario (CPA), Ley 9609/2018.
- **Carga de la prueba**: Art. 113 CPA // 39 Ley de Procedimientos de Observancia de los Derechos de Propiedad Intelectual (LODPI), Ley 8039/2000.
- **Ofrecimiento de prueba**: Arts. 97.4, 98, 104, 189.4, 202, 208.5 CPA.
- **Admisibilidad de la prueba**: Art. 48.4, 189.10, 206 CPA.
- **Prueba de oficio**: Arts. 128, 189.10 CPA.
- **Prueba complementaria**: Art. 190.2 CPA.
- **Prueba para mejor resolver en segunda instancia y casación**: Art. 129 CPA.
- **Prueba ilegal**: Art. 209.4 CPA.
- **Formato de las pruebas**: Arts. 60, 62, 98, 180, 181 CPA // 6 bis Ley Orgánica del Poder Judicial (LOPJ), Ley 8/1937.
- **Audiencia preparatoria, audiencia de juicio y audiencia única**: Arts. 65, 170, 171, 188 a 192 CPA.
- **Principio de concentración de actos procesales**: Arts. 4, 170, 176, 187 CPA.

- **Uso de tecnología para la práctica y documentación de la prueba**: Arts. 115, 124, 128, 154, 156, 180, 185, 333 CPA.

ARTÍCULO 129- Prueba para mejor resolver en segunda instancia y casación

La admisión de prueba para mejor resolver en segunda instancia y casación, de oficio o a instancia de parte, tendrá carácter excepcional.

La ofrecida por las partes solo podrá admitirse cuando sea estrictamente necesaria para resolver lo que es objeto de alzada, si no se pudo ofrecer o practicar en primera instancia por causas ajenas a estas, lo cual deberá demostrarse.

El plazo para emitir la sentencia se suspenderá cuando sea necesario practicarla o recibirla.

CONCORDANCIAS:

- **Medios de prueba**: Arts. 48.10, 114 Código Procesal Agrario (CPA), Ley 9609/2018.
- **Ofrecimiento de prueba**: Arts. 97.4, 98, 104, 189.4, 202, 208.5 CPA.
- **Admisibilidad de la prueba**: Art. 48.4, 189.10, 206 CPA.
- **Prueba de oficio**: Arts. 128, 189.10 CPA.
- **Prueba para mejor resolver en primera instancia**: Art. 128 CPA.
- **Prueba ilegal:** Art. 209.4 CPA.
- **Formato de las pruebas**: Arts. 60, 62, 98, 180, 181 CPA // 6 bis Ley Orgánica del Poder Judicial (LOPJ), Ley 8/1937.
- **Audiencia preparatoria, audiencia de juicio y audiencia única**: Arts. 65, 170, 171, 188 a 192 CPA.
- **Principio de concentración de actos procesales**: Arts. 170, 176, 187 CPA.
- **Uso de tecnología para la práctica y documentación de la prueba:** Arts. 115, 124, 128, 154, 156, 180, 185, 333 CPA.

ARTÍCULO 130- Apreciación de la prueba

Las pruebas se valorarán bajo el principio de libre apreciación valoratoria.

Deberán expresarse los fundamentos fácticos, jurídicos y de equidad de los motivos por los cuales se confirió mayor o menor valor a unas u otras probanzas. No se podrá hacer una referencia general al conjunto probatorio como fundamento de las conclusiones. Deberá siempre hacerse la indicación concreta de los elementos particulares que sirven de apoyo.

CONCORDANCIAS:

- **Medios de prueba:** Arts. 48.10, 114 Código Procesal Agrario (CPA), Ley 9609/2018.

- **Regla de fundamentación debida de decisiones judiciales:** Arts. 81, 209.3 CPA.
- **Requisitos especiales de la sentencia:** Art. 81.2 CPA.

CAPÍTULO II
MEDIOS DE PRUEBA

SECCIÓN I
DECLARACIÓN DE PARTE

ARTÍCULO 131- Declaración de parte

Las partes declararán sobre hechos propios o ajenos y podrán formularse preguntas recíprocamente. Las personas físicas lo harán de forma personal y las jurídicas por medio de su representante legal.

En la declaración de parte, se seguirán las siguientes reglas:

1) Si una parte fue ofrecida como declarante, deberá comparecer a la audiencia de juicio. No podrá ser obligada a declarar más de una vez sobre los mismos hechos en el proceso.

2) Las personas representantes declararán cuando se trate de hechos realizados durante su gestión. Si no hubieran intervenido en estos, estarán obligadas a responder según el conocimiento que tengan de los hechos.

3) Durante la audiencia de juicio, el tribunal podrá ordenar, de oficio o a solicitud de la contraria, que se rinda declaración de la parte presente, sin necesidad de que previamente se haya solicitado dicha prueba.

4) Si deben declarar dos o más partes sobre los mismos hechos, se tomarán las medidas necesarias para evitar la comunicación entre ellas durante el transcurso de la audiencia. Después de recibidas las declaraciones, el tribunal les informará de forma resumida lo ocurrido durante su ausencia.

5) No tendrán facultades para declarar en contra de quien se representa las personas que ostenten los cargos de albaceas, curadoras, tutoras, representantes de personas menores de edad, del Estado y sus instituciones, municipalidades y juntas de educación.

CONCORDANCIAS:

- **Principio de oficiosidad:** Arts. 4, 25, 48.2 Código Procesal Agrario (CPA), Ley 9609/2018.
- **Principio de búsqueda de la verdad real:** Arts. 4, 48.8, 52, 113, 139, 170, 171.4, 189.10 CPA.
- **Medios de prueba:** Art. 114 CPA.
- **Ofrecimiento y presentación de la prueba:** Art. 98 CPA.
- **Admisibilidad de la prueba:** Art. 115 CPA.
- **Carga probatoria:** Art. 113 CPA.
- **Deber de cooperación de las partes:** Art. 116 CPA.

- **Deber de veracidad y juramento:** Art. 119 CPA.
- **Concentración y secuencia de las pruebas:** Art. 121 CPA.
- **Forma de los interrogatorios:** Art. 122 CPA.
- **Práctica de la prueba en el lugar de los hechos y en sitios distantes:** Art. 123 CPA.
- **Práctica de la prueba en el extranjero:** Art. 124 CPA.
- **Declaración domiciliaria o en otro recinto:** Art. 125 CPA.
- **Nombramientos de intérpretes y declaración de personas en condición de vulnerabilidad:** Art. 126 CPA.
- **Prueba trasladada:** Art. 127 CPA.
- **Prueba para mejor resolver:** Art. 128 y 129 CPA.
- **Declaración de parte anticipada:** Art. 132 CPA.
- **Derecho de la parte sin patrocinio letrado:** Art. 184 CPA.
- **Audiencia de juicio:** Art. 190 CPA.
- **Audiencia única:** Art. 192 CPA.

ARTÍCULO 132- Efectos de la declaración de parte anticipada

Cuando se reciba anticipadamente la declaración de parte y se reconozca la existencia de una deuda u obligación, se ejecutará lo reconocido mediante proceso monitorio o de ejecución, según corresponda.

CONCORDANCIAS:

- **Medios de prueba:** Art. 114 Código Procesal Agrario (CPA), Ley 9609/2018.
- **Carga probatoria:** Art. 113 CPA.
- **Derecho de la parte sin patrocinio letrado:** Art. 184 CPA.
- **Prueba anticipada:** Arts. 167 a 169 CPA.
- **Proceso monitorio:** Art. 279 CPA.

SECCIÓN II
PRUEBA TESTIMONIAL

ARTÍCULO 133- Declaración testimonial

Será admisible la prueba testimonial para demostrar todo tipo de hechos. Podrá rendirla cualquier persona con conocimientos sobre los hechos controvertidos, que tenga posibilidad de comunicar lo que conoce.

Las personas menores de edad podrán rendir testimonio cuando, a criterio del tribunal, tengan posibilidad de comunicar lo que conocen y declarar de manera veraz. Para tales efectos, el tribunal se ajustará a lo dispuesto en el Código de la Niñez y la Adolescencia y demás normativa especial.

Si quien declara tiene conocimientos científicos, técnicos, profesionales o prácticos, se admitirán las opiniones que, en virtud de sus conocimientos, agreguen a la respuesta.

El tribunal admitirá la prueba testimonial en un máximo de tres personas, si se ofrecen sobre hechos generales, o uno por tema específico. De oficio o ante solicitud fundada, se podrá ampliar o reducir su número, según la trascendencia y la necesidad de la prueba.

CONCORDANCIAS:

- **Principio de oficiosidad:** Arts. 4, 25, 48.2 Código Procesal Agrario (CPA), Ley 9609/2018.
- **Principio de búsqueda de la verdad real**: Art. 4 CPA.
- **Medios de prueba**: Art. 114 CPA.
- **Ofrecimiento y presentación de la prueba**: Art. 98 CPA.
- **Admisibilidad de la prueba**: Art. 115 CPA.
- **Carga probatoria**: Art. 113 CPA.
- **Deber de cooperación de las partes**: Art. 116 CPA.
- **Deber de veracidad y juramento:** Art. 119 CPA.
- **Concentración y secuencia de las pruebas**: Art. 121 CPA.
- **Forma de los interrogatorios**: Art. 122 CPA.
- **Declaración de personas en estado de vulnerabilidad:** Arts. 49.10, 59 CPA.
  - **Menores de edad**: Arts. 119, 133 CPA // 1 a 3 Convención sobre los Derechos del Niño (CDN), Ley 7184/1990 // 1 a 3, 27, 105, 107, 108, 112, 114-f, 115, 125 a 127 Código de la Niñez y la Adolescencia (CNA), Ley 7739/1998 // Sección 3 capítulos II y III circular Corte Suprema de Justicia 173-2019: Reglas de Brasilia sobre Acceso a la Justicia de las personas en condiciones de vulnerabilidad (Reglas de Brasilia).
  - **Personas con discapacidad**: Arts. 13 Convención sobre los derechos de las personas con discapacidad (CDPD), Ley 8661/2008 // 2, 5 Ley para Promoción de la Autonomía Personal de las Personas con Discapacidad (LPAPPD), Ley 9379/2016 // Sección 3 capítulo II, capítulo III Reglas de Brasilia.
  - **Personas indígenas:** Arts. 12 Convenio de OIT 169 sobre Pueblos Indígenas y Tribales en Países Independientes (Convenio 167-OIT), Ley 7316/1992 // 48.10, 59 CPA // 3, 6 Ley de Acceso a la justicia de los pueblos indígenas de Costa Rica (LAJPI), Ley 9593/2018 // Sección 3 capítulo II, capítulo III Reglas de Brasilia.
- **Práctica de la prueba en el lugar de los hechos y en sitios distantes**: Art. 123 CPA.
- **Práctica de la prueba en el extranjero**: Art. 124 CPA.
- **Declaración domiciliaria o en otro recinto**: Art. 125 CPA.
- **Nombramientos de intérpretes**: Art. 126 CPA.
- **Prueba trasladada:** Art. 127 CPA.
- **Prueba para mejor resolver:** Art. 128 y 129 CPA.
- **Derecho de la parte sin patrocinio letrado:** Art. 184 CPA.
- **Audiencia de juicio**: Art. 190 CPA.
- **Audiencia única:** Art. 192 CPA.

- **Hechos controvertidos**: Arts. 189.8, 190 CPA.

ARTÍCULO 134- Declaración testimonial en el extranjero

Solo se admitirá la declaración en el extranjero cuando sea absolutamente indispensable y la parte proponente carezca de otros medios para demostrar los hechos invocados. Se procederá conforme a las reglas de la normativa nacional que la regula. Podrá requerirse la autorización del Estado donde se encuentre la persona testigo, para que un juez o una jueza de ese país colabore con la realización del acto, cuando sea posible hacerlo mediante videoconferencia o un medio tecnológico afín. También podrá disponerse de la ayuda de quien ejerza la representación consular.

CONCORDANCIAS:

- **Medios de prueba**: Art. 114 Código Procesal Agrario (CPA), Ley 9609/2018.
- **Ofrecimiento y presentación de la prueba**: Art. 98 CPA.
- **Admisibilidad de la prueba**: Art. 115 CPA.
- **Deber de cooperación de las partes**: Art. 116 CPA.
- **Deber de veracidad y juramento:** Art. 119 CPA.
- **Concentración y secuencia de las pruebas**: Art. 121 CPA.
- **Forma de los interrogatorios**: Art. 122 CPA.
- **Práctica de la prueba en el extranjero**: Art. 124 CPA.

ARTÍCULO 135- Deber de declarar y abstenciones

Las personas testigos están en el deber de declarar la verdad de cuanto conozcan y les sea preguntado. Esta obligación se extiende a las funcionarias y los funcionarios públicos respecto de los informes y las certificaciones que hayan emitido.

Puede abstenerse de declarar la persona que sea examinada sobre hechos que conlleven responsabilidad penal contra sí misma, su cónyuge, conviviente, ascendiente, descendiente o parientes colaterales hasta el tercer grado inclusive, de consanguinidad o afinidad. Podrán negarse a contestar preguntas que violen su deber o facultad de reserva, quienes estén amparados por el secreto profesional o, si conforme al ordenamiento jurídico, deban guardar secreto.

Deberá informárseles acerca de la facultad de abstención de que gozan antes de rendir testimonio. Podrán ejercerla al momento de responder determinadas preguntas. En caso de que sean citadas, deberán comparecer a la audiencia y explicar las razones de su abstención. Si el tribunal estima que se invoca erróneamente la facultad de abstenerse o la reserva del secreto, ordenará su declaración en el acto.

CONCORDANCIAS:

- **Medios de prueba**: Art. 114 Código Procesal Agrario (CPA), Ley 9609/2018.
- **Ofrecimiento y presentación de la prueba**: Art. 98 CPA.
- **Admisibilidad de la prueba**: Art. 115 CPA.
- **Deber de cooperación de las partes**: Art. 116 CPA.
- **Deber de veracidad y juramento:** Art. 119 CPA.
- **Concentración y secuencia de las pruebas**: Art. 121 CPA.
- **Forma de los interrogatorios**: Art. 122 CPA.
- **Derecho de abstenerse de declarar**. Art. 36 Constitución Política (CP) (1949).

ARTÍCULO 136- Citación de las personas testigos

La citación de las personas testigos se podrá hacer por cualquier medio escrito o tecnológico, de lo cual se dejará constancia. Se pedirá el auxilio de la Fuerza Pública si es necesario.

La parte proponente que requiera la citación deberá solicitar que se emita la orden con suficiente anticipación para que sea recibida con al menos tres días de antelación. Le corresponderá diligenciarla y devolverla al despacho antes del inicio de la audiencia correspondiente. En casos de urgencia, se podrá pedir sean citadas por el tribunal, sin plazo previo.

La persona declarante debidamente citada por medio de orden escrita, que rehúse comparecer sin justa causa, podrá ser conducida a la audiencia por la Fuerza Pública. Si injustificadamente se niega a declarar, es omisa o esquiva, se testimoniarán piezas al Ministerio Público para la respectiva investigación penal.

CONCORDANCIAS:

- **Medios de prueba**: Art. 114 Código Procesal Agrario (CPA), Ley 9609/2018.
- **Ofrecimiento y presentación de la prueba**: Art. 98 CPA.
- **Admisibilidad de la prueba**: Art. 115 CPA.
- **Deber de cooperación de las partes**: Art. 116 CPA.
- **Deber de veracidad y juramento:** Art. 119 CPA.
- **Concentración y secuencia de las pruebas**: Art. 121 CPA.
- **Forma de los interrogatorios**: Art. 122 CPA.
- **Práctica de la prueba en el lugar de los hechos y en sitios distantes**: Art. 123 CPA.
- **Práctica de la prueba en el extranjero**: Art. 124 CPA.
- **Auxilio policial**: Arts. 153 Constitución Política (CP) (1949) // 8-g Ley General de Policía, Ley 7410/1994.
- **No comparecencia como testigo:** Art. 396-2 Código Penal, Ley 4573/1970.

ARTÍCULO 137- Sustitución de las personas testigos

Procederá la sustitución fundada de las personas testigos ofrecidas y admitidas. La de estas últimas se aceptará solo por motivos de fuerza mayor o caso fortuito, que impida su apersonamiento a la audiencia al momento de rendir declaración. La solicitud se tramitará y resolverá en la audiencia preparatoria si es por causas posteriores, en la audiencia de juicio.

CONCORDANCIAS:

- **Medios de prueba**: Art. 114 Código Procesal Agrario (CPA), Ley 9609/2018.
- **Ofrecimiento y presentación de la prueba**: Art. 98 CPA.
- **Admisibilidad de la prueba**: Art. 115 CPA.
- **Deber de cooperación de las partes**: Art. 116 CPA.
- **Deber de veracidad y juramento:** Art. 119 CPA.
- **Concentración y secuencia de las pruebas**: Art. 121 CPA.
- **Forma de los interrogatorios**: Art. 122 CPA.
- **Práctica de la prueba en el lugar de los hechos y en sitios distantes**: Art. 123 CPA.
- **Práctica de la prueba en el extranjero**: Art. 124 CPA.
- **Audiencia preparatoria**: Art. 189 CPA.
- **Audiencia de juicio**: Art. 190 CPA.

ARTÍCULO 138- Práctica de la prueba testimonial

Durante la audiencia de juicio, antes de declarar, las personas testigos deberán estar aisladas; no podrán comunicarse entre sí, ver, oír o ser informadas de lo que ocurre en ella. Después de rendir su declaración, se podrá ordenar que continúen separadas, o autorizar su retiro o permanencia en el lugar donde se realice. El incumplimiento de la incomunicación no impedirá la declaración, pero el tribunal apreciará esta circunstancia al valorar la prueba.

A cada manifestante se le instruirá acerca de sus derechos y obligaciones. Se le juramentará, con las excepciones de ley, haciéndole saber los alcances y las penas del delito de falso testimonio y que debe decir verdad, sin omitir hechos y demás aspectos sobre los cuales se le preguntará. Se le preguntará sobre su nombre, apellidos, edad, estado civil, profesión, oficio, domicilio, vínculo de parentesco con las partes e interés con el proceso; si es extranjero, los años de permanencia en el país y sobre cualquier otra circunstancia útil al proceso.

Quien declare relatará, de forma breve y espontánea, lo que conozca de los hechos para los cuales fue ofrecida, y los motivos por los que sabe de ellos, de la forma más clara posible, con explicación de las circunstancias de tiempo, modo y lugar en que ocurrieron.

 Luego se realizará el examen directo. No se admitirán preguntas sugestivas, salvo en el contraexamen.

CONCORDANCIAS:

- **Medios de prueba**: Art. 114 Código Procesal Agrario (CPA), Ley 9609/2018.
- **Ofrecimiento y presentación de la prueba**: Art. 98 CPA.
- **Admisibilidad de la prueba**: Art. 115 CPA.
- **Deber de cooperación de las partes**: Art. 116 CPA.
- **Deber de veracidad y juramento:** Art. 119 CPA.
- **Concentración y secuencia de las pruebas**: Art. 121 CPA.
- **Forma de los interrogatorios**: Art. 122 CPA.
- **Práctica de la prueba en el lugar de los hechos y en sitios distantes**: Art. 123 CPA.
- **Práctica de la prueba en el extranjero**: Art. 124 CPA.
- **Audiencia de juicio**: Art. 190 CPA.

ARTÍCULO 139- Secuencia

Las personas testigos se recibirán de forma alterna, según hayan sido admitidas a cada parte. Estas dispondrán el orden de la declaración, salvo que por motivos fundados el tribunal determine la alteración de dicho orden.

Serán examinados por la proponente, seguida de la contraria y, finalmente, por el tribunal, sin perjuicio de que este pida aclaraciones en cualquier momento para evitar confusiones, garantizar el orden de la audiencia y en la búsqueda de la verdad real. Al concluir la declaración, las partes y el tribunal podrán repreguntar.

CONCORDANCIAS:

- **Medios de prueba**: Art. 114 Código Procesal Agrario (CPA), Ley 9609/2018.
- **Concentración y secuencia de las pruebas**: Art. 121 CPA.
- **Forma de los interrogatorios**: Art. 122 CPA.
- **Audiencia de juicio**: Art. 190 CPA.
- **Dirección del proceso:** Art. 48.2 CPA

ARTÍCULO 140- Examen abusivo o redundante

El tribunal podrá dar por terminado el examen para quien lo formula, cuando sea evidente que esté prolongando la audiencia sin motivo, las preguntas sean reiteradas, versen sobre temas rechazados o insinúen la respuesta. Antes de imponerse esa sanción, deberá apercibirse a quien corresponda, el deber de corregir su actuación. Las partes podrán objetar las preguntas que se formulen, cuando no sean legalmente procedentes. 

CONCORDANCIAS:

- **Medios de prueba**: Art. 114 Código Procesal Agrario (CPA), Ley 9609/2018.
- **Ofrecimiento y presentación de la prueba**: Art. 98 CPA.
- **Admisibilidad de la prueba**: Art. 115 CPA.
- **Deber de cooperación de las partes**: Art. 116 CPA.
- **Deber de veracidad y juramento:** Art. 119 CPA.
- **Concentración y secuencia de las pruebas**: Art. 121 CPA.
- **Forma de los interrogatorios**: Art. 122 CPA.
- **Práctica de la prueba en el lugar de los hechos y en sitios distantes**: Art. 123 CPA.
- **Práctica de la prueba en el extranjero**: Art. 124 CPA.
- **Audiencia de juicio**: Art. 190 CPA.
- **Deberes y facultades del tribunal:** Arts. 48, 171 CPA.
- **Derechos y deberes de las partes e intervinientes:** Arts. 49, 53, 116 CPA.
- **Abuso procesal:** Art. 53 CPA.
- **Régimen disciplinario de partes y personas abogadas**: Arts. 216 a 223 Ley Orgánica del Poder Judicial (LOPJ), Ley 8/1937.

ARTÍCULO 141- Gastos de las personas testigos

La persona que declare como testigo tiene derecho a obtener de la parte que la propuso el importe por alimentación y transporte. Si es propuesta por varias partes, será asumido por igual entre ellas.

El monto por retribuir, a falta de acuerdo entre la parte y su testigo, se fijará teniendo en cuenta los datos y las circunstancias que consten en el proceso, una vez finalizada la audiencia respectiva. Si no se cancela en el plazo de cinco días a partir de la firmeza de la resolución, la declarante podrá gestionar el cobro por medio de la vía respectiva.

Quien declare no podrá sufrir rebajas en su salario por comparecer a los procesos, por el tiempo que haya estado a disposición del tribunal para rendir declaración.

Podrá solicitar se le expida una constancia de su presencia en la audiencia, la duración y el lugar donde se efectuó.

CONCORDANCIAS:

- **Medios de prueba**: Art. 114 Código Procesal Agrario (CPA), Ley 9609/2018.
- **Ofrecimiento y presentación de la prueba**: Art. 98 CPA.
- **Admisibilidad de la prueba**: Art. 115 CPA.
- **Práctica de la prueba en el lugar de los hechos y en sitios distantes**: Art. 123 CPA.

- **Práctica de la prueba en el extranjero**: Art. 124 CPA.
- **Audiencia de juicio**: Art. 190 CPA.

SECCIÓN III
PRUEBA PERICIAL

ARTÍCULO 142- Admisibilidad de la prueba pericial

Será admisible la prueba pericial cuando, para apreciar hechos, circunstancias relevantes o adquirir certeza de ellos, sean necesarios conocimientos científicos, técnicos, prácticos, o cualquier otro, ajenos al derecho.

Si se ofrece por más de una parte para igual tema, el nombramiento recaerá en una sola persona experta o un solo equipo. Las partes podrán, de común acuerdo, hacer el nombramiento, siempre que reúna los requisitos de ley.

Si no existen profesionales, o no aceptan el cargo, se podrán nombrar a personas prácticas. También, cuando el dictamen verse sobre aspectos que no exijan título profesional.

Cuando se admita u ordene que los criterios técnicos los emita una entidad pública, el tribunal remitirá los oficios respectivos. Si no es posible hacerlo por medios tecnológicos, la parte interesada deberá diligenciarlos.

CONCORDANCIAS:

- **Ofrecimiento de prueba:** Arts. 97.4, 98, 104, 189.4, 202, 208.5 Código Procesal Agrario (CPA), Ley 9609/2018.
- **Admisibilidad de la prueba**: Art. 48.4, 189.10, 206 CPA.
- **Prueba de oficio**: Arts. 128, 189.10 CPA.
- **Prueba para mejor resolver**: Arts. 128, 129 CPA.
- **Requisitos y deberes de las personas peritas:** Arts. 143, 145, 147 CPA/ 1, 3, 7 a 12, 14 circular Consejo Superior 02-2015: Reglamento para regular la función de las y los intérpretes, traductores, peritos y ejecutores en el Poder Judicial.
- **Requisitos del dictamen pericial**: Arts. 145, 146 CPA // 13 circular Consejo Superior 02-2015: Reglamento para regular la función de las y los intérpretes, traductores, peritos y ejecutores en el Poder Judicial.
- **Deberes de las partes para la práctica de la prueba pericial**: Art. 116, 145 CPA.
- **Colaboración de personas ajenas al proceso**. Art. 117 CPA.
- **Plazo para emitir el dictamen pericial**: Arts. 145, 146 CPA // 13 circular Consejo Superior 02-2015: Reglamento para regular la función de las y los intérpretes, traductores, peritos y ejecutores en el Poder Judicial.
- **Examen del dictamen pericial en audiencia**: Arts. 121, 146, 147 CPA.
- **Costos de la prueba pericial (honorarios profesionales):** Arts. 144, 145 CPA // 15, 17, 18 (supuestos de gratuidad) circular Consejo Superior 02-2015: Reglamento para regular la función de las y los intérpretes, traductores, peritos y ejecutores en el Poder Judicial.

- **Peritajes culturales:** Arts. 48.10 CPA / 8, 9 Ley de Acceso a la justicia de los pueblos indígenas de Costa Rica, Ley 9593/2018 (LAJPI).
- **Dictámenes e informes técnicos**: Arts. 144, 148, 153 CPA.
- **Dictámenes relacionados con aspectos financieros, económicos o rendición de cuentas:** Art. 149 CPA.
- **Uso de tecnología para la práctica y documentación de la prueba**: Arts. 115, 123, 128, 154, 156, 180, 185, 333 CPA // Circular Consejo Superior 172-2021: Procedimiento para la Grabación de Audiencias Orales y Actos de Investigación.
- **Audiencia preparatoria.** Art. 189 CPA.

ARTÍCULO 143- Designación y aceptación del cargo

La persona experta se designará de la lista elaborada por el Poder Judicial, tomando en cuenta la naturaleza y el objeto de la experticia. Cuando las circunstancias del caso exijan la realización de diferentes pruebas periciales o de varias profesionales para dictaminar sobre una misma cuestión, podrán las partes o el tribunal proponer que se integre un equipo interdisciplinario, con el fin de concentrar las experticias requeridas, o elegir alguno del listado oficial.

Al hacer el nombramiento, el tribunal indicará con precisión los aspectos sobre los cuales deberá emitirse el dictamen. Para la aceptación se le conferirá un máximo de tres días, una vez que le sea comunicada la designación, por cualquier medio idóneo, de lo cual se dejará constancia. Si no acepta, se hará otro nombramiento.

CONCORDANCIAS:

- **Ofrecimiento de prueba**: Arts. 97.4, 98, 104, 189.4, 202, 208.5 Código Procesal Agrario (CPA), Ley 9609/2018.
- **Prueba de oficio:** Arts. 128, 189.10 CPA.
- **Prueba para mejor resolver**: Arts. 128, 129 CPA.
- **Designación y nombramiento de la persona perita**: Arts. 18 a 12 circular Consejo Superior 02-2015: Reglamento para regular la función de las y los intérpretes, traductores, peritos y ejecutores en el Poder Judicial.
- **Requisitos y deberes de las personas peritas**: Arts. 145 CPA // 1, 3, 7 a 12, 14 circular Consejo Superior 02-2015: Reglamento para regular la función de las y los intérpretes, traductores, peritos y ejecutores en el Poder Judicial.
- **Requisitos del dictamen pericial**: Arts. 145, 146 CPA // 13 circular Consejo Superior 02-2015: Reglamento para regular la función de las y los intérpretes, traductores, peritos y ejecutores en el Poder Judicial.
- **Examen del dictamen pericial en audiencia:** Arts. 121, 147 CPA.
- **Peritajes culturales**: Arts. 48.10 CPA // 8, 9 Ley de Acceso a la justicia de los pueblos indígenas de Costa Rica (LAJPI), Ley 9593/2018.
- **Uso de tecnología para la práctica y documentación de la prueba**: Arts. 115, 123, 128, 154, 156, 180, 185, 333 CPA.

ARTÍCULO 144- Honorarios y gastos

Los honorarios, gastos y cualquier otro costo para practicar la prueba pericial los asumirá la parte proponente, a menos que se haya ordenado la emisión del dictamen a cargo de una persona funcionaria del Organismo de Investigación Judicial (OIJ) o de entidades estatales. Serán fijados al momento de la designación, otorgándose un plazo máximo de cinco días para su depósito. Si la contraria amplía los temas objeto de la pericia, deberá contribuir proporcionalmente, según lo disponga el tribunal.

Los honorarios serán fijados prudencialmente tomando en cuenta la naturaleza del dictamen, el trabajo y el tiempo que exija, así como las tarifas vigentes en cada colegio profesional o las establecidas en el decreto de salarios mínimos. Los gastos se fijarán con base en los parámetros dispuestos por el Poder Judicial.

La falta de depósito de esos montos tendrá como consecuencia la inevacuabilidad total o parcial de la prueba, sin necesidad de resolución que así lo establezca. Lo anterior regirá, salvo que una de las partes mantenga interés en su práctica, en cuyo caso deberá depositar la totalidad dentro de los tres días siguientes a la comunicación de dicha circunstancia, por cualquier medio idóneo.

A solicitud de la persona experta, podrá girársele por adelantado para la realización del dictamen la suma correspondiente a gastos, de forma total o parcial. Si por su culpa no lo rinde, deberá devolverla en el plazo de tres días, a partir de que se le prevenga por el tribunal. En caso contrario, sin perjuicio de las sanciones disciplinarias, la parte podrá ejecutar su cobro por medio del proceso monitorio; para ese efecto, el tribunal expedirá la certificación respectiva.

CONCORDANCIAS:

- **Ofrecimiento de prueba:** Arts. 97.4, 98, 104, 189.4, 202, 208.5 Código Procesal Agrario (CPA), Ley 9609/2018.
- **Prueba de oficio**: Arts. 128, 189.10 CPA.
- **Prueba para mejor resolver**: Arts. 128, 129 CPA.
- **Costos de la prueba pericial (honorarios profesionales):** Arts. 15, 17, 18 (supuestos de gratuidad) circular Consejo Superior 02-2015: Reglamento para regular la función de las y los intérpretes, traductores, peritos y ejecutores en el Poder Judicial.
- **Deberes y facultades del tribunal:** Arts. 48, 171 CPA.
- **Sanciones por no rendirse el dictamen pericial:** Art. 145 CPA.
- **Proceso monitorio:** Art. 21.1, 279 CPA // 110 a 111 Código Procesal Civil (CPC), Ley 9342/2016.

ARTÍCULO 145- Elaboración y presentación del dictamen

Si no se indica de forma debida cuál es el objeto de la pericia, la persona experta deberá pedir al tribunal, por cualquier medio, las aclaraciones pertinentes, antes de proceder con su labor. Asimismo, pedirá al tribunal que haga la comunicación debida a las partes con señalamiento de hora y fecha en los casos cuando requiera de su presencia en la práctica de la prueba o para visitar un inmueble.

Las partes podrán concurrir a esas diligencias, sin obstaculizarlas. Estarán obligadas a prestarle auxilio a la persona experta, en cuanto sea necesario para el cumplimiento de su labor. Si se niegan, se podrá pedir al tribunal la adopción de las medidas pertinentes.

Si no se rinde el dictamen en el plazo conferido, no se amplía o no comparece la experta sin justa causa a la audiencia de juicio, perderá sus honorarios y gastos.

CONCORDANCIAS:

- **Requisitos y deberes de las personas peritas**: Arts. 143, 147 Código Procesal Agrario (CPA), Ley 9609/2018 // 1, 3, 7 a 12, 14 circular Consejo Superior 02-2015: Reglamento para regular la función de las y los intérpretes, traductores, peritos y ejecutores en el Poder Judicial.
- **Requisitos del dictamen pericial**: Arts. 145, 146 CPA // 13 circular Consejo Superior 02-2015: Reglamento para regular la función de las y los intérpretes, traductores, peritos y ejecutores en el Poder Judicial.
- **Plazo para emitir el dictamen pericial:** Arts. 146 CPA // 13 circular Consejo Superior 02-2015: Reglamento para regular la función de las y los intérpretes, traductores, peritos y ejecutores en el Poder Judicial.
- **Examen del dictamen pericial en audiencia**: Arts. 121, 147 CPA.
- **Costos de la prueba pericial (honorarios profesionales):** Arts. 144 CPA // Circular Consejo Superior: Aclaración de la Circular N° 32-09 sobre "Políticas de accesibilidad para las personas con discapacidad" (lenguaje lesco) // 15, 17, 18 (supuestos de gratuidad) Circular Consejo Superior 02-2015: Reglamento para regular la función de las y los intérpretes, traductores, peritos y ejecutores en el Poder Judicial.
- **Aclaración y ampliación del dictamen**: Art. 147 CPA.
- **Peritajes culturales**: Arts. 48.10 CPA // 8, 9 Ley de Acceso a la justicia de los pueblos indígenas de Costa Rica (LAJPI), Ley 9593/2018.
- **Uso de tecnología para la práctica y documentación de la prueba**: Arts. 115, 123, 128, 154, 156, 180, 185, 333 CPA.

ARTÍCULO 146- Requisitos del dictamen

La experticia será fundada y contendrá, de manera clara y precisa, una relación detallada de las actividades realizadas, fuentes, parámetros o elementos técnicos y probatorios utilizados y las conclusiones. Se adjuntarán los documentos y los anexos respectivos, o se indicará la fuente correspondiente, cuando no sea posible incluirlos. Deberá presentarse por escrito y firmado, al menos tres días antes de la audiencia de juicio, sin perjuicio del informe oral en las audiencias.

CONCORDANCIAS:

- **Requisitos y deberes de las personas peritas**: Arts. 143, 144 Código Procesal Agrario (CPA), Ley 9609/2018 // 1, 3, 7 a 12, 14 circular Consejo Superior 02-2015: Reglamento para regular la función de las y los intérpretes, traductores, peritos y ejecutores en el Poder Judicial.
- **Requisitos del dictamen pericial:** Arts. 145 CPA // 13 circular Consejo Superior 02-2015: Reglamento para regular la función de las y los intérpretes, traductores, peritos y ejecutores en el Poder Judicial.
- **Plazo para emitir el dictamen pericial:** Arts. 145 CPA // 13 R circular Consejo Superior 02-2015: Reglamento para regular la función de las y los intérpretes, traductores, peritos y ejecutores en el Poder Judicial.
- **Examen del dictamen pericial en audiencia:** Arts. 121, 147 CPA.
- **Peritajes culturales**: Arts. 48.10 CPA // 8, 9 Ley de Acceso a la justicia de los pueblos indígenas de Costa Rica (LAJPI), Ley 9593/2018.
- **Uso de tecnología para la práctica y documentación de la prueba**: Arts. 115, 123, 128, 154, 156, 180, 185, 333 CPA.

ARTÍCULO 147- Examen del dictamen en audiencia

El dictamen pericial será examinado en la audiencia de juicio, primero por la parte proponente, luego por la contraria y finalmente por el tribunal. Las partes podrán contar con el auxilio de personas asesoras técnicas o profesionales.

Quien rinda el peritaje comparecerá a la audiencia y expondrá brevemente su dictamen. En ese acto, podrán pedírsele las aclaraciones o las adiciones necesarias e, incluso, objetarse y cuestionarse el informe, con otros medios probatorios. Deberá dar las explicaciones requeridas y referirse a la prueba invocada en contra de sus conclusiones.

CONCORDANCIAS:

- **Requisitos y deberes de las personas peritas**: Arts. 143, 144 Código Procesal Agrario (CPA), Ley 9609/2018 // 1, 3, 7 a 12, 14 circular Consejo Superior 02-2015: Reglamento para regular la función de las y los intérpretes, traductores, peritos y ejecutores en el Poder Judicial.
- **Requisitos del dictamen pericial**: Arts. 145 CPA / 13 circular Consejo Superior 02-2015: Reglamento para regular la función de las y los intérpretes, traductores, peritos y ejecutores en el Poder Judicial.
- **Plazo para emitir el dictamen pericial**: Arts. 145 CPA / 13 circular Consejo Superior 02-2015: Reglamento para regular la función de las y los intérpretes, traductores, peritos y ejecutores en el Poder Judicial.
- **Examen del dictamen pericial en audiencia**: Arts. 121, 146 CPA.
- **Audiencia de juicio:** Art. 190 CPA.
- **Audiencia única:** Art. 192 CPA.
- **Aclaración y ampliación del dictamen**: Art. 145 CPA.
- **Peritajes culturales:** Arts. 48.10 CPA / 8, 9 Ley de Acceso a la justicia de los pueblos indígenas de Costa Rica (LAJPI), Ley 9593/2018.

- **Uso de tecnología para la práctica y documentación de la prueba**: Arts. 115, 123, 128, 154, 156, 180, 185, 333 CPA.

ARTÍCULO 148- Dictámenes o informes técnicos

El tribunal podrá, de oficio o a petición de parte, solicitar dictámenes o informes técnicos de universidades, institutos, colegios profesionales, laboratorios oficiales u otros organismos especializados, públicos o privados, cuando se refieran a aspectos propios de sus funciones, conocimientos o experiencia. En la resolución que lo ordene se indicarán la persona, la dependencia u oficina encargada de realizarlo y el plazo conferido. Será aplicable lo regulado para la rendición de informes en general.

CONCORDANCIAS:

- **Dictámenes e informes técnicos**: Arts. 144, 153 Código Procesal Agrario (CPA), Ley 9609/2018
- **Información no divulgada (secretos comerciales o industriales)**: Arts. 120, 153, 182 CPA // 1, 2, 4, 5, 9, 10 Ley de información no divulgada (LIND), Ley 7975/2000 // 39 Ley de Procedimientos de Observancia de los Derechos de Propiedad Intelectual (LODPI), Ley 8039/2000 // 53 Ley de protección de las obtenciones vegetales (LPOV), Ley 8631/2008 // 1, 2, 4, 7 a 11 Reglamento a la Ley de Información No Divulgada (RLIND), Decreto 34927/2008.
- **Uso de tecnología para la práctica y documentación de la prueba**: Arts. 115, 123, 128, 154, 156, 180, 185, 333 CPA.

ARTÍCULO 149- Verificación de estados económicos, financieros y rendición de cuentas

Para la certificación de estados financieros o la realización de inventario de bienes, determinación del estado económico, rendición de cuentas, informes contables o de cualquier otro tipo, el tribunal podrá nombrar profesionales en ciencias contables o con la especialidad requerida. El tribunal podrá ordenar cualquier otra prueba o requerir la información necesaria.

Las personas socias, copropietarias, asociadas o que posean algún tipo de participación respecto de personas jurídicas de las cuales sean parte podrán gestionarlo aún de manera anticipada, debiendo demostrar su condición en la solicitud. Si se trata de sociedades comerciales, quienes lo soliciten deberán representar al menos el diez por ciento (10%) del capital. En los demás casos, han de ser titulares de cuotas en la misma proporción.

CONCORDANCIAS:

- **Procesos anticipados (cuestiones preliminares: probatorias y cautelares)**: Arts. 20.3, 21.5, 167 a 169, 248 Código Procesal Agrario (CPA), Ley 9609/2018.

- **Uso de tecnología para la práctica y documentación de la prueba**: Arts. 115, 123, 128, 154, 156, 180, 185, 333 CPA.
- **Sociedades comerciales**: Arts. 1, 2, 17 Código de Comercio (CCo), Ley 3284/1964.
- **Sociedades civiles**: Arts. 466, 1196 a 1250 Código Civil (CC), Ley XXX/1885.

SECCIÓN IV
PRUEBA DOCUMENTAL

ARTÍCULO 150- Documentos

Se considerarán documentos tanto los que consten o se tramiten por medios físicos como los que contengan datos, informaciones o mensajes, y sean expresados o transmitidos por un medio electrónico, informático, magnético, óptico, telemático o producidos por nuevas tecnologías.

Los documentos públicos y privados admitidos, tácita o expresamente, se presumen auténticos y válidos, mientras no se pruebe lo contrario. Los recibidos o conservados por medios tecnológicos y los que los despachos judiciales emitan como copias de originales almacenados por estos medios conservarán la validez y la eficacia del documento.

Las copias certificadas de los documentos originales tendrán la eficacia probatoria de estos. La misma eficacia se otorgará a las copias simples, cuya autenticidad no haya sido impugnada en su oportunidad.

CONCORDANCIAS:

- **Medios de prueba**: Art. 114 Código Procesal Agrario (CPA), Ley 9609/2018.
- **Ofrecimiento y presentación de la prueba**: Art. 98 CPA.
- **Admisibilidad de la prueba**: Art. 115 CPA.
- **Deber de cooperación de las partes**: Art. 116 CPA.
- **Documentos como elemento probatorio:** Arts. 151, 152 CPA.
- **Informes y expedientes como elementos probatorios:** Art. 153 CPA.

ARTÍCULO 151- Exhibición de documentos

Se ordenará a las partes la exhibición de documentos, informes, libros o cualquier otro elemento probatorio de esa naturaleza si están en su dominio o disposición, se refieran al objeto del proceso, sean prueba común o puedan derivarse datos probatorios para quien lo solicite.

Se aplicarán las siguientes reglas:

1) Con la petición de exhibición, quien lo solicite podrá aportar una copia o reproducción del documento. Si no lo tiene en su poder, indicará en términos concretos su conteni-

do. Cuando se ordene la exhibición, se advertirá a la parte requerida, que ante su negativa injustificada, se podrá tener como exacto lo presentado o afirmado por la contraria. Lo anterior se dispone siempre que por medio de otras pruebas resulten manifiestamente verosímiles la existencia y el contenido del documento no exhibido.

2) Si el documento se encuentra en poder de una tercera persona, se le prevendrá lo exhiba, siempre que sea trascendente para el proceso y no le produzca perjuicio.

3) En ambos supuestos se podrá presentar copia certificada o testimonio del documento prevenido, salvo si el tribunal o las partes exijan el original por razones fundadas.

4) Las personas funcionarias públicas no podrán negarse a expedir certificaciones o testimonios, ni oponerse a exhibir los documentos de sus dependencias y archivos, de acuerdo con el ordenamiento vigente.

5) Al ordenarse la exhibición se advertirá que ante la negativa injustificada de cumplimiento podrá seguirse causa por el delito de desobediencia a la autoridad, sin perjuicio de que en sede penal la conducta se recalifique.

CONCORDANCIAS:

- **Medios de prueba**: Art. 114 Código Procesal Agrario (CPA), Ley 9609/2018.
- **Ofrecimiento y presentación de la prueba**: Art. 98 CPA.
- **Admisibilidad de la prueba**: Art. 115 CPA.
- **Carga de la prueba**. Art. 113 CPA.
- **Deber de cooperación de las partes**: Art. 116 CPA.
- **Colaboración de personas ajenas al proceso**. Art. 117 CPA.
- **Documentos como elemento probatorio:** Art. 151 CPA.
- **Informes y expedientes como elementos probatorios:** Art. 153 CPA.

ARTÍCULO 152- Impugnación de documentos

La objeción a los documentos presentados con la demanda y la reconvención se hará en la contestación o la réplica. Los aportados posteriormente deberán objetarse en la audiencia preparatoria. Será necesario exponer las razones concretas y las pruebas que sirvan de fundamento.

La oposición por falsedad podrá hacerse en el mismo proceso y los efectos de lo que se resuelva se limitarán a este. Para ese fin, el tribunal, de oficio o a instancia de parte, podrá solicitar colaboración a la oficina respectiva del Organismo de Investigación Judicial (OIJ).

Las sentencias emitidas por los tribunales penales, sobre la falsedad de un documento de influencia en el proceso, tendrán valor de cosa juzgada material.

CONCORDANCIAS:

- **Principio de oficiosidad:** Arts. 4, 25, 48.2 Código Procesal Agrario (CPA), Ley 9609/2018.

- **Medios de prueba:** Art. 114 CPA.
- **Ofrecimiento y presentación de la prueba:** Art. 98 CPA.
- **Admisibilidad de la prueba:** Art. 115 CPA.
- **Carga de la prueba.** Art. 113 CPA.
- **Deber de cooperación de las partes:** Art. 116 CPA.
- **Colaboración de personas ajenas al proceso.** Art. 117 CPA.
- **Documentos como elemento probatorio:** Arts. 150, 151 CPA.
- **Informes y expedientes como elementos probatorios:** Art. 153 CPA.
- **Audiencia preparatoria:** Art. 189 CPA.
- **Falsedad de documento:** Arts. 366 a 368 Código Penal, Ley 4573/1970.
- **Cosa juzgada:** Art. 85 CPA.

ARTÍCULO 153- Informes y expedientes

El tribunal de oficio o a petición de parte podrá solicitar informes a cualquier persona física o jurídica, privada o pública, en relación con actos o documentos de su conocimiento o que estén en su poder, si se relacionan con los hechos o los actos de interés para lo debatido. También podrá requerirse la remisión de expedientes, testimonios, documentos, anexos, estudios relacionados con los informes, anotaciones, asientos de libros, archivos o similares. Los informes se considerarán auténticos, cuando sean emitidos por una persona funcionaria pública.

Se aplicarán las siguientes reglas:

1) No será admisible la solicitud de rendir un informe cuando, manifiestamente, tienda a sustituir otro medio de prueba no admitido.

2) La persona o entidad requerida podrá negarse a rendir el informe por motivos fundados, entre ellos, cuando se trate de información declarada secreto de Estado, pueda comprometer seriamente el secreto comercial o información no divulgada.

En tal caso, y una vez recibida la solicitud, de inmediato, ha de exponer con claridad y precisión los motivos de impedimento. El tribunal valorará si son aceptables.

3) El tribunal advertirá que debe cumplirse con lo ordenado, en el plazo de ocho días, contado a partir del recibo de la solicitud, salvo que se autorice un plazo mayor.

Cuando se trate de entidades públicas o personas jurídicas, la solicitud deberá dirigirse a la responsable, funcionaria u oficina encargada de su emisión o de ejecutar la orden. Se apercibirá que, en caso de incumplimiento, podrá incurrirse en el delito de desobediencia a la autoridad.

4) La información se remitirá al tribunal a la mayor brevedad, por cualquier medio idóneo, incluso electrónicamente. Se indicará, expresamente, que tiene el carácter de declaración jurada, a fin de garantizar su exactitud, lo cual se prevendrá al ordenarla, sin perjuicio de que en criterio del tribunal deba exponerse oralmente en audiencia.

CONCORDANCIAS:

- **Principio de oficiosidad:** Arts. 4, 25, 48.2 Código Procesal Agrario (CPA), Ley 9609/2018.
- **Medios de prueba:** Art. 114 CPA.
- **Ofrecimiento y presentación de la prueba:** Art. 98 CPA.
- **Admisibilidad de la prueba:** Art. 115 CPA.
- **Carga de la prueba.** Art. 113 CPA.
- **Deber de cooperación de las partes:** Art. 116 CPA.
- **Colaboración de personas ajenas al proceso.** Art. 117 CPA.
- **Documentos como elemento probatorio:** Arts. 150 a 152 CPA.
- **Audiencia preparatoria:** Art. 189 CPA.
- **Cosa juzgada:** Art. 85 CPA.
- **Privacidad de elementos probatorios:** Arts. 64, 120 CPA // 9 Ley de Acceso a la justicia de los pueblos indígenas de Costa Rica (LAJPI), Ley 9593/2018.
- **Información no divulgada (secretos comerciales o industriales):** Arts. 120, 148, 153, 182 CPA // 1, 2, 4, 5, 9, 10 Ley de información no divulgada (LIND), Ley 7975/2000 // 39 Ley de Procedimientos de Observancia de los Derechos de Propiedad Intelectual (LODPI), Ley 8039/2000 // 53 Ley de protección de las obtenciones vegetales (LPOV), Ley 8631/2008 // 1, 2, 4, 7 A 11 Reglamento a la Ley de Información No Divulgada (RLIND), Decreto 34927/2008.
- **Datos sensibles y datos de acceso restringido:** Arts. 24 Constitución Política (1949) // 47, 48 Código Civil: Ley XXX/1885 (CC) // 39 LODPI // 1, 2, 5, 8 a 12 Ley de Protección de la persona frente al tratamiento de sus datos personales, Ley 8968/2011 // Circular Consejo Superior 71-2018: Sobre la responsabilidad de indicar en las sentencias judiciales la existencia de datos sensibles // Circular 193-2014: Reglamento de actuación de la Ley de Protección de la persona frente al tratamiento de sus datos personales en el Poder Judicial.

SECCIÓN V
RECONOCIMIENTO JUDICIAL

ARTÍCULO 154- Reconocimiento judicial

El reconocimiento judicial será admisible para el esclarecimiento y la apreciación de los hechos, cuando sea necesario o conveniente que el tribunal examine algún lugar, objeto o persona o verifique alguna situación o circunstancia. Cuando se realice a solicitud de parte, esta indicará los aspectos por constatar. La contraria podrá proponer otros.

Las partes y las personas abogadas podrán concurrir al reconocimiento judicial y formular las observaciones que consideren pertinentes. Con las salvedades de ley, podrán tomar fotografías, hacer grabaciones de video, audio u otros semejantes para dejar constancia.

De oficio o por solicitud fundada de parte, se autorizará la concurrencia de personas asesoras técnicas de las partes, previa acreditación de sus atestados profesionales y de

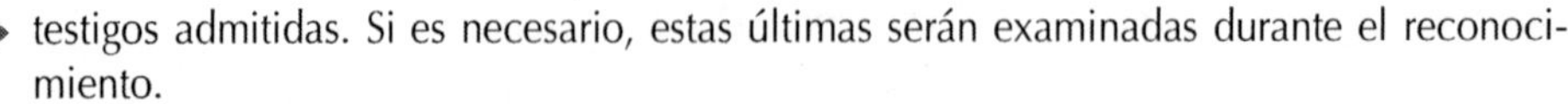

testigos admitidas. Si es necesario, estas últimas serán examinadas durante el reconocimiento.

CONCORDANCIAS:

- **Ofrecimiento de prueba**: Arts. 97.4, 98, 104, 189.4, 202, 208.5 Código Procesal Agrario (CPA), Ley 9609/2018.
- **Admisibilidad de la prueba**: Art. 48.4, 189.10, 206 CPA.
- **Carga de la prueba**. Art. 113 CPA.
- **Valoración de la prueba**. Art. 130 CPA.
- **Prueba de oficio**: Arts. 128, 189.10 CPA.
- **Prueba para mejor resolver**: Arts. 128, 129 CPA.
- **Coordinación para la realización del reconocimiento judicial:** Art. 173 CPA.
- **Práctica de la prueba en el lugar de los hechos y en sitios distantes.** Art. 123 CPA.
- **Deberes de quienes asistan a la práctica del reconocimiento judicial**: Arts. 155, 172, 183 CPA // 2, 216 a 223 Ley Orgánica del Poder Judicial, Ley 8/1937 (LOPJ) // 1, 14 a 17, 35, 38 a 40, 44, 53 a 66, 70, 71 Reglamento del Colegio de Abogados y Abogadas 47/2004: Código de Deberes Jurídicos, Morales y Éticos del Profesional en Derecho // Circular Corte Suprema de Justicia 32-2011: Debido comportamiento de los abogados y abogadas en los despachos judiciales.
- **Participación de medios de comunicación**: Art. 184 CPA.
- **Formato y requisitos del acta de reconocimiento judicial**: Arts. 58, 59, 71, 180 a 181, 333 CPA.
- **Colaboración de entidades públicas o de particulares para realizar actuaciones judiciales:** Arts. 116, 117, 173, 174 CPA // 7 LOPJ // 8 inciso g Ley General de Policía. Ley 7410/1994.
- **Ingreso forzoso:** Arts. 116, 117, 118, 155, 174 CPA.
- **Allanamiento de bienes**: Arts. 46.2.3., 137 Código Procesal Civil (CPC), Ley 9342/2016 // 205 Código Penal, Ley 4573/1970 // 193 a 197 Código Procesal Penal (CPP), Ley 7594/1996.
- **Notificación personal por prevención con efectos penales**: Arts. 72 CPA / 314 Código Penal, Ley 4573/1970.
- **Uso de tecnología para la práctica y documentación de la prueba**: Arts. 115, 123, 128, 154, 156, 180, 185, 333 CPA.

ARTÍCULO 155- Deber de colaboración de las personas concurrentes

Las partes deberán prestar la colaboración necesaria para la efectiva práctica del reconocimiento.

De impedirse el ingreso, se podrá ordenar el ingreso forzoso cuando el bien sea de una tercera persona, o el acceso forzoso si es de las partes. Se podrá auxiliar con la Fuerza Pública.

CONCORDANCIAS:

- **Coordinación para la realización del reconocimiento judicial:** Art. 173 Código Procesal Agrario (CPA), Ley 9609/2018.
- **Deberes de quienes asistan a la práctica del reconocimiento judicial**: Arts. 172, 183 CPA // 2, 216 a 223 Ley Orgánica del Poder Judicial, Ley 8/1937 (LOPJ) // 1, 14 a 17, 35, 38 a 40, 44, 53 a 66, 70, 71 Reglamento del Colegio de Abogados y Abogadas 47/2004: Código de Deberes Jurídicos, Morales y Éticos del Profesional en Derecho // Circular Corte Suprema de Justicia 32-2011: Debido comportamiento de los abogados y abogadas en los despachos judiciales.
- **Colaboración de entidades públicas o de particulares para realizar actuaciones judiciales**: Arts. 116, 117, 173, 174 CPA // 7 LOPJ // 8 Ley General de Policía, Ley 7410/1994.
- **Ingreso forzoso:** Arts. 116, 117, 118, 155, 174 CPA.
- **Allanamiento de bienes**: Arts. 46.2.3., 137 Código Procesal Civil (CPC), Ley 9342/2016 // 205 Código Penal, Ley 4573/1970 // 193 a 197 Código Procesal Penal (CPP), Ley 7594/1996.
- **Notificación personal por prevención con efectos penales:** Arts. 72 CPA // 314 Código Penal, Ley 4573/1970.
- **Auxilio de Fuerza Pública a la labor jurisdiccional:** Arts. 153 Constitución Política (CP) (1949) // 8 Ley General de Policía, Ley 7410/1994.

ARTÍCULO 155- Deber de colaboración de las personas concurrentes

Las partes deberán prestar la colaboración necesaria para la efectiva práctica del reconocimiento.

De impedirse el ingreso, se podrá ordenar el ingreso forzoso cuando el bien sea de una tercera persona, o el acceso forzoso si es de las partes. Se podrá auxiliar con la Fuerza Pública.

CONCORDANCIAS:

- **Coordinación para la realización del reconocimiento judicial:** Art. 173 Código Procesal Agrario (CPA), Ley 9609/2018.
- **Deberes de quienes asistan a la práctica del reconocimiento judicial**: Arts. 172, 183 CPA // 2, 216 a 223 Ley Orgánica del Poder Judicial, Ley 8/1937 (LOPJ) // 1, 14 a 17, 35, 38 a 40, 44, 53 a 66, 70, 71 Reglamento del Colegio de Abogados y Abogadas 47/2004: Código de Deberes Jurídicos, Morales y Éticos del Profesional en Derecho // Circular Corte Suprema de Justicia 32-2011: Debido comportamiento de los abogados y abogadas en los despachos judiciales.
- **Colaboración de entidades públicas o de particulares para realizar actuaciones judiciales**: Arts. 116, 117, 173, 174 CPA // 7 LOPJ // 8 Ley General de Policía, Ley 7410/1994.
- **Ingreso forzoso:** Arts. 116, 117, 118, 155, 174 CPA.
- **Allanamiento de bienes**: Arts. 46.2.3., 137 Código Procesal Civil (CPC), Ley 9342/2016 // 205 Código Penal, Ley 4573/1970 // 193 a 197 Código Procesal Penal (CPP), Ley 7594/1996.
- **Notificación personal por prevención con efectos penales:** Arts. 72 CPA // 314 Código Penal, Ley 4573/1970.

- **Auxilio de Fuerza Pública a la labor jurisdiccional:** Arts. 153 Constitución Política (CP) (1949) // 8 Ley General de Policía, Ley 7410/1994.

ARTÍCULO 156- Respaldo del reconocimiento judicial

El reconocimiento judicial se documentará, utilizando medios de grabación de audio y video. El tribunal podrá confeccionar un croquis. Si se registra en video, sin audio, se consignarán los aspectos relevantes en un acta.

Cuando no sea posible usar estos medios, se consignará en un acta, la cual se redactará al finalizar del reconocimiento.

CONCORDANCIAS:

- **Formato y requisitos del acta de reconocimiento judicial**: Arts. 58, 59, 71, 180 a 181, 333 Código Procesal Agrario (CPA), Ley 9609/2018.
- **Uso de tecnología para la práctica y documentación de la prueba**: Arts. 115, 123, 128, 154, 156, 180, 185, 333 CPA.

ARTÍCULO 157- Reconocimiento de personas

Para la realización del reconocimiento de personas, se tomarán las medidas necesarias a fin de respetar su dignidad, seguridad y el respeto de los derechos de la personalidad. Con esa finalidad, se les permitirá la compañía de alguna persona de su confianza e, incluso, se podrá ordenar que se practique en el sitio donde se encuentre quien deba ser reconocido.

CONCORDANCIAS:

- **Protección de la intimidad como valor de la personalidad**: Arts. 24 Constitución Política (1949) // 49.7 CPA // 47, 48 Código Civil (CC), Ley XXX/1885.
- **Lenguaje claro y trato digno**: Arts. 48.7, 49.7, 122.1, 125, 126 Código Procesal Agrario (CPA), Ley 9609/2018 // Circular Corte Suprema de Justicia 192-2019: Deber de las personas servidoras judiciales de utilizar lenguaje claro y sencillo en la atención de personas indígenas.
- **Ofrecimiento de prueba**: Arts. 97.4, 98, 104, 189.4, 202, 208.5 CPA.
- **Admisibilidad de la prueba**: Art. 48.4, 189.10, 206 CPA.
- **Prueba de oficio**: Arts. 128, 189.10 CPA.
- **Prueba para mejor resolver**: Arts. 128, 129 CPA.
- **Coordinación para la realización del reconocimiento**: Art. 173 CPA.
- **Deberes de quienes asistan a la práctica del reconocimiento**: Arts. 155, 172, 183 CPA.
- **Formato y requisitos del acta**: Arts. 58, 59, 71, 180 a 181 CPA.

- **Colaboración de entidades públicas o de particulares para realizar actuaciones judiciales:** Arts. 116, 117, 173, 174 CPA // 7 Ley Orgánica del Poder Judicial (LOPJ), Ley 8/1937 // 8 Ley General de Policía, Ley 7410/1994. 
- **Ingreso forzoso**: Arts. 116, 117, 118, 155, 174 CPA.
- **Uso de tecnología para la práctica y documentación de la prueba**: Arts. 115, 123, 128, 154, 156, 180, 185, 333 CPA.

SECCIÓN VI
OBJETOS Y SUSTANCIAS PROBATORIAS

ARTÍCULO 158- Objetos y sustancias peligrosas

Cuando las pruebas ofrecidas y aportadas por las partes, o recolectadas por el tribunal durante un reconocimiento judicial, sean objetos y sustancias peligrosas para la salud, o que por su naturaleza ameriten previsiones especiales para su preservación, se aplicarán, para su admisibilidad y práctica, las reglas de la prueba anticipada, en lo que corresponda.

De oficio o a solicitud de parte, el tribunal deberá adoptar las medidas pertinentes para su conservación y custodia. Además, pedir auxilio al Organismo de Investigación Judicial (OIJ), entidades públicas o terceras personas con idoneidad o capacidad técnica. A criterio del tribunal y si existe anuencia de la parte contraria, la oferente de la prueba podrá custodiarla, siempre que cumpla con los requerimientos técnicos o científicos.

Para la admisibilidad y conservación de este tipo de elementos probatorios, se tomará en cuenta lo dispuesto en leyes especiales.

CONCORDANCIAS:

- **Principio de oficiosidad:** Arts. 4, 25, 48.2 Código Procesal Agrario (CPA), Ley 9609/2018.
- **Medios de prueba**: Art. 114 CPA.
- **Ofrecimiento y presentación de la prueba**: Art. 98 CPA.
- **Admisibilidad de la prueba**: Art. 115 CPA.
- **Carga de la prueba**. Art. 113 CPA.
- **Concentración y secuencia de las pruebas:** Art. 121 CPA.
- **Deber de cooperación de las partes**: Art. 116 CPA.
- **Colaboración de personas ajenas al proceso**. Art. 117 CPA.
- **Práctica de la prueba en el lugar de los hechos y en sitios distantes:** Art. 123 CPA.
- **Objetos y sustancias peligrosas**: Arts. 159 a 164 CPA.
- **Reconocimiento judicial:** Art. 154 CPA
- **Autoridades fitosanitarias:** Art. 8 Ley de Protección Fitosanitaria (LPF), Ley 7664/1997.
- **Medidas fitosanitarias (destrucción de vegetales):** Art. 19 LPF.
- **Control fitosanitario**: Art. 48 LPF.
- **Retención y decomiso de sustancias:** Arts. 35, 36, 37, 58 LPF.

ARTÍCULO 159- Custodia

Al ordenarse la entrega de pruebas que ameriten previsiones especiales, a la parte oferente o a otra persona, para su guarda y preservación, deberán respetarse las siguientes reglas:

1) El tribunal hará las previsiones para su efectiva custodia.

2) De oficio o a solicitud de parte, se podrá ordenar que terceras personas capacitadas o entidades públicas especializadas se encarguen de la recolección de los elementos probatorios que deben ser custodiados de forma especial, cuando su peligrosidad o su naturaleza así lo ameriten. Una vez recolectados y almacenados de la forma técnica apropiada, el tribunal o uno de sus integrantes, si fuera un órgano colegiado, se apersonará al lugar para colocar los sellos respectivos y documentar los datos necesarios.

3) Previo a su depósito, el tribunal documentará, entre otros datos, su contenido, forma y estado. Tanto en el objeto como en su medio de almacenamiento, se colocarán etiquetas y sellos del tribunal, con indicación del proceso, el nombre de la parte oferente, el contenido y la fecha de entrega.

4) Al hacerse la entrega se documentará dicho acto y se indicará la resolución que lo ordena, el bien en custodia, el nombre de la parte oferente y el de quien lo recibe.

CONCORDANCIAS:

- **Principio de oficiosidad:** Arts. 4, 25, 48.2 Código Procesal Agrario (CPA), Ley 9609/2018.
- **Medios de prueba**: Art. 114 CPA.
- **Ofrecimiento y presentación de la prueba**: Art. 98 CPA.
- **Admisibilidad de la prueba**: Art. 115 CPA.
- **Carga de la prueba**. Art. 113 CPA.
- **Concentración y secuencia de las pruebas:** Art. 121 CPA.
- **Deber de cooperación de las partes**: Art. 116 CPA.
- **Colaboración de personas ajenas al proceso**. Art. 117 CPA.
- **Práctica de la prueba en el lugar de los hechos y en sitios distantes:** Art. 123 CPA.
- **Objetos y sustancias peligrosas**: Arts. 159 a 164 CPA.
- **Reconocimiento judicial:** Art. 154 CPA
- **Autoridades fitosanitarias:** Art. 8 Ley de Protección Fitosanitaria (LPF), Ley 7664/1997.
- **Medidas fitosanitarias (destrucción de vegetales):** Art. 19 LPF.
- **Control fitosanitario**: Art. 48 LPF.
- **Retención y decomiso de sustancias:** Arts. 35, 36, 37, 58 LPF.

ARTÍCULO 160- Inspección del bien en custodia

Las partes podrán solicitar que se les permita inspeccionar el bien en custodia, para constatar su existencia y estado, previo a la audiencia de juicio. De programarse la diligencia, las partes podrán ir acompañadas por sus asesorías técnicas.

El tribunal coordinará la diligencia con la persona o la entidad a cargo de la custodia. Podrá participar solo una o uno de sus integrantes cuando se trate de un tribunal colegiado, manteniendo el acto validez y eficacia. Al finalizar, el tribunal colocará de nuevo los sellos y documentará el acto, consignando los datos pertinentes y el estado actual. 

Los gastos adicionales en que incurra la persona que custodia el bien estarán de la parte que solicitó la diligencia.

CONCORDANCIAS:

- **Principio de oficiosidad:** Arts. 4, 25, 48.2 Código Procesal Agrario (CPA), Ley 9609/2018.
- **Medios de prueba**: Art. 114 CPA.
- **Ofrecimiento y presentación de la prueba**: Art. 98 CPA.
- **Admisibilidad de la prueba**: Art. 115 CPA.
- **Carga de la prueba**. Art. 113 CPA.
- **Concentración y secuencia de las pruebas:** Art. 121 CPA.
- **Deber de cooperación de las partes**: Art. 116 CPA.
- **Colaboración de personas ajenas al proceso**. Art. 117 CPA.
- **Práctica de la prueba en el lugar de los hechos y en sitios distantes:** Art. 123 CPA.
- **Objetos y sustancias peligrosas**: Arts. 159 a 164 CPA.
- **Reconocimiento judicial:** Art. 154 CPA
- **Autoridades fitosanitarias:** Art. 8 Ley de Protección Fitosanitaria (LPF), Ley 7664/1997.
- **Medidas fitosanitarias (destrucción de vegetales):** Art. 19 LPF.
- **Control fitosanitario**: Art. 48 LPF.
- **Retención y decomiso de sustancias:** Arts. 35, 36, 37, 58 LPF.

ARTÍCULO 161- Devolución de la prueba custodiada

Una vez examinada la prueba en custodia, durante la audiencia de juicio, o antes de ello cuando así se haya dispuesto, el tribunal ordenará su devolución a la parte que corresponda, salvo objeción fundada de la contraria. En tal caso, podrá ordenarse, a costo de esta, que se mantenga la custodia hasta la terminación del proceso, salvo que la objetante desista de su gestión. También se ordenará la devolución de lo custodiado, cuando el proceso termine de forma anticipada por cualquier causa.

Si es necesario, se fijará fecha para la devolución, y el tribunal o uno solo de sus integrantes, cuando se trate de un órgano colegiado, se apersonará al lugar pertinente para realizar la devolución.

CONCORDANCIAS:

- **Principio de oficiosidad:** Arts. 4, 25, 48.2 Código Procesal Agrario (CPA), Ley 9609/2018.
- **Medios de prueba**: Art. 114 CPA.

- **Ofrecimiento y presentación de la prueba**: Art. 98 CPA.
- **Admisibilidad de la prueba**: Art. 115 CPA.
- **Carga de la prueba**. Art. 113 CPA.
- **Concentración y secuencia de las pruebas:** Art. 121 CPA.
- **Deber de cooperación de las partes**: Art. 116 CPA.
- **Colaboración de personas ajenas al proceso**. Art. 117 CPA.
- **Práctica de la prueba en el lugar de los hechos y en sitios distantes:** Art. 123 CPA.
- **Objetos y sustancias peligrosas**: Arts. 159 a 164 CPA.
- **Reconocimiento judicial:** Art. 154 CPA
- **Autoridades fitosanitarias:** Art. 8 Ley de Protección Fitosanitaria (LPF), Ley 7664/1997.
- **Medidas fitosanitarias (destrucción de vegetales):** Art. 19 LPF.
- **Control fitosanitario**: Art. 48 LPF.
- **Retención y decomiso de sustancias:** Arts. 35, 36, 37, 58 LPF.

ARTÍCULO 162- Destrucción de la prueba

Si la devolución del elemento probatorio no es posible por su peligrosidad, no se retira en el plazo conferido o resulta innecesario hacerlo por el estado en que se encuentra, quien lo custodia deberá solicitar autorización para destruirlo, e informar las causas, lo cual se pondrá en conocimiento de las partes por tres días. Si se autoriza, el tribunal prevendrá que se elimine de forma idónea. A la diligencia asistirá el tribunal para documentar el acto.

CONCORDANCIAS:

- **Principio de oficiosidad:** Arts. 4, 25, 48.2 Código Procesal Agrario (CPA), Ley 9609/2018.
- **Medios de prueba**: Art. 114 CPA.
- **Ofrecimiento y presentación de la prueba**: Art. 98 CPA.
- **Admisibilidad de la prueba**: Art. 115 CPA.
- **Carga de la prueba**. Art. 113 CPA.
- **Concentración y secuencia de las pruebas:** Art. 121 CPA.
- **Deber de cooperación de las partes**: Art. 116 CPA.
- **Colaboración de personas ajenas al proceso**. Art. 117 CPA.
- **Práctica de la prueba en el lugar de los hechos y en sitios distantes:** Art. 123 CPA.
- **Objetos y sustancias peligrosas**: Arts. 159 a 164 CPA.
- **Reconocimiento judicial:** Art. 154 CPA
- **Autoridades fitosanitarias:** Art. 8 Ley de Protección Fitosanitaria (LPF), Ley 7664/1997.
- **Medidas fitosanitarias (destrucción de vegetales):** Art. 19 LPF.
- **Control fitosanitario**: Art. 48 LPF.

- **Retención y decomiso de sustancias:** Arts. 35, 36, 37, 58 LPF.

ARTÍCULO 163- Gastos derivados de la prueba en custodia

Los gastos de recolección, traslado, almacenamiento, custodia, devolución y destrucción, cuando proceda, serán cubiertos por la parte oferente o a quien le corresponda la carga de la prueba. Si es necesario y se trata de una parte asistida por la defensa pública o una persona indígena, se podrá pedir colaboración para ello, sin costo alguno, a las entidades públicas competentes, cuando no puedan ser asumidos por el Poder Judicial.

CONCORDANCIAS:

- **Principio de oficiosidad:** Arts. 4, 25, 48.2 Código Procesal Agrario (CPA), Ley 9609/2018.
- **Medios de prueba**: Art. 114 CPA.
- **Ofrecimiento y presentación de la prueba**: Art. 98 CPA.
- **Admisibilidad de la prueba**: Art. 115 CPA.
- **Carga de la prueba.** Art. 113 CPA.
- **Concentración y secuencia de las pruebas:** Art. 121 CPA.
- **Deber de cooperación de las partes**: Art. 116 CPA.
- **Colaboración de personas ajenas al proceso**. Art. 117 CPA.
- **Práctica de la prueba en el lugar de los hechos y en sitios distantes:** Art. 123 CPA.
- **Objetos y sustancias peligrosas**: Arts. 159 a 164 CPA.
- **Autoridades fitosanitarias:** Art. 8 Ley de Protección Fitosanitaria (LPF), Ley 7664/1997.
- **Medidas fitosanitarias (destrucción de vegetales):** Art. 19 LPF.
- **Control fitosanitario**: Art. 48 LPF.
- **Retención y decomiso de sustancias:** Arts. 35, 36, 37, 58 LPF.
- **Defensa técnica gratuita (Defensa Pública):** Arts. 47, 49-4, 51, 163 CPA.
- **Defensa gratuita para personas indígenas**: Arts. 163 CPA // 7 Ley de Acceso a la Justicia de los pueblos indígenas de Costa Rica (LAJPI), Ley 9593/2018.

ARTÍCULO 164- Derechos y deberes de la persona custodiante

La persona o dependencia a quien se encomiende la custodia de una prueba especial tendrá los mismos derechos y deberes que un depositario judicial en lo que corresponda. Además, deberá:

1) Mostrar el bien a las personas expertas, asesoras y consultoras técnicas autorizadas por el tribunal. Si se tienen que adoptar previsiones adicionales o incurrirse en gastos para que sean examinados por ellos, deberá la parte oferente de la pericia correr con su costo.

2) Si existe algún riesgo de degradación, pérdida o contaminación, deberá dar aviso inmediatamente al tribunal, para que tome las medidas pertinentes, siempre que ello sea posible, con el fin de garantizar que se pueda obtener la información solicitada o requerida antes de su pérdida.

3) Informar al tribunal cualquier alteración, pérdida o sustracción, especificando sus causas, sin perjuicio de las medidas que por su cuenta deba tomar oportunamente.

CONCORDANCIAS:

- **Principio de oficiosidad:** Arts. 4, 25, 48.2 Código Procesal Agrario (CPA), Ley 9609/2018.
- **Medios de prueba**: Art. 114 CPA.
- **Ofrecimiento y presentación de la prueba**: Art. 98 CPA.
- **Admisibilidad de la prueba**: Art. 115 CPA.
- **Carga de la prueba**. Art. 113 CPA.
- **Concentración y secuencia de las pruebas:** Art. 121 CPA.
- **Deber de cooperación de las partes**: Art. 116 CPA.
- **Colaboración de personas ajenas al proceso**. Art. 117 CPA.
- **Práctica de la prueba en el lugar de los hechos y en sitios distantes:** Art. 123 CPA.
- **Objetos y sustancias peligrosas**: Arts. 159 a 164 CPA.
- **Reconocimiento judicial:** Art. 154 CPA
- **Autoridades fitosanitarias:** Art. 8 Ley de Protección Fitosanitaria (LPF), Ley 7664/1997.
- **Medidas fitosanitarias (destrucción de vegetales):** Art. 19 LPF.
- **Control fitosanitario**: Art. 48 LPF.
- **Retención y decomiso de sustancias:** Arts. 35, 36, 37, 58 LPF.

SECCIÓN VII
OTROS MEDIOS PROBATORIOS

ARTÍCULO 165- Reconstrucción de hechos

En la reconstrucción de hechos, se seguirá el procedimiento dispuesto para el reconocimiento judicial.

CONCORDANCIAS:

- **Medios de prueba**: Art. 114 Código Procesal Agrario (CPA), Ley 9609/2018.
- **Ofrecimiento y presentación de la prueba**: Art. 98 CPA.
- **Admisibilidad de la prueba**: Art. 115 CPA.
- **Carga de la prueba**. Art. 113 CPA.
- **Concentración y secuencia de las pruebas:** Art. 121 CPA.

- **Deber de cooperación de las partes**: Art. 116 CPA.
- **Colaboración de personas ajenas al proceso**. Art. 117 CPA.
- **Práctica de la prueba en el lugar de los hechos y en sitios distantes:** Art. 123 CPA.
- **Objetos y sustancias peligrosas**: Arts. 159 a 164 CPA.
- **Reconocimiento judicial:** Art. 154 CPA.

ARTÍCULO 166- Medios científicos

Podrá ordenarse la práctica de reproducciones de cualquier naturaleza, calcos, relieves, filmes o fotografías de objetos, personas, documentos y lugares, radiografías, radioscopias, análisis hematológicos, bacteriológicos, y, en general, cualquier prueba científica y reproducciones de cualquier naturaleza. En lo relativo a personas, se respetarán las restricciones legales. También podrá aportarse o solicitarse que se obtengan comunicaciones telegráficas, radiográficas, telefónicas, telemáticas y cablegráficas, siempre que se hayan observado las leyes y los reglamentos respectivos.

En la audiencia se le dará a esta prueba el mismo trámite dispuesto para la pericial. Los gastos de la prueba científica estarán a cargo de la parte proponente o de aquella a quien corresponda la carga de la prueba, salvo que sea ordenada de oficio o solicitada por una persona representada por la defensa pública.

CONCORDANCIAS:

- **Principio de oficiosidad:** Arts. 4, 25, 48.2 Código Procesal Agrario (CPA), Ley 9609/2018.
- **Protección de la intimidad como valor de la personalidad**: Arts. 24 Constitución Política (1949) // 49.7 CPA // 47, 48 Código Civil (CC), Ley XXX/1885.
- **Medios de prueba**: Art. 114 CPA.
- **Ofrecimiento y presentación de la prueba**: Art. 98 CPA.
- **Admisibilidad de la prueba**: Art. 115 CPA.
- **Carga de la prueba**. Art. 113 CPA.
- **Concentración y secuencia de las pruebas:** Art. 121 CPA.
- **Deber de cooperación de las partes**: Art. 116 CPA.
- **Colaboración de personas ajenas al proceso**. Art. 117 CPA.
- **Práctica de la prueba en el lugar de los hechos y en sitios distantes:** Art. 123 CPA.
- **Objetos y sustancias peligrosas**: Arts. 159 a 164 CPA.
- **Prueba pericial:** Arts. 142 a 149 CPA.
- **Audiencia de juicio**: Art. 190 CPA.

SECCIÓN VIII
PRUEBA ANTICIPADA

ARTÍCULO 167- Prueba anticipada

Antes del establecimiento de la demanda o de la audiencia de juicio, podrá solicitarse, admitirse y practicarse cualquier medio de prueba. Procederá cuando, si no se realiza, sea imposible o peligre su práctica posterior. Si la anticipación no era justificada, se condenará a la parte solicitante al pago de costas, daños y perjuicios en abstracto.

Sin sujeción a lo dispuesto en el párrafo anterior, procederá admitir como prueba anticipada la verificación de los estados económicos, financieros y rendición de cuentas, la declaración de parte, la testimonial y la exhibición de documentos o bienes muebles. Deberá indicarse en términos generales sobre qué versarán, requisito sin el cual no se atenderá la gestión.

CONCORDANCIAS:

- **Medios de prueba.** Art. 114 Código Procesal Agrario (CPA), Ley 9609/2018.
- **Prueba anticipada:** Art. 168 CPA.
- **Prueba de verificación de estados económicos, financieros y rendición de cuentas:** Art. 149 CPA.
- **Prueba declaración de parte:** Arts. 131 y 132 CPA.
- **Prueba testimonial:** Arts. 133 a 141 CPA.
- **Prueba de exhibición de documentos:** Art. 151 CPA.
- **Costas:** Art. 231 CPA.

ARTÍCULO 168- Requisitos y trámite de la solicitud de prueba anticipada

En la solicitud de prueba anticipada, se indicará el nombre y las calidades de las partes, el objeto y la estimación del futuro proceso, cuando este no se haya establecido, la justificación, la prueba que se pide y el señalamiento del medio para atender notificaciones y el lugar donde se le podrá notificar a la parte contraria, salvo que aún no esté identificada.

Se garantizará la participación de la parte contraria, notificándosele previo a su realización. En casos de urgencia o si la notificación previa a la contraria pudiera afectar la finalidad o la eficacia de la prueba, podrá realizarse sin aviso anticipado.

Si concurre pese a no haber sido citada, podrá intervenir, siempre que no obstaculice la práctica. De lo contrario, se ordenará notificarle el resultado, en los cinco días posteriores a la celebración de la diligencia.

El tribunal dispondrá lo necesario para la efectiva recepción de la prueba anticipada, en cualquier día y hora, aún con auxilio de la Fuerza Pública.

Esta prueba se incorporará oportunamente al proceso, cuando este se haya establecido.

CONCORDANCIAS:

- **Prueba anticipada:** Art. 167 Código Procesal Agrario (CPA), Ley 9609/2018.
- **Medios de prueba:** Art. 114 CPA
- **Ofrecimiento y presentación de la prueba:** Art. 98 CPA
- **Estimación de demanda:** Art. 99 CPA // 35.3 Código Procesal Civil, Ley 9342/2016.
- **Medio para recibir notificaciones judiciales:** Arts. 34 y 36 Ley de Notificaciones Judicial, Ley 8687/2008.
- **Práctica de la prueba en el lugar de los hechos y en sitios distantes:** Art. 123 CPA
- **Práctica de la prueba en el extranjero:** Art. 124 CPA.
- **Deber de cooperación de las partes:** Art. 116 CPA.
- **Colaboración de personas ajenas al proceso:** Art. 117 CPA.
- **Auxilio policial:** Arts. 153 Constitución Política (CP) (1949) // 8-G Ley General de Policía 7410/1994.

ARTÍCULO 169- Rendición de cuentas como prueba anticipada

Toda persona que se considere con derecho a exigir de alguien rendición de cuentas, ante la negativa infundada de la obligada, podrá pedir, de forma anticipada, que se le ordene rendirlas.

Si se acoge la solicitud, el tribunal prevendrá la presentación de las cuentas en un plazo prudencial. Si se aportan, se pondrán en conocimiento de la parte solicitante y se tendrá por concluida la diligencia sin especial condenatoria en costas. Si no se rinden injustificadamente, se estará a las que presente la solicitante, en el proceso respectivo, en todo lo que la obligada a rendirlas no pruebe que son inexactas.

Si la obligada se opone con justa causa a la rendición de cuentas, el tribunal ordenará el archivo de la diligencia y condenará a la solicitante al pago de las costas.

Si la oposición es infundada, el tribunal tendrá por no rendidas las cuentas.

CONCORDANCIAS:

- **Legitimación procesal:** Art. 39 Código Procesal Agrario (CPA), Ley 9609/2018.
- **Prueba de verificación de estados económicos, financieros y rendición de cuentas:** Art. 149 CPA.
- **Carga de la prueba:** Art. 113 CPA.
- **Deber de cooperación de las partes:** Art. 116 CPA **Plazos judiciales:** Art. 89 CPA.
- **Conteo y vencimiento de plazos:** Arts. 90 y 91 CPA.
- **Costas:** Art. 231 CPA.

TÍTULO VII
ACTIVIDAD PROCESAL EN LAS AUDIENCIAS ORALES

CAPÍTULO I
DISPOSICIONES GENERALES

ARTÍCULO 170- Concentración de actos en audiencias orales

Las audiencias orales se realizarán sin interrupción, durante las sesiones consecutivas necesarias, hasta su terminación. Si no es posible efectuarlas en un solo día, el tribunal tomará las previsiones pertinentes, a fin de garantizar su continuación en días consecutivos. Los recesos se harán por períodos cortos.

Iniciada una audiencia, si no se puede concluir en la sesión programada, se aplicarán las reglas de la suspensión de audiencias.

CONCORDANCIAS:

- **Tipos de actuaciones judiciales**: Arts. 65 Código Procesal Agrario (CPA), Ley 9609/2018.
- **Audiencias judiciales (preparatoria, de juicio, única y específicas):** Arts. 65, 170, 171, 173, 179, 180, 187 a 196 CPA.
- **Suspensión de audiencias**: Arts. 176, 177, 191, 194 CPA.
- **Posposición de audiencias:** Arts. 45, 172, 175, 177, 184 CPA // Circular Consejo Superior 15-2004: Obligación de brindar buen trato y respeto a los usuarios, así como deber de informar a testigos y partes cuando sea suspendida una audiencia o debate.
- **Requisitos de las actuaciones judiciales:** Arts. 58, 59, 60, 65, 66 CPA // 3 Ley Orgánica del Poder Judicial (LOPJ), Ley 8/1937.
- **Formato de actuaciones judiciales (documentación y registro):** Arts. 60, 156, 179, 180, 181 CPA // 6 bis, 147 LOPJ.
- **Principio de informalismo procesal:** Arts. 4, 46, 48.7, 58, 67 (excepciones), 70, 72, 75, 92, 226 CPA.
- **Principio de concentración de actos procesales**: Arts. 4, 176, 187 CPA.
- **Lugar de actuaciones judiciales:** Arts. 65, 123, 124, 125, 173 CPA.
- **Momento para realizar actuaciones judiciales**: Art. 66 CPA.
- **Auxilio judicial para realizar actuaciones judiciales**: Arts. 20, 24, 73 CPA // 5, 6, 163.2, 165 LOPJ.
- **Colaboración de entidades públicas o de particulares para realizar actuaciones judiciales**: Arts. 116, 117, 118, 145, 173, 174 CPA // 7 LOPJ // 8 inciso g Ley General de Policía, Ley 7410/1994.

ARTÍCULO 171- Dirección de la audiencia

La audiencia será dirigida conforme a los poderes y los deberes dispuestos por el ordenamiento jurídico y las siguientes reglas:

1) Se promoverá el contradictorio como instrumento para la verificación de la verdad de los hechos.

2) Iniciará con la presentación de quienes integren el tribunal. Se verificará la presencia de las partes o sus representantes, las personas coadyuvantes, testigos, expertas e intérpretes.

3) Quien presida explicará los fines y las actividades de la audiencia. Ordenará las lecturas necesarias, hará las advertencias legales, juramentará a quien corresponda, moderará el debate y evitará la lectura innecesaria de textos y documentos. Impedirá divagaciones, sin que con ello pueda coartar el derecho de defensa y la igualdad procesal de las partes. Si es necesario, retirará el uso de la palabra y, en su caso, ordenará el abandono del recinto a quien no siga sus instrucciones.

4) Por su orden, se concederá la palabra a la parte actora o gestionante, a la contraria y a las terceras personas intervinientes. Si comparecen coadyuvantes, se les dará participación luego de la parte a favor de la que intervienen. Finalmente, podrá participar el tribunal, sin perjuicio de que participe cuando lo estime necesario.

Tratándose de tribunales colegiados, quien presida otorgará la palabra a las demás integrantes.

5) El tribunal garantizará se mantenga el orden y el respeto a las personas presentes, utilizando las potestades de corrección y disciplina que le confiere el ordenamiento jurídico.

6) La ausencia de las partes no impedirá la celebración de la audiencia con la que concurra, sin perjuicio de la aplicación de otras sanciones procesales, salvo norma en contrario.

7) La parte que se apersone de forma tardía tomará la audiencia en el estado en que se encuentre, sin que se retrotraigan etapas ya cumplidas. Si alguna se retira, sin justa causa, proseguirá la audiencia.

Cuando a una parte la asista más de un abogado o abogada, solo podrá participar una en representación, conforme a su elección pudiendo alternarse las intervenciones.

CONCORDANCIAS:

- **Audiencias judiciales (preparatoria, de juicio, única y específicas):** Arts. 65, 170, 173, 179, 180, 187 a 196 Código Procesal Agrario (CPA), Ley 9609/2018.
- **Principios y reglas generales del proceso (debido proceso, derecho de defensa y contradictorio, tribunal natural, imparcialidad del tribunal, independencia del tribunal, respeto a la dignidad humana y otros):** Arts. 41, 42, 153, 154, 155 Constitución Política (1949) // 1, 2, 7, 8, 10 Declaración Universal de Derechos Humanos (DUDH) // 13, 18 Declaración Americana de los Derechos y Deberes del Hombre (DADDH) // 8, 11, 25 Convención Americana sobre Derechos Humanos (CIDH), Ley 453471970 // 5, 6, 31 Convención Interamericana de Derechos Humanos de las Personas Mayores (CIDHPM), Ley 9334/2016 // 4, 6, 7, 48, 49, 52, 92, 123, 170, 171.1, 171.3, 184, 208.4, 209, 255, 340 CPA // 1, 2, 4, 5, 9 incisos 7) y 9), 168 Ley Orgánica del Poder Judicial (LOPJ), Ley 8/1937 // 1, 6 Ley Integral para la Persona Adulta Mayor (LIPAM), Ley 7935/1999 // 2, 7 Ley de Acceso a la justicia de los pueblos indígenas de Costa Rica (LAJPI), Ley 9593/2018 // 5 Reglamento a la Ley para Promoción de la Autonomía Personal de las Personas con Discapacidad (RLPAPPD), Decreto 41087/2018

// Sección 3 capítulo II, capítulo III circular Corte Suprema de Justicia 173-2019: Reglas de Brasilia sobre Acceso a la Justicia de las personas en condiciones de vulnerabilidad (Reglas de Brasilia).

- **Principio de igualdad procesal**: Arts. 33 Constitución Política (1949) // 1, 2, 7 DUDH // 2 DADDH // 24 CIDH // 5 CIDHPM // 1 a 5, 13, 14, 15 Convención sobre la Eliminación de Todas las Formas de Discriminación Contra la Mujer (CEDAW), Ley 6968/1984 // 1 a 6 Convención Interamericana para prevenir, sancionar y erradicar la violencia contra la mujer "Convención Belem Do Pará", Ley 7499/1995 // 4, 48.1, 49.8, 171.3 CPA // 1, 2, 19 Ley de Promoción de la Igualdad Social de la Mujer, Ley 7142/1990 // 1, 2, 56 a 68 Ley de Igualdad de Oportunidades para las Personas con Discapacidad, Ley 7600/1996 // 1 Ley Integral para la Persona Adulta Mayor, Ley 7935/1999 // 1, 2, 3, 5 Ley para Promoción de la Autonomía Personal de las Personas con Discapacidad (LPAPPD), Ley 9379/2016 // 1, 2, 3, 5 Reglamento a la Ley para Promoción de la Autonomía Personal de las Personas con Discapacidad (RLPAPPD), Decreto 41087/2018.
- **Principio de interculturalidad (respeto a la diversidad cultural):** Arts. 1, 33 Constitución Política (1949) // 1, 4, 7, 13 Convenio de OIT 107 sobre Protección de Pueblos Indígenas y Tribales (Convenio 107-OIT), Ley 2330/1959 // 1, 3, 5, 8, 12 Convenio de OIT 169 sobre Pueblos Indígenas y Tribales en Países Independientes (Convenio 167-OIT), Ley 7316/1992 // 1, 4, 5, 9, 11, 13, 27 a 35 Declaración de Naciones Unidas sobre derechos de los pueblos indígenas // 1, 4, 13, 14, 22, 38 Declaración Americana sobre los derechos de los pueblos indígenas (OEA) // 4, 48.10, 49.8, 59, 127, 221 CPA // 1, 2 LAJPI // Circular Corte Suprema de Justicia 108-2021: Reiteración de la circular 10-09 sobre las Reglas Prácticas para facilitar el acceso a la justicia de las Poblaciones Indígenas.
- **Principio de búsqueda de la verdad:** Arts. 4, 48.8, 52, 113, 170, 189.10 CPA.
- **Principio de concentración de actos procesales**: Arts. 4, 176, 187 CPA.
- **Lenguaje claro y trato digno**: Arts. 48.7, 49.7, 119, 125, 126 CPA // Circular Corte Suprema de Justicia 192-2019: Deber de las personas servidoras judiciales de utilizar lenguaje claro y sencillo en la atención de personas indígenas.
- **Juramentación y deber de veracidad**: Arts. 119, 138, 171.3, 336 CPA // 41.4.2 Código Procesal Civil (CPC), Ley 9342/201.
- **Deberes y potestades del tribunal:** Arts. 48, 49 CPA // 2, 216 a 223 LOPJ.
- **Deberes procesales de las partes y personas asesoras legales durante las audiencias judiciales:** Arts. 53, 116, 119, 138, 140, 171, 172, 183 CPA // 2, 216 a 223 LOPJ // 1, 14 a 17, 35, 38 a 40, 44, 53 a 66, 70, 71 Reglamento del Colegio de Abogados y Abogadas 47/2004: Código de Deberes Jurídicos, Morales y Éticos del Profesional en Derecho // Circular Corte Suprema de Justicia 32-2011: Debido comportamiento de los abogados y abogadas en los despachos judiciales
- **Orden de la palabra durante declaraciones**: Art. 122 CPA.
- **Regla de inmediación del tribunal**: Arts. 76, 95, 123, 124, 190.4, 195, 209.2, 209.6, 216, 219, 255, 279.6 CPA.
- **Suspensión de audiencias**: Arts. 176, 177, 191, 194 CPA.
- **Posposición de audiencias**: Arts. 45, 172, 175, 177, 184 CPA.
- **Comparecencia y ausencia de las partes a las audiencias judiciales**: Arts. 172, 184, 193, 232.4 CPA.
- **Comparecencia de personas abogadas a las audiencias judiciales**: Art. 177 CPA // 10 Código de Moral del Colegio de Abogados y Abogadas de Costa Rica, Reglamento 57/2000.
- **Participación de coadyuvantes**: Art. 37 CPA.
- **Auxilio judicial para realizar actuaciones judiciales**: Arts. 20, 24, 73 CPA // 5, 6, 163.2, 165 LOPJ.
- **Colaboración de entidades públicas o de particulares para realizar actuaciones** judiciales: Arts. 116, 117, 118, 145, 173, 174 CPA // 1, 7 LOPJ // 8 inciso g Ley General de Policía, Ley 7410/1994.

ARTÍCULO 172- Comparecencia de las partes

Las partes y sus representantes deben asistir a las audiencias con los documentos que les identifiquen incluyendo los poderes que les acrediten para actuar con la amplitud necesaria para conciliar en representación de la parte que no asista. Si alguna no comparece por razones de caso fortuito o fuerza mayor lo comunicará al tribunal a la mayor brevedad.

Las partes deberán comunicar al juzgado los motivos que justifican su ausencia a las audiencias ya programadas.

Si no se acredita, se impondrá una multa, correspondiente al cincuenta por ciento (50%) de un salario base, establecido según el artículo 2 de la Ley N.° 7337, de 5 de mayo de 1993.

Si se considera justificada la excusa, el tribunal pospondrá la audiencia y procederá a hacer un nuevo señalamiento, lo cual comunicará a la parte contraria de inmediato.

El monto de esas multas será depositado en el fondo de apoyo a la administración de justicia agraria para la optimización del servicio público agrario. La administración de esos recursos corresponderá al Poder Judicial.

CONCORDANCIAS:

- **Audiencias judiciales (preparatoria, de juicio, única y específicas):** Arts. 65, 170, 173, 179, 180, 187 a 196 Código Procesal Agrario (CPA), Ley 9609/2018.
- **Suspensión de audiencias:** Arts. 176, 177, 194 CPA.
- **Posposición de audiencias:** Arts. 45, 175, 177 CPA.
- **Comparecencia y ausencia de las partes a las audiencias judiciales:** Arts. 171, 184, 193, 232.4 CPA.
- **Comparecencia de personas abogadas a las audiencias judiciales:** Arts. 177 CPA // 16 Reglamento del Colegio de Abogados y Abogadas 47/2004: Código de Deberes Jurídicos, Morales y Éticos del Profesional en Derecho.
- **Deberes procesales de las partes y personas asesoras legales durante las audiencias judiciales:** Arts. 53, 116, 119, 138, 140, 171, 183 CPA // 2, 216 a 223 LOPJ // 1, 14 a 17, 35, 38 a 40, 44, 53 a 66, 70, 71 Reglamento del Colegio de Abogados y Abogadas 47/2004: Código de Deberes Jurídicos, Morales y Éticos del Profesional en Derecho // Circular Corte Suprema de Justicia 32-2011: Debido comportamiento de los abogados y abogadas en los despachos judiciales.
- **Colaboración de entidades públicas o de particulares para realizar actuaciones judiciales:** Arts. 116, 117, 118, 145, 173, 174 CPA // 1, 7 Ley Orgánica del Poder Judicial (LOPJ), Ley 8/1937 // 8 Ley General de Policía, Ley 7410/1994.

ARTÍCULO 173- Audiencia en el lugar de los hechos

En audiencias y actuaciones a realizarse en el lugar de los hechos, la parte interesada debe coordinar lo necesario con el tribunal, para que este se apersone al sitio en la hora programada.

El Tribunal podrá ordenar, a solicitud de parte o de oficio, el auxilio policial para garantizar la seguridad y la realización efectiva de la audiencia o la actuación en el lugar de los hechos.

CONCORDANCIAS:

- **Audiencias judiciales (preparatoria, de juicio, única y específicas):** Arts. 65, 170, 173, 179, 180, 187 a 196 Código Procesal Agrario (CPA), Ley 9609/2018.
- **Comparecencia y ausencia de las partes a las audiencias judiciales**: Arts. 171, 184, 193, 232.4 CPA.
- **Comparecencia de personas abogadas a las audiencias judiciales**: Art. 177 CPA // 16 Reglamento del Colegio de Abogados y Abogadas 47/2004: Código de Deberes Jurídicos, Morales y Éticos del Profesional en Derecho.
- **Requisitos de las actuaciones judiciales**: Arts. 58, 59, 60, 65, 66 CPA // 3 Ley Orgánica del Poder Judicial (LOPJ), Ley 8/1937.
- **Formato de las actuaciones judiciales (documentación y registro):** Arts. 60, 156, 179, 180, 181, 333 CPA / 6 bis, 147 LOPJ.
- **Lugar de las actuaciones judiciales:** Arts. 65, 123, 124, 125, 174, 185 CPA.
- **Momento para realizar actuaciones judiciales**: Art. 66 CPA.
- **Auxilio judicial para realizar actuaciones judiciales**: Arts. 20, 24, 73 CPA // 5, 6, 163.2, 165 LOPJ.
- **Colaboración de entidades públicas o de particulares para realizar actuaciones judiciales**: Arts. 116, 117, 118, 145, 173, 174 CPA // 1, 7 LOPJ // 8 inciso g Ley General de Policía, Ley 7410/1994.

ARTÍCULO 174- Ingreso forzoso

Cuando la audiencia o la actuación deba realizarse en el lugar de los hechos, las partes deberán permitir al tribunal el ingreso al bien objeto del proceso. Quien esté a cargo o ejerza la posesión de este al practicarse la actuación facilitará el acceso.

El tribunal ingresará con las partes y demás personas que estime necesario.

De requerirse transitar por bienes ajenos para llegar al sitio, la parte interesada deberá obtener el permiso respectivo. Si se le deniega, requerirá al tribunal, con la debida antelación, la emisión de la orden de ingreso forzoso. Le suministrará la información necesaria, a fin de notificar personalmente dicha orden a la persona obligada. Esta contendrá la hora y la fecha programada para la actuación o la audiencia, y el apercibimiento de que, en caso de negativa, se le podrá seguir causa por el delito de desobediencia, sin perjuicio de incurrir en otras figuras delictivas.

CONCORDANCIAS:

- **Audiencias judiciales (preparatoria, de juicio, única y específicas):** Arts. 65, 170, 173, 179, 180, 187 a 196 Código Procesal Agrario (CPA), Ley 9609/2018.
- **Requisitos de las actuaciones judiciales**: Arts. 58, 59, 60, 65, 66 CPA // 3 Ley Orgánica del Poder Judicial (LOPJ), Ley 8/1937.

- **Formato de las actuaciones judiciales (documentación y registro):** Arts. 60, 156, 179, 180, 181 CPA // 6 bis, 147 LOPJ.
- **Lugar de las actuaciones judiciales:** Arts. 65, 123, 124, 125 CPA.
- **Ingreso forzoso:** Arts. 116, 117, 118, 155 CPA.
- **Allanamiento de bienes:** Arts. 46.2.3., 137 Código Procesal Civil (CPC), Ley 9342/2016 // 205 Código Penal, Ley 4573/1970 // 193 a 197 Código Procesal Penal (CPP), Ley 7594/1996.
- **Auxilio judicial para realizar actuaciones judiciales:** Arts. 20, 24, 73 CPA // 5, 6, 163.2, 165 LOPJ.
- **Colaboración de entidades públicas o de particulares para realizar actuaciones judiciales**: Arts. 116, 117, 118, 145, 173, 174 CPA // 7 LOPJ // 8 Ley General de Policía, Ley 7410/1994.
- **Desobediencia a la autoridad:** Art. 314 Código Penal, Ley 4573/1970.
- **Notificación personal por prevención con efectos penales**: Arts. 72 CPA // 314 Código Penal, Ley 4573/1970.

ARTÍCULO 175- Posposición de las audiencias orales

Las audiencias orales se podrán posponer solo por razones de fuerza mayor, caso fortuito o solicitud planteada de manera conjunta por las partes. Si el tribunal estima se está en uno de esos supuestos, programará un nuevo señalamiento.

CONCORDANCIAS:

- **Audiencias judiciales (preparatoria, de juicio, única y específicas):** Arts. 65, 170, 173, 179, 180, 187 a 196 Código Procesal Agrario (CPA), Ley 9609/2018.
- **Suspensión de audiencias**: Arts. 176, 177, 191, 194 CPA.
- **Posposición de audiencias**: Arts. 145, 172, 177, 184 CPA // Circular Consejo Superior 15-2004: Obligación de brindar buen trato y respeto a los usuarios, así como deber de informar a testigos y partes cuando sea suspendida una audiencia o debate.
- **Principio dispositivo:** Arts. 4, 8 CPA / 5 LOPJ.

ARTÍCULO 176- Continuidad y suspensión de audiencias

Iniciada una audiencia no se suspenderá. En casos muy calificados podrá suspenderse, cuando sea necesario para la debida marcha del proceso o con el fin de deliberar sobre aspectos complejos, o a petición de parte para instar un acuerdo conciliatorio. La suspensión será lo más breve posible, debiendo el tribunal justificar la causa. Al decretarla, se programará la hora y la fecha para reanudarla, lo cual equivaldrá a citación para todos los efectos, aún en relación con las partes ausentes.

La continuación deberá señalarse dentro del plazo máximo de diez días, con las salvedades de ley. Si se vence el lapso de suspensión sin realizarse la audiencia, será necesario citar a una nueva, sin perjuicio de la responsabilidad que corresponda.

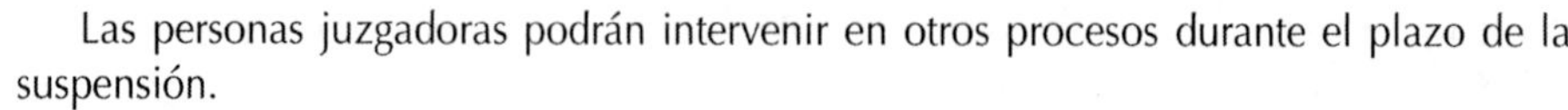

Las personas juzgadoras podrán intervenir en otros procesos durante el plazo de la suspensión.

CONCORDANCIAS:

- **Audiencias judiciales (preparatoria, de juicio, única y específicas):** Arts. 65, 170, 173, 179, 180, 187 a 196 Código Procesal Agrario (CPA), Ley 9609/2018.
- **Suspensión de audiencias**: Arts. 177, 189, 191, 194 CPA.
- **Posposición de audiencias**: Arts. 45, 172, 175, 177, 184 CPA // Circular Consejo Superior 15-2004: Obligación de brindar buen trato y respeto a los usuarios, así como deber de informar a testigos y partes cuando sea suspendida una audiencia o debate.
- **Principio dispositivo:** Arts. 8 CPA // 5 Ley Orgánica del Poder Judicial (LOPJ), Ley 8/1937.
- **Principio de celeridad procesal:** Arts. 7, 48.2, 54, 66, 115, 170, 176, 178, 187, 188, 199, 208.4, 279.5, 340 CPA // 5 LOPJ.
- **Principio de concentración de actos procesales:** Arts. 170, 176, 187 CPA.
- **Conciliación y otros medios de solución alterna de conflictos**: Arts. 200 a 227, 326 CPA // 71 Ley de Garantías Mobiliarias (LGM), Ley 9246/2014.

ARTÍCULO 177- Impedimento e inasistencia de personas abogadas

Las personas abogadas, con o sin mandato judicial, de tener impedimento para asistir a alguna audiencia, tomarán las previsiones para que otra profesional les sustituya.

Las audiencias no se pospondrán ni suspenderán por su ausencia. Sin embargo, será admisible como justificación para variar el señalamiento, la programación anterior de otra audiencia en horas y fechas coincidentes. Para hacer valer tal justificación deberán comunicarlo al tribunal a la mayor brevedad.

Su inasistencia injustificada a la audiencia preparatoria o a la de juicio, se comunicará al Colegio de Abogados y Abogadas para lo de su cargo. La parte correspondiente podrá nombrar a otra profesional en derecho, para que la siga asesorando.

CONCORDANCIAS:

- **Audiencias judiciales (preparatoria, de juicio, única y específicas):** Arts. 65, 170, 173, 179, 180, 187 a 196 Código Procesal Agrario (CPA), Ley 9609/2018.
- **Suspensión de audiencias:** Arts. 176, 194 CPA.
- **Posposición de audiencias:** Arts. 45, 175 CPA.
- **Persona abogada suplente**: Arts. 45 CPA // 41 Código de Moral del Colegio de Abogados y Abogadas de Costa Rica, Reglamento 57/2000.
- **Patrocinio letrado simple**: Arts. 44, 47 CPA.
- **Mandato judicial**: Arts. 46, 47 CPA // 1288 a 1294 Código Civil (CC), Ley XXX/1885.
- **Comparecencia y ausencia de las partes a las audiencias judiciales:** Arts. 171, 184, 193, 232.4 CPA.

- **Comparecencia de personas abogadas a las audiencias judiciales:** Art. 16 Reglamento del Colegio de Abogados y Abogadas 47/2004: Código de Deberes Jurídicos, Morales y Éticos del Profesional en Derecho. 

ARTÍCULO 178- Inasistencia de personas juzgadoras a audiencias

Si no se pudiera realizar una audiencia por la ausencia o la llegada tardía de una persona juzgadora, de manera injustificada, de inmediato se fijará la hora y la fecha para su celebración para realizarse dentro de los diez días siguientes.

CONCORDANCIAS:

- **Audiencias judiciales (preparatoria, de juicio, única y específicas):** Arts. 65, 170, 173, 179, 180, 187 a 196 Código Procesal Agrario (CPA), Ley 9609/2018.
- **Suspensión de audiencias:** Arts. 176, 191, 194 CPA.
- **Posposición de audiencias:** Arts. 45, 175 CPA.
- **Principio de celeridad procesal:** Arts. 4, 7, 48.2, 54, 66, 115, 170, 176, 178, 187, 188, 199, 208.4, 279.5, 340 CPA // 5 Ley Orgánica del Poder Judicial (LOPJ), Ley 8/1937.
- **Régimen disciplinario contra tribunales por no realización de actuaciones judiciales:** Arts. 174, 191.3, 192.4, 192.6, 193.2, 195 LOPJ.

ARTÍCULO 179- Registro de control de audiencias

Cada tribunal tendrá un registro de control de audiencias. Consignará el lugar, la hora y la fecha de inicio, el tipo de proceso y la audiencia, la identificación de las partes y de quienes participaron, el lugar, la hora y la fecha de conclusión, así como la firma de las personas juzgadoras que comparecieron.

CONCORDANCIAS:

- **Audiencias judiciales (preparatoria, de juicio, única y específicas):** Arts. 65, 170, 173, 179, 180, 187 a 196 Código Procesal Agrario (CPA), Ley 9609/2018.

ARTÍCULO 180- Documentación mediante grabación

Las audiencias se registrarán en soportes aptos para la grabación y la reproducción de audio y video, o al menos en audio. Se tomarán fotografías, cuando se estime preciso.

Las partes podrán solicitar a su cargo una copia de los soportes donde haya quedado grabada la audiencia, a menos de que la información pueda grabárseles o enviárseles electrónicamente, sin costo alguno.

Si los medios de registro citados no pueden utilizarse por causa justificada, se realizarán actas para documentar el resultado de la prueba practicada y otros actos relevantes.

La falta o insuficiencia de la grabación no será motivo de impugnación de lo resuelto en la audiencia o de la sentencia. En ese caso, se podrá recurrir a otros medios para acreditar lo acontecido.

CONCORDANCIAS:

- **Audiencias judiciales (preparatoria, de juicio, única y específicas)**: Arts. 65, 170, 173, 179, 187 a 196 Código Procesal Agrario (CPA), Ley 9609/2018.
- **Protección de la intimidad como valor de la personalidad**: Arts. 24 Constitución Política (1949) // 49.7 CPA // 47, 48 Código Civil (CC), Ley XXX/1885.
- **Principio de informalismo procesal:** Arts. 4, 46, 48.7, 58, 67 (excepciones), 70, 72, 75, 92, 226 CPA.
- **Principio de interculturalidad (respeto a la diversidad cultural):** Arts. 1, 33 Constitución Política (1949) // 1, 4, 7, 13 Convenio de OIT 107 sobre Protección de Pueblos Indígenas y Tribales (Convenio 107-OIT), Ley 2330/1959 // 1, 3, 5, 8, 12 Convenio de OIT 169 sobre Pueblos Indígenas y Tribales en Países Independientes (Convenio 167-OIT), Ley 7316/1992 // 1, 4, 5, 9, 11, 13, 27 a 35 Declaración de Naciones Unidas sobre derechos de los pueblos indígenas // 1, 4, 13, 14, 22, 38 Declaración Americana sobre los derechos de los pueblos indígenas (OEA) // 4, 48.10, 49.8, 59, 127, 221 CPA // 1, 2 LAJPI // Circular Corte Suprema de Justicia 108-2021: Reiteración de la circular 10-09 sobre las Reglas Prácticas para facilitar el acceso a la justicia de las Poblaciones Indígenas.
- **Requisitos de las actuaciones judiciales:** Arts. 58, 59, 60, 65, 66 CPA // 3 Ley Orgánica del Poder Judicial (LOPJ), Ley 8/1937.
- **Formato de actuaciones judiciales (documentación y registro):** Arts. 60, 156, 179, 181 CPA // 6 bis, 147 LOPJ // Circular Consejo Superior 172-2021: Procedimiento para la Grabación de Audiencias Orales y Actos de Investigación.
- **Documentación mediante acta escrita**: Art. 181 CPA.
- **Uso de tecnología para la práctica y documentación de actuaciones judiciales:** Arts. 115, 124, 128, 154, 156, 181, 185, 333 CPA // Circular Consejo Superior 172-2021: Procedimiento para la Grabación de Audiencias Orales y Actos de Investigación.

ARTÍCULO 181- Documentación mediante acta

Las actas escritas serán lacónicas. De no poder documentarse la actuación mediante soportes de audio o de video, se consignará el resultado de la prueba, un resumen de las manifestaciones y alegatos de las partes, así como las resoluciones.

En casos excepcionales, a criterio del tribunal, se consignará de modo literal lo acontecido. No será necesario registrar las preguntas formuladas, pero deberá quedar clara la respuesta. Serán firmadas por el tribunal, las partes, las personas testigos y expertas.

CONCORDANCIAS:

- **Audiencias judiciales (preparatoria, de juicio, única y específicas):** Arts. 65, 170, 173, 179, 187 a 196 Código Procesal Agrario (CPA), Ley 9609/2018.
- **Protección de la intimidad como valor de la personalidad:** Arts. 24 Constitución Política (1949) // 49.7 CPA // 47, 48 Código Civil (CC): Ley XXX/1885.
- **Principio de informalismo procesal:** Arts. 4, 46, 48.7, 58, 67 (excepciones), 70, 72, 75, 92, 226 CPA.
- **Principio de interculturalidad (respeto a la diversidad cultural):** Arts. 1, 33 Constitución Política (1949) // 1, 4, 7, 13 Convenio de OIT 107 sobre Protección de Pueblos Indígenas y Tribales (Convenio 107-OIT), Ley 2330/1959 // 1, 3, 5, 8, 12 Convenio de OIT 169 sobre Pueblos Indígenas y Tribales en Países Independientes (Convenio 167-OIT), Ley 7316/1992 // 1, 4, 5, 9, 11, 13, 27 a 35 Declaración de Naciones Unidas sobre derechos de los pueblos indígenas // 1, 4, 13, 14, 22, 38 Declaración Americana sobre los derechos de los pueblos indígenas (OEA) // 4, 48.10, 49.8, 59, 127, 221 CPA // 1, 2 LAJPI // Circular Corte Suprema de Justicia 108-2021: Reiteración de la circular 10-09 sobre las Reglas Prácticas para facilitar el acceso a la justicia de las Poblaciones Indígenas.
- **Requisitos de las actuaciones judiciales:** Arts. 58, 59, 60, 65, 66 CPA / 3 Ley Orgánica del Poder Judicial (LOPJ), Ley 8/1937.
- **Formato de actuaciones judiciales (documentación y registro):** Arts. 60, 156, 179, 181 CPA // 6 bis, 147 LOPJ.
- **Documentación de actuaciones judiciales mediante acta verbal (grabación en audio o video):** Art. 180 CPA // // Circular Consejo Superior 172-2021: Procedimiento para la Grabación de Audiencias Orales y Actos de Investigación.
- **Uso de tecnología para la práctica y documentación de actuaciones judiciales**: Arts. 115, 124, 128, 154, 156, 181, 185, 333 CPA.

ARTÍCULO 182- Publicidad de las audiencias

Las audiencias serán públicas. El tribunal, de oficio o a solicitud de parte, podrá ordenar que sean privadas, total o parcialmente, por los siguientes motivos:

1) Consideraciones de orden público y moral.

2) Seguridad de personas y bienes.

3) Garantizar la privacidad de quienes participen y la práctica efectiva de la prueba.

4) Si la publicidad compromete un secreto protegido por el ordenamiento jurídico de carácter oficial, empresarial, particular y otros. El tribunal podrá imponer a quienes intervengan el deber de guardar secreto sobre los hechos que presenciaron o conocieron.

5) Por normativa especial que así lo disponga.

Si se ordena la privacidad parcial de la audiencia, desaparecida la causa, se continuará de forma pública.

También podrá disponerse, por razones de disciplina, orden y seguridad, o capacidad del lugar donde se realice la audiencia, el retiro o alejamiento de las personas cuya presencia no sea necesaria, o limitar la admisión o la presencia a un determinado número, así como la reubicación de animales que puedan entorpecer la audiencia.

CONCORDANCIAS:

- **Audiencias judiciales (preparatoria, de juicio, única y específicas):** Arts. 65, 170, 173, 179, 187 a 196 Código Procesal Agrario (CPA), Ley 9609/2018.
- **Regla de publicidad procesal**: Arts. 64, 120, 173, 185, 189.2 (excepción) CPA.
- **Protección de la intimidad como valor de la personalidad**: Arts. 24 Constitución Política (1949) // 49.7 CPA // 47, 48 Código Civil (CC), Ley XXX/1885.
- **Privacidad de elementos probatorios**: Arts. 64 CPA // 9 Ley de Acceso a la justicia de los pueblos indígenas de Costa Rica (LAJPI), Ley 9593/2018.
- **Información no divulgada (secretos comerciales o industriales):** Arts. 148, 153 CPA // 1, 2, 4, 5, 9, 10 Ley de información no divulgada (LIND), Ley 7975/2000 // 39 Ley de Procedimientos de Observancia de los Derechos de Propiedad Intelectual (LODPI), Ley 8039/2000 // 53 Ley de protección de las obtenciones vegetales (LPOV), Ley 8631/2008 // 1, 2, 4, 7 A 11 Reglamento a la Ley de Información No Divulgada (RLIND), Decreto 34927/2008.
- **Datos sensibles y datos de acceso restringido**: Arts. 24 Constitución Política (1949) // 47, 48 CC // 39 LODPI // 1, 2, 5, 8 a 12 Ley de Protección de la persona frente al tratamiento de sus datos personales Ley 8968/2011 // Circular Consejo Superior 71-2018: Sobre la responsabilidad de indicar en las sentencias judiciales la existencia de datos sensibles // Circular Corte Suprema de Justicia 193-2014: Reglamento de actuación de la Ley de Protección de la persona frente al tratamiento de sus datos personales en el Poder Judicial.
- **Principio de interculturalidad (respeto a la diversidad cultural):** Arts. 1, 33 Constitución Política (1949) // 1, 4, 7, 13 Convenio de OIT 107 sobre Protección de Pueblos Indígenas y Tribales (Convenio 107-OIT), Ley 2330/1959 // 1, 3, 5, 8, 12 Convenio de OIT 169 sobre Pueblos Indígenas y Tribales en Países Independientes (Convenio 167-OIT), Ley 7316/1992 // 1, 4, 5, 9, 11, 13, 27 a 35 Declaración de Naciones Unidas sobre derechos de los pueblos indígenas // 1, 4, 13, 14, 22, 38 Declaración Americana sobre los derechos de los pueblos indígenas (OEA) // 4, 48.10, 49.8, 59, 127, 221 CPA // 1, 2 LAJPI // Circular Corte Suprema de Justicia 108-2021: Reiteración de la circular 10-09 sobre las Reglas Prácticas para facilitar el acceso a la justicia de las Poblaciones Indígenas.
- **Formato de actuaciones judiciales (documentación y registro):** Arts. 60, 156, 179, 180, 181 CPA // 6 bis, 147 Ley Orgánica del Poder Judicial (LOPJ), Ley 8/1937.
- **Uso de tecnología para la práctica y documentación de actuaciones judiciales:** Arts. 115, 124, 128, 154, 156, 181, 185, 333 CPA.
- **Participación de medios de comunicación en las audiencias:** Art. 185 CPA.

ARTÍCULO 183- Obligaciones de quienes asistan a las audiencias

Quienes asistan a las audiencias permanecerán con actitud respetuosa y en silencio, mientras no estén autorizadas para participar. No podrán portar armas u otros objetos que perturben u ofendan, ni adoptar un comportamiento intimidatorio, provocativo o capaz de producir disturbios.

CONCORDANCIAS:

- **Audiencias judiciales (preparatoria, de juicio, única y específicas):** Arts. 65, 170, 173, 179, 187 a 196 Código Procesal Agrario (CPA), Ley 9609/2018.

- **Deberes procesales de las partes y personas asesoras legales durante las audiencias judiciales**: Arts. 53, 116, 119, 138, 140, 171, 172 CPA // 1, 14 a 17, 35, 38 a 40, 44, 53 a 66, 70, 71 Reglamento del Colegio de Abogados y Abogadas 47/2004: Código de Deberes Jurídicos, Morales y Éticos del Profesional en Derecho // Circular Corte Suprema de Justicia 32-2011: Debido comportamiento de los abogados y abogadas en los despachos judiciales.

ARTÍCULO 184- Derecho de la parte sin patrocinio letrado

Si se apersona alguna parte a las audiencias, sin asistencia legal, el tribunal le explicará su derecho a contar con patrocinio letrado y la necesaria reprogramación de la audiencia, a fin de garantizarle ese derecho. El Tribunal informará sobre la posibilidad de contar con asistencia legal gratuita

CONCORDANCIAS:

- **Audiencias judiciales (preparatoria, de juicio, única y específicas):** Arts. 65, 170, 173, 179, 187 a 196 Código Procesal Agrario (CPA), Ley 9609/2018.
- **Principios y reglas generales del proceso (debido proceso, derecho de defensa y contradictorio, tribunal natural, imparcialidad del tribunal, independencia del tribunal, respeto a la dignidad humana y otros):** Arts. 41, 42, 153, 154, 155 Constitución Política (1949) // 1, 2, 7, 8, 10 Declaración Universal de Derechos Humanos (DUDH) // 13, 18 Declaración Americana de los Derechos y Deberes del Hombre (DADDH) // 8, 11, 25 Convención Americana sobre Derechos Humanos (CIDH), Ley 453471970 // 5, 6, 31 Convención Interamericana de Derechos Humanos de las Personas Mayores (CIDHPM), Ley 9334/2016 // 4, 6, 7, 48, 49, 52, 92, 123, 170, 171.1, 171.3, 184, 208.4, 209, 255, 340 CPA // 1, 2, 4, 5, 9 incisos 7) y 9), 168 Ley Orgánica del Poder Judicial (LOPJ), Ley 8/1937 // 1, 6 Ley Integral para la Persona Adulta Mayor (LIPAM), Ley 7935/1999 // 2, 7 Ley de Acceso a la justicia de los pueblos indígenas de Costa Rica (LAJPI), Ley 9593/2018 // 5 Reglamento a la Ley para Promoción de la Autonomía Personal de las Personas con Discapacidad (RLPAPPD), Decreto 41087/2018 // Sección 3 capítulo II, capítulo III circular Corte Suprema de Justicia 173-2019: Reglas de Brasilia sobre Acceso a la Justicia de las personas en condiciones de vulnerabilidad (Reglas de Brasilia).
- **Principio de igualdad procesal**: Arts. 33 Constitución Política (1949) // 1, 2, 7 DUDH // 2 DADDH // 24 CIDH // 5 CIDHPM // 1 a 5, 13, 14, 15 Convención sobre la Eliminación de Todas las Formas de Discriminación Contra la Mujer (CEDAW), Ley 6968/1984 // 1 a 6 Convención Interamericana para prevenir, sancionar y erradicar la violencia contra la mujer "Convención Belem Do Pará", Ley 7499/1995 // 4, 48.1, 49.8, 171.3 CPA // 1, 2, 19 Ley de Promoción de la Igualdad Social de la Mujer, Ley 7142/1990 // 1, 2, 56 a 68 Ley de Igualdad de Oportunidades para las Personas con Discapacidad, Ley 7600/1996 // 1 Ley Integral para la Persona Adulta Mayor, Ley 7935/1999 // 1, 2, 3, 5 Ley para Promoción de la Autonomía Personal de las Personas con Discapacidad (LPAPPD), Ley 9379/2016 // 1, 2, 3, 5 RLPAPPD, Decreto 41087/2018.
- **Posposición de audiencias:** Arts. 145, 172, 175, 177 CPA // Circular Consejo Superior 15-2004: Obligación de brindar buen trato y respeto a los usuarios, así como deber de informar a testigos y partes cuando sea suspendida una audiencia o debate.
- **Defensa pública gratuita**: Arts. 4, 44, 47 CPA.

ARTÍCULO 185- Participación de los medios de comunicación

Cuando las audiencias se realicen en salas de debate o en lugares de dominio público, el tribunal podrá permitir a los medios de comunicación colectiva instalar el equipo necesario para informar sobre su desarrollo. Señalará, en cada caso, las condiciones en que se ejercerán esas facultades.

El tribunal podrá prohibir o limitar la grabación, la filmación o afines cuando se pueda perjudicar el desarrollo de la audiencia o se esté en presencia de algún motivo por el cual proceda ordenar su privacidad. También, cuando alguna de las partes o personas que deban rendir declaración soliciten, expresamente, que no sea grabada su voz o su imagen.

Si la audiencia se celebra en bienes privados, para autorizar el ingreso de los medios de comunicación, será indispensable la anuencia de las partes o, en su caso, de la persona propietaria o encargada.

CONCORDANCIAS:

- **Audiencias judiciales (preparatoria, de juicio, única y específicas):** Arts. 65, 170, 173, 179, 187 a 196 Código Procesal Agrario (CPA), Ley 9609/2018.
- **Deberes y potestades del tribunal:** Arts. 48, 49, 171 CPA // 2, 216 a 223 LOPJ.
- **Regla de publicidad procesal:** Arts. 64, 173, 182, 189.2 (excepción) CPA.
- **Protección de la intimidad como valor de la personalidad**: Arts. 24 Constitución Política (1949) // 49.7 CPA // 47, 48 Código Civil (CC), Ley XXX/1885.
- **Privacidad de elementos probatorios**: Arts. 64 CPA // 9 Ley de Acceso a la justicia de los pueblos indígenas de Costa Rica (LAJPI), Ley 9593/2018.
- **Información no divulgada (secretos comerciales o industriales):** Arts. 148, 153 CPA // 1, 2, 4, 5, 9, 10 Ley de información no divulgada (LIND), Ley 7975/2000 // 39 Ley de Procedimientos de Observancia de los Derechos de Propiedad Intelectual (LODPI), Ley 8039/2000 // 53 Ley de protección de las obtenciones vegetales (LPOV), Ley 8631/2008 // 1, 2, 4, 7 a 11 Reglamento a la Ley de Información No Divulgada (RLIND), Decreto 34927/2008.
- **Datos sensibles y datos de acceso restringido**: Arts. 24 Constitución Política (1949) // 47, CC // 39 LODPI // 1, 2, 5, 8 a 12 Ley de Protección de la persona frente al tratamiento de sus datos personales, Ley 8968/2011 // Circular Consejo Superior 71-2018: Sobre la responsabilidad de indicar en las sentencias judiciales la existencia de datos sensibles // Circular Corte Suprema de Justicia 193-2014: Reglamento de actuación de la Ley de Protección de la persona frente al tratamiento de sus datos personales en el Poder Judicial.
- **Principio de interculturalidad (respeto a la diversidad cultural):** Arts. 1, 33 Constitución Política (1949) // 1, 4, 7, 13 Convenio de OIT 107 sobre Protección de Pueblos Indígenas y Tribales (Convenio 107-OIT), Ley 2330/1959 // 1, 3, 5, 8, 12 Convenio de OIT 169 sobre Pueblos Indígenas y Tribales en Países Independientes (Convenio 167-OIT), Ley 7316/1992 // 1, 4, 5, 9, 11, 13, 27 a 35 Declaración de Naciones Unidas sobre derechos de los pueblos indígenas // 1, 4, 13, 14, 22, 38 Declaración Americana sobre los derechos de los pueblos indígenas (OEA) // 4, 48.10, 49.8, 59, 127, 221 CPA // 1, 2 LAJPI // Circular Corte Suprema de Justicia 108-2021: Reiteración de la circular 10-09 sobre las Reglas Prácticas para facilitar el acceso a la justicia de las Poblaciones Indígenas.
- **Bienes de dominio público**: Arts. 261 a 263 CC.
- **Bienes de dominio privado (propiedad privada)**: Arts. 45 Constitución Política (1949) // 261 CC.

ARTÍCULO 186- Conciliación en audiencias

La conciliación, en cualquier audiencia, será puesta en práctica por las personas juzgadoras agrarias, salvo que exista la posibilidad de que se apersone en el acto una persona especializada en conciliación agraria. Los tribunales informarán a las partes de su derecho a conciliar, para que lo gestionen con antelación a la programación de las audiencias.

CONCORDANCIAS:

- **Audiencias judiciales (preparatoria, de juicio, única y específicas):** Arts. 65, 170, 173, 179, 180, 187 a 196 Código Procesal Agrario (CPA), Ley 9609/2018.
- **Conciliación y otros medios de solución alterna de conflictos:** Arts. 200 a 227, 326 CPA // Ley Resolución Alterna de Conflictos y Promoción de la Paz Social (Ley RAC), Ley 7727/1997 // 71 Ley de Garantías Mobiliarias (LGM), Ley 9246/2014.

CAPÍTULO II
AUDIENCIA PREPARATORIA Y AUDIENCIA DE JUICIO

ARTÍCULO 187- Programación

La audiencia preparatoria y la de juicio se señalarán en forma separada, excepto en los procesos de audiencia única. Se programarán sus sesiones de modo consecutivo, salvo que los requerimientos del caso lo impidan. De ser necesario programar más de un día para cada audiencia, el tribunal indicará la distribución de las actividades a desarrollar en ellos.

CONCORDANCIAS:

- **Audiencias judiciales (preparatoria, de juicio, única y específicas):** Arts. 65, 170, 173, 179, 180, 187 a 196 Código Procesal Agrario (CPA), Ley 9609/2018.
- **Principio de concentración de actos procesales**: Arts. 4, 176 CPA.

ARTÍCULO 188- Audiencia preparatoria

La audiencia preparatoria se realizará en la sede del juzgado o en el lugar de los hechos, cuando por la naturaleza del asunto el tribunal así lo disponga. Se señalará inmediatamente después de contestada la demanda y, en su caso, la contrademanda, o transcurrido el plazo para ello.

CONCORDANCIAS:

- **Audiencias judiciales (preparatoria, de juicio, única y específicas):** Arts. 65, 170, 173, 179, 180, 187 a 196 Código Procesal Agrario (CPA), Ley 9609/2018.
- **Principio de concentración de actos procesales:** Arts. 4, 176 CPA.
- **Principio de celeridad procesal**: Arts. 4, 7, 48.2, 54, 66, 115, 170, 176, 178, 187, 199, 208.4, 279.5, 340 CPA // 5 Ley Orgánica del Poder Judicial (LOPJ), Ley 8/1937.
- **Sede de tribunales agrarios**: Art. 14 CPA.
- **Lugar de actuaciones judiciales**: Arts. 65, 123, 124, 125, 173, 174, 185 CPA.
- **Actividades en la audiencia preparatoria**: Art. 189 CPA.
- **Plazo para contestar demandas ordinarias:** Art. 251 CPA.
- **Plazo para contestar demandas sumarias**: Art. 253 CPA.

ARTÍCULO 189- Actividades en la audiencia preparatoria

En la audiencia preparatoria, además de las disposiciones generales de las audiencias, se realizarán las siguientes actividades:

1) Declaratoria de apertura de la audiencia e informe de las reglas que se deben seguir, del objeto del proceso y del orden como se conocerán las cuestiones por resolver.

2) Conciliación, durante la cual se garantizará la privacidad del acto.

3) Aclaración, ajuste o subsanación de los extremos de la demanda, contestación, contrademanda y réplica, cuando a criterio del tribunal sean oscuros, imprecisos u omisos. En procesos ordinarios, ampliación de hechos, pretensiones y prueba que les sirva de fundamento.

4) Refutación de la parte actora a la contestación de la demanda y, en su caso, a la contrademanda. Ofrecimiento y presentación de la contraprueba.

5) Determinación de la participación de quien pretenda ser coadyuvante u otros intervinientes procesales de no haberse integrado con antelación.

6) Admisión, práctica de prueba y resolución de las alegaciones de actividad procesal defectuosa pendientes, vicios de procedimiento invocados en la audiencia y excepciones procesales.

7) Admisión, práctica de prueba y resolución de procesos incidentales o medidas cautelares pendientes, resolución sobre suspensión, cancelación o modificación de medidas cautelares, si existe solicitud pendiente, reservada para audiencia.

8) Determinación de los hechos controvertidos y fijación del objeto del proceso.

9) Definición de la cuantía del proceso.

10) Admisión de pruebas y disposiciones para su práctica. El tribunal podrá ordenar la prueba de oficio que estime indispensable. De tratarse de prueba pericial, el tribunal designará a la persona experta, de no haberse admitido antes.

Realizará las fijaciones y los plazos respectivos para la emisión del dictamen y el pago de honorarios y gastos. Se verificará en el acto si acepta el cargo.

11) Resolución sobre suspensión, cancelación o modificación de medidas cautelares, si existe solicitud pendiente, reservada para audiencia.

12) Señalamiento de la hora y la fecha para realizar la audiencia de juicio.

En procesos ordinarios, los hechos y las pretensiones se podrán adicionar o modificar en la audiencia preparatoria. Se garantizará a la contraparte oportunidad para la contestación. Si esta así lo pide, el tribunal podrá suspender la audiencia hasta un máximo de diez días.

El tribunal evitará que en esta audiencia se discutan cuestiones propias de la audiencia de juicio.

CONCORDANCIAS:

- **Audiencias judiciales (preparatoria, de juicio, única y específicas)**: Arts. 65, 170, 173, 179, 180, 187 a 196 Código Procesal Agrario (CPA), Ley 9609/2018.
- **Orden y dirección de las audiencias judiciales:** Art. 171 CPA.
- **Principio de concentración de actos procesales**: Arts. 4, 176 CPA.
- **Principio de celeridad procesal**: Arts. 7, 48.2, 54, 66, 115, 170, 176, 178, 187, 199, 208.4, 279.5, 340 CPA / 5 Ley Orgánica del Poder Judicial (LOPJ), Ley 8/1937.
- **Lugar para celebrar la audiencia preparatoria**: Arts. 185, 188 CPA.
- **Conciliación y otros medios de solución alterna de conflictos**: Arts. 182, 200 a 227, 326 CPA // Ley Resolución Alterna de Conflictos y Promoción de la Paz Social (Ley RAC), Ley 7727/1997 // 71 Ley de Garantías Mobiliarias (LGM), Ley 9246/2014
- **Lenguaje claro y trato digno**: Arts. 48.7, 49.7, 119, 125, 126 CPA // Circular Corte Suprema de Justicia 192-2019: Deber de las personas servidoras judiciales de utilizar lenguaje claro y sencillo en la atención de personas indígenas.
- **Deberes y potestades del tribunal**: Arts. 48, 49, 171 CPA // 2, 216 a 223 LOPJ.
- **Deberes procesales de las partes y personas asesoras legales durante las audiencias judiciales**: Arts. 53, 116, 119, 138, 140, 171, 172, 183 CPA // 2, 216 a 223 LOPJ // 1, 14 a 17, 35, 38 a 40, 44, 53 a 66, 70, 71 Reglamento del Colegio de Abogados y Abogadas 47/2004: Código de Deberes Jurídicos, Morales y Éticos del Profesional en Derecho // Circular Corte Suprema de Justicia 32-2011: Debido comportamiento de los abogados y abogadas en los despachos judiciales
- **Principio de interculturalidad (respeto a la diversidad cultural):** Arts. 1, 33 Constitución Política (1949) // 1, 4, 7, 13 Convenio de OIT 107 sobre Protección de Pueblos Indígenas y Tribales (Convenio 107-OIT), Ley 2330/1959 // 1, 3, 5, 8, 12 Convenio de OIT 169 sobre Pueblos Indígenas y Tribales en Países Independientes (Convenio 167-OIT), Ley 7316/1992 // 1, 4, 5, 9, 11, 13, 27 a 35 Declaración de Naciones Unidas sobre derechos de los pueblos indígenas // 1, 4, 13, 14, 22, 38 Declaración Americana sobre los derechos de los pueblos indígenas (OEA) // 4, 48.10, 49.8, 59, 127, 221 CPA // 1, 2 LAJPI // Circular Corte Suprema de Justicia 108-2021: Reiteración de la circular 10-09 sobre las Reglas Prácticas para facilitar el acceso a la justicia de las Poblaciones Indígenas.
- **Principio de concentración de actos procesales**: Arts. 4, 121, 176, 187 CPA.
- **Suspensión de audiencias:** Arts. 176, 177, 191, 194 CPA.
- **Posposición de audiencias:** Arts. 45, 172, 175, 177, 184 CPA // Circular Consejo Superior 15-2004: Obligación de brindar buen trato y respeto a los usuarios, así como deber de informar a testigos y partes cuando sea suspendida una audiencia o debate.
- **Comparecencia y ausencia de las partes a las audiencias judiciales**: Arts. 172, 184, 193 CPA.

- **Comparecencia de personas abogadas a las audiencias judiciales:** Art. 177 CPA // 16 Reglamento del Colegio de Abogados y Abogadas 47/2004: Código de Deberes Jurídicos, Morales y Éticos del Profesional en Derecho.
- **Colaboración de entidades públicas o de particulares para realizar actuaciones judiciales:** Arts. 116, 117, 118, 145, 173, 174 CPA // 7 LOPJ // 8 inciso g Ley General de Policía, Ley 7410/1994.
- **Ampliación de hechos, de pretensiones y ofrecimiento de prueba adicional en demandas ordinarias**: Art. 102 CPA.
- **Ofrecimiento de prueba**: Arts. 97.4, 98, 104, 189.4, 202, 208.5 CPA.
- **Admisibilidad de la prueba**: Art. 48.4, 189.10, 206 CPA.
- **Prueba de oficio**: Arts. 128, 189.10 CPA.
- **Prueba para mejor resolver**: Arts. 128, 129 CPA.
- **Hechos controvertidos y no controvertidos**: Arts. 115, 190.1 CPA.
- **Prueba ilegal**: Art. 209.4 CPA.
- **Personas coadyuvantes y terceras personas interesadas**: Arts. 37, 38 CPA.
- **Saneamiento procesal (actividad procesal defectuosa)**: Arts. 92 a 94 CPA.
- **Excepciones procesales**: Arts. 105 a 108 CPA.
- **Cuantía del proceso**: Art. 99 CPA // 35.3 Código Procesal Civil (CPC), Ley 9342/2016.
- **Medidas cautelares en sede agraria:** Arts. 21.4, 242 a 247, 283 CPA // 58 Ley de Promoción de la competencia y defensa efectiva del consumidor (LPCDEC), Ley 7472/1994 // 3 a 18, 37 Ley de Procedimientos de Observancia de los Derechos de Propiedad Intelectual (LODPI), Ley 8039/2000.

ARTÍCULO 190- Audiencia de juicio

La audiencia de juicio comprenderá las siguientes etapas procesales:

1) Resumen del tribunal de los hechos controvertidos y fijación del objeto del proceso.

2) Incorporación y recepción de la prueba. Las partes deberán comparecer con todas las pruebas admitidas y aquellas que pretendan proponer como prueba complementaria.

3) Emisión breve y precisa de las conclusiones. El tribunal establecerá el tiempo para formularlas. Excepcionalmente, podrá pedir las aclaraciones que considere necesarias. Las partes podrán renunciar a emitir conclusiones.

4) Deliberación y emisión de la sentencia. Cerrado el debate, se procederá a la etapa de deliberación. Será privada y una vez concluida se comunicará lo resuelto, salvo que el tribunal disponga diferir el dictado de la sentencia. Previo a dar por terminada la audiencia, se expondrán las razones por las cuales se difiere y se indicará el plazo para su emisión, de acuerdo con lo dispuesto en este Código.

CONCORDANCIAS:

- **Audiencias judiciales (preparatoria, de juicio, única y específicas):** Arts. 65, 170, 173, 179, 180, 187 a 196 Código Procesal Agrario (CPA), Ley 9609/2018.
- **Principio de concentración de actos procesales**: Arts. 4, 176 CPA.

- **Principio de celeridad procesal**: Arts. 4, 7, 48.2, 54, 66, 115, 170, 176, 178, 187, 199, 208.4, 279.5, 340 CPA // 5 Ley Orgánica del Poder Judicial (LOPJ), Ley 8/1937.
- **Lenguaje claro y trato digno**: Arts. 48.7, 49.7, 119, 125, 126 CPA // Circular Corte Suprema de Justicia 192-2019: Deber de las personas servidoras judiciales de utilizar lenguaje claro y sencillo en la atención de personas indígenas.
- **Deberes y potestades del tribunal**: Arts. 48, 49, 171 CPA // 2, 216 a 223 LOPJ.
- **Deberes procesales de las partes y personas asesoras legales durante las audiencias judiciales**: Arts. 53, 116, 119, 138, 140, 171, 172, 183 CPA // 2, 216 a 223 LOPJ // 1, 14 a 17, 35, 38 a 40, 44, 53 a 66, 70, 71 Reglamento del Colegio de Abogados y Abogadas 47/2004: Código de Deberes Jurídicos, Morales y Éticos del Profesional en Derecho // Circular Corte Suprema de Justicia 32-2011: Debido comportamiento de los abogados y abogadas en los despachos judiciales
- **Principio de interculturalidad (respeto a la diversidad cultural):** Arts. 1, 33 Constitución Política (1949) // 1, 4, 7, 13 Convenio de OIT 107 sobre Protección de Pueblos Indígenas y Tribales (Convenio 107-OIT), Ley 2330/1959 // 1, 3, 5, 8, 12 Convenio de OIT 169 sobre Pueblos Indígenas y Tribales en Países Independientes (Convenio 167-OIT), Ley 7316/1992 // 1, 4, 5, 9, 11, 13, 27 a 35 Declaración de Naciones Unidas sobre derechos de los pueblos indígenas // 1, 4, 13, 14, 22, 38 Declaración Americana sobre los derechos de los pueblos indígenas (OEA) // 4, 48.10, 49.8, 59, 127, 221 CPA // 1, 2 LAJPI // Circular Corte Suprema de Justicia 108-2021: Reiteración de la circular 10-09 sobre las Reglas Prácticas para facilitar el acceso a la justicia de las Poblaciones Indígenas.
- **Suspensión de audiencias**: Arts. 176, 177, 191, 194 CPA.
- **Posposición de audiencias**: Arts. 45, 172, 175, 177, 184 CPA // // Circular Consejo Superior 15-2004: Obligación de brindar buen trato y respeto a los usuarios, así como deber de informar a testigos y partes cuando sea suspendida una audiencia o debate.
- **Comparecencia y ausencia de las partes a las audiencias judiciales**: Arts. 172, 184, 193 CPA.
- **Comparecencia de personas abogadas a las audiencias judiciales**: Art. 177 CPA //16 Reglamento del Colegio de Abogados y Abogadas 47/2004: Código de Deberes Jurídicos, Morales y Éticos del Profesional en Derecho.
- **Colaboración de entidades públicas o de particulares para realizar actuaciones judiciales:** Arts. 116, 117, 118, 145, 173, 174 CPA // 7 LOPJ // 8 inciso g Ley General de Policía, Ley 7410/1994.
- **Ofrecimiento de prueba**: Arts. 97.4, 98, 104, 189.4, 190.2, 202, 208.5 CPA.
- **Admisibilidad de la prueba**: Art. 48.4, 189.10, 206 CPA.
- **Secuencia de la prueba**: Art. 121 CPA.
- **Prueba de oficio:** Arts. 128, 189.10 CPA.
- **Prueba para mejor resolver**: Arts. 128, 129 CPA.
- **Prueba complementaria**: Art. 190.2 CPA.
- **Prueba ilegal**: Art. 209.4 CPA.
- **Incorporación de prueba**: Art. 191 CPA.
- **Hechos controvertidos y no controvertidos**: Arts. 115, 189.8 CPA.
- **Deberes del tribunal decisor**: Arts. 76, 190.4 CPA.
- **Deliberación y votación en tribunales colegiados**: Arts. 78, 79, 80, 210.6 CPA.
- **Plazos para emitir resoluciones judiciales.** Arts. 48.6, 79, 190, 210.6 CPA // 5 LOPJ.
- **Requisitos de resoluciones judiciales:** Arts. 48, 58, 59, 60 CPA // 3 LOPJ.
  - **Lugar y plazo para emitir sentencias**: Arts. 79, 80, 190.4 CPA // 5 LOPJ.
  - **Reglas especiales de la sentencia**: Arts. 78, 81, 82, 83, 209.3 CPA.

- Reglas especiales para poblaciones vulnerables: Arts. 48.10, 49.8, 59 CPA.
- **Reglas especiales cuando están de por medio conflictos de naturaleza agraria relacionados con bienes, elementos y servicios ambientales:** Arts. 282 a 290 CPA.
- **Reglas especiales cuando están de por medio conflictos sobre propiedad intelectual relacionados con bienes o actividades de naturaleza agraria:** Arts. 47 Constitución Política (1949) // 1, 2, 28, 38 a 40 Ley de Procedimientos de Observancia de los Derechos de Propiedad **Intelectual (LODPI), Ley 8039/2000**

- **Regla de fundamentación debida de decisiones judiciales:** Arts. 81, 209.3 CPA.
- **Regla de inmediación del tribunal:** Arts. 95, 123, 124, 190.4, 195, 209.2, 209.6, 216, 219, 255, 279.6 CPA.

ARTÍCULO 191- Incorporación de prueba

La prueba documental y aquellos elementos probatorios admitidos y recibidos fuera de audiencia serán incorporados por el tribunal, con solo su mención. Este, de oficio o a solicitud fundada de parte, podrá disponer la lectura parcial o total, en casos excepcionales. Los objetos y otros elementos de prueba afines podrán exhibirse o mostrarse, cuando resulte necesario.

La parte deberá hacer la solicitud de exhibición o reproducción, total o parcial, al finalizar la audiencia preparatoria, para que el tribunal tome las previsiones, a fin de evitar recesos o suspensiones en la audiencia de juicio.

CONCORDANCIAS:

- **Audiencias judiciales** (preparatoria, de juicio, única y específicas): Arts. 65, 170, 173, 179, 180, 187 a 196 Código Procesal Agrario (CPA), Ley 9609/2018.
- **Principio de concentración de actos procesales:** Arts. 4, 176 CPA.
- **Principio de celeridad procesal:** Arts. 4, 7, 48.2, 54, 66, 115, 170, 176, 178, 187, 199, 208.4, 279.5, 340 CPA // 5 Ley Orgánica del Poder Judicial (LOPJ), Ley 8/1937.
- **Deberes y potestades del tribunal:** Arts. 48, 49, 171 CPA // 2, 216 a 223 LOPJ.
- **Suspensión de audiencias:** Arts. 176, 177, 194 CPA.
- **Posposición de audiencias:** Arts. 45, 172, 175, 177, 184 CPA.
- **Incorporación de prueba:** Art. 190.2 CPA.

ARTÍCULO 192- Procedimiento sin audiencia o en audiencia única

Cuando no se justifique el señalamiento de audiencias, por la naturaleza del proceso, circunstancias propias de este, o no existir prueba que realizar, se dictará la sentencia. Sin perjuicio de lo anterior, el tribunal podrá disponer, de oficio o a instancia de parte, que el proceso se tramite en audiencia única, en la cual podrán expresarse conclusiones.

CONCORDANCIAS:

- **Audiencias judiciales (preparatoria, de juicio, única y específicas):** Arts. 65, 170, 173, 179, 180, 187 a 196 Código Procesal Agrario (CPA), Ley 9609/2018.
- **Principio de concentración de actos procesales**: Arts. 4, 176 CPA.
- **Principio de celeridad procesal:** Arts. 4, 7, 48.2, 54, 66, 115, 170, 176, 178, 187, 199, 208.4, 279.5, 340 CPA // 5 Ley Orgánica del Poder Judicial (LOPJ), Ley 8/1937.

ARTÍCULO 193- Inasistencia de las partes a las audiencias

Ante la inasistencia injustificada de las partes a las audiencias se aplicarán las siguientes disposiciones:

1) Si la parte actora o reconventora no comparece a la audiencia preparatoria, se tendrá por desistida la demanda o la reconvención y se le condenará al pago de las costas, los daños y perjuicios. Sin perjuicio de lo anterior, podrá continuarse el proceso, si alguna de las partes presentes alega interés legítimo o si por la naturaleza de lo debatido deba continuarse, siempre que no exista impedimento cuya superación dependa exclusivamente de la parte demandante.

2) Si la inasistente a la audiencia preparatoria es la parte demandada, se dictará sentencia de inmediato, con la prueba que conste en el expediente, salvo que sea necesario practicar la prueba ofrecida por la actora o cuando las pretensiones se refieran a cuestiones de orden público o derechos indisponibles.

3) Si ninguna de las partes asiste a la audiencia preparatoria, de forma injustificada, se declarará desistido el proceso sin condenatoria alguna.

4) Si a la audiencia de juicio no comparece ninguna de las partes, el tribunal emitirá la sentencia conforme a lo dispuesto en este código. Si se presenta solo una, se practicará la prueba admitida a dicha parte. No se recibirá la prueba ofrecida por la parte ausente, salvo que la contraria manifieste interés en ella o el tribunal la considere necesaria.

5) En los procesos de audiencia única se aplicará lo dispuesto para la inasistencia a la audiencia preparatoria.

CONCORDANCIAS:

- **Audiencias judiciales (preparatoria, de juicio, única y específicas)**: Arts. 65, 170, 173, 179, 180, 187 a 196 Código Procesal Agrario (CPA), Ley 9609/2018.
- **Comparecencia y ausencia de las partes a las audiencias judiciales**: Arts. 171, 172, 184, 232.4 CPA.
- **Desistimiento de la demanda**: Art. 229 CPA // 56 Código Procesal Civil (CPC), Ley 9342/2016.
- **Derechos indisponibles de interés para la materia agraria:** Arts. 49.3 CPA // 18, 19, 274, 621, 850, 1407 Código Civil (CC), Ley XXX/1885 // 970 Código de Comercio (CCo), Ley 3284/1964 // 59 Ley Orgánica de la Agricultura e Industria de la Caña de Azúcar, Ley 7818/1998 // 64, 143 Ley reforma integral Régimen Relaciones de Productores, Beneficiadores y Exportadores Café, Ley 9872/2020.
- **Emisión de la sentencia:** Arts. 78 a 83, 190.4, 209.3 CPA // 5 LOPJ.

ARTÍCULO 194- Suspensión de las audiencias preparatoria y de juicio

Las audiencias preparatorias y de juicio podrán suspenderse de la forma y por los motivos establecidos en este Código.

CONCORDANCIAS:

- **Audiencias judiciales (preparatoria, de juicio, única y específicas):** Arts. 65, 170, 173, 179, 180, 187 a 196 Código Procesal Agrario (CPA), Ley 9609/2018.
- **Suspensión de audiencias**: Arts. 176, 177, 191, 194 CPA.
- **Posposición de audiencias**: Arts. 45, 172, 175, 177, 184 CPA // Circular Consejo Superior 15-2004: Obligación de brindar buen trato y respeto a los usuarios, así como deber de informar a testigos y partes cuando sea suspendida una audiencia o debate.

ARTÍCULO 195- Identidad física de la persona juzgadora

La audiencia de juicio y la emisión de la sentencia deben ser realizadas por las mismas personas juzgadoras que hayan integrado el tribunal.

CONCORDANCIAS:

- **Audiencia de juicio y audiencia única**: Arts. 190 a 194 Código Procesal Agrario (CPA), Ley 9609/2018.
- **Suspensión de audiencias**: Arts. 176, 177, 191, 194 CPA.
- **Posposición de audiencias**: Arts. 45, 172, 175, 177, 184 CPA // Circular Consejo Superior 15-2004: Obligación de brindar buen trato y respeto a los usuarios, así como deber de informar a testigos y partes cuando sea suspendida una audiencia o debate.
- **Regla de inmediación del tribunal**: Arts. 4, 76, 95, 123, 124, 190.4, 195, 209.2, 209.6, 216, 219, 255, 279.6 CPA.

TÍTULO VIII
ACTIVIDAD PROCESAL IMPUGNATICIA

CAPÍTULO I
DISPOSICIONES GENERALES

ARTÍCULO 196- Medios de impugnación y legitimación

Las resoluciones judiciales serán recurribles solo por los medios y en los casos expresamente establecidos. Podrán impugnarlas, únicamente, las personas perjudicadas por estas, en los plazos y las condiciones dispuestos por ley.

Quien esté legitimado para impugnar podrá renunciar a su derecho al comunicársele la resolución en audiencia o en el plazo para recurrir. Si se realiza en una audiencia, el tribunal tendrá por firme la resolución de forma inmediata, cuando proceda.

Se podrá desistir de los recursos antes de que estos sean resueltos.

CONCORDANCIAS:

- **Tipos de resoluciones judiciales**: Art. 74 Código Procesal Agrario (CPA), Ley 9609/2018.
- **Legitimación para impugnar**: Art. 198 CPA.
- **Revocatoria:** Arts. 200, 201 CPA.
- **Apelación**: Arts. 202, 203, 204 a 207 CPA.
- **Casación**: Arts. 208 a 216 CPA
- **Revisión:** Arts. 208, 217 a 218 CPA.
- **Mandato judicial**: Arts. 46, 47 o CPA.
- **Patrocinio letrado, alcances para impugnar:** Arts. 44, 47 CPA.
- **Desistimiento de la impugnación**: Art. 65.8 CPA.

ARTÍCULO 197- Motivación de la impugnación

La impugnación contendrá las razones claras y precisas que ameritan la modificación o nulidad de lo resuelto; de lo contrario se declarará inadmisible. Quien recurra expresará, por su orden, los motivos procesales, los sustantivos y, en su caso, ofrecerá la prueba. Cuando sea necesario, indicará el medio para recibir notificaciones.

Podrán ser objeto de impugnación solo aquellas cuestiones que hayan sido propuestas o debatidas oportunamente. La resolución que se emita no podrá comprender otros aspectos distintos de los planteados en el recurso, salvo que se trate de cuestiones de orden público. El pronunciamiento deberá referirse a las razones formuladas por quien recurra y a las opuestas por la contraria, salvo las nulidades o las correcciones que procedan por iniciativa del tribunal.

CONCORDANCIAS:

- **Legitimación para impugnar**: Art. 198 Código Procesal Agrario (CPA), Ley 9609/2018.
- **Audiencia en recurso de apelación**: Art. 206 CPA.
- **Audiencia en recurso de casación**: Art. 214 CPA.
- **Nulidades procesales**: Arts. 92, 93 CPA.
- **Prueba para mejor resolver**: Art. 129 CPA.

ARTÍCULO 198- Prohibición de reforma en perjuicio

La impugnación se considerará solo en lo desfavorable al recurrente. Podrá enmendarse o revocarse una resolución únicamente en lo que haya sido objeto de disconformidad, salvo que la variación, en la parte impugnada, requiera modificar o revocar otros aspectos del pronunciamiento.

CONCORDANCIAS:

- **Legitimación para impugnar**: Art. 198 Código Procesal Agrario (CPA), Ley 9609/2018.
- **Invariabilidad de las sentencias**: Arts. 84, 85 CPA.
- **Nulidades procesales**: Arts. 92, 93, 197 CPA.

ARTÍCULO 199- Inimpugnabilidad de las providencias

Contra las providencias no cabrá recurso alguno. Sin embargo, los tribunales podrán dejarlas sin efecto o modificarlas dentro de los tres días posteriores a su comunicación, de oficio o por observaciones de la parte interesada.

Las realizadas en audiencia serán orales y deberán resolverse sin mayor dilación. Si las observaciones formuladas fuera de audiencia se estiman improcedentes, se tendrán por rechazadas sin necesidad de una resolución que así lo disponga.

CONCORDANCIAS:

- **Tipos de resoluciones judiciales**: Art. 74 Código Procesal Agrario (CPA), Ley 9609/2018.
- **Principio de oficiosidad**: Arts. 4, 25, 48.2 CPA
- **Audiencias judiciales (preparatoria, de juicio, única y específicas)**: Arts. 65, 170 a 173, 179, 180, 186 a 196 CPA.

CAPÍTULO II
MEDIOS DE IMPUGNACIÓN

ARTÍCULO 200- Recurso de revocatoria

El recurso de revocatoria procede solo contra los autos, salvo disposición legal en contrario.

Se interpondrá ante el tribunal que lo emitió dentro de tres días si se impugna un auto escrito; de inmediato y de forma oral si se formula en audiencia. Lo resuelto sobre la revocatoria no tendrá recurso alguno.

El tribunal podrá revocar los autos de oficio. Lo hará en audiencia cuando se trate de una resolución oral, o dentro del tercer día si fuera escrita. 

CONCORDANCIAS:

- **Tipos de resoluciones judiciales**: Art. 74 Código Procesal Agrario (CPA), Ley 9609/2018.
- **Legitimación para impugnar**: Art. 198 CPA.
- **Motivación del recurso**: Art. 197 CPA.
- **Prohibición de reforma en perjuicio**: Art. 198 CPA.
- **Principio de oficiosidad**: Arts. 4, 25, 48.2 CPA
- **Resoluciones con recurso de revocatoria**: Arts. 27, 93, 217, 249, 250, 280 CPA.
- **Audiencias judiciales (preparatoria, de juicio, única y específicas)**: Arts. 65, 170 a 173, 179, 180, 186 a 196 CPA.

ARTÍCULO 201- Revocatoria y apelación conjunta

Cuando sean procedentes tanto el recurso de revocatoria como el de apelación, las partes los formularán simultáneamente. El recurso de apelación será rechazado de plano, si no se ha pedido revocatoria.

En una misma resolución, se emitirá un pronunciamiento sobre la revocatoria y la admisibilidad de la apelación, según corresponda.

CONCORDANCIAS:

- **Tipos de resoluciones judiciales**: Art. 74 Código Procesal Agrario (CPA), Ley 9609/2018.
- **Legitimación para impugnar**: Art. 198 CPA.
- **Motivación del recurso**: Art. 197 CPA.
- **Recurso de revocatoria**: Art. 200 CPA.
- **Recurso de apelación**: Arts. 200, 202 CPA

ARTÍCULO 202- Recurso de apelación

Procederá el recurso de apelación solo contra las resoluciones expresamente dispuestas y se interpondrá ante el tribunal que las emitió.

Tratándose de autos escritos, el plazo para presentarlo será de tres días. Los que se emitan en audiencia deberán apelarse inmediatamente después de su emisión.

El plazo para apelar las sentencias será de cinco días, salvo disposición legal en contrario. En audiencia se podrá interponer oralmente, luego de la comunicación de estas, supuesto en el cual se tendrá por renunciado el plazo para recurrir. Lo anterior, salvo que por motivos fundados el tribunal cierre la audiencia una vez emitida la sentencia.

El tribunal de primera instancia deberá pronunciarse sobre la admisión del recurso de apelación. Conferirá traslado a la parte contraria, para que dentro del tercer día se manifieste, salvo que este se formule en audiencia, supuesto en el cual deberá exponer sus alegatos de inmediato.

Si las partes ofrecen prueba, deberán hacerlo al plantear la apelación o al pronunciarse la contraria sobre el recurso.

Cuando esté pendiente algún acto procesal urgente, el expediente no se remitirá al superior hasta que se cumpla. Si lo tiene aquel y lo requiere el inferior para dar cumplimiento a alguna actuación, el órgano de segunda instancia enviará una copia idónea en soporte digital o físico, excepto que se pueda acceder total o parcialmente al expediente electrónico.

CONCORDANCIAS:

- **Competencia funcional**: Art. 11.1 Código Procesal Agrario (CPA), Ley 9609/2018.
- **Tipos de resoluciones judiciales**: Art. 74 CPA.
- **Legitimación para impugnar**: Art. 198 CPA.
- **Motivación del recurso**: Art. 197 CPA.
- **Audiencias judiciales (preparatoria, de juicio, única y específicas)**: Arts. 65, 170 a 173, 179, 180, 186 a 196 CPA.
- **Interposición conjunta de revocatoria y apelación**: Art. 201 CPA.
- **Apelación en audiencia oral**: Art. 279.5 CPA.
- **Prueba mejor resolver**: Art. 129 CPA.
- **Resoluciones apelables**: Arts. 10, 38, 108, 203 CPA.
- **Recurso de apelación**: Art. 206 CPA.
- **Efectos del recurso de apelación**: Arts. 108, 205 CPA.
- **Requisitos de la sentencia que resuelve la apelación**: Art. 81 CPA.

ARTÍCULO 203- Apelación de autos

El recurso de apelación procederá solo contra los autos que:

1) Denieguen el tipo de proceso elegido por la parte.

2) Declaren inadmisible la demanda o pongan fin al proceso, total o parcialmente, por cualquier causa.

3) Se pronuncien sobre una medida cautelar o tutelar.

4) Se admitan excepciones procesales.

5) De oficio declaren la incompetencia, ordenen la acumulación o desacumulación de pretensiones y procesos o la integración de la litis consorcio pasivo necesario.

6) Emitan pronunciamiento sobre el fondo de una tercería o un proceso incidental, salvo si en este se deniega la nulidad.

7) Aprueben o imprueben la liquidación de intereses o la tasación de costas.

8) Ordenen o denieguen el embargo y su levantamiento.

9) Ordenen o aprueben el remate de un bien y resuelvan sobre la liquidación del producto de este.

10) Lo disponga expresamente la ley.

Serán también apelables los autos que tengan ese recurso en los procesos sucesorios, los de administración y reorganización con intervención judicial, conforme a la normativa procesal civil. De igual forma, serán apelables las resoluciones que tengan ese recurso según legislación especial.

CONCORDANCIAS:

- **Competencia funcional**: Art. 11.1 Código Procesal Agrario (CPA), Ley 9609/2018.
- **Tipos de resoluciones judiciales**: Art. 74 CPA.
- **Legitimación para impugnar**: Art. 198 CPA.
- **Motivación del recurso**: Art. 197 CPA.
- **Interposición conjunta de revocatoria y apelación**: Art. 201 CPA.
- **Resoluciones apelables**: Arts. 10, 38, 108 CPA.
- **Efecto del recurso de apelación**: Art. 108, 204, 205 CPA.
- **Procedimiento del recurso de apelación**: Art. 206 CPA.
- **Audiencias judiciales (preparatoria, de juicio, única y específicas)**: Arts. 65, 170 a 173, 179, 180, 186 a 196 CPA.
- **Administración y reorganización con intervención judicial:** Arts. 1, 2, 75.1 Ley concursal, Ley 9957/2021 (deroga ese tipo de proceso).
- **Recursos en procesos sucesorios**: Art. 203 párrafo 2 CPA // 67.3 incisos 15, 16, 17, 18, 19, 20, 21, 22 Código Procesal Civil (CPC), Ley 9342/2016.
- **Apelación en ejecución provisional de sentencias**: Art. 298 CPA.
- **Improcedencia del recurso de apelación**: Arts. 299, 301.4, 301.5 CPA.

ARTÍCULO 204- Apelación diferida

Cuando se formule el recurso de apelación contra una resolución emitida en la audiencia de juicio, si es admisible y no pone fin al proceso o tiene solamente efecto devolutivo, no se suspenderá el procedimiento. La apelación se tendrá como interpuesta de forma diferida. Quedará condicionada a que quien apele impugne la sentencia, reitere la apelación y a que lo objetado tenga trascendencia en la sentencia. La apelación diferida será resuelta al conocer de dicho pronunciamiento.

El recurso interpuesto de forma diferida por una parte, quien no figure como apelante de la sentencia, por haber resultado victoriosa, deberá ser considerado cuando su objeción recobre interés ante la procedencia del recurso planteado por otra parte.

CONCORDANCIAS:

- **Competencia funcional**: Art. 11.1 Código Procesal Agrario (CPA), Ley 9609/2018.
- **Tipos de resoluciones judiciales**: Art. 74 CPA.
- **Legitimación para impugnar**: Art. 198 CPA.
- **Interposición conjunta de revocatoria y apelación**: Art. 201 CPA.
- **Motivación del recurso**: Art. 197 CPA.
- **Efectos del recurso de apelación**: Art. 108, 205 CPA.
- **Requisitos de la sentencia que resuelve la apelación**: Art. 81 CPA.
- **Audiencias judiciales (preparatoria, de juicio, única y específicas)**: Arts. 65, 170 a 173, 179, 180, 186 a 196 CPA.

ARTÍCULO 205- Efectos de la apelación

La admisión de la apelación contra la sentencia definitiva y de los autos que pongan fin al proceso produce efectos suspensivos, salvo disposición expresa en contrario.

El tribunal de primera instancia conserva la competencia en los supuestos de apelación contra resoluciones emitidas en asuntos tramitados en legajo separado, en medidas cautelares y tutelares y para la ejecución provisional.

CONCORDANCIAS:

- **Efecto del recurso de apelación**: Art. 108 Código Procesal Agrario (CPA), Ley 9609/2018.
- **Apelación diferida**: Art. 204 CPA.
- **Efecto de recursos en medida cautelares**: Art. 249 CPA.
- **Efecto de recursos en ejecución provisional**: Art. 301 CPA.

ARTÍCULO 206- Procedimiento del recurso de apelación

Cuando la sentencia se emita de forma escrita, en la resolución donde se resuelva la admisibilidad del recurso, si se admite, se dará audiencia a las demás partes, por el plazo de tres días.

Ante el Tribunal Agrario, y dentro de los tres días siguientes luego de admitido el recurso de apelación, cualquiera de las partes podrá solicitar se programe una audiencia oral en la cual puedan expresar sus argumentos, disponiendo en cada caso el Tribunal, si en el mismo momento se dictara la resolución de fondo. Caso contrario, contará con veintidós días para resolver el recurso.

Cuando se admita u ordene prueba en segunda instancia, su resultado se pondrá en conocimiento de las partes por tres días, salvo si se señala audiencia específica para su práctica o recibo, o para resolver el recurso. En tal caso, sobre las pruebas, las partes deberán pronunciarse en dicha oportunidad.

Concluida la audiencia, se emitirá la resolución final de forma inmediata, o dentro de los veintidós días siguientes. Ese mismo plazo aplicará cuando no se realice la audiencia, contado a partir de que el expediente sea recibido por quien esté a cargo de su redacción.

De no comparecer las partes a la audiencia, el tribunal practicará la prueba si es posible o, en su caso, la incorporará y emitirá la sentencia, conforme a lo dispuesto en este Código. Si se presenta solo una parte, se realizará con esta y se escucharán sus conclusiones. Se prescindirá de la prueba que no se pueda practicar en dicha audiencia.

CONCORDANCIAS:

- **Competencia funcional**: Art. 11.1 Código Procesal Agrario (CPA), Ley 9609/2018.
- **Tipos de resoluciones judiciales**: Art. 74 CPA.
- **Legitimación para impugnar**: Art. 198 CPA.
- **Motivación del recurso**: Art. 197 CPA.
- **Prueba para mejor resolver**: Art. 129 CPA.
- **Tribunal decisor:** Arts. 76, 77, 78 CPA.
- **Sentencia:** Arts. 79, 80, 81, 82 CPA.
- **Audiencias judiciales (preparatoria, de juicio, única y específicas)**: Arts. 65, 170 a 173, 179, 180, 186 a 196 CPA.

ARTÍCULO 207- Apelación por inadmisión

Procederá el recurso de apelación por inadmisión, contra la resolución que deniegue un recurso de apelación no diferido. Deberá presentarse dentro del tercer día ante el tribunal que dictó la resolución impugnada. El recurso expresará con claridad cuál es la resolución originalmente apelada, el auto denegatorio y las razones por las cuales se estima ilegal la denegatoria.

El tribunal de primera instancia deberá hacer un legajo físico o digital que contenga el recurso de apelación por inadmisión y la información necesaria para resolverla. Comunicará de su existencia al superior dentro de los tres días siguientes a su interposición. Siempre que sea posible, la información deberá enviarse electrónicamente.

La interposición del recurso de apelación por inadmisión no suspende el curso normal del procedimiento, salvo que el tribunal de segunda instancia disponga expresamente lo contrario, dentro de los tres días siguientes a la recepción de la información.

Si la apelación es improcedente, se confirmará el auto denegatorio y, en su caso, se dispondrá la devolución del legajo para ser agregado al principal. Si el superior declara procedente el recurso, revocará el auto denegatorio y admitirá la apelación.

En ese mismo pronunciamiento, pedirá el expediente principal para continuar con el trámite de la alzada. Lo resuelto, si es posible, será comunicado al tribunal de instancia de la manera más expedita posible, por lo medios legalmente autorizados.

CONCORDANCIAS:

- **Competencia funcional**: Art. 11.1 Código Procesal Agrario (CPA), Ley 9609/2018.
- **Tipos de resoluciones judiciales**: Art. 74 CPA.
- **Legitimación para impugnar**: Art. 198 CPA.
- **Apelación por inadmisión**: Art. 206 CPA.
- **Resoluciones apelables**: Arts. 10, 38, 108, 203 CPA.
- **Recursos en procesos sucesorios**: Art. 203 párrafo 2 CPA // 67.3 incisos 15, 16, 17, 18, 19, 20, 21, 22 Código Procesal Civil (CPC), Ley 9342/2016.
- **Apelación en ejecución provisional de sentencias**: Art. 298 CPA.
- **Improcedencia del recurso de apelación**: Arts. 299, 301.4, 301.5 CPA.

ARTÍCULO 208- Recurso de casación

El recurso de casación se regirá por las siguientes reglas:

1) Procederá contra la sentencia emitida en procesos ordinarios, su ejecución, resoluciones que tengan eficacia de cosa juzgada material y en los casos que la ley expresamente lo señale. Podrá basarse en razones procesales y de fondo.

2) Será conocido por la Sala de la Corte Suprema de Justicia, según la distribución de competencia establecida en la Ley N.° 7333, Ley Orgánica del Poder Judicial, de 5 de mayo de 1993. Cuando el tribunal de casación que reciba el proceso para resolver el recurso se declare incompetente para conocerlo, deberá remitirlo al correspondiente.

3) Se interpondrá de forma escrita ante el órgano de casación que corresponda, en el plazo de quince días. De ser necesario, las partes deberán señalar medio para atender notificaciones. De ser admitido, el órgano de casación conferirá cinco días a la parte contraria para que haga valer sus eventuales derechos.

4) En audiencia, el recurso podrá interponerse de forma oral, con lo cual se tendrá por renunciado el plazo y se escuchará de inmediato a la contraria. Lo anterior, salvo que por motivos fundados el tribunal cierre la audiencia una vez emitida la sentencia.

5) Indicará la resolución impugnada, los motivos concretos en que se funda, expuestos de forma ordenada y concisa y la prueba ofrecida para mejor resolver, si la hay. Si es documental, deberá aportarse con el recurso. No será necesario invocar las normas procesales o de fondo violadas, pero el reclamo debe ser claro en cuanto a las razones alegadas. En

todo caso, la invocación errónea de normas no se considerará motivo para declararlo inadmisible. Una vez interpuesto el recurso, no podrán ampliarse los motivos de casación.

6) Si el recurso no cumple los requisitos, salvo que se deduzcan del expediente, el órgano de casación prevendrá a quien recurre que lo corrija, dentro del tercer día.

Los defectos se especificarán en la misma resolución, con el apercibimiento, en caso de incumplimiento, de rechazarlo de plano.

CONCORDANCIAS:

- **Competencia funcional**: Art. 12.3 Código Procesal Agrario (CPA), Ley 9609/2018.
- **Recurso de casación por escrito**: Art. 67 CPA.
- **Casación por razones procesales:** Art. 209 CPA.
- **Casación por razones de fondo:** Art. 210 CPA.
- **Rechazo de plano del recurso de casación:** Art. 211 CPA.
- **Efectos del recurso de casación**: Art. 212 CPA.
- **Procedimiento del recurso de casación**: Arts. 213, 214 C CPA.
- **Prueba para mejor resolver**: Art. 129 CPA.
- **Sentencia de casación:** Arts. 81, 215, 216 CPA.
- **Recursos contra la sentencia de casación**: Art. 217 CPA.

ARTÍCULO 209- Casación por razones procesales

El recurso de casación será admisible por motivos de orden procesal, cuando se funde en:

1) La infracción o errónea aplicación de normas procesales esenciales para garantizar el debido proceso, siempre que la actividad defectuosa produzca indefensión y no se haya subsanado conforme a la ley.

2) La vulneración de la inmediación en la audiencia de juicio o en la deliberación.

3) La falta, insuficiencia o contradicción grave en la fundamentación de la sentencia.

4) La fundamentación de la sentencia se base en prueba ilegítima o introducida ilegalmente al proceso.

5) La incongruencia de la sentencia. No se incurrirá en dicha causal cuando se otorguen derechos de carácter indisponible u otorgados por el legislador, siempre que su existencia se haya debatido y demostrado en el proceso.

6) La inobservancia de las disposiciones previstas en este Código para la deliberación, la integración del tribunal y el plazo de la emisión de la resolución impugnada.

No serán motivos para recurrir la falta de pronunciamiento sobre costas o procesos incidentales sin influencia directa en el fondo del asunto, o cuando no se haya pedido subsanar la omisión por medio de adición.

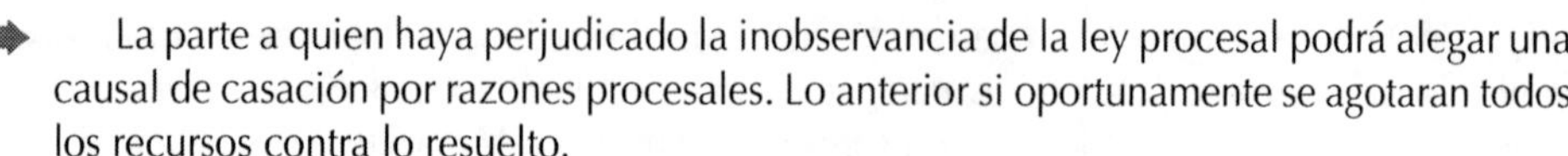

La parte a quien haya perjudicado la inobservancia de la ley procesal podrá alegar una causal de casación por razones procesales. Lo anterior si oportunamente se agotaran todos los recursos contra lo resuelto.

CONCORDANCIAS:

- **Competencia funcional**: Art. 12.3 Código Procesal Agrario (CPA), Ley 9609/2018.
- **Recurso de casación por escrito**: Arts. 67, 208 CPA.
- **Audiencia de juicio**: Arts. 190 CPA.
- **Tribunal decisor:** Arts. 76, 77, 78 CPA.
- **Sentencia de casación:** Arts. 81, 215, 216 CPA.

ARTÍCULO 210- Casación por razones de fondo

Procederá el recurso de casación por razones de fondo, cuando se base en:

1) La violación de principios y normas sustantivas aplicables al caso concreto. Esta causal comprende la infracción a las normas sobre apreciación de la prueba.

2) El quebranto de la cosa juzgada material.

CONCORDANCIAS:

- **Competencia funcional**: Art. 12.3 Código Procesal Agrario (CPA), Ley 9609/2018.
- **Recurso de casación por escrito**: Arts. 67, 208 CPA.
- **Apreciación de la prueba:** Art. 130 CPA.
- **Cosa juzgada:** Art. 85 CPA.
- **Sentencia de casación:** Arts. 81, 215, 216 CPA.

ARTÍCULO 211- Rechazo de plano del recurso de casación

El recurso de casación será rechazado de plano cuando:

1) Se interponga extemporáneamente.

2) La resolución impugnada carezca de ese tipo de recurso.

3) No se expresen los motivos concretos en que se funda.

4) Si se trata de una nulidad procesal, no sea una de las previstas como causal, no se haya reclamado oportunamente ante el tribunal correspondiente, ni se haya interpuesto recurso contra lo resuelto.

5) Se refiera a cuestiones no propuestas o alegadas oportunamente, ni debatidas en el proceso, sin perjuicio de otras razones cuando se alegue se causa indefensión.

CONCORDANCIAS:

- **Legitimación para impugnar**: Art. 198 Código Procesal Agrario (CPA), Ley 9609/2018.
- **Plazo para interponer recurso de casación**: Art. 208 CPA.
- **Recurso de casación por escrito**: Arts. 67, 208 CPA.
- **Casación por razones procesales:** Art. 209 CPA.
- **Casación por razones de fondo:** Art. 210 CPA.

ARTÍCULO 212- Efectos del recurso de casación

La admisión del recurso de casación produce efectos suspensivos, salvo en todas las cuestiones que se tramiten en pieza separada, medidas cautelares y ejecución provisional, para las cuales el tribunal de primera instancia conserva su competencia. Excepcionalmente, el órgano que conozca de la casación podrá decretar medidas cautelares y tutelares, de oficio o a gestión de parte.

CONCORDANCIAS:

- **Admisión del recurso de casación**: Art. 208 Código Procesal Agrario (CPA), Ley 9609/2018.
- **Medidas cautelares**: Arts. 248 a 250 CPA.
- **Ejecución provisional de sentencia**: Arts. 298 a 302 CPA.

ARTÍCULO 213- Procedimiento del recurso de casación

Cuando el órgano de casación respectivo reciba el recurso, verificará si es de su competencia y resolverá sobre la admisibilidad. Si lo considera pertinente, podrá señalar la hora y la fecha para una audiencia oral, si alguna de las partes la ha pedido o si se admite prueba distinta a la documental.

Si el órgano de casación ordena o admite prueba documental para mejor resolver, su resultado se pondrá en conocimiento de las partes por el plazo de tres días, para que aleguen lo que estimen conveniente acerca de su alcance e importancia, salvo que se señale una audiencia específica para conocer, alegar y debatir sobre el resultado de aquella.

Si no se admite el recurso, se dispondrá la devolución inmediata del expediente.

CONCORDANCIAS:

- **Admisión del recurso de casación**: Art. 208 Código Procesal Agrario (CPA), Ley 9609/2018.
- **Legitimación para impugnar**: Art. 198 CPA.
- **Plazo para interponer recurso de casación**: Art. 208 CPA.
- **Recurso de casación escrito**: Arts. 67, 208 CPA.

- **Prueba para mejor resolver**: Art. 129 CPA.
- **Audiencia para resolver recurso de casación**: Art. 214 CPA.

ARTÍCULO 214- Audiencia para resolver el recurso de casación

Para la audiencia en casación, se seguirán las siguientes reglas:

1) La audiencia será presidida por la persona relatora que integre la Sala de Casación. Dará la palabra a la parte recurrente, le otorgará el tiempo durante el cual hará su exposición y le requerirá que motive, de forma ordenada y concisa, cada uno de los vicios alegados. Luego se escuchará a la contraria por un tiempo igual para que exprese su posición sobre el recurso.

2) No se permitirá la lectura del recurso o documentos, salvo que se trate de citas breves de prueba, jurisprudencia, textos legales o doctrinarios, los cuales podrán ser leídos únicamente en lo conducente. Se dará un lapso para la réplica y la contrarréplica. Quienes integren el órgano de casación podrán solicitar aclaraciones o explicaciones a las partes. Si son varias las partes recurrentes, la actora iniciará la exposición.

3) Se incorporará la prueba documental que se haya admitida en casación y se escuchará a las partes sobre ella. En su caso, se recibirá la prueba restante, siguiendo las reglas dispuestas para la audiencia de juicio. Finalmente, se otorgará a las partes un período para conclusiones.

4) La ausencia injustificada de la parte implicará el desistimiento de la prueba, en caso de que se haya admitido, sin necesidad de resolución que así lo declare.

Se realizará la audiencia con las partes presentes.

5) Cuando la audiencia se realice a solicitud de la parte recurrente, y esta no asiste de manera injustificada, se le impondrán las costas del recurso, independientemente del resultado. Si dos o más partes gestionaron la audiencia, y ninguna se presenta, cada una asumirá las costas del recurso.

CONCORDANCIAS:

- **Legitimación para impugnar**: Art. 198 Código Procesal Agrario (CPA), Ley 9609/2018.
- **Prueba para mejor resolver**: Art. 129 CPA.
- **Costas:** Arts. 231 a 233 CPA.

ARTÍCULO 215- Plazo para la sentencia de casación

Si no se señala para audiencia, la sentencia se dictará en el plazo de dos meses a partir de la firmeza de la resolución que admite el recurso.

Si se realiza audiencia, la Sala de Casación procederá a deliberar y emitir la sentencia al concluir esta. Cuando se trata de un caso complejo, se comunicará en un mes a partir del cierre de la audiencia. La determinación de la complejidad deberá ser justificada al darse por terminada esta.

CONCORDANCIAS:

- **Tribunal decisor:** Arts. 76, 77, 78 Código Procesal Agrario (CPA), Ley 9609/2018.
- **Sentencia de casación:** Arts. 79 a 82, 216 CPA.

ARTÍCULO 216- Sentencia de casación

En la sentencia de casación, se examinará primero la impugnación relativa a vicios procesales. Si no son procedentes, se analizarán los motivos de fondo.

Si la sentencia se casa por razones procesales, se anulará y reenviará el proceso al tribunal correspondiente. Se indicará la etapa a la que se deberán retrotraer los efectos, para que reponga los trámites y resuelva conforme a derecho. Cuando el vicio se refiera únicamente a la sentencia como acto procesal, la anulación recaerá solo sobre esta, a fin de que se dicte nuevamente la que corresponda, siempre que no se infrinja el principio de inmediatez. Tratándose de incongruencia, si se puede subsanar el vicio, la Sala de Casación dictará sentencia sobre el fondo, sin necesidad de reenvío. No habrá incongruencia si lo otorgado es consecuencia lógica de lo pedido.

Cuando se case por violar normas sustantivas, se emitirá una nueva sentencia, atendiendo las defensas de la parte contraria a la recurrente, omitidas o preteridas en la sentencia impugnada, si por haber resultado victoriosa esa parte, no ha podido interponer el recurso de casación.

La sentencia que se dicte no podrá pronunciarse sobre otros puntos distintos de los planteados en el recurso, salvo las nulidades, las correcciones o las reposiciones que procedan por iniciativa del órgano y el pronunciamiento sobre costas.

CONCORDANCIAS:

- **Casación por razones procesales:** Art. 209 Código Procesal Agrario (CPA), Ley 9609/2018.
- **Casación por razones de fondo:** Art. 210 Código Procesal Agrario CPA.
- **Tribunal decisor:** Arts. 76, 77, CPA.
- **Sentencia de casación:** Arts. 79 a 82 CPA.

ARTÍCULO 217- Recursos contra las resoluciones emitidas por la Sala de Casación

Contra las sentencias que dicte la Sala de Casación solo procederá la revisión en los casos previstos por ley. Contra las demás resoluciones solo procederá revocatoria.

CONCORDANCIAS:

- **Recurso de revocatoria:** Arts. 200, 201 Código Procesal Agrario (CPA), Ley 9609/2018.
- **Reclamos de nulidad posterior a emisión de sentencias que no tienen revisión**: Art. 94 CPA.

ARTÍCULO 218- Revisión

La revisión procederá contra la sentencia firme con eficacia y autoridad de cosa juzgada material, conforme a las causales y el procedimiento establecidos en la normativa procesal civil. El plazo y el dictado o la emisión de la sentencia se regirán por lo dispuesto para el recurso de casación en este Código.

CONCORDANCIAS:

- **Revisión**: Art. 65.1, 72 Código Procesal Agrario (CPA), Ley 9609/2018.
- **Cosa juzgada**: Art. 85 CPA.
- **Reclamos de nulidad posterior a emisión de sentencias que no tienen revisión**: Art. 94 CPA.

ARTÍCULO 219- Tribunal sustituto

Cuando se anule una sentencia con ocasión de los recursos de apelación y casación, o por revisión, si es necesario repetir la audiencia de juicio, será realizada por el mismo tribunal que dictó dicho pronunciamiento, pero con una integración diferente.

CONCORDANCIAS:

- **Nulidades procesales**: Arts. 92, 93, 197 Código Procesal Agrario (CPA), Ley 9609/2018.
- **Audiencia de juicio:** Art. 190 CPA.

TÍTULO IX
MEDIOS EXTRAORDINARIOS DE CONCLUSIÓN DEL PROCESO

CAPÍTULO I
MEDIOS ALTERNATIVOS DE SOLUCIÓN DE CONFLICTOS

ARTÍCULO 220- Fin y procedimiento

La conciliación, la transacción, el arbitraje y cualquier otro medio alternativo de solución de conflictos deberán ser utilizados como instrumentos de paz social.

Cuando se utilicen para resolver un conflicto agrario, su procedimiento y homologación se regirán por este Código y, en lo que sea compatible, por lo que dispone la legislación especial. 

CONCORDANCIAS:

- **Derechos de las partes**: Art. 43 Constitución Política (1949) // 49.3 Código Procesal Agrario (CPA), Ley 9609/2018 // 2 Ley Resolución Alterna de Conflictos y Promoción de la Paz Social (Ley RAC), Ley 7727/1997.
- **Rol conciliador del tribunal**: Arts. 10.5, 48.9 CPA.
- **Órganos jurisdiccionales**: Art. 9 CPA.
- **Demanda improponible**: Art. 101.7 CPA.
- **Mandato judicial**: Art. 46 Código CPA.
- **Suspensión del proceso**: Art. 95 CPA.
- **Excepciones procesales**: Arts. 105.4, 106 CPA.
- **Persona abogada directora**: Art. 11 Ley RAC.

ARTÍCULO 221- Medios alternativos en los casos donde es parte una persona indígena

En los asuntos entre personas indígenas o cuando al menos una parte lo sea, deberán ponerse en práctica prioritariamente los modelos establecidos por los respectivos pueblos indígenas a que pertenecen para la solución de conflictos, conforme al derecho indígena. Además, podrán basarse en dictámenes periciales culturales, cuando resulte necesario.

Deberá reconocerse la pertinencia cultural de dichas poblaciones, a fin de que también se protejan sus valores, prácticas sociales y se respete su concepto de justicia, siempre que no se transgredan los derechos humanos.

CONCORDANCIAS:

- **Personas en condición de vulnerabilidad**: Arts. 48.10, 59 CPA // Convención sobre la Eliminación de Todas las Formas de Discriminación Contra la Mujer (CEDAW), Ley 6968/1984 // Circular Corte Suprema de Justicia 173-2019: Reglas de Brasilia sobre Acceso a la Justicia de las personas en condiciones de vulnerabilidad (Reglas de Brasilia).
- **Derechos de las personas indígenas**: Arts. 48.9 Código Procesal Agrario (CPA), Ley 9609/2018 // Convenio de OIT 107 sobre Protección de Pueblos Indígenas y Tribales (Convenio 107-OIT), Ley 2330/1959 // Convenio de OIT 169 sobre Pueblos Indígenas y Tribales en Países Independientes (Convenio 169-OIT), Ley 7316/1992 // Declaración de Naciones Unidas sobre derechos de los pueblos indígenas // Declaración Americana sobre los derechos de los pueblos indígenas.
- **Derecho consuetudinario**: Arts. 18.10 CPA // 8.1 Convenio 169-OIT.
- **Patrocinio letrado**: Arts. 44, 47 y 49.4 CPA.

- **Gratuidad en el proceso**: Art. 50 CPA.
- **Traducción de resoluciones y actuaciones para personas indígenas**: Arts. 59, 126 CPA // Circular Corte Suprema de Justicia 173-2019: Reglas de Brasilia sobre Acceso a la Justicia de las personas en condiciones de vulnerabilidad (Reglas de Brasilia) // Circular Corte Suprema de Justicia 10-2003: Deber de los despachos y oficinas judiciales de realizar las comunicaciones a las personas indígenas en sus propios idiomas // Circular Dirección Ejecutiva Poder Judicial 123-2023: Asignación de intérpretes indígenas y pago de honorarios con facturas ocasionales.
- **Atención de personas indígenas**: Arts. 67 CPA // Circular Corte Suprema de Justicia 108-2021: Reiteración sobre las reglas prácticas para facilitar el acceso a la justicia de las poblaciones indígenas // Circular Corte Suprema de Justicia 192-2019: Deber de las personas servidoras judiciales de utilizar lenguaje claro y sencillo en la atención de personas indígenas.
- **Actos (escritos) de partes**: Art. 67 CPA.
- **Criterios especiales para la condenatoria en costas a personas asistidas por la Defensa Pública**: Art. 233 CPA.
- **Sede de los tribunales**: Art. 14 CPA.

ARTÍCULO 222- Audiencia de conciliación judicial

Las personas juzgadoras agrarias que estén conociendo del proceso intentarán en cualquier estado del proceso que las partes solucionen el conflicto de forma conciliada en lo que sea legalmente posible; para tales efectos, se les indicará sobre las ventajas de una solución conciliada, sin que sus manifestaciones constituyan motivo para recusar a la persona que juzga. En el acta no se incluirán manifestaciones hechas por las partes con motivo de la conciliación y lo afirmado por ellas no podrá interpretarse como aceptación de las proposiciones efectuadas.

La conciliación podrá estar a cargo de una persona juzgadora especializada en conciliación agraria, si existiera; en cuyo caso, en la misma audiencia, sustituirá a quien la dirige, para esa única actuación. De no haberla, la conciliación la dirigirá la persona juzgadora que esté conociendo del proceso.

CONCORDANCIAS:

- **Deber del tribunal de fomentar la conciliación**: Arts. 48.9 Código Procesal Agrario (CPA), Ley 9609/2018 // 6, 7, 10, 13, 14 Ley Resolución Alterna de Conflictos y Promoción de la Paz Social (Ley RAC), Ley 7727/1997.
- **Órganos jurisdiccionales**: Art. 9 CPA.
- **Requisitos de los acuerdos**: Art. 12 Ley RAC.
- **Audiencias judiciales (preparatoria, de juicio, única y específicas)**: Arts. 65, 170 a 173, 179, 180, 186 a 196 CPA.

ARTÍCULO 223- Homologación del acuerdo conciliatorio judicial

La homologación del acuerdo conciliatorio le corresponderá al órgano conciliador. Este verificará que lo acordado no afecte derechos de terceras personas, no contenga alguna ilegalidad, ni quebrante normas de orden público, tampoco que verse sobre bienes y derechos indisponibles, irrenunciables o que estén fuera del comercio. En tales supuestos, deberá improbarlo. Podrá homologarlo, parcialmente, cuando las restantes cláusulas válidas sean ejecutables y suficientes para lograr el fin de lo acordado.

Si el convenio está conforme a derecho, se homologará y se dará por terminado el proceso. Cuando la homologación sea parcial, el procedimiento seguirá su curso normal respecto de los extremos no convenidos. Los extremos homologados, parcialmente, se ejecutarán en legajo separado.

La sentencia que resuelva sobre la homologación deberá reproducir los acuerdos. Se emitirá en audiencia. Si es necesario, a criterio del órgano conciliador, en casos excepcionales, se podrá diferir durante tres días. Cuando se requiera cumplir con alguna condición o requisito acordado por las partes o exigido legalmente, dicho órgano determinará el plazo para pronunciarse sobre la homologación. El plazo podrá prorrogarse a solicitud de las partes. A su vencimiento, deberá resolverse lo que corresponda.

Concluida la participación del órgano conciliador, este deberá incorporar de inmediato al proceso el acta respectiva o, en su caso, de haberse conciliado, el acuerdo respectivo y la resolución que se pronuncie sobre la homologación, para que el tribunal continúe con lo que corresponda.

CONCORDANCIAS:

- **Homologación de acuerdo conciliatorio**: Art. 7 Ley Resolución Alterna de Conflictos y Promoción de la Paz Social (Ley RAC), Ley 7727/1997.
- **Efectos de la homologación**: Arts. 85 Código Procesal Agrario (CPA), Ley 9609/2018 // 9 Ley RAC.
- **Acta de conciliación**: Arts. 59, 71 CPA // 12 Ley RAC.
- **Expediente judicial**: Art. 60 CPA.
- **Audiencia para conciliar**: Arts. 172, 186, 189.2 CPA.
- **Conciliación parcial**: Art. 8 Ley RAC.

ARTÍCULO 224- Conciliación extrajudicial

La conciliación puede realizarse de forma extrajudicial, antes o durante el proceso. Si existe proceso, podrá presentarse en este el acuerdo, a fin de que se pronuncie sobre la homologación. En tal caso, serán aplicables las normas previstas para la conciliación judicial. De no existir proceso, se seguirá el procedimiento homologatorio regulado en los procesos no contenciosos.

CONCORDANCIAS:

- **Derechos de las partes**: Arts. 43 Constitución Política (1949) // 49.3 Código Procesal Agrario (CPA), Ley 9609/2018 // 2 Ley Resolución Alterna de Conflictos y Promoción de la Paz Social (Ley RAC), Ley 7727/1997.
- **Audiencia para conciliar**: Arts. 172, 186, 189.2 CPA.
- **Conciliación judicial**: Arts. 222 y 223 CPA.
- **Homologación del acuerdo conciliatorio**: Arts. 321.3, 232, 326 CPA.
- **Efectos de la homologación del acuerdo conciliatorio**: Arts. 85 CPA // 9 Ley RAC.

ARTÍCULO 225- Conciliación previa facultativa

Antes de interponerse una demanda en esta sede, se podrá solicitar al órgano especializado en conciliación agraria que señale una audiencia, a fin de promover la conciliación con la eventual parte demandada. Para tal efecto, la persona proponente indicará el objeto del conflicto y la dirección exacta dónde se podrá notificar a quienes deban convocarse. La solicitud podrá ser presentada por todas las interesadas.

CONCORDANCIAS:

- **Derechos de las partes**: Arts. 43 Constitución Política (1949) // 49.3 Código Procesal Agrario (CPA), Ley 9609/2018 // 2 Ley Resolución Alterna de Conflictos y Promoción de la Paz Social (Ley RAC), Ley 7727/1997.
- **Deber del tribunal de fomentar la conciliación**: Arts. 48.9 Código Procesal Agrario (CPA), Ley 9609/2018 // 6, 7, 10, 13, 14 Ley RAC.
- **Órganos jurisdiccionales**: Art. 9 CPA.
- **Requisitos de los acuerdos**: Art. 12 Ley RAC.
- **Audiencia para conciliar**: Art. 171, 172, 173, 186 CPA.
- **Privacidad de la audiencia para conciliar**: Art. 182 CPA.
- **Notificación**: Arts. 2, 4, 19 Ley de notificaciones judiciales (LNJ), Ley 8687/2008 // Circular Corte Suprema de Justicia 38-3003: Sobre la aplicación del artículo 4 de la Ley de Notificaciones, Citaciones y otras comunicaciones judiciales // Circular Corte Suprema de Justicia 42-2011: Reiteración de la circular No. 206-2021 denominada “Guía práctica de comunicaciones judiciales”, la cual lleva adjunta las “Reglas generales que contemplan la Ley de Notificaciones Judiciales // Circular Corte Suprema de Justicia 42-2011: Aplicación del artículo 38 de la Ley de Notificaciones Judiciales.

ARTÍCULO 226- Transacción

Las partes, en cualquier estado del procedimiento, podrán transar sobre el derecho en litigio y hacer valer el acuerdo, aportando el documento donde conste lo convenido. Podrá exponerse oralmente ante el tribunal, de lo cual se dejará constancia en un acta.

El tribunal analizará la transacción para determinar si concurren los requisitos legales para su validez y de no existir objeciones lo homologará. Si contiene defectos subsanables, de previo a resolver lo que corresponda, prevendrá su corrección. Salvo disposición legal en contrario, la transacción homologada produce cosa juzgada material. Si comprende todas las pretensiones debatidas, tendrá como consecuencia la terminación del proceso.

CONCORDANCIAS:

- **Derechos de las partes**: Art. 43 Constitución Política (1949) // 49.3 Código Procesal Agrario (CPA), Ley 9609/2018 // 2 Ley Resolución Alterna de Conflictos y Promoción de la Paz Social (Ley RAC), Ley 7727/1997.
- **Rol conciliador del tribunal**: Arts. 10.5, 48.9 CPA.
- **Requisitos de la transacción**: Arts. 1367 a 1385 Código Civil (CC), Ley XXX/1885 // 12 Ley RAC.
- **Homologación de la transacción**: Arts. 1371 CC // 7 Ley RAC.
- **Efectos de la homologación**: Arts. 85 CPA // 1385 CC // 9 Ley RAC.

ARTÍCULO 227- Arbitraje

Las partes podrán dar por terminado el proceso, total o parcialmente, si acuerdan someter sus diferendos a un arbitraje. Procederá siempre que las controversias de orden patrimonial o no, actuales o futuras, estén fundadas en derechos respecto de los cuales tengan plena disposición.

Cuando las partes indiquen al tribunal que desean someterse a un arbitraje, deberán demostrar la existencia del compromiso. Si se concluye el proceso de forma total, indicarán lo acordado sobre costas. Ante su omisión, se entenderá que cada parte asume las suyas.

CONCORDANCIAS:

- **Derechos de las partes**: Art. 43 Constitución Política (1949) // 49.3 Código Procesal Agrario (CPA), Ley 9609/2018 // 2 Ley Resolución Alterna de Conflictos y Promoción de la Paz Social (Ley RAC), Ley 7727/1997.
- **Compromiso arbitral**: Arts. 1386 a 1392 Código Civil (CC), Ley XXX/1885 // 18, 21, 22, 23, 24, 37, 39 Ley RAC.
- **Tipos de arbitraje**: Art. 19 Ley RAC.
- **Persona abogada directora**: Art. 11 Ley RAC.
- **Costas**: 231 CPA.

ARTÍCULO 228- Condiciones para la Administración Pública

La Administración Pública y las demás instituciones de derecho público podrán conciliar, transar, someter a arbitraje y utilizar otros medios alternativos de solución de conflictos, salvo disposición en contrario, y siempre que no se contraríen normas de orden público.

Deberá presentarse el acuerdo o la resolución que lo autorice, adoptada por el respectivo superior jerárquico o por el órgano en que este delegue esa función. Si está representada por la Procuraduría General de la República se requerirá la autorización expresa, iguales requisitos se exigirán en caso de gestión anticipada de alguna forma de terminación del proceso.

CONCORDANCIAS:

- **Derechos de las partes**: Art. 43 Constitución Política (1949) // 49.3 Código Procesal Agrario (CPA), Ley 9609/2018 // 2 Ley Resolución Alterna de Conflictos y Promoción de la Paz Social (Ley RAC), Ley 7727/1997.
- **Derechos de la Administración Pública**: Art. 72 Código Procesal Contencioso Administrativo (CPCA), Ley 8508/2006.
- **Procuraduría General de la República**: Art. 20 Ley Orgánica de la Procuraduría General de la República (LOPGR), Ley 6815/1982.
- **Facultades para conciliar**: Art. 73 CPCA.

CAPÍTULO II
MEDIOS ANTICIPADOS DE CONCLUSIÓN DEL PROCESO

ARTÍCULO 229- Conclusión anticipada del proceso

Se podrá concluir anticipadamente el proceso por medio del desistimiento, la renuncia del derecho, la caducidad del proceso, la imposibilidad sobrevenida y la satisfacción extraprocesal, salvo que se trate de bienes indisponibles o de dominio público. Se aplicará supletoriamente la normativa procesal civil, siempre que no contravenga los principios procesales agrarios.

CONCORDANCIAS:

- **Integración y aplicación supletoria de normas**: Arts. 7 Código Procesal Agrario (CPA), Ley 9609/2018 // 12 Código Civil (CC), Ley XXX/1885 // 5 Ley Orgánica del Poder Judicial (LOPJ), Ley 8/1937.
- **Desistimiento de la demanda**: Arts. 56, 65.8, 67.10, 85.5, 193, 301 Código Procesal Civil (CPC), Ley 9342/2016.
- **Desistimiento de recursos**: Arts. 196, 214 CPA.
- **Desistimiento de medidas cautelares**: Art. 241.5 CPA.

- **Renuncia del derecho**: Arts. 18 CC // 53 CPC.
- **Derechos indisponibles de interés para la materia agraria:** Arts. 18, 19, 274, 621, 850, 1407 CC // 970 Código de Comercio (CCo), Ley 3284/1964 // 59 Ley Orgánica de la Agricultura e Industria de la Caña de Azúcar, Ley 7818/1998 // 64, 143 Ley reforma integral Régimen Relaciones de Productores, Beneficiadores y Exportadores Café, Ley 9872/2020.
- **Renuncia de medidas cautelares**: Art. 241.5 CPA.
- **Caducidad del proceso**: Art. 57 CPC.
- **Imposibilidad sobrevenida**: Art. 55 CPC.
- **Satisfacción extraprocesal**: Art. 54 CPC.
- **Costas**: Arts. 231, 232, 233 CPA.
- **Bienes de dominio público**: Arts. 45, 121.14 Constitución Política (1949) // Arts. 2361, 262, 263 CC.
- **Mandato judicial**: Art. 46 CPA.

TÍTULO X
CONSECUENCIAS ECONÓMICAS DE LA ACTIVIDAD PROCESAL

ARTÍCULO 230- Garantías

Si se debe establecer el monto de una garantía o contracautela, el tribunal lo fijará de manera prudencial, salvo disposición expresa en contrario. Si la garantía está en riesgo de perder su eficacia, dispondrá su renovación o sustitución, con el apercibimiento de ejecutarlas inmediatamente o de dejar sin efecto las medidas o beneficios garantizados.

CONCORDANCIAS:

- **Principio de gratuidad**: Arts. 4, 49.4, 49.5, 50, 51, 249, 65 (excepción), 127, 233 Código Procesal Agrario (CPA), Ley 9609/2018 // 114 Código de la Niñez y la Adolescencia (CNA), Ley 7739/1998 // 6, 7 LAJPI // Circular Consejo Superior: Aclaración de la Circular 32-09 sobre "Políticas de accesibilidad para las personas con discapacidad" (lenguaje lesco).
- **Garantía para gestoría procesal**: Art. 31 CPA.
- **Garantía en medidas cautelares**: Arts. 238, 239, 241, 248 CPA.
- **Garantía para embargo preventivo**: Art. 242 CPA.
- **Garantía para depósito de bienes**: Art. 245 CPA.
- **Garantía de pago para cosechar cultivos pendientes**: Art. 263 CPA.
- **Garantía para continuar obra**: Art. 273 CPA.
- **Garantía en tutela cautelar (relación con temas ambientales)**: Art. 283.2 CPA.
- **Garantía en ejecución provisional**: Arts. 301, 302 CPA.
- **Improcedencia de garantía para anotación de demanda**: Art. 243 CPA.

ARTÍCULO 231- Costas

Se consideran costas personales los honorarios por servicios de abogacía y la indemnización del tiempo invertido por la parte en asistir a los actos, cuando haya sido necesaria su presencia, para lo cual se tomarán en consideración las circunstancias personales. Los demás gastos indispensables del proceso son costas procesales.

En toda resolución que ponga fin a un proceso, se condenará a la parte vencida, aún de oficio, al pago de costas. En los procesos incidentales, solo se otorgarán las procesales, salvo norma expresa en contrario.

CONCORDANCIAS:

- **Criterios especiales para condenatoria en costas**: Art. 233 Código Procesal Agrario (CPA), Ley 9609/2018.
- **Condenatoria en costas por no demostrar capacidad procesal**: Art. 29.1 CPA.
- **Condenatoria en costas por falta de ratificación en gestoría procesal**: Art. 31 CPA.
- **Condenatoria en costas por abuso y fraude procesales**: Art. 54 CPA.
- **Condenatoria en costas por prueba anticipada**: Arts. 167, 169 CPA.
- **Condenatoria en costas por inasistencia injustificada a audiencia judicial**: Art. 193.1 CPA.
- **Costas en sentencia**: Arts. 81, 83 CPA.
- **Condenatoria en costas en recurso de casación**: Art. 214.5, 216 CPA.
- **Costas reclamadas por la Defensa Pública**: Art. 47 CPA.
- **Improcedencia condenatoria en costas por intervención coadyuvante**: Art. 37 CPA.
- **Recurso de apelación**: Art. 203.7 CPA.
- **Criterios de exoneración**: Art. 232 CPA.

ARTÍCULO 232- Exención de costas

Se podrá eximir de la condena en costas, total o parcialmente, cuando:

1) La demanda o contrademanda comprenda pretensiones exageradas.

2) La sentencia admita defensas de importancia invocadas por la parte perdidosa, las cuales modifiquen sustancialmente lo pretendido.

3) Haya vencimiento recíproco sobre pretensiones trascendentes, defensas o excepciones.

4) La parte vencida haya litigado con evidente buena fe. No la habrá cuando injustificadamente no haya asistido a las audiencias, o no aportó prueba alguna con su demanda, si se funda en hechos disputados.

CONCORDANCIAS:

- **Principio de buena fe procesal**: Art. 4, 48, 53, 54, 270 Código Procesal Agrario (CPA), Ley 9609/2018.

- **Excepciones procesales:** Art. 105 CPA.
- **Condenatoria en costas por inasistencia a audiencia judicial:** Art. 193.1 CPA.
- **Ofrecimiento de prueba:** Arts. 97.4, 98, 104, 109, 279 CPA.
- **Pretensión improponible:** Art. 100 CPA.

ARTÍCULO 233- Criterios especiales para la condenatoria en costas

En la determinación de las costas, se seguirán los siguientes criterios:

1) La cuantía del proceso, la situación económica de la persona litigante, así como la etapa en la que se encuentre el procedimiento. Si el proceso no es susceptible de estimación pecuniaria, el tribunal fijará las costas prudencialmente, tomando en cuenta los dos últimos criterios.

2) El importe que se debe reconocer por el pago de honorarios de la persona abogada no podrá ser menor al cinco por ciento (5%) ni mayor al quince por ciento (15%) del importe líquido de la condenatoria o de la absolución. Lo anterior se dispone solo si resulta vencida una parte asistida por la defensa pública o servicios afines; una asociación integral de desarrollo indígena de una comunidad determinada; una entidad sin fines de lucro legalmente constituida y declarada de interés público, u organizaciones de mujeres micro, pequeñas y medianas productoras agrarias, conforme lo establezca la normativa especial.

Cuando proceda, el pago de honorarios de abogados o abogadas corresponderá a la defensa pública, debiéndose declarar así en sentencia. Se depositarán en la cuenta bancaria especialmente designada con ese fin a favor de la defensa pública, los cuales se emplearán para cubrir gastos de la defensa agraria.

3) Si existe pluralidad de partes vencidas en costas, atendidas las circunstancias, se determinará si la condena es solidaria o divisible. Si no se especifica, se entenderá que es solidaria. Si se estipula divisible, el tribunal indicará cómo se distribuye la responsabilidad.

4) Cuando el extremo de costas se establezca a favor de varias partes, el monto aprovechará a todas por igual, salvo que se justifique y disponga una distribución diferente.

CONCORDANCIAS:

- **Cuantía en demanda:** Art. 189 Código Procesal Agrario (CPA), Ley 9609/2018.
- **Estimación de la demanda:** Art. 99// Art. 35.2 Código Procesal Civil (CPC), Ley 9342/2016.
- **Personas en condición de vulnerabilidad:** Arts. 48.10, 59 CPA // Convención sobre la Eliminación de Todas las Formas de Discriminación Contra la Mujer (CEDAW), Ley 6968/1984 // Circular Corte Suprema de Justicia 173-2019: Reglas de Brasilia sobre Acceso a la Justicia de las personas en condiciones de vulnerabilidad (Reglas de Brasilia).
- **Costas reclamadas por la Defensa Pública:** Art. 47 CPA.
- **Intervención de la defensa pública:** Art. 47 Código Procesal Agrario CPA.

ARTÍCULO 234- Honorarios de abogados y abogadas y rendición de cuentas.

Para la fijación de los honorarios de abogados y abogadas, lo relacionado con el convenio de cuota litis y la rendición de cuentas se aplicará la normativa procesal civil.

CONCORDANCIAS:

- **Integración y aplicación supletoria de normas**: Arts. 7 Código Procesal Agrario (CPA), Ley 9609/2018 // 12 Código Civil (CC), Ley XXX/1885 // 5 Ley Orgánica del Poder Judicial (LOPJ), Ley 8/1937.
- **Fijación de honorarios de persona abogada**: Art. 76.1 Código Procesal Civil (CPC), Ley 9342/2016.
- **Solicitud conjunta de honorarios de persona abogada**: Art. 76 CPC.
- **Convenio cuota litis**: Art. 76.5 CPC.
- **Rendición de cuentas**: Arts. 74, 76.3 CPC.
- **Incidente de cobro de honorarios**: Art. 76.3 CPC.

TÍTULO XI
MEDIDAS CAUTELARES Y TUTELARES

CAPÍTULO I
DISPOSICIONES GENERALES

ARTÍCULO 235- Oportunidad y procedencia de las medidas cautelares

En cualquier tipo de proceso, antes o durante el procedimiento, se podrá solicitar la adopción de medidas cautelares. Estas se decretarán de oficio, salvo norma expresa en contrario, o a solicitud y responsabilidad de la parte.

Se podrán ordenar cuando sean adecuadas y necesarias para proteger y garantizar, provisionalmente, el objeto del proceso y la efectividad de la sentencia. Además, para proteger la producción agraria, el ambiente, el suministro o la conservación de alimentos y materia prima, los derechos indisponibles o de orden público y los derechos de las personas productoras rurales.

CONCORDANCIAS:

- **Medidas cautelares:** Arts. 55, 236 a 250 Código Procesal Agrario (CPA), Ley 9609/2018 // 11 Ley de Biodiversidad (LB), Ley 7788/1998 // 6 a 9 Ley de Procedimientos de Observancia de los Derechos de Propiedad Intelectual (LODPI), Ley 8039/2000 // 34 a 40 Ley de protección de las obtenciones vegetales (LPOV), Ley 8631/2008.
- **Medidas cautelares en asuntos relacionados con poblaciones indígenas:** Arts. 48.10, 49.8 CPA // Circular Corte Suprema de Justicia 188-2019: Modificación a la circular 123-2019 Sobre los 21 ejes de acción recomendados por Comisión de Acceso a la Justicia con ocasión del cumplimiento de las Medidas Cautelares N°321-12 del 30 de abril de 2015 establecidas por la Comisión Interamericana

de Derechos Humanos (CIDH) contra Costa Rica // Circular Corte Suprema de Justicia 32-2021: Lineamientos para las personas servidoras judiciales en relación con las Medidas Cautelares 321-12 de la Comisión Interamericana de Derechos Humanos contra el Estado, y aplicación de la normativa internacional de derechos humanos a personas indígenas // Circular Corte Suprema de Justicia 240-2024: Deber de todas las personas servidoras judiciales que laboran en los ámbitos Jurisdiccional, Auxiliar de Justicia y Administrativo, de gestionar los riesgos vinculados al servicio que brindan a los Pueblos Indígenas beneficiarios de las Medidas Cautelares.

- **Medidas cautelares en tutela de la propiedad intelectual:** Arts. 6 a 9 Ley de Procedimientos de Observancia de los Derechos de Propiedad Intelectual (LODPI), Ley 8039/2000 // 34 a 40 Ley de protección de las obtenciones vegetales (LPOV), Ley 8631/2008.
- **Medidas tutelares (derecho a un ambiente sano):** Arts. 46, 50, 153 Constitución Política (1949) // 283 CPA.
- **Inaplicabilidad de medidas cautelares:** Art. 59 Ley de Marcas y Otros Signos Distintivos (LMSD), Ley 7978/2000.
- **Principio de oficiosidad:** Arts. 4, 25, 48.2 CPA.
- **Tipos de pretensiones en acciones procesales a plantear en procesos agrarios:** Arts. 1, 2, 21, 42 CPA.
- **Derechos indisponibles de interés para la materia agraria:** Arts. 49.3 CPA // 18, 19, 274, 621, 850, 1407 Código Civil (CC), Ley XXX/1885 // 970 Código de Comercio (CCo), Ley 3284/1964 // 59 Ley Orgánica de la Agricultura e Industria de la Caña de Azúcar, Ley 7818/1998 // 64, 143 Ley reforma integral Régimen Relaciones de Productores, Beneficiadores y Exportadores Café, Ley 9872/2020.
- **Medida cautelar de suspensión del desalojo (desahucio) administrativo:** Art. 55 CPA.

ARTÍCULO 236- Presupuestos de las medidas cautelares

Para decretar la medida cautelar, el tribunal analizará los principios de proporcionalidad y razonabilidad, la ponderabilidad de intereses relacionados, la probabilidad y la verosimilitud de la pretensión o apariencia de buen derecho y el peligro ante la demora.

CONCORDANCIAS:

- **Medidas cautelares:** Arts. 55, 235 a 250 Código Procesal Agrario (CPA), Ley 9609/2018 // 11 Ley de Biodiversidad (LB), Ley 7788/1998 // 6 a 9 Ley de Procedimientos de Observancia de los Derechos de Propiedad Intelectual (LODPI), Ley 8039/2000 // 34 a 40 Ley de protección de las obtenciones vegetales (LPOV), Ley 8631/2008.
- **Medidas cautelares en asuntos relacionados con poblaciones indígenas:** Arts. 48.10, 49.8 CPA // Circular Corte Suprema de Justicia 188-2019: Modificación a la circular 123-2019 Sobre los 21 ejes de acción recomendados por Comisión de Acceso a la Justicia con ocasión del cumplimiento de las Medidas Cautelares N°321-12 del 30 de abril de 2015 establecidas por la Comisión Interamericana de Derechos Humanos (CIDH) contra Costa Rica // Circular Corte Suprema de Justicia 32-2021: Lineamientos para las personas servidoras judiciales en relación con las Medidas Cautelares 321-12 de la Comisión Interamericana de Derechos Humanos contra el Estado, y aplicación de la normativa internacional de derechos humanos a personas indígenas // Circular Corte Suprema de Justicia 240-2024: Deber de todas las personas servidoras judiciales que laboran en los ámbitos Jurisdiccional, Auxiliar de Justicia y Administrativo, de gestionar los riesgos vinculados al servicio que brindan a los Pueblos Indígenas beneficiarios de las Medidas Cautelares.

- **Medidas cautelares en tutela de la propiedad intelectual:** Arts. 6 a 9 Ley de Procedimientos de Observancia de los Derechos de Propiedad Intelectual (LODPI), Ley 8039/2000 // 34 a 40 Ley de protección de las obtenciones vegetales (LPOV), Ley 8631/2008.
- **Medidas tutelares (derecho a un ambiente sano):** Arts. 46, 50, 153 Constitución Política (1949) // 283 CPA.
- **Principio de tutela judicial efectiva y de calidad en la Administración de Justicia (eficiencia y eficacia):** Arts. 4, 6, 49.1, 49.6, 49.7, 338, 340 CPA

ARTÍCULO 237- Medidas cautelares atípicas

Podrán adoptarse, de forma inmediata, medidas cautelares atípicas dentro de los procesos agrarios para la protección de las actividades productivas y las conexas a estas, que sean objeto de estos procesos. La falta de certeza científica absoluta o técnica sobre lo que es objeto de tutela no podrá ser justificante para no adoptar las medidas cautelares correspondientes.

CONCORDANCIAS:

- **Medidas cautelares:** Arts. 55, 235 a 250 Código Procesal Agrario (CPA), Ley 9609/2018 // 11 Ley de Biodiversidad (LB), Ley 7788/1998 // 6 a 9 Ley de Procedimientos de Observancia de los Derechos de Propiedad Intelectual (LODPI), Ley 8039/2000 // 34 a 40 Ley de protección de las obtenciones vegetales (LPOV), Ley 8631/2008.
- **Medidas cautelares en asuntos relacionados con poblaciones indígenas:** Arts. 48.10, 49.8 CPA // Circular Corte Suprema de Justicia 188-2019: Modificación a la circular 123-2019 Sobre los 21 ejes de acción recomendados por Comisión de Acceso a la Justicia con ocasión del cumplimiento de las Medidas Cautelares N°321-12 del 30 de abril de 2015 establecidas por la Comisión Interamericana de Derechos Humanos (CIDH) contra Costa Rica // Circular Corte Suprema de Justicia 32-2021: Lineamientos para las personas servidoras judiciales en relación con las Medidas Cautelares 321-12 de la Comisión Interamericana de Derechos Humanos contra el Estado, y aplicación de la normativa internacional de derechos humanos a personas indígenas // Circular Corte Suprema de Justicia 240-2024: Deber de todas las personas servidoras judiciales que laboran en los ámbitos Jurisdiccional, Auxiliar de Justicia y Administrativo, de gestionar los riesgos vinculados al servicio que brindan a los Pueblos Indígenas beneficiarios de las Medidas Cautelares.
- **Medidas cautelares en tutela de la propiedad intelectual:** Arts. 6 a 9 Ley de Procedimientos de Observancia de los Derechos de Propiedad Intelectual (LODPI), Ley 8039/2000 // 34 a 40 Ley de protección de las obtenciones vegetales (LPOV), Ley 8631/2008.
- **Medidas tutelares (derecho a un ambiente sano):** Arts. 46, 50, 153 Constitución Política (1949) // 283 CPA.
- **Principio precautorio:** Arts. 15 Declaración de Naciones Unidas sobre medio ambiente y desarrollo (1992) (DRMD) // 42 Ley de protección fitosanitaria (LPF), Ley 7664/1997 // 11 Ley de Biodiversidad (LB), Ley 7788/1998 // 5 Ley para la Gestión Integral de Residuos (LGIR), Ley 8839/2010.
- **Principio preventivo (de prevención):** Arts. 11 LB // 4 inciso c Ley orgánica del ambiente (LOA), Ley 7554/1995 // 42 LPF // 32 Ley de uso, manejo y conservación de suelos (LUMCS), Ley 7779/1998.

ARTÍCULO 238- Contenido de las medidas cautelares

Además de las medidas cautelares expresamente previstas por el ordenamiento jurídico, el tribunal podrá ordenar la conservación del estado de animales, vegetales, organismos vivos, bienes y situaciones, o bien, efectos anticipativos o innovativos, mediante la regulación o la satisfacción provisional de una situación fáctica o jurídica sustancial. También, podrá imponer o prohibir temporalmente obligaciones de hacer, no hacer o dar.

El tribunal dispondrá lo pertinente para su efectivo cumplimiento. Determinará con precisión su contenido, responsables, duración y forma de ejecución. De ser necesario, prevendrá garantía, indicando su tipo, cuantía y tiempo por el que deba prestarse. La medida no se ejecutará mientras la caución no se haya rendido.

Además, podrá emitir una medida menos rigurosa que la solicitada, si se considera suficiente.

CONCORDANCIAS:

- **Medidas cautelares:** Arts. 55, 235 a 250 Código Procesal Agrario (CPA), Ley 9609/2018 // 11 Ley de Biodiversidad (LB), Ley 7788/1998 // 6 a 9 Ley de Procedimientos de Observancia de los Derechos de Propiedad Intelectual (LODPI), Ley 8039/2000 // 34 a 40 Ley de protección de las obtenciones vegetales (LPOV), Ley 8631/2008.
- **Medidas cautelares en asuntos relacionados con poblaciones indígenas:** Arts. 48.10, 49.8 CPA // Circular Corte Suprema de Justicia 188-2019: Modificación a la circular 123-2019 Sobre los 21 ejes de acción recomendados por Comisión de Acceso a la Justicia con ocasión del cumplimiento de las Medidas Cautelares N°321-12 del 30 de abril de 2015 establecidas por la Comisión Interamericana de Derechos Humanos (CIDH) contra Costa Rica // Circular Corte Suprema de Justicia 32-2021: Lineamientos para las personas servidoras judiciales en relación con las Medidas Cautelares 321-12 de la Comisión Interamericana de Derechos Humanos contra el Estado, y aplicación de la normativa internacional de derechos humanos a personas indígenas // Circular Corte Suprema de Justicia 240-2024: Deber de todas las personas servidoras judiciales que laboran en los ámbitos Jurisdiccional, Auxiliar de Justicia y Administrativo, de gestionar los riesgos vinculados al servicio que brindan a los Pueblos Indígenas beneficiarios de las Medidas Cautelares.
- **Medidas cautelares en tutela de la propiedad intelectual:** Arts. 6 a 9 Ley de Procedimientos de Observancia de los Derechos de Propiedad Intelectual (LODPI), Ley 8039/2000 // 34 a 40 Ley de protección de las obtenciones vegetales (LPOV), Ley 8631/2008.
- **Medidas tutelares (derecho a un ambiente sano):** Arts. 46, 50, 153 Constitución Política (1949) // 283 CPA.
- **Principio de oficiosidad:** Arts. 4, 25, 48.2 CPA.
- **Principio precautorio:** Arts. 15 Declaración de Naciones Unidas sobre medio ambiente y desarrollo (1992) (DRMD) // 42 Ley de protección fitosanitaria (LPF), Ley 7664/1997 // 11 Ley de Biodiversidad (LB), Ley 7788/1998 // 5 Ley para la Gestión Integral de Residuos (LGIR), Ley 8839/2010.
- **Principio preventivo (de prevención):** Arts. 11 LB // 4 inciso c Ley orgánica del ambiente (LOA), Ley 7554/1995 // 42 LPF // 32 Ley de uso, manejo y conservación de suelos (LUMCS), Ley 7779/1998.
- **Garantías y contracautelas:** Art. 230 CPA.

ARTÍCULO 239- Modificación, sustitución y levantamiento de medidas cautelares

La medida cautelar podrá ser modificada, salvo disposición en contrario, cuando, entre otras causas, hayan variado las circunstancias que motivaron su adopción.

Podrá ser sustituida o levantada, excepto que lo impida su naturaleza o exista peligro de que el derecho de la parte actora se vuelva nugatorio. Para decidir, el tribunal se ajustará a los principios de proporcionalidad, ponderabilidad y razonabilidad. Si lo considera necesario, ordenará a la solicitante rendir garantía suficiente.

Si se levanta una medida no podrá ser adoptada por las mismas causas, a menos que surjan de nuevo las condiciones que la originaron.

Cuando una medida cautelar quede sin efecto al término del proceso o por cualquier otra causa se disponga su levantamiento, se ordenarán las disposiciones correspondientes y se remitirán las comunicaciones con ese fin.

CONCORDANCIAS:

- **Medidas cautelares:** Arts. 55, 235 a 250 Código Procesal Agrario (CPA), Ley 9609/2018 // 11 Ley de Biodiversidad (LB), Ley 7788/1998 // 6 a 9 Ley de Procedimientos de Observancia de los Derechos de Propiedad Intelectual (LODPI), Ley 8039/2000 // 34 a 40 Ley de protección de las obtenciones vegetales (LPOV), Ley 8631/2008.
- **Medidas tutelares (derecho a un ambiente sano):** Arts. 46, 50, 153 Constitución Política (1949) // 283 CPA.
- **Principio de tutela judicial efectiva y de calidad en la Administración de Justicia (eficiencia y eficacia):** Arts. 4, 6, 49.1, 49.6, 49.7, 338, 340 CPA
- **Principio de oficiosidad:** Arts. 4, 25, 48.2 CPA.
- **Garantías y contracautelas:** Art. 230 CPA.

ARTÍCULO 240- Caducidad y rechazo de medidas cautelares

Las medidas cautelares caducarán en tres meses a partir de su determinación si no se ejecutan en ese lapso, por culpa de la parte solicitante o, si después de ejecutadas, no se plantea la demanda. Además, cuando transcurran tres meses de inactividad del proceso imputable a quien la solicitó, salvo que proceda la deserción.

La caducidad de la medida se declarará de oficio o a instancia de parte.

Rechazada la medida o declarada caduca, será prohibido decretar esta, salvo que se aleguen motivos diferentes, sustentados en hechos nuevos o distintos.

CONCORDANCIAS:

- **Medidas cautelares:** Arts. 235 a 250 Código Procesal Agrario (CPA), Ley 9609/2018 // 11 Ley de Biodiversidad (LB), Ley 7788/1998 // 6 a 9 Ley de Procedimientos de Observancia de los Derechos de Propiedad Intelectual (LODPI), Ley 8039/2000 // 34 a 40 Ley de protección de las obtenciones vegetales (LPOV), Ley 8631/2008.

- **Medidas tutelares (derecho a un ambiente sano):** Arts. 46, 50, 153 Constitución Política (1949) // 283 CPA.
- **Principio de tutela judicial efectiva y de calidad en la Administración de Justicia (eficiencia y eficacia):** Arts. 6, 49.1, 49.6, 49.7, 338, 340 CPA
- **Principio de oficiosidad:** Arts. 4, 25, 48.2 CPA.
- **Caducidad de la medida cautelar:** Art. 241-1 CPA.
- **Medida de acceso a fundos (plazo de caducidad de 1 mes):** Art. 247 CPA.
- **Caducidad del proceso (deserción):** Arts. 229, 241-5 CPA // 57 Código Procesal Civil (CPC), Ley 9342/2016.

ARTÍCULO 241- Costas, daños y perjuicios

Podrá condenarse a la parte solicitante de una medida cautelar al pago de costas, daños y perjuicios, cuando:

1) Se declare la caducidad de la medida.

2) Se ordene la cancelación por improcedente, cuando fue ordenada sin comunicación previa a la contraria.

3) Se haya solicitado o ejecutado de manera abusiva.

4) La demanda se declare inadmisible, improponible, se emita o se deniegue en sentencia.

5) El proceso finalice por renuncia, desistimiento o deserción.

La condenatoria se decretará en la resolución que levante o cancele la medida cautelar. Se ejecutará mediante el procedimiento de ejecución que corresponda.

Si la medida forma parte de un proceso principal, sobre dicha condenatoria se resolverá en sentencia.

Cuando se establezca la obligación de rendir una garantía por monto fijo, esta se hará efectiva a favor de la parte afectada como indemnización mínima, sin perjuicio de que reclame por dichos extremos una suma mayor.

Si se ha otorgado alguna garantía o contragarantía, la parte que pretenda tener derecho al resarcimiento por los daños y perjuicios causados con su ejecución deberá solicitarlo ante el tribunal mediante un simple alegato, dentro de los tres meses siguientes a la fecha de cesación de los efectos de la medida. Si la solicitud no se formula dentro del plazo citado o no se acredita el derecho, la garantía constituida se cancelará seguidamente y se devolverá a quien corresponda.

CONCORDANCIAS:

- **Medidas cautelares:** Arts. 235 a 250 Código Procesal Agrario (CPA), Ley 9609/2018 // 11 Ley de Biodiversidad (LB), Ley 7788/1998 // 6 a 9 Ley de Procedimientos de Observancia de los Derechos de Propiedad Intelectual (LODPI), Ley 8039/2000 // 34 a 40 Ley de protección de las obtenciones vegetales (LPOV), Ley 8631/2008.

- **Medidas tutelares (derecho a un ambiente sano):** Arts. 46, 50, 153 Constitución Política (1949) // 283 CPA.
- **Principio de oficiosidad:** Arts. 4, 25, 48.2 CPA.
- **Abuso procesal:** Arts. 48-5, 54 CPA.
- **Demanda inadmisible:** Art. 100 CPA.
- **Demanda improponible:** Art. 101 CPA.
- **Caducidad de la medida cautelar:** Art. 240 CPA.
- **Renuncia del derecho:** Arts. 229 CPA // 18 Código Civil (CC), Ley XXX/1885 // 53 Código Procesal Civil (CPC), Ley 9342/2016.
- **Desistimiento:** Arts. 229 CPA // 56 Código Procesal Civil (CPC), Ley 9342/2016.
- **Caducidad del proceso (deserción):** Arts. 229 CPA // 57 Código Procesal Civil (CPC), Ley 9342/2016.
- **Ejecución de órdenes judiciales:** Arts. 153 Constitución Política (1949) // 20, 73, 116, 117, 118, 155, 173, 174, 291 a 295, 306 Código Procesal Agrario (CPA), Ley 9609/2018 // 1, 5, 6, 7, 167, 168 Ley Orgánica del Poder Judicial (LOPJ), Ley 8/1937.
- **Reglas generales para la indemnización de daños y perjuicios**: Arts. 324, 325, 327, 702 a 704, 707, 868, 1046 CC.
- **Garantías y contracautelas:** Art. 230 CPA

CAPÍTULO II
MEDIDAS CAUTELARES ESPECÍFICAS

ARTÍCULO 242- Embargo preventivo

Para impedir que la parte accionada mediante el ocultamiento o la distracción de bienes pueda eludir una eventual responsabilidad patrimonial, la actora podrá pedir se decrete embargo preventivo.

Con la solicitud se deberá depositar una garantía correspondiente al veinticinco por ciento (25%) del monto por el que se pide el embargo. Dicha caución no es necesaria si la gestión se funda en un título ejecutivo. La garantía podrá reducirse en proporción al valor de lo efectivamente embargado, cuando no se encuentren suficientes bienes de la demandada en los cuales se pueda hacer recaer la medida.

El embargo preventivo podrá reducirse cuando exceda el monto reclamado. Se levantará cuando se deposite la suma por la cual se decretó.

Si la medida es procedente, esta se ordenará sin necesidad de comunicarlo a la contraria.

CONCORDANCIAS:

- **Principio dispositivo**: Arts. 8, 48.9, 86, 196, 220, 226, 229 Código Procesal Agrario (CPA), Ley 9609/2018 // 5 Ley Orgánica del Poder Judicial (LOPJ), Ley 8/1937.

- **Regla de responsabilidad patrimonial:** Arts. 981, 982 Código Civil (CC), Ley XXX/1885.
- **Apremio patrimonial (embargo y remate de bienes):** Arts. 311 CPA // 984 Código Civil (CC), Ley XXX/1885 // 160 LOPJ // 10 Ley de Inscripción de Documentos en Registro Público, Ley 3883/1967 // 66 Ley que transforma el Instituto de Desarrollo Agrario (IDA) en el Instituto de Desarrollo Rural (Ley Inder) // 154 a 165 Código Procesal Civil (CPC), Ley 9342/2016 // Circular Consejo Superior 66-1998: Función de los Auxiliares Ejecutores // 19 a 30 circular Consejo Superior 02-2015: Reglamento para regular la función de las y los intérpretes, traductores, peritos y ejecutores en el Poder Judicial // Circular Corte Suprema de Justicia 165-2015: Anotaciones de embargos practicados en predios con limitaciones vigentes // Circular Consejo Superior 66-2018: Recomendaciones a las personas juzgadoras agrarias para su valoración con el fin de orientar y facilitar la aplicación de la materia (remate de bienes).
- **Embargo cautelar (embargo preventivo):** Arts. 468.4, 475, 876 CC // 546, 560, 606, 674, 783 Código de Comercio (CCo), Ley 3284/1964 // 3.2, 18, 34.2 Ley Concursal, Ley 9957/2021.
- **Mandamiento de embargo y de desembargo:** Art. 468.4, 475 CC // 546 CCo.
- **Bienes inembargables:** Arts. 261 a 263, 984 CC // 7 Ley de Tierras y Colonización (LTC), Ley 2825/1961 // 546 Código de Comercio (CCo), Ley 3284/1964 // 3 Ley Indígena (LI), Ley 6172/1977 // 139, 139 bis, 140 Ley Orgánica del Banco Central de Costa Rica (LOBCCR), Ley 7558/1995 // 95 Ley Orgánica de la Agricultura e Industria de la Caña de Azúcar, Ley 7818/1998 // 35 Ley de Creación de la Corporación Arrocera (Ley Conarroz), Ley 8285/2002 // 170 Código Procesal Contencioso-Administrativo (CPCA), Ley 8508/2006 // 17, 42, 66, 67-g), 69 Ley Inder // 17.7 Ley Concursal, Ley 9957/2021 // 14, 52 Ley de Creación del fondo de garantía de depósito y de mecanismos de resolución de los intermediarios financieros, Ley 9816/2020.
- **Título ejecutivo:** Art. 62 CPA // 111.2 CPC // 63 Ley Orgánica de la Agricultura e Industria de la Caña de Azúcar, Ley 7818/1998 // 36 Ley Conarroz // 68, 72, 78, 97, 114 Ley reforma integral Régimen Relaciones de Productores, Beneficiadores y Exportadores Café, Ley 9872/2020.
- **Exceso de embargo:** Art. 311-4 CPA.
- **Levantamiento del embargo:** Art. 311-5 CPA.

ARTÍCULO 243- Anotación de demanda

Deberá disponerse la anotación de la demanda en bienes inscritos en registros públicos o privados que afecten a terceros, cuando se pida la constitución, modificación o extinción de un derecho real o personal con efectos reales. La parte demandante podrá gestionarlo sin necesidad de rendir garantía.

El tribunal librará mandamiento, con expresión del nombre, los apellidos, los números del documento de identificación de la parte actora y demandada, si constan en el expediente, así como las citas de inscripción del bien en litigio se remitirá de oficio, vía electrónica, a la mayor brevedad, salvo si existe alguna situación especial que lo impida. En tal caso, se utilizarán otros medios idóneos y, de ser necesario, la gestionante deberá diligenciarlo.

Anotado el mandamiento, cualquier acto relativo a los bienes se entenderá verificado, sin perjuicio del derecho del anotante.

No será admisible la contra cautela para el levantamiento de la anotación de la demanda.

No obstante, cuando el objeto de la demanda afecte una parte del inmueble y no la totalidad, el tribunal que ordenó la anotación podrá ordenar, si así lo solicita el propietario, la anotación únicamente en la parte del inmueble objeto de la demanda; para ello, el propietario deberá por su cuenta, previo levantamiento del plano catastrado respectivo, segregar e inscribir como finca independiente en el Registro Público la parte del inmueble en litigio.

CONCORDANCIAS:

- **Principio de oficiosidad:** Arts. 4, 25, 48.2 Código Procesal Agrario (CPA), Ley 9609/2018.
- **Anotación de demanda:** Art. 468 a 470 Código Civil (CC), Ley XXX/1885 // 95 Ley de Tierras y Colonización (LTC), Ley 2825/1961.
- **Inmovilización registral:** Arts. 2-j, 7 Ley para fortalecimiento de la seguridad registral inmobiliaria, Ley 9602/2018 // 256, 280, 296, 300 Reglamento general del Registro Inmobiliario, Decreto 44647/2024.
- **Nota de bloqueo registral:** Arts. 258, 280, 29 a 296, 300, 314 Reglamento general del Registro Inmobiliario, Decreto 44647/2024.
- **Mandamientos**: Art. 126 Ley Orgánica del Poder Judicial (LOPJ), Ley 8/1937.
- **Interrupción y cancelación registral de la anotación de demanda**: Art. 471 CC.

ARTÍCULO 244- Suspensión provisional de acuerdos sociales y similares

Cuando se impute la infracción de derechos, legales o convencionales, referidos a acuerdos sociales o de otras agrupaciones legalmente constituidas, se podrá disponer la suspensión provisional de los efectos del acuerdo impugnado. Para impedir la ejecución, se anotará la medida en el registro respectivo.

Si se trata de sociedades comerciales, quien lo solicite deberá demostrar que representa al menos el diez por ciento (10%) del capital social. En caso de otras personas jurídicas o entidades, deberá demostrar que es titular de cuotas en la misma proporción.

CONCORDANCIAS:

- **Sociedades comerciales**: Arts. 1, 2, 17 Código de Comercio (CCo), Ley 3284/1964.
- **Sociedades civiles**: Arts. 466, 1196 a 1250 Código Civil (CC), Ley XXX/1885.
- **Calidad de parte procesal:** Art. 28 Código Procesal Agrario (CPA), Ley 9609/2018

ARTÍCULO 245- Depósito de bienes

El depósito de bienes podrá ordenarse de oficio o a gestión de parte con previa rendición de garantía, si con la demanda se pretende su entrega y se encuentren en posesión de la parte accionada. Podrá ordenarse únicamente en casos muy calificados, cuando el bien esté en abandono o en peligro inminente de sufrir detrimentos graves o irreversibles, y siempre que no se agrave el conflicto económico social que da origen al proceso. Si se acoge, el tribunal designará depositario idóneo, fijará sus honorarios, ordenará el inventario de los bienes, así como la descripción detallada de estos y su estado. La persona designada deberá asegurar la conservación de tales bienes.

CONCORDANCIAS:

- **Principio de oficiosidad:** Arts. 4, 25, 48.2 Código Procesal Agrario (CPA), Ley 9609/2018.
- **Depósito judicial:** Arts. 1360 a 1366 Código Civil (CC), Ley XXX/1885.
- **Garantías y contracautelas:** Art. 230 CPA.

ARTÍCULO 246- Prohibición de innovar, modificar o cesar una actividad

Cuando un bien o derecho pueda sufrir menoscabo significativo o deterioro por causa de innovación, modificación o alteración en el curso del proceso, podrá prohibirse innovar, edificar, modificar, efectuar o ampliar cultivos perennes o semiperennes, así como ordenar el cese de una actividad o abstenerse, temporalmente, de llevar a cabo una conducta o prestación. Estas prohibiciones se dispondrán, en casos muy calificados, siempre que la medida no implique un menoscabo en la actividad productiva o genere un desequilibrio procesal y agrave el conflicto económico social.

CONCORDANCIAS:

- **Medidas cautelares:** Arts. 235 a 250 Código Procesal Agrario (CPA), Ley 9609/2018 // 11 Ley de Biodiversidad (LB), Ley 7788/1998.
- **Medidas tutelares (derecho a un ambiente sano):** Arts. 46, 50, 153 Constitución Política (1949) // 283 CPA.
- **Principio precautorio:** Arts. 15 Declaración de Naciones Unidas sobre medio ambiente y desarrollo (1992) (DRMD) // 42 Ley de protección fitosanitaria (LPF), Ley 7664/1997 // 11 Ley de Biodiversidad (LB), Ley 7788/1998 // 5 Ley para la Gestión Integral de Residuos (LGIR), Ley 8839/2010.
- **Principio preventivo (de prevención):** Arts. 11 LB // 4 inciso c Ley orgánica del ambiente (LOA), Ley 7554/1995 // 42 LPF // 32 Ley de uso, manejo y conservación de suelos (LUMCS), Ley 7779/1998.
- **Medidas cautelares atípicas:** Arts. 235 a 238 CPA.

ARTÍCULO 247- Acceso a fundos

Cuando sea necesario garantizar, de forma provisional, el acceso a un fundo ante el cierre del paso utilizado o imposibilidad sobrevenida en el uso de este por acciones humanas o de la naturaleza, se podrá ordenar el paso provisional por este u otro sector del inmueble, procurando la menor afectación. Lo anterior se dispone siempre que no se tenga acceso o salida suficiente a una vía pública transitable.

La resolución que adopte la medida especificará las condiciones desde las cuales se permite el acceso provisional. Para su ubicación, se describirán sus características principales. También deberá disponer, si fuera el caso, la autorización de ejecutar obras y labores de mantenimiento, de acuerdo con las circunstancias, cuyo costo estará a cargo de la parte solicitante.

Si la medida se plantea de forma anticipada, de acogerse, la gestionante deberá interponer su demanda dentro del plazo de un mes. Vencido este, se declarará caduca y se le condenará al pago de las costas, los daños y perjuicios. Para mantener sus efectos, de verificarse los presupuestos de procedibilidad, las pretensiones de la demanda deberán versar sobre la constitución, la declaración, la modificación o el reconocimiento de un derecho real o personal de acceso a un inmueble.

CONCORDANCIAS:

- **Vía pública transitable**: Arts. 10, 53, 58 Ley de Aguas (LAg), Ley 276/1942 // 4 a 8 Ley de Construcciones, Ley 833/1949 // 1 a 4 Ley General de Caminos Públicos (LGCP), Ley 5060/1972 // Declara Ríos Navegables en el Territorio Nacional, Decreto 4/1966 // 2-1, 86-d, 86-d, 92-13, 135 a 146 Reglamento general del Registro Inmobiliario, Decreto 44647/2024 // Reglamento de Fraccionamiento y Urbanizaciones del Instituto de Vivienda y Urbanismo (RFU-INVU) (versión vigente).
- **Medida cautelar anticipada:** Art. 248 Código Procesal Agrario (CPA), Ley 9609/2018.
- **Principio de tutela judicial efectiva y de calidad en la Administración de Justicia (eficiencia y eficacia):** Arts. 6, 49.1, 49.6, 49.7, 338, 340 CPA.
- **Principio precautorio:** Arts. 15 Declaración de Naciones Unidas sobre medio ambiente y desarrollo (1992) (DRMD) // 42 Ley de protección fitosanitaria (LPF), Ley 7664/1997 // 11 Ley de Biodiversidad (LB), Ley 7788/1998 // 5 Ley para la Gestión Integral de Residuos (LGIR), Ley 8839/2010.
- **Principio preventivo (de prevención):** Arts. 11 LB // 4 inciso c Ley orgánica del ambiente (LOA), Ley 7554/1995 // 42 LPF // 32 Ley de uso, manejo y conservación de suelos (LUMCS), Ley 7779/1998.
- **Pago de daños, perjuicios y costas por medida cautelar:** Art. 241 CPA.
- **Derecho real:** Art. 259 Código Civil (CC), Ley XXX/1885
- **Derecho personal:** Art. 260 CC.

CAPÍTULO III
PROCEDIMIENTO CAUTELAR

ARTÍCULO 248- Solicitud de la medida cautelar

En la solicitud de medida cautelar, salvo que conste en el proceso, se indicarán el nombre y las calidades de las partes, el tipo y el objeto del proceso, lo pedido, su justificación y la finalidad. Además, de ser necesario, la prueba, la estimación y el medio para atender notificaciones. Deberá ofrecerse la prestación de garantía cuando legalmente se requiera, especificando el tipo y la justificación del importe que se propone. Si se trata de una medida cautelar anticipada, se indicará el lugar dónde notificar a la persona afectada o demandada.

La falta de algún requisito en la solicitud o en la demanda, si se presenta dentro de esta, no será impedimento para el trámite de la medida, excepto que sea indispensable a fin de resolverla.

CONCORDANCIAS:

- **Medidas cautelares:** Arts. 55, 235 a 250 Código Procesal Agrario (CPA), Ley 9609/2018 // 11 Ley de Biodiversidad (LB), Ley 7788/1998 // 6 a 9 Ley de Procedimientos de Observancia de los Derechos de Propiedad Intelectual (LODPI), Ley 8039/2000 // 34 a 40 Ley de protección de las obtenciones vegetales (LPOV), Ley 8631/2008.
- **Medidas tutelares (derecho a un ambiente sano):** Arts. 46, 50, 153 Constitución Política (1949) // 283 CPA.
- **Medidas cautelares atípicas:** Art. 238 CPA.
- **Medidas cautelares típicas o parcialmente tipificadas:** Arts. 55, 242 a 247 CPA.
- **Medios de prueba:** Arts. 48.10, 114 Código Procesal Agrario (CPA), Ley 9609/2018.
- **Ofrecimiento de prueba**: Arts. 97.4, 98, 104, 189.4, 202, 208.5 CPA.
- **Señalamiento de medio para recibir notificaciones:** Arts. 97.2, 168, 197, 208.3, 306 CPA.
- **Principio de tutela judicial efectiva y de calidad en la Administración de Justicia (eficiencia y eficacia):** Arts. 6, 49.1, 49.6, 49.7, 338, 340 CPA.
- **Principio de informalismo procesal:** Arts. 4, 46, 48.7, 58, 67 (excepciones), 70, 72, 75, 92, 226 CPA.
- **Garantías y contracautelas:** Art. 230 CPA.

ARTÍCULO 249- Audiencia para medidas cautelares

Antes de resolver una medida cautelar, se dará intervención a la demandada, con las excepciones de ley, y se convocará a las partes a audiencia que se celebrará a la mayor brevedad. Lo anterior será innecesario si está programada otra audiencia próximamente, caso en el cual se aprovechará dicha oportunidad, previo aviso a las partes.

En la audiencia se oirá a las partes. Si se admite prueba se recibirá de una vez, se escucharán las conclusiones y se resolverá la medida.

Las medidas cautelares decretadas se ejecutarán inmediatamente. Ningún recurso, proceso incidental o petición detendrá la ejecución.

CONCORDANCIAS:

- **Principio de tutela judicial efectiva y de calidad en la Administración de Justicia (eficiencia y eficacia):** Arts. 6, 49.1, 49.6, 49.7, 338, 340 CPA.
- **Medida cautelar provisionalísima:** Art. 250 CPA.

ARTÍCULO 250- Medidas provisionalísimas

Cuando se solicite una medida cautelar, el tribunal de oficio o a instancia de parte, podrá ordenar medidas provisionalísimas de manera inmediata, sin traslado previo a la parte contraria, a fin de garantizar la efectividad de que se adopte finalmente.

Tal resolución solo tendrá recurso de revocatoria.

Si la parte contra la cual se pide la medida, sin haberle sido comunicada, participa en alguna de las pruebas admitidas para resolverla, se le tendrá por notificada de dicha gestión. La resolución que se pronuncie sobre la medida cautelar se le deberá comunicar posteriormente, salvo que se emita en su presencia.

CONCORDANCIAS:

- **Principio de tutela judicial efectiva y de calidad en la Administración de Justicia (eficiencia y eficacia):** Arts. 6, 49.1, 49.6, 49.7, 338, 340 Código Procesal Agrario (CPA), Ley 9609/2018.
- **Recurso de revocatoria:** Art. 200 CPA.
- **Notificación que se tiene por realizada:** Arts. 72 CPA // 10 Ley de notificaciones judiciales (LNJ), Ley 8687/2008.

TÍTULO XII
PROCESOS DE CONOCIMIENTO, MONITORIOS Y ESPECIALES

CAPÍTULO I
PROCESO ORDINARIO

ARTÍCULO 251- Proceso ordinario. Procedencia y emplazamiento

Las pretensiones que carezcan de un procedimiento expresamente señalado se conocerán por medio del proceso ordinario.

Cumplidos los requisitos de la demanda, se emplazará a la parte contraria. Se le harán de una vez todas las prevenciones correspondientes. Para contestar la demanda y la reconvención se conferirán quince días. Si tiene su domicilio en el extranjero y no cuenta con una persona apoderada en Costa Rica, el plazo para contestar será de treinta días.

CONCORDANCIAS:

- **Pretensiones en proceso ordinario:** Arts. 21 Código Procesal Agrario (CPA), Ley 9609/2018 // 52 Ley de Procedimientos de Observancia de los Derechos de Propiedad Intelectual (LODPI), Ley 8039/2000.
  - **Reglas especiales cuando están de por medio conflictos de naturaleza agraria relacionados con bienes, elementos y servicios ambientales**: Arts. 282 a 290 CPA.

- **Reglas especiales cuando están de por medio conflictos sobre propiedad intelectual relacionados con bienes o actividades de naturaleza agraria:** Arts. 47 Constitución Política (1949) // 1, 2, 28, 38 a 40 LODPI // 1, 2, 4, 11 a 29, 52 Ley de protección de las obtenciones vegetales (LPOV), Ley 8631/2008.

- **Requisitos de la demanda:** Art. 97 CPA.
- **Requisitos de la contrademanda:** Art. 109 CPA.
- **Ampliación de hechos y pretensiones en las demandas ordinarias:** Arts. 102, 189.3 CPA.
- **Demanda defectuosa:** Art. 100 CPA.
- **Emplazamiento:** Art. 103 CPA.
- **Requisitos de la contestación:** Art. 104 CPA.
- **Excepciones en proceso ordinario:** Arts. 105 a 108 CPA.
- **Cosa juzgada:** Art. 85 CPA.
- **Recursos contra sentencias de proceso ordinario:** Art. 208 CPA.
- **Conversión a proceso ordinario:** Arts. 255, 256, 279.6 CPA.

CAPÍTULO II
PROCESOS SUMARIOS

SECCIÓN I
DISPOSICIONES VARIAS

ARTÍCULO 252- Procedencia

Mediante el proceso sumario se tramitarán las pretensiones de:

1) Interdictos.

2) Desahucios.

3) Cobro de obligaciones dinerarias líquidas y exigibles, cuando no corresponda hacerlo en el proceso monitorio.

4) Derivadas de un contrato de arrendamiento, cuando se pretenda la resolución o la ejecución forzosa del acuerdo.

5) Relativas a la posesión provisional de bienes muebles, excepto dinero.

6) Entrega o devolución de bienes muebles, cuando haya título que acredite el respectivo derecho u obligación.

7) Referidas a controversias sobre la administración de la copropiedad y dominio compartido.

8) Prestación, modificación o extinción de garantías.

9) Solicitud de autorización, a fin de ingresar en predio ajeno, cuando lo permita la ley.

10) Cobro de créditos garantizados por el derecho de retención sobre bienes muebles.

11) Restablecimiento del derecho de paso fundado en un título preexistente, cuando no proceda el interdicto.

12) Derivadas de conflictos por competencia desleal agrarias. Además, las que se susciten por derechos de las y los obtentores de variedades vegetales.

13) Daños y perjuicios originados en la infracción de los derechos de las personas consumidoras cuando estén relacionadas con la actividad de producción de animales, vegetales y organismos.

14) Las dispuestas por ley.

Se podrá optar por acudir directamente a la vía ordinaria, salvo cuando se trate de los supuestos señalados en los incisos 1, 2, 5, 6, 9, 12 y 13.

CONCORDANCIAS:

- **Pretensiones en proceso sumario:**
- **Interdictos agrarios:** Arts. 265 a 271 Código Procesal Agrario (CPA), Ley 9609/2018 // 282, 283, 305 a 309, 313, 317, 319, 323, 324 a 326, 334 Código Civil (CC), Ley XXX/1885.
- **Desahucios agrarios:** Arts. 256 a 264 CPA // 288, 279-1, 459, 869, 1124 a 1168 CC // 7-f Ley general de arrendamientos urbanos y suburbanos (LGAU), Ley 7527/1995 // 22 Ley Reguladora de la propiedad en condominio (LRPC), Ley 7933/1999.
- **Derribo de construcciones o árboles relacionados con inmuebles de naturaleza agraria (por peligro inminente) (inciso 2):** Arts. 275 a 278 CPA // 310, 311 CC // 145 a 161 LAg.
- **Suspensión de obras en inmuebles de naturaleza agraria o que puedan afectar a tales (inciso 2):** Arts. 272 A 273 CPA // 310, 311, 312 CC // 89, 94 a 98 LAg.
- **Cobro de obligaciones dinerarias líquidas y exigibles, cuando no corresponda hacerlo en el proceso monitorio dinerario agrario:** Arts. 693, 706, 764 a 768, 771 a 785 CC // 15, 23 LRPC.
- **Derivadas de un contrato de arrendamiento agrario, cuando se pretenda la resolución o la ejecución forzosa del acuerdo:** Arts. 254 CPA // 288, 459, 692 a 695, 697, 869, 1124 a 1168 CC.
- **Relativas a la posesión provisional de bienes muebles agrarios, excepto dinero:** Arts. 253, 256 a 258, 502 a 504, 1365 CC.
- **Entrega o devolución de bienes muebles agrarios, cuando haya título que acredite el respectivo derecho u obligación:** Arts. 21.4, 254 CPA // 253 a 258, 264-5, 316 a 321, 481, 482 CC.
- **Referidas a controversias sobre la administración de la copropiedad y dominio compartido en bienes de naturaleza agraria:** Arts. 256, 266, 270 a 274, 290 a 293, 411-4, 460, 505 CC // 1 a 3 LRPC.
- **Prestación, modificación o extinción de garantías en contrataciones de naturaleza agraria:** Arts. 254 CPA // 1034 a 1042 CC.
- **Solicitud de autorización, a fin de ingresar en predio ajeno, cuando lo permita la ley:** Arts. 254 CPA // 295 CC.
- **Cobro de créditos garantizados por el derecho de retención sobre bienes muebles agrios:** Arts. 279-3, 365, 502, 513, 1195, 1357, 1277, 1338 CC.
- **Restablecimiento del derecho de paso fundado en un título preexistente, cuando no proceda el interdicto:** Arts. 254 CPA // 302, 308, 339, 370 a 375, 395 a 399 CC.
- **Derivadas de conflictos por competencia desleal relacionada con actividades o empresas agrarias o competencia desleal relacionada con derechos de personas obtentoras:** 17 Ley de Promoción de la competencia y defensa efectiva del consumidor (LPCDEC), Ley 7472/1994 // 1, 2, 30, 31, 36 Reglamento a la Ley de Promoción de la Competencia y Defensa Efectiva del Consumidor (RLPCDEC) // 51 Ley de protección de las obtenciones vegetales (LPOV), Ley 8631/2008.

- **Daños y perjuicios originados en la infracción de los derechos de las personas consumidoras cuando estén relacionadas con la actividad de producción de animales, vegetales y organismos:** Arts. 324, 325, 327, 702 a 704, 707, 868, 1046 CC // 34 a 43, 46, 54, 57, 59 a 63 LPCDEC. 
- **Impugnación de acuerdos de Asamblea de personas condóminas en condominios de naturaleza agraria:** Art. 26 LRPC.
- **Cancelación de la inscripción de garantías mobiliarias de naturaleza agraria por la persona deudora garante:** Art. 70 Ley de Garantías Mobiliarias (LGM), Ley 9246/2014.
- **Proceso monitorio:** Art. 279 CPA.
- **Recursos contra sentencias de proceso sumario:** Arts. 202, 203 CPA.
- **Conversión de sumario a proceso ordinario:** Arts. 255, 256 CPA.

ARTÍCULO 253- Emplazamiento en procesos sumarios

Si la demanda cumple los requisitos legales, se emplazará a la parte demandada y de una vez se harán las prevenciones respectivas. El plazo para contestar será de cinco días.

CONCORDANCIAS:

- **Pretensiones en proceso sumario:**
- **Interdictos agrarios:** Arts. 265 a 271 Código Procesal Agrario (CPA), Ley 9609/2018 // 282, 283, 305 a 309, 313, 317, 319, 323, 324 a 326, 334 Código Civil (CC), Ley XXX/1885.
- **Desahucios agrarios**: Arts. 256 a 264 CPA // 288, 279-1, 459, 869, 1124 a 1168 CC // 7-f Ley general de arrendamientos urbanos y suburbanos (LGAU), Ley 7527/1995 // 22 Ley Reguladora de la propiedad en condominio (LRPC), Ley 7933/1999.
- **Derribo de construcciones o árboles relacionados con inmuebles de naturaleza agraria (por peligro inminente) (inciso 2):** Arts. 275 a 278 CPA // 310, 311 CC // 145 a 161 LAg.
- **Suspensión de obras en inmuebles de naturaleza agraria o que puedan afectar a tales (inciso 2):** Arts. 272 A 273 CPA // 310, 311, 312 CC // 89, 94 a 98 LAg.
- **Cobro de obligaciones dinerarias líquidas y exigibles, cuando no corresponda hacerlo en el proceso monitorio dinerario agrario:** Arts. 693, 706, 764 a 768, 771 a 785 CC // 15, 23 LRPC.
- **Derivadas de un contrato de arrendamiento agrario, cuando se pretenda la resolución o la ejecución forzosa del acuerdo:** Arts. 254 CPA // 288, 459, 692 a 695, 697, 869, 1124 a 1168 CC.
- **Relativas a la posesión provisional de bienes muebles agrarios, excepto dinero:** Arts. 253, 256 a 258, 502 a 504, 1365 CC.
- **Entrega o devolución de bienes muebles agrarios, cuando haya título que acredite el respectivo derecho u obligación:** Arts. 254 CPA // 482 CC.
- **Referidas a controversias sobre la administración de la copropiedad y dominio compartido en bienes de naturaleza agraria:** Arts. 256, 266, 270 a 274, 290 a 293, 411-4, 460, 505 CC // 1 a 3 LRPC.
- **Prestación, modificación o extinción de garantías en contrataciones de naturaleza agraria:** Arts. 254 CPA // 1034 a 1042 CC.
- **Solicitud de autorización, a fin de ingresar en predio ajeno, cuando lo permita la ley:** Arts. 254 CPA // 295 CC.

- **Cobro de créditos garantizados por el derecho de retención sobre bienes muebles agrios:** Arts. 279-3, 365, 502, 513, 1195, 1357, 1277, 1338 CC.
- **Restablecimiento del derecho de paso fundado en un título preexistente, cuando no proceda el interdicto:** Arts. 254 CPA // 302, 308, 339, 370 a 375, 395 a 399 CC.
- **Derivadas de conflictos por competencia desleal relacionada con actividades o empresas agrarias o competencia desleal relacionada con derechos de personas obtentoras:** 17 Ley de Promoción de la competencia y defensa efectiva del consumidor (LPCDEC), Ley 7472/1994 // 1, 2, 30, 31, 36 Reglamento a la Ley de Promoción de la Competencia y Defensa Efectiva del Consumidor (RLPCDEC) // 51 Ley de protección de las obtenciones vegetales (LPOV), Ley 8631/2008.
- **Daños y perjuicios originados en la infracción de los derechos de las personas consumidoras cuando estén relacionadas con la actividad de producción de animales, vegetales y organismos:** Arts. 324, 325, 327, 702 a 704, 707, 868, 1046 CC // 34 a 43, 46, 54, 57, 59 a 63 LPCDEC.
- **Impugnación de acuerdos de Asamblea de personas condóminas en condominios de naturaleza agraria:** Art. 26 LRPC.
- **Cancelación de la inscripción de garantías mobiliarias de naturaleza agraria por la persona deudora garante:** Art. 70 Ley de Garantías Mobiliarias (LGM), Ley 9246/2014.
- **Requisitos de la demanda:** Arts. 97 a 99 CPA.
- **Demanda defectuosa:** Art. 100 CPA.
- **Emplazamiento:** Art. 103 CPA.
- **Ampliación de demanda:** Art. 102 CPA.
- **Requisitos de la contestación:** Art. 104 CPA.
- **Excepciones:** Arts. 105 a 108 CPA.

ARTÍCULO 254- Plazo para cumplimiento voluntario en procesos sumarios

La parte actora podrá solicitar que se otorgue a la demandada un plazo para el cumplimiento de la pretensión principal, cuando se refiera a:

1) La resolución del contrato de arrendamiento, si se pide por el incumplimiento de una obligación de hacer o entregar.

2) La devolución de un bien.

3) La prestación o modificación de garantías.

4) La autorización para ingresar a un inmueble o el restablecimiento del derecho de paso.

El plazo será de cinco días y se otorgará en el emplazamiento de la demanda. Si se cumple lo requerido, las partes deberán informarlo al tribunal. En tal supuesto, se dará por terminado el proceso sin especial condenatoria en costas.

CONCORDANCIAS:

- **Requisitos de la demanda:** Arts. 97 a 99 271 Código Procesal Agrario (CPA), Ley 9609/2018.
- **Emplazamiento:** Art. 103 CPA.
- **Costas y exoneración:** Arts. 231 a 233 CPA.

ARTÍCULO 255- Sentencia desestimatoria y conversión a ordinario

Si se emite sentencia desestimatoria, se revocará cualquier acto de ejecución o medida cautelar acordados. No obstante, la parte actora podrá solicitar en el plazo de cinco días a partir de su firmeza que se convierta el proceso sumario en ordinario.

Si se trata de los mismos hechos y partes, bastará que en la solicitud se informe que se mantiene lo expresado en la demanda sumaria y se readecuen las pretensiones. Caso contrario, deberá adjuntar de una vez el nuevo alegato de demanda, cumpliendo los requisitos legales.

El emplazamiento a la parte demandada se hará por el plazo de quince días, y su comunicación se hará en el medio señalado en el sumario. Si se demanda a otras personas, serán notificadas de forma personal. De igual manera, se notificará a quienes no se hayan apersonado al sumario o no hayan señalado medio para esos efectos.

Cuando se admita la conversión, se mantendrán las medidas cautelares declaradas.

La prueba practicada con anterioridad conservará su eficacia, siempre que no se vulneren la inmediación, el derecho de defensa y el contradictorio de las partes, de lo contrario podrá incorporarse como documental.

CONCORDANCIAS:

- **Principios y reglas generales del proceso (debido proceso, derecho de defensa y contradictorio, tribunal natural, imparcialidad del tribunal, independencia del tribunal, respeto a la dignidad humana y otros):** Arts. 41, 42, 153, 154, 155 Constitución Política (1949) // 1, 2, 7, 8, 10 Declaración Universal de Derechos Humanos (DUDH) // 13, 18 Declaración Americana de los Derechos y Deberes del Hombre (DADDH) // 8, 11, 25 Convención Americana sobre Derechos Humanos (CIDH), Ley 453471970 // 5, 6, 31 Convención Interamericana de Derechos Humanos de las Personas Mayores (CIDHPM), Ley 9334/2016 // 4, 6, 7, 48, 49, 52, 92, 123, 168, 170, 171.1, 171.3, 184, 208.4, 209, 255, 340 Código Procesal Agrario (CPA), Ley 9609/2018 // 1, 2, 4, 5, 9 incisos 7) y 9), 168 Ley Orgánica del Poder Judicial (LOPJ), Ley 8/1937 // 1, 6 Ley Integral para la Persona Adulta Mayor (LIPAM), Ley 7935/1999 // 1, 3 Convención sobre los derechos de las personas con discapacidad (CDPD), Ley 8661/2008 // 1, 5 Ley para Promoción de la Autonomía Personal de las Personas con Discapacidad (LPAPPD), Ley 9378/2016 // 2, 7 Ley de Acceso a la justicia de los pueblos indígenas de Costa Rica (LAJPI), Ley 9593/2018 // 5 Reglamento a la Ley para Promoción de la Autonomía Personal de las Personas con Discapacidad (RLPAPPD), Decreto 41087/2018 // Sección 3 capítulo II, capítulo III circular Corte Suprema de Justicia 173-2019: Reglas de Brasilia sobre Acceso a la Justicia de las personas en condiciones de vulnerabilidad (Reglas de Brasilia).
- **Principio de celeridad procesal:** Arts. 7, 48.2, 54, 66, 115, 170, 176, 178, 187, 188, 199, 208.4, 279.5, 340 CPA // 5 LOPJ.
- **Principio de economía procesal (costos mínimos):** Arts. 4, 14, 52, 49.5, 170 CPA.
- **Principio de concentración de actos procesales:** Arts. 4, 170, 176, 187 CPA.
- **Regla de inmediación del tribunal:** Arts. 76, 95, 123, 124, 190.4, 195, 209.2, 209.6, 216, 219, 255, 279.6 CPA.
- **Requisitos de la demanda:** Arts. 97 a 99 271 CPA.
- **Emplazamiento:** Art. 103 CPA.

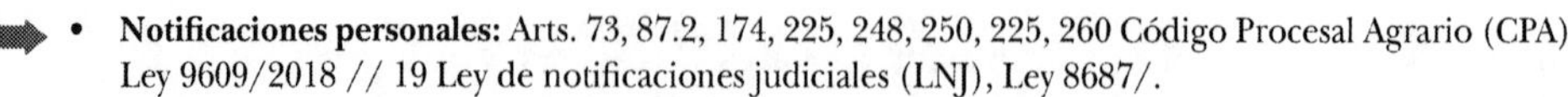

- **Notificaciones personales:** Arts. 73, 87.2, 174, 225, 248, 250, 225, 260 Código Procesal Agrario (CPA), Ley 9609/2018 // 19 Ley de notificaciones judiciales (LNJ), Ley 8687/.

SECCIÓN II
DESAHUCIO

ARTÍCULO 256- Procedencia

La demanda de desahucio procederá cuando se pretenda el desalojo de un inmueble ante la terminación del contrato de arrendamiento agrario, en los casos previstos por la ley o para hacer cesar la mera tolerancia.

Será declarada improponible cuando sea evidente que la relación contractual es de una naturaleza diferente al arrendamiento, independientemente de la denominación o calificación jurídica dada al contrato. La actora podrá solicitar, dentro de los cinco días siguientes a la firmeza de la sentencia anticipada, la conversión del proceso en ordinario.

CONCORDANCIAS:

- **Procesos sumarios (reglas generales):** Arts. 253, 254 Código Procesal Agrario (CPA), Ley 9609/2018.
- **Causales de terminación del arrendamiento:** Art. 257 CPA.
- **Mera tolerancia:** Art. 279-1 Código Civil (CC), Ley XXX/1885 // 7-f Ley general de arrendamientos urbanos y suburbanos (LGAU), Ley 7527/1995.
- **Desahucio en condominios:** Art. 22 Ley Reguladora de la propiedad en condominio (LRPC), Ley 7933/1999.
- **Demanda de desahucio y legitimación:** Art. 258 CPA.
- **Desahucio por falta de pago del precio del arrendamiento:** Art. 259 CPA.
- **Terceras personas ocupantes del bien arrendado:** Art. 260 CPA.
- **Depósito cautelar a favor de la persona arrendante:** Art. 261 CPA.
- **Sentencia estimatoria en proceso de desahucio:** Art. 262 CPA.
- **Sentencia desestimatoria del proceso sumario y conversión a ordinario:** Art. 255 CPA.
- **Bienes objeto de desahucio con cultivos pendientes:** Art. 263 CPA.
- **Pretensiones a dilucidar vía incidental en ejecución de sentencia de desahucios:** Art. 264 CPA.
- **Contrato de arrendamiento:** Arts. 288, 459, 869, 1124 a 1168 CC.
- **Contrato de aparcería rural (diferenciación con los de arrendamiento):** Arts. 69 Constitución Política (CP) (1949) // 1126 CC.
- **Reglas especiales del arriendo de predios rústicos:** Arts. 1156 a 1160 CC.
- **Demanda improponible:** Art. 101 CPA.

ARTÍCULO 257- Causales de terminación del arrendamiento dirimibles en proceso de desahucio

Se conocerán por medio del desahucio las siguientes causales de terminación de un contrato de arrendamiento:

1) Vencimiento del plazo.

2) Falta de pago.

3) Explotación o uso abusivo del bien.

4) Cambio de destino no autorizado.

5) Subarriendo, total o parcial, no autorizado.

6) Abandono notorio o descuido grave del bien.

7) Daños o deterioros causados significativos causados al bien por la persona arrendataria o permitidos por esta, que impidan el uso para el que es apto o afecten la continuidad de la producción o la organización empresarial.

8) Imposibilitar la inspección del bien a la persona arrendante o propietaria.

9) Falta de aviso a la arrendante o propietaria, de una situación de riesgo para el bien, por parte de la arrendadora.

10) Extinción del contrato por expiración del derecho de la persona usufructuaria o fiduciaria que haya dado en arrendamiento el bien, salvo acuerdo expreso en contrario.

CONCORDANCIAS:

- **Procesos sumarios (reglas generales):** Arts. 253, 254 Código Procesal Agrario (CPA), Ley 9609/2018.
- **Causales de terminación del arrendamiento:** Art. 257 CPA.
- **Demanda de desahucio y legitimación:** Art. 258 CPA.
- **Desahucio por falta de pago del precio del arrendamiento:** Art. 259 CPA.
- **Terceras personas ocupantes del bien arrendado:** Art. 260 CPA.
- **Depósito cautelar a favor de la persona arrendante:** Art. 261 CPA.
- **Sentencia estimatoria en proceso de desahucio:** Art. 262 CPA.
- **Sentencia desestimatoria del proceso sumario y conversión a ordinario:** Art. 255 CPA.
- **Bienes objeto de desahucio con cultivos pendientes:** Art. 263 CPA.
- **Pretensiones a dilucidar vía incidental en ejecución de sentencia de desahucios:** Art. 264 CPA.
- **Contrato de aparcería rural (diferenciación con los de arrendamiento):** Arts. 69 Constitución Política (CP) (1949) // 1126 Código Civil (CC), Ley XXX/1885.
- **Reglas especiales del arriendo de predios rústicos:** Arts. 1156 a 1160 CC.

ARTÍCULO 258- Demanda de desahucio y legitimación

Además de los requisitos generales, en la demanda se consignará la causal de desalojo, el lugar donde esté ubicado el inmueble, el monto de renta vigente y la fecha de pago cuando proceda. Se deberá demostrar el derecho de propiedad del bien o el que legitime a la parte actora, y el contrato de arrendamiento, si está documentado.

La demanda la podrá establecer solo la persona que compruebe ser propietaria, arrendante, subarrendante, poseedora del bien por título legítimo, o acredite que su derecho deriva de quien tuvo facultad para otorgarlo. Si no se demuestra dicha condición, la demanda será declarada improponible.

El desahucio procederá contra la persona arrendataria, subarrendataria, poseedora del inmueble y ocupante por mera tolerancia.

CONCORDANCIAS:

- **Procesos sumarios (reglas generales):** Arts. 253, 254 Código Procesal Agrario (CPA), Ley 9609/2018.
- **Demanda de desahucio y legitimación:** Arts. 97, 258 CPA.
- **Ofrecimiento y presentación de la prueba:** Art. 98 CPA.
- **Carga de la prueba:** Art. 113 CPA.
- **Causales de terminación del arrendamiento dirimibles en proceso de desahucio.** Arts. 257, 259 CPA.
- **Terceras personas ocupantes del bien arrendado:** Art. 260 CPA.
- **Depósito cautelar a favor de la persona arrendante:** Art. 261 CPA.
- **Sentencia estimatoria en proceso de desahucio:** Art. 262 CPA.
- **Sentencia desestimatoria del proceso sumario y conversión a ordinario:** Art. 255 CPA.
- **Bienes objeto de desahucio con cultivos pendientes:** Art. 263 CPA.
- **Pretensiones a dilucidar vía incidental en ejecución de sentencia de desahucios:** Art. 264 CPA.
- **Contrato de aparcería rural (diferenciación con los de arrendamiento):** Arts. 69 Constitución Política (CP) (1949) // 1126 Código Civil (CC), Ley XXX/1885.
- **Reglas especiales del arriendo de predios rústicos:** Arts. 1156 a 1160 CC.
- **Demanda improponible:** Art. 101 CPA.
- **Desalojo administrativo:** Arts. 55 a 57 CPA.

ARTÍCULO 259- Desahucio por falta de pago del arrendamiento

En toda demanda de desahucio sustentada en un contrato que implique el pago de rentas, se prevendrá a la parte demandada, al emplazarla, la obligación de depositar a la orden del tribunal los alquileres posteriores a la demanda. Se le apercibirá que ante su incumplimiento, se tendrá como una causal de desalojo adicional, que se resolverá en sentencia. Si existe duda sobre el monto del alquiler, el tribunal determinará prudencialmente la suma por depositar.

Si la parte demandada, al contestar, se opone de forma fundada a la prevención de depositar los alquileres posteriores, por haber pagado anticipadamente de forma suficiente, el tribunal podrá dejarla sin efecto. Lo anterior se dispone sin perjuicio de lo que resulte demostrado en sentencia, y de que se declare con lugar la demanda por configurarse la causal de falta de pago durante el proceso. Igual trámite procederá si se interpone la excepción de pago, basada en la compensación por gastos, reparaciones y servicios abonados por cuenta de la arrendadora, en disminución del precio o exoneración del pago. 

CONCORDANCIAS:

- **Procesos sumarios (reglas generales):** Arts. 253, 254 Código Procesal Agrario (CPA), Ley 9609/2018.
- **Demanda de desahucio y legitimación:** Arts. 97, 258 CPA.
- **Ofrecimiento y presentación de la prueba:** Art. 98 CPA.
- **Carga de la prueba:** Art. 113 CPA.
- **Causales de terminación del arrendamiento dirimibles en proceso de desahucio.** Arts. 257, 259 CPA.
- **Terceras personas ocupantes del bien arrendado:** Art. 260 CPA.
- **Depósito cautelar a favor de la persona arrendante:** Art. 261 CPA.
- **Sentencia estimatoria en proceso de desahucio:** Art. 262 CPA.
- **Sentencia desestimatoria del proceso sumario y conversión a ordinario:** Art. 255 CPA.
- **Bienes objeto de desahucio con cultivos pendientes:** Art. 263 CPA.
- **Pretensiones a dilucidar vía incidental en ejecución de sentencia de desahucios:** Art. 264 CPA.
- **Reglas especiales del arriendo de predios rústicos:** Arts. 1156 a 1160 1126 Código Civil (CC), Ley XXX/1885.

ARTÍCULO 260- Intervención de terceros

En los casos, cuando, sin consentimiento de la parte arrendante o propietaria del bien, terceras personas lo posean o subarrienden, no será necesario demandarlas.

Se les notificará la sentencia, a fin de que puedan hacer valer sus derechos.

CONCORDANCIAS:

- **Procesos sumarios (reglas generales):** Arts. 253, 254 Código Procesal Agrario (CPA), Ley 9609/2018.
- **Demanda de desahucio y legitimación:** Arts. 97, 258 CPA.
- **Bienes objeto de desahucio con cultivos pendientes:** Art. 263 CPA.
- **Reglas especiales del arriendo de predios rústicos:** Arts. 1156 a 1160 1126 Código Civil (CC), Ley XXX/1885.
- **Comunicaciones judiciales:** Arts. 72 CPA // 10, 13, 15, 16, 19 y 23 LNJ // 1 a 4 Ley para establecer el correo electrónico como medio de notificación para las sociedades mercantiles, Ley 10597/2024.

ARTÍCULO 261- Depósito cautelar

En los procesos de desahucio, cualquiera que sea la causal invocada, si la persona arrendataria ha desalojado el inmueble, de oficio o a solicitud de parte, podrá otorgarse a la arrendante su tenencia, a título de depósito cautelar. Previo reconocimiento judicial, deberá levantarse un acta donde se consignará el estado del bien y el inventario de lo existente en este.

CONCORDANCIAS:

- **Procesos sumarios (reglas generales):** Arts. 253, 254 Código Procesal Agrario (CPA), Ley 9609/2018.
- **Demanda de desahucio y legitimación:** Arts. 97, 258 CPA.
- **Bienes objeto de desahucio con cultivos pendientes:** Art. 263 CPA.
- **Reglas especiales del arriendo de predios rústicos:** Arts. 1156 a 1160 1126 Código Civil (CC), Ley XXX/1885.
- **Reconocimiento judicial:** Arts. 154, 156 CPA.
- **Medidas cautelares.** Arts. 253 a 241 CPA.

ARTÍCULO 262- Sentencia estimatoria

En la sentencia estimatoria se ordenará a la parte demandada la entrega del inmueble, dentro del plazo que el tribunal otorgue. Si se condena al pago de daños y perjuicios, se podrán determinar de una vez, de haber elementos probatorios suficientes; de lo contrario se hará en abstracto.

CONCORDANCIAS:

- **Resoluciones judiciales:** Arts. 70, 74 Código Procesal Agrario (CPA), Ley 9609/2018.
- **Requisitos y contenido de la sentencia:** Arts. 79, 81 CPA.
- **Efectos de la no emisión oportuna de la sentencia:** Art. 80 CPA.
- **Extremos por resolver de oficio:** Art. 82 CPA.
- **Tipos de condena:** Art. 83 CPA.
- **Invariabilidad y corrección de sentencias:** Art. 84 CPA.
- **Bienes objeto de desahucio con cultivos pendientes:** Art. 263 CPA.
- **Reglas especiales del arriendo de predios rústicos:** Arts. 1156 a 1160 1126 Código Civil (CC), Ley XXX/1885.
- **Sentencia desestimatoria del proceso sumario y conversión a ordinario:** Art. 255 CPA.

ARTÍCULO 263- Cultivos pendientes

Si existen cultivos o frutos que estén cosechándose o pendientes de ello, al momento de la firmeza de la sentencia estimatoria, la parte vencida podrá pedir, en los ocho días siguientes, se difiera la entrega total o parcial del bien, por el tiempo indispensable para su recolecta. Con la solicitud se deberá rendir garantía de pago o depositar el monto de la renta correspondiente por el tiempo adicional requerido para ese fin. 

La solicitud se pondrá en conocimiento de la contraria por tres días. Si se acoge, podrán ordenarse las medidas pertinentes. El plazo concedido para postergar la entrega del bien debe ser razonable. Quedará sin efecto si sobreviene la pérdida de los cultivos.

Si al referirse a dicha gestión, la parte vencedora presenta simultáneamente solicitud de embargo, el tribunal resolverá conjuntamente ambas peticiones.

CONCORDANCIAS:

- **Requisitos y contenido de la sentencia:** Arts. 79, 81 Código Procesal Agrario (CPA), Ley 9609/2018.
- **Sentencia estimatoria en proceso de desahucio:** Art. 262 CPA.
- **Sentencia desestimatoria del proceso sumario y conversión a ordinario:** Art. 255 CPA.
- **Garantías y contracautelas:** Art. 230 CPA
- **Plazos judiciales:** Art. 89 CPA.
- **Embargo en ejecución:** Art. 310 CPA.
- **Reglas especiales del arriendo de predios rústicos**. Arts. 1156 a 1160 Código Civil (CC), Ley XXX/1885.

ARTÍCULO 264- Pretensión vía incidental en ejecución de sentencia

La parte ejecutante podrá gestionar vía incidental, una vez firme la sentencia estimatoria, el pago de los alquileres no satisfechos, los servicios y otros gastos inherentes al vínculo arrendaticio, pendientes de pago.

CONCORDANCIAS:

- **Sentencia estimatoria en proceso de desahucio:** Art. 262 Código Procesal Agrario (CPA), Ley 9609/2018.
- **Incidentes:** Arts. 280 y 281 CPA.

SECCIÓN III
INTERDICTOS

ARTÍCULO 265- Procedencia y caducidad

Los interdictos son de amparo de posesión, restitución y reposición de linderos. En ellos solo podrá debatirse sobre la posesión actual y momentánea de bienes inmuebles y el ejercicio del derecho ya constituido de servidumbre, así como de la obligación de paso declarada judicialmente. De ninguna manera afectarán las cuestiones referidas a los derechos de propiedad y de posesión definitiva, sobre los cuales no se admitirá discusión.

Si se establece un interdicto en lugar de otro, o todos a la vez, de acuerdo con la situación de hecho, se resolverá el que proceda.

La demanda interdictal será improcedente cuando:

1) Se interponga luego de transcurridos tres meses, desde el inicio de los hechos u obras contra las cuales se reclama.

2) La perturbación o despojo reclamado provenga de decisiones judiciales o administrativas.

3) Lo disponga, expresamente, el ordenamiento jurídico.

CONCORDANCIAS:

- **Pretensiones en procesos sumarios:** Arts. 21, 252 a 255 Código Procesal Agrario (CPA), Ley 9609/2018.
- **Interdictos sobre inmuebles de naturaleza agraria:** Arts. 21, 266 a 271 CPA // 282, 283, 305 a 309, 313, 317, 319, 323, 324 a 326, 334 Código Civil (CC), Ley XXX/1885.
- **Disposiciones según tipo de condena:** Arts. 82, 83, 285 a 290, 303 a 311 CPA.

ARTÍCULO 266- Amparo de posesión

El interdicto de amparo de posesión procederá cuando la persona que esté en posesión de un inmueble resulte perturbada por actos o hechos que manifiesten intención de despojo o perjudiquen el libre goce del bien.

Se estimará que existe intención de despojo siempre que la persona responsable de los hechos que se demandan haya conocido o debido conocer las consecuencias lesivas sobre el derecho ajeno.

La sentencia estimatoria ordenará a la parte demandada que mantenga a la actora en posesión del bien y se abstenga de perturbarle, con el apercibimiento de ser juzgada por el delito de desobediencia a la autoridad. Lo anterior se dispone sin perjuicio de la aplicación de las disposiciones que corresponden ante el incumplimiento de sentencias con condena de no hacer.

CONCORDANCIAS:

- **Pretensiones en procesos sumarios:** Arts. 21, 252 a 255 Código Procesal Agrario (CPA), Ley 9609/2018.
- **Interdictos sobre inmuebles de naturaleza agraria:** Arts. 21, 266 a 271 CPA // 282, 283, 305 a 309, 313, 317, 319, 323, 324 a 326, 334 Código Civil (CC), Ley XXX/1885.
- **Disposiciones según tipo de condena:** Arts. 82, 83, 285 a 290, 303 a 311 CPA.
- **Desobediencia a la autoridad:** Art. 314 Código Penal, Ley 4573/1970.
- **Notificación personal por prevención con efectos penales:** Arts. 72 CPA // 314 Código Penal.

ARTÍCULO 267- Restitución

Será procedente el interdicto de restitución, cuando la persona que ejerza la posesión haya sido despojada ilegítimamente de un inmueble, total o parcialmente.

La sentencia estimatoria ordenará a la parte demandada que restituya en la posesión del bien a la actora, en el plazo conferido para ello, con el apercibimiento de ser juzgada por el delito de desobediencia a la autoridad. Lo anterior se dispone sin perjuicio de la aplicación de las normas que correspondan a las condenas de dar y de hacer.

CONCORDANCIAS:

- **Pretensiones en procesos sumarios:** Arts. 21, 252 a 255 Código Procesal Agrario (CPA), Ley 9609/2018.
- **Interdictos sobre inmuebles de naturaleza agraria:** Arts. 21, 265, 266, 268 a 271 CPA // 282, 283, 305 a 309, 313, 317, 319, 323, 324 a 326, 334 Código Civil (CC), Ley XXX/1885.
- **Disposiciones según tipo de condena:** Arts. 82, 83, 285 a 290, 303 a 311 CPA.
- **Desobediencia a la autoridad**: Art. 314 Código Penal, Ley 4573/1970.
- **Notificación personal por prevención con efectos penales:** Arts. 72 CPA // 314 Código Penal.

ARTÍCULO 268- Sentencia estimatoria en servidumbres y obligación de paso

Cuando se trate del amparo o la restitución del ejercicio de una servidumbre o de la obligación de paso, la sentencia estimatoria ordenará a la parte demandada, respectivamente, que mantenga o restituya en su ejercicio a la actora. Podrán aplicarse las disposiciones atinentes a las condenas de hacer, de no hacer o de dar.

CONCORDANCIAS:

- **Pretensiones en procesos sumarios**: Arts. 21, 252 a 255 Código Procesal Agrario (CPA), Ley 9609/2018.
- **Interdictos sobre inmuebles de naturaleza agraria:** Arts. 21, 265 a 267, 269 a 271 CPA // 282, 283, 305 a 309, 313, 317, 319, 323, 324 a 326, 334 Código Civil (CC), Ley XXX/1885.
- **Disposiciones según tipo de condena**: Arts. 82, 83, 285 a 290, 303 a 311 CPA.
- **Desobediencia a la autoridad**: Art. 314 Código Penal, Ley 4573/1970.
- **Notificación personal por prevención con efectos penales:** Arts. 72 CPA // 314 Código Penal.

ARTÍCULO 269- Supuestos especiales en interdictos de amparo y restitución

Si los interdictos de amparo de posesión y de restitución se dirigen contra quien, inmediata y anteriormente, poseyó como dueño o dueña, la parte actora deberá probar que por más de un año ha poseído pública y pacíficamente como dueña, o que tiene otro título legítimo para poseer.

Si versan sobre servidumbres continuas no aparentes, o sobre discontinuas, el reclamo, para ser atendible, deberá fundarse en un título que provenga de la persona propietaria del fundo sirviente, o de aquellas de quienes esta lo obtuvo. Si se trata de una obligación de paso constituida judicialmente, deberá aportarse la sentencia firme.

CONCORDANCIAS:

- **Pretensiones en procesos sumarios:** Arts. 21, 252 a 255 Código Procesal Agrario (CPA), Ley 9609/2018.
- **Interdictos sobre inmuebles de naturaleza agraria**: Arts. 21, 265 a 268, 270 a 271 CPA // 282, 283, 305 a 309, 313, 317, 319, 323, 324 a 326, 334 Código Civil (CC), Ley XXX/1885.
- **Disposiciones según tipo de condena**: Arts. 82, 83, 285 a 290, 303 a 311 CPA.
- **Desobediencia a la autoridad**: Art. 314 Código Penal, Ley 4573/1970.
- **Notificación personal por prevención con efectos penales:** Arts. 72 CPA // 314 Código Penal.

ARTÍCULO 270- Reposición de linderos

Procederá el interdicto de reposición de linderos, cuando se incurra en alteración de límites entre inmuebles, por destrucción o colocación diferente de los preexistentes.

La persona perjudicada podrá dirigir su demanda contra la autora del hecho, contra quien se haya beneficiado de este o contra ambos.

En la sentencia estimatoria se ordenará la restitución de los linderos a su estado original. Los gastos que impliquen la reposición o restitución serán asumidos por quien sea declarado responsable de la alteración, o quien se haya beneficiado de esta. Si la parte demandada admite la existencia de la alteración, pero niega ser la autora y no se determina quién lo fue, se ordenará la restitución a costa de la actora y de la demandada, según corresponda. Si se prueba que la demandada procedió con evidente buena fe, se le podrá eximir del pago de daños y perjuicios. De no cumplirse lo ordenado, se procederá según lo dispuesto en sentencia para condenas de hacer.

CONCORDANCIAS:

- **Pretensiones en procesos sumarios:** Arts. 21, 252 a 255 Código Procesal Agrario (CPA), Ley 9609/2018.
- **Interdictos sobre inmuebles de naturaleza agraria**: Arts. 21, 265 a 269, 271 CPA // 282, 283, 305 a 309, 313, 317, 319, 323, 324 a 326, 334 Código Civil (CC), Ley XXX/1885.
- **Persona poseedora de buena fe**: Arts. 21, 285, 286, 327 CC.
- **Disposiciones según tipo de condena**: Arts. 82, 83, 285 a 290, 303 a 311 CPA.
- **Condena de hacer**: Art. 307 PA.

ARTÍCULO 271- Condena en daños y perjuicios

En sentencias estimatorias emitidas en procesos interdictales se condenará a la parte demandada al pago de los daños y perjuicios causados. Se liquidarán en ejecución de sentencia.

CONCORDANCIAS:

- **Interdictos sobre inmuebles de naturaleza agraria:** Arts. 21, 265 a 270 Código Procesal Agrario (CPA), Ley 9609/2018 // 282, 283, 305 a 309, 313, 317, 319, 323, 324 a 326, 334 Código Civil (CC), Ley XXX/1885.
- **Persona poseedora de buena fe:** Arts. 21, 285, 286, 327 CC.
- **Indemnización de daños y perjuicios derivada de procesos interdictales:** Arts. 324, 325, 327, 702 a 704, 707, 868, 1046 CC.
- **Disposiciones según tipo de condena:** Arts. 82, 83, 285 a 290, 303 a 311 CPA.
- **Proceso de ejecución de sentencia, de ejecución de acuerdos conciliatorios, de ejecución de transacciones, de ejecución de laudos en conflictos de naturaleza agraria y otros similares:** Arts. 220, 291 a 302, 326 CPA.

SECCIÓN IV
SUSPENSIÓN DE OBRA NUEVA

ARTÍCULO 272- Procedencia y suspensión de la obra

Cuando la amenaza a los derechos de una persona propietaria o poseedora de un inmueble provenga de cualquier obra nueva que se esté iniciando, se ordenará suspenderla o ponerla en estado que ofrezca suficiente seguridad. En este último supuesto, podrán autorizarse las labores absolutamente indispensables. El tribunal, de inmediato, practicará un reconocimiento judicial, a fin de constatar y describir de forma detallada el estado de la obra, lo cual podrá complementar con prueba pericial.

La suspensión se prevendrá a la persona dueña de la obra, pero si no está presente en el acto se hará a la directora, encargada u operarias, para que inmediatamente se suspendan los trabajos, con el apercibimiento de seguírseles causa por el delito de desobediencia a la autoridad, en caso de incumplimiento.

En cualquier momento, a petición de parte, el tribunal podrá ordenar la destrucción de lo construido en contra de la orden de suspensión, a costa de la persona infractora.

CONCORDANCIAS:

- **Derecho de propiedad:** Art. 45 Constitución Política (CP) (1949) // art. 264 Código Civil (CC), Ley XXX/1885.
- **Principio de oficiosidad:** Arts. 4, 25, 48.2 Código Procesal Agrario (CPA), Ley 9609/2018.

- **Procesos sumarios (reglas generales):** Arts. 253, 254 CPA.
- **Reconocimiento judicial:** Arts. 154, 156 CPA.
- **Prueba pericial:** Arts. 142, 145 CPA.
- **Continuación de la obra objeto del sumario de suspensión de obra:** Art. 273 CPA.
- **Sentencia estimatoria en procesos de suspensión de obra nueva:** Art. 274 CPA.

ARTÍCULO 273- Continuación de la obra

Si la continuación de la obra apenas ocasiona un leve daño, se podrá autorizar su continuación, siempre que quien la ejecuta rinda garantía suficiente, a criterio del tribunal, la cual permita la destrucción de lo construido, si luego en sentencia, en ese supuesto, se declara procedente la demanda y se ordene la demolición de lo construido posteriormente.

CONCORDANCIAS:

- **Suspensión de la obra objeto del sumario de suspensión de obra:** Art. 272 Código Procesal Agrario (CPA), Ley 9609/2018.
- **Sentencia estimatoria en procesos de suspensión de obra nueva:** Art. 274 CPA.
- **Garantías y contracautelas:** Art. 230 CPA.

ARTÍCULO 274- Sentencia estimatoria

En la sentencia estimatoria, se ordenará la suspensión definitiva de la obra, cuya ejecución se hará de inmediato, aunque se presente apelación. Además, se condenará a la parte demandada a pagar los daños y perjuicios. Deberán liquidarse una vez que esté firme la sentencia. Cuando constituya un peligro o transgresión evidente al derecho de propiedad ajena, se podrá ordenar la destrucción de lo edificado.

CONCORDANCIAS:

- **Continuación de la obra objeto del sumario de suspensión de obra:** Art. 273 Código Procesal Agrario (CPA), Ley 9609/2018.
- **Emisión de la sentencia:** Art. 79 CPA.
- **Efectos de la no emisión oportuna de la sentencia:** Art. 80 CPA.
- **Requisitos y contenido de la sentencia:** Art. 81 CPA.
- **Extremos por resolver de oficio en la sentencia:** Art. 82 CPA.
- **Tipos de condena:** Art. 83 CPA.
- **Invariabilidad y corrección de las sentencias: Art.** 84 CPA.
- **Cosa juzgada:** Art. 85 CPA.

SECCIÓN V
DERRIBO

ARTÍCULO 275- Procedencia y legitimación

El sumario de derribo procederá cuando el mal estado de una construcción, un árbol o un bien en general constituya una amenaza para los derechos de quien posea un bien, el cual se pueda ver afectado por esa situación, para las personas transeúntes o cuando puedan ser perjudicados bienes públicos. La demanda podrá ser establecida por cualquiera que tenga interés.

CONCORDANCIAS:

- **Derecho a la vida:** Art. 21 Constitución Política (CP) (1949).
- **Derecho a un ambiente sano y ecológicamente equilibrado:** Arts. 46, 50 CP.
- **Medidas de seguridad en procesos de derribo:** Art. 276 Código Procesal Agrario (CPA), Ley 9609/2018.
- **Procesos sumarios (reglas generales):** Arts. 253, 254 CPA.
- **Sumario de derribos de árboles:** Art. 277 CPA.
- **Sentencia estimatoria en procesos de derribo:** Art. 278 CPA.

ARTÍCULO 276- Adopción de medidas de seguridad

Presentada la demanda, el tribunal de inmediato hará un reconocimiento judicial del lugar o del bien, y emitirá las medidas de seguridad necesarias. Si lo estima conveniente, podrá auxiliarse con una persona experta o funcionaria pública, especialista en la rama profesional que se requiera.

Los gastos que ocasione la ejecución de las medidas de seguridad estarán a cargo de la dueña o poseedora del bien ruinoso. En su defecto, la actora suplirá los gastos. Tendrá derecho al reembolso correspondiente.

CONCORDANCIAS:

- **Derecho a la vida:** Art. 21 Constitución Política (CP) (1949).
- **Derecho a un ambiente sano y ecológicamente equilibrado:** Arts. 46, 50 CP.
- **Procesos sumarios (reglas generales):** Arts. 253, 254 Código Procesal Agrario (CPA), Ley 9609/2018.
- **Sumario de derribos de árboles:** Art. 277 CPA.
- **Sentencia estimatoria en procesos de derribo:** Art. 278 CPA.
- **Reconocimiento judicial**: Arts. 154, 156 CPA.

ARTÍCULO 277- Sumario de derribo de árboles

Cuando lo pretendido sea el derribo de un árbol en mal estado, se tendrá como parte a la Procuraduría General de la República.

Si se ubica en un territorio de dominio público, podrá tramitarse el proceso contra persona ignorada. Si se localiza en un inmueble privado, será necesario acreditar de forma idónea a quien pertenece o, en su caso, quien lo posee.

La autorización para el derribo total o parcial del árbol, o su desrame, no confiere derecho alguno para su aprovechamiento. Si es posible disponer del producto forestal, la persona autorizada legalmente deberá obtener los permisos necesarios ante la autoridad administrativa respectiva y asumir los costos. Si no existe persona legitimada que pueda aprovechar el producto de la corta o desrame, podrá hacerlo la Junta de Educación del lugar, o cualquier otra institución u organización autorizada por ley, a su costo y responsabilidad.

CONCORDANCIAS:

- **Derecho a la vida:** Art. 21 Constitución Política (CP) (1949).
- **Derecho a un ambiente sano y ecológicamente equilibrado:** Arts. 46, 50 CP.
- **Bienes de dominio público.** Arts. 261 a 263 Código Civil (CC), Ley XXX/1885.
- **Procesos sumarios (reglas generales):** Arts. 253, 254 Código Procesal Agrario (CPA), Ley 9609/2018.
- **Medidas de seguridad en procesos de derribo.** Art. 276 CPA.
- **Sentencia estimatoria en procesos de derribo:** Art. 278 CPA.
- **Procuraduría General de la República (PGR)**: Art. 13 Ley Orgánica PGR, Ley 6815/1982.

ARTÍCULO 278- Sentencia estimatoria

En la sentencia estimatoria se ordenará el derribo o la adopción de medidas de seguridad permanentes o temporales. Aunque se recurra, si se dispone el derribo, podrá practicarse inmediatamente de forma total o parcial, cuando no sea posible postergar la ejecución sin grave e inminente riesgo. También podrán ordenarse medidas de seguridad, permanentes o temporales, cuando no se hayan dispuesto o realizado antes. Cuando proceda, se condenará a la parte demandada al pago de los daños y perjuicios.

CONCORDANCIAS:

- **Derecho a la vida:** Art. 21 Constitución Política (CP) (1949).
- **Derecho a un ambiente sano y ecológicamente equilibrado:** Arts. 46, 50 CP.
- **Sumario de derribos de árboles.** Art. 277 Código Procesal Agrario (CPA), Ley 9609/2018.
- **Reglas generales para la indemnización de daños y perjuicios**: Arts. 324, 325, 327, 702 a 704, 707, 868, 1046 CC.

CAPÍTULO III
PROCESO MONITORIO

ARTÍCULO 279- Procedencia y requisitos de admisibilidad

Mediante el proceso monitorio, se tramitará el cobro de obligaciones dinerarias, líquidas y exigibles, fundadas en documentos públicos o privados, con fuerza ejecutiva o sin ella. En lo no regulado expresamente en este Código, se aplicará lo dispuesto en la normativa especial, otras leyes especiales y la legislación procesal civil.

Además, en esta sede se aplicará lo siguiente:

1) La demanda deberá contener los requisitos generales establecidos en este Código. Sin embargo, la exposición de los hechos se hará de forma sucinta y se indicarán las sumas reclamadas de capital e intereses y los periodos por liquidar.

2) Al admitirse la demanda, se ordenará a la parte demandada pagar el capital, los intereses liquidados, los futuros de haber sido solicitados y ambas costas. Se le conferirá un plazo de quince días para que cumpla o se oponga, interponiendo en ese acto las excepciones respectivas. Se le prevendrá que, en caso de no oponerse, o si lo hace de forma infundada, se ejecutarán los extremos reclamados.

En la misma resolución, el tribunal rechazará de plano el cobro de los extremos reclamados que sean legalmente improcedentes.

3) Si la parte demandada se allana totalmente a lo pretendido se ejecutará lo ordenado en la resolución intimatoria, si existieran bienes embargados. De lo contrario, la parte actora deberá indicar sobre cuáles lo hará recaer.

Cuando el allanamiento sea parcial, en lo no aceptado, se continuará con el proceso.

4) Solo se admitirá la oposición basada en falsedad del documento, falta de exigibilidad de la obligación, pago y prescripción, sin perjuicio de las excepciones procesales procedentes. Para fundamentar la oposición, será procedente el ofrecimiento de prueba admisible, pertinente y útil.

Si la oposición es fundada, no procederán temporalmente los efectos de la resolución intimatoria, salvo lo relativo a embargos.

De ser necesario, se programará la audiencia única, la cual se regirá por las disposiciones de este Código.

5) La sentencia deberá emitirse en audiencia. Solo en casos de excepcional complejidad, el tribunal podrá diferir su dictado hasta por tres días, lo cual deberá justificar al finalizar la audiencia.

Si la sentencia se emite en audiencia, el recurso de apelación se formulará de forma oral e inmediata. Si se difiere el dictado, deberá interponerse en los tres días siguientes a partir de su comunicación.

6) Cuando se admita la conversión del proceso monitorio al ordinario, se mantendrá la eficacia de la prueba practicada, siempre que no se violente la inmediatez. Se conservarán las medidas cautelares declaradas, previo rendimiento de caución, cuando sea legalmente requerida, salvo que se haya otorgado anteriormente.

CONCORDANCIAS:

- **Proceso monitorio dinerario agrario (recordar que luego de la derogada Ley de Cobro Judicial 8624/2007, a partir de mayo del 2008, lo que se tramitaba por ejecutivo simple pasó a ser proceso monitorio):** Arts. 2 Código Procesal Agrario (CPA), Ley 9609/2018 // 693, 706, 764 a 768, 771 a 785, 1122 Código Civil (CC), Ley XXX/1885 // // 19 Ley de Fomento a la Producción Agropecuaria (Ley FODEA), Ley 7064/1987.110, 111 Código Procesal Civil, Ley 9342/2016 (CPC) (en lo que no se contradiga norma especial contenida en legislación agraria).
- **Títulos ejecutivos derivados de situaciones y relaciones jurídicas de naturaleza agraria:** Arts. 460, 460 bis, 783 Código de Comercio (CCo), Ley 3284/1964 // 63 Ley Orgánica de la Agricultura e Industria de la Caña de Azúcar, Ley 7818/1998 // 36 Ley de Creación de la Corporación Arrocera (Ley Conarroz), Ley 8285/2002 // 17 Ley que transforma el Instituto de Desarrollo Agrario (IDA) en el Instituto de Desarrollo Rural (Ley Inder), Ley 9036/2012 // 57 Ley de Garantías Mobiliarias (LGM), Ley 9246/2014 // 68, 72 Ley reforma integral Régimen Relaciones de Productores, Beneficiadores y Exportadores Café, Ley 9872/2020 // 11.2 CPC.
- **Requisitos de la demanda:** Art. 97 CPA.
- **Demanda defectuosa:** Art. 100 CPA.
- **Emplazamiento:** Art. 103 CPA.
- **Intereses corrientes e intereses moratorios:** Arts.
- **Allanamiento a la demanda:** Art. 111 CPA.
- **Requisitos de la contestación:** Art. 104 CPA.
- **Excepciones:** Arts. 105 a 108 CPA.
- **Extinción de obligaciones por pago:** Arts. 633, 764, 766, 771, 772, 778 A 782, 784, 785 CC.
- **Extinción de obligaciones por prescripción:** Arts. 633, 670, 707, 850 a 852, 865 a 882 CC // 795, 796, 802, 831, 968 a 986 CCo.
- **Falsedad de documento:** Art. 152 CPA // 366 a 368 Código Penal, Ley 4573/1970.
- **Embargo cautelar (embargo preventivo):** Arts. 242 CPA // 468.4, 475, 876 CC // 546, 560, 606, 674, 783 CCo // 3.2, 18, 34.2 Ley Concursal, Ley 9957/2021.
- **Bienes inembargables:** Arts. 261 a 263, 984 CC // 7 Ley de Tierras y Colonización (LTC), Ley 2825/1961 // 546 CCo // 3 Ley Indígena (LI), Ley 6172/1977 // 139, 139 bis, 140 Ley Orgánica del Banco Central de Costa Rica (LOBCCR), Ley 7558/1995 // 95 Ley Orgánica de la Agricultura e Industria de la Caña de Azúcar, Ley 7818/1998 // 35 Ley Conarroz // 170 Código Procesal Contencioso-Administrativo (CPCA), Ley 8508/2006 // 17, 42, 66, 67-g), 69 Ley Inder // 17.7 Ley Concursal, Ley 9957/2021 // 14, 52 Ley de Creación del fondo de garantía de depósito y de mecanismos de resolución de los intermediarios financieros, Ley 9816/2020.
- **Audiencia única:** Art. 192 CPA.
- **Regla de priorizar la oralidad (instrumento procesal):** Arts. 4, 46, 67, 74, 75, 79, 122, 146, 153.4, 199, 200, 202, 206, 208.4, 213, 226, 279.5, transitorio primero CPA.
- **Regla de inmediación del tribunal:** Arts. 76, 95, 123, 124, 190.4, 195, 209.2, 209.6, 216, 219, 255, 279.6 CPA.
- **Garantías y contracautelas:** Art. 230 CPA.
- **Conversión de monitorio a proceso ordinario:** Art. 110.4 CPC.
- **Proceso de ejecución**: Arts. 153 Constitución Política (1949) // 20, 73, 116, 117, 118, 155, 173, 174, 292 a 295, 306 CPA // 1, 5, 6, 7, 167, 168 Ley Orgánica del Poder Judicial (LOPJ), Ley 8/1937.

CAPÍTULO IV
INCIDENTES Y TERCERÍAS

ARTÍCULO 280- Procedencia

Cuando sea necesario resolver cuestiones relacionadas directamente con el proceso principal y no exista otro procedimiento establecido, se tramitarán mediante el proceso incidental.

Deberán promoverse simultáneamente. Se rechazarán de plano los interpuestos con posterioridad, sustentados en hechos conocidos con antelación. Contra tal pronunciamiento solo cabrá recurso de revocatoria.

Los incidentes no suspenden el proceso principal, salvo que la ley les conceda ese efecto de modo expreso, si es imposible continuar el procedimiento o cuando el tribunal lo disponga al resultar indispensable para el adecuado desarrollo de este.

CONCORDANCIAS:

- **Incidentes:** 37, 93, 94, 264, 281, 311 Código Procesal Agrario (CPA), Ley 9609/2018 // 113, 114 Código Procesal Civil (CPC), Ley 9342/2016 (en lo que no se contradiga norma especial contenida en legislación agraria).
- **Incidentes de previo pronunciamiento (suspenden trámite del proceso):** Art. 93 CPA.
- **Incidentes resueltos en audiencia preparatoria / audiencia única:** Art. 189.7 CPA.
- **Incidentes resueltos en sentencia:** Arts. 81, 209 CPA.
- **Incidente de recusación:** Arts. 10.2, 11.5, 12, 27 CPA // 100, 113 Ley Orgánica del Poder Judicial (LOPJ), Ley 8/1937 // 14.5, 18 CPC.
- **Incidente sobre la coadyuvancia (intervención adhesiva):** Art. 37 CPA.
- **Incidentes de nulidad:** Arts. 93, 203.6 CPA // 33.2 CPC.
- **Incidente de nulidad de sentencia firme (cuando no proceda la revisión):** Art. 94 CPA.
- **Incidente para cobro de gastos por prueba testimonial:** Arts. 141 CPA // 43.6 CPC.
- **Incidente de cobro de honorarios por asesoría legal:** Arts. 234 CPA // 76.3 CPC.
- **Incidente de rendición de cuentas de persona abogada:** Arts. 234 CPA // 76.3 CPC.
- **Incidente de por gastos de arrendamiento o por alquileres no satisfechos en ejecución de sentencia de desahucio:** Art. 264 CPA.
- **Incidentes en proceso sucesorio:** Arts. 123, 128.4, 129.2, 130.9, 131, 133.3, 135.2 CPC.
- **Incidente de remoción de persona albacea:** Art. 131 CPC.
- **Incidente de oposición al proyecto de partición en sucesorios:** Art. 133.3 CPC.
- **Incidente de ejecución provisional de condenas no dinerarias:** Arts. 298, 299 CPA // 142 CPC.
- **Incidente de exceso de embargo:** Art. 280 CPA.
- **Incidente de nulidad de remate:** Art. 165 CPC.
- **Incidente de oposición en procesos de ejecución hipotecaria y prendaria:** Art. 168 CPC.
- **Costas procesales en incidentes:** Art. 231 CPA.

- **Tercerías:** Arts. 281 CPA // 172 a 175 CPC (en lo que no se contradiga norma especial contenida en legislación agraria).
- **Recurso de revocatoria:** Art. 200 CPA.
- **Recurso de apelación:** Arts. 202, 203.6 CPA.
- **Integración y aplicación supletoria de normas:** Arts. 7 CPA // 12 Código Civil (CC), Ley XXX/1885 // 5 Ley Orgánica del Poder Judicial (LOPJ), Ley 8/1937.

ARTÍCULO 281- Interposición y trámite

Los formulados fuera de audiencia se tramitarán en legajo separado. Si no se cumple con los requisitos legales, serán rechazados de plano. Si se admiten, se emplazará a la parte articulada por un plazo de tres días y de una vez se indicará si se reservan o no para ser resuelto en la audiencia preparatoria o, en su caso, en la de juicio. En caso contrario, la resolución final se dictará en el plazo de tres días, salvo que deba practicarse alguna prueba o se reserve para ser resuelta en la sentencia del principal. Si es necesario practicar prueba se señalará una audiencia con ese fin, con la mayor brevedad, y al finalizar se emitirá de inmediato la resolución final.

En lo no regulado, expresamente, sobre incidentes y en las tercerías, se aplicará lo dispuesto en la normativa procesal civil y la legislación especial, en lo que no se oponga a lo previsto en este Código.

CONCORDANCIAS:

- **Incidentes:** 37, 93, 94, 264, 281, 311 Código Procesal Agrario (CPA), Ley 9609/2018 // 113, 114 Código Procesal Civil, Ley 9342/2016 (CPC) (en lo que no se contradiga norma especial contenida en legislación agraria).
- **Incidentes de previo pronunciamiento (suspenden trámite del proceso):** Arts. 93 CPA.
- **Incidentes resueltos en audiencia preparatoria / audiencia única:** Art. 189.7 CPA.
- **Incidentes resueltos en sentencia:** Arts. 81, 209 CPA.
- **Rechazo de plano de incidentes:** Arts. 48.4 CPA.
- **Costas procesales en incidentes:** Art. 231 CPA.
- **Tercerías:** Arts. 281 CPA // 172 a 175 CPC (en lo que no se contradiga norma especial contenida en legislación agraria).
- **Recurso de revocatoria:** Art. 200 CPA.
- **Recurso de apelación:** Arts. 202, 203.6 CPA.
- **Integración y aplicación supletoria de normas:** Arts. 7 CPA // 12 Código Civil, Ley XXX/1885 // 5 Ley Orgánica del Poder Judicial (LOPJ), Ley 8/1937.

CAPÍTULO V
DISPOSICIONES ESPECIALES PARA LA TUTELA DEL AMBIENTE

ARTÍCULO 282- Proceso de trámite preferente

Los tribunales agrarios conocerán de las controversias que se susciten entre particulares vinculadas con la biodiversidad, donde no medie un acto administrativo ni del dominio público, mientras no exista una jurisdicción ambiental. Este capítulo estará referido a este tipo de procesos exclusivamente.

1) Se priorizará en relación con otros procesos, el emplazamiento, la programación de actos necesarios para las medidas tutelares, el señalamiento de audiencias y la emisión de sentencia, en cualquier instancia.

2) Si se trata de un proceso ordinario, el plazo para contestar la demanda se reducirá a diez días.

3) La programación de la audiencia preparatoria no podrá superar los diez días siguientes a partir de la contestación de la demanda o de la contrademanda en su caso, o del vencimiento del plazo para hacerlo. Con ese fin, el tribunal podrá reprogramar las audiencias de otros procesos. Si por razones excepcionales o por aspectos probatorios no es posible hacer el señalamiento en el plazo indicado, deberán justificarse las razones por las cuales se señala fuera de este.

CONCORDANCIAS:

- **Negocios jurídicos (contratos y actos) vinculados con el ejercicio de actividades y servicios agrarios en relación con bienes, elementos y servicios ambientales (biodiversidad, agua, aire, bosque, suelo, etc.):** Arts. 46, 50, 153 Constitución Política (1949) // 282 a 290 Código Procesal Agrario (CPA), Ley 9609/2018 // 34, 46, 57 Ley de Promoción de la competencia y defensa efectiva del consumidor, Ley 7472/1994 (LPCDEC) // 17 a 24, 73, 74 Ley orgánica del ambiente (LOA), Ley 7554/1995 // 1, 3, 19 a 25, 28 a 32, 36, 52, 53, 68 Ley Forestal (LF), Ley 7575/1996 // 108 Ley de Biodiversidad (LB), Ley 7788/1998 // 3 Ley de fortalecimiento de las pequeñas y medianas empresas, Ley 8262/2002 // 1 a 4, 12, 20 a 23, 31 a 33 Ley de Desarrollo, Promoción y Fomento de la Actividad Agropecuaria Orgánica, Ley 8591/2007 // 31, 42, 59 Reglamento a la Ley Forestal (RLF), Decreto 25721/1996.
- **Controversias entre particulares por uso y aprovechamiento de bienes o servicios ambientales usados en actividades agrarias e indemnización de daños relacionados con tales:** Arts. 46, 50 Constitución Política (1949) // 25 Convención Interamericana de Derechos Humanos de las Personas Mayores (CIDHPM), Ley 9334/2016 // 1, 2, 8 a 10, 15, 16, 19 Convenio de Biodiversidad Biológica (CBD), Ley 7416/1994 // 28.2, 282 a 290 CPA // 702 a 707, 1045 a 1048 CC // 4, 5 Ley de Cercas Divisorias y Quemas, Ley 121/1909 // 38, 47 a 57, 63 a 68, 94 a 98 Ley de Aguas (LAg), Ley 276/1942 // 249 a 251, 270 a 274 Ley General de Aviación Civil (LGAV), Ley 5150/ 1973 // 1, 43, 61 a 70, 126 Ley de Conservación de la Vida Silvestre (LCVS), Ley 7317/1992 // 3 a 6, 22 Ley de Bienestar de los Animales (LBA), Ley 7451/1994 // 1, 2, 17 a 24, 39 a 72, 98, 101 LOA // 11, 45, 110 LB // 57 LF // 31, 32, 67, 84 Ley de protección fitosanitaria (LPF), Ley 7664/1997 // 56 Ley de uso, manejo y conservación de suelos (LUMCS), Ley 7779/1998 // 1, 2, 5, 8, 9, 32, 35, 37 a 43, 81, 89, 90, 98, 116, 118, 149-d Ley de Pesca y Acuicultura (LPAc), Ley 8436/2005 // 1, 3, 4, 43, 44, 45, 64, 69, 86 Ley General del Servicio Nacional de Salud Animal (Ley SENASA), Ley 8495/2006 // 21, 31 a 33 Ley de Desarrollo, Promoción y Fomento de la Actividad Agropecuaria Orgánica, Ley 8591/2007 // 1, 2, 5, 38 a 46 Ley para la

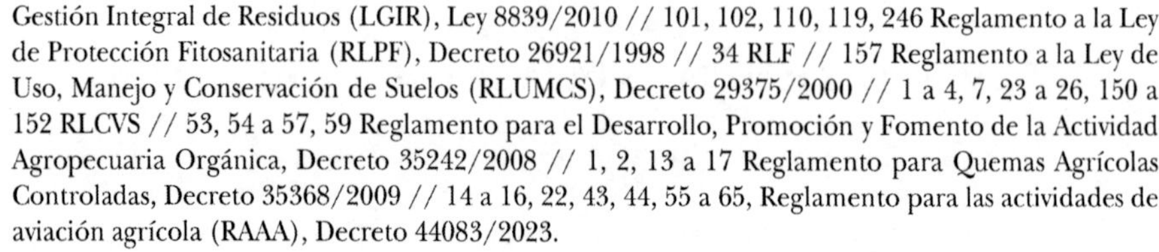

Gestión Integral de Residuos (LGIR), Ley 8839/2010 // 101, 102, 110, 119, 246 Reglamento a la Ley de Protección Fitosanitaria (RLPF), Decreto 26921/1998 // 34 RLF // 157 Reglamento a la Ley de Uso, Manejo y Conservación de Suelos (RLUMCS), Decreto 29375/2000 // 1 a 4, 7, 23 a 26, 150 a 152 RLCVS // 53, 54 a 57, 59 Reglamento para el Desarrollo, Promoción y Fomento de la Actividad Agropecuaria Orgánica, Decreto 35242/2008 // 1, 2, 13 a 17 Reglamento para Quemas Agrícolas Controladas, Decreto 35368/2009 // 14 a 16, 22, 43, 44, 55 a 65, Reglamento para las actividades de aviación agrícola (RAAA), Decreto 44083/2023.

- **Pretensiones en proceso ordinario**: Arts. 21, 251 CPA.
- **Plazo para contestar demandas ordinarias**: Art. 251 CPA.
- **Audiencia preparatoria**: Arts. 187, 188 CPA.
- **Condena por daño ambiental en procesos agrarios**: Arts. 285 a 290 CPA.
- **Principio precautorio:** Arts. 15 Declaración de Naciones Unidas sobre medio ambiente y desarrollo (1992) (DRMD) // 42 LPF // 11 LB // 5 LGIR.
- **Principio preventivo (de prevención):** Arts. 4 inciso c LOA // 42 LPF // 11 LB // 32 LUMCS.
- **Regla de inversión de la carga probatoria en conflictos de interés ambiental:** Art. 109 LB.

ARTÍCULO 283- Tutela cautelar en procesos agrarios

Para la efectiva tutela cautelar ambiental, en los procesos agrarios, además de las disposiciones generales de las medidas cautelares, se aplicarán las siguientes reglas:

1) La tutela cautelar para la protección de los recursos, los bienes y los servicios ambientales procederá aunque la demanda o la contestación no cumplan con los requisitos de forma para su admisibilidad, excepto si están relacionados con las pretensiones.

2) El tribunal podrá requerir que se rinda una garantía económica, o bien, disponer cualquier otro tipo de obligación de índole no dineraria, cuando alguna de estas sea necesaria para la efectiva ejecución de la medida.

3) A fin de determinar la procedencia de la medida y para su ejecución, sin necesidad de requerimiento de parte, el tribunal podrá gestionar la información que considere necesaria y ordenar de urgencia, cuando sea procedente, un reconocimiento judicial. Podrá ordenar experticias y auxiliarse con personas funcionarias públicas o consultoras técnicas.

4) La falta de certeza científica o técnica no podrá ser justificante para dejar de adoptar la tutela cautelar.

5) Cuando se adopten las medidas tutelares para evitar la amenaza o agravamiento de algún daño ambiental se harán las prevenciones pertinentes para su cumplimiento a la persona dueña del bien o poseedora por cualquier título, la construcción o la plantación, si está presente en el acto. Si no se encuentra, la prevención se hará a quien ejerza la dirección, administración o a la persona encargada, operaria, trabajadora, que posea o habite el lugar por encargo de otra, para que de inmediato suspenda las actividades, con el apercibimiento de que en caso de incumplimiento se le investigará por el delito de desobediencia a la autoridad.

CONCORDANCIAS:

- **Negocios jurídicos (contratos y actos) vinculados con el ejercicio de actividades y servicios agrarios en relación con bienes, elementos y servicios ambientales (biodiversidad, agua, aire, bosque, suelo, etc.):** Arts. 46, 50, 153 Constitución Política (1949) // 282 a 290 Código Procesal Agrario (CPA), Ley 9609/2018 // 34, 46, 57 Ley de Promoción de la competencia y defensa efectiva del consumidor, Ley 7472/1994 (LPCDEC) // 17 a 24, 73, 74 Ley orgánica del ambiente (LOA), Ley 7554/1995 // 1, 3, 19 a 25, 28 a 32, 36, 52, 53, 68 Ley Forestal (LF), Ley 7575/1996 // 108 Ley de Biodiversidad (LB), Ley 7788/1998 // 3 Ley de fortalecimiento de las pequeñas y medianas empresas, Ley 8262/2002 // 1 a 4, 12, 20 a 23, 31 a 33 Ley de Desarrollo, Promoción y Fomento de la Actividad Agropecuaria Orgánica, Ley 8591/2007 // 31, 42, 59 Reglamento a la Ley Forestal (RLF), Decreto 25721/1996.
- **Controversias entre particulares por uso y aprovechamiento de bienes o servicios ambientales usados en actividades agrarias e indemnización de daños relacionados con tales:** Arts. 46, 50 Constitución Política (1949) // 25 Convención Interamericana de Derechos Humanos de las Personas Mayores (CIDHPM), Ley 9334/2016 // 1, 2, 8 a 10, 15, 16, 19 Convenio de Biodiversidad Biológica (CBD), Ley 7416/1994 // 28.2, 282 a 290 CPA // 702 a 707, 1045 a 1048 CC // 4, 5 Ley de Cercas Divisorias y Quemas, Ley 121/1909 // 38, 47 a 57, 63 a 68, 94 a 98 Ley de Aguas (LAg), Ley 276/1942 // 249 a 251, 270 a 274 Ley General de Aviación Civil (LGAV), Ley 5150/ 1973 // 1, 43, 61 a 70, 126 Ley de Conservación de la Vida Silvestre (LCVS), Ley 7317/1992 // 3 a 6, 22 Ley de Bienestar de los Animales (LBA), Ley 7451/1994 // 1, 2, 17 a 24, 39 a 72, 98, 101 LOA // 11, 45, 110 LB // 57 LF // 31, 32, 67, 84 Ley de protección fitosanitaria (LPF), Ley 7664/1997 // 56 Ley de uso, manejo y conservación de suelos (LUMCS), Ley 7779/1998 // 1, 2, 5, 8, 9, 32, 35, 37 a 43, 81, 89, 90, 98, 116, 118, 149-d Ley de Pesca y Acuicultura (LPAc), Ley 8436/2005 // 1, 3, 4, 43, 44, 45, 64, 69, 86 Ley General del Servicio Nacional de Salud Animal (Ley SENASA), Ley 8495/2006 // 21, 31 a 33 Ley de Desarrollo, Promoción y Fomento de la Actividad Agropecuaria Orgánica, Ley 8591/2007 // 1, 2, 5, 38 a 46 Ley para la Gestión Integral de Residuos (LGIR), Ley 8839/2010 // 101, 102, 110, 119, 246 Reglamento a la Ley de Protección Fitosanitaria (RLPF), Decreto 26921/1998 // 34 RLF // 157 Reglamento a la Ley de Uso, Manejo y Conservación de Suelos (RLUMCS), Decreto 29375/2000 // 1 a 4, 7, 23 a 26, 150 a 152 RLCVS // 53, 54 a 57, 59 Reglamento para el Desarrollo, Promoción y Fomento de la Actividad Agropecuaria Orgánica, Decreto 35242/2008 // 1, 2, 13 a 17 Reglamento para Quemas Agrícolas Controladas, Decreto 35368/2009 // 14 a 16, 22, 43, 44, 55 a 65, Reglamento para las actividades de aviación agrícola (RAAA), Decreto 44083/2023.
- **Pretensiones en proceso ordinario:** Arts. 21, 251 CPA.
- **Medidas cautelares:** Arts. 235 a 250 CPA // 11 LB.
- **Procesos anticipados (cuestiones preliminares: probatorias y cautelares):** Arts. 19, 21.5, 167 a 169, 248 CPA.
- **Requisitos y formalidades del acto de demanda (y contrademanda):** Arts. 97, 109 CPA.
- **Principio de oficiosidad:** Arts. 4, 25, 48.2 CPA.
- **Principio precautorio:** Arts. 15 Declaración de Naciones Unidas sobre medio ambiente y desarrollo (1992) (DRMD) // 42 LPF // 11 LB // 5 LGIR.
- **Principio preventivo (de prevención):** Arts. 4 inciso c LOA // 42 LPF // 11 LB // 32 LUMCS.
- **Colaboración de entidades públicas para realizar actuaciones judiciales**: Arts. 116, 117, 118, 173, 174 CPA // 7 Ley Orgánica del Poder Judicial (LOPJ), Ley 8/1937 // 8 inciso g Ley General de Policía, Ley 7410/1994.
- **Dictámenes e informes técnicos**: Arts. 144, 148, 153 CPA.
- **Garantías y contracautelas:** Art. 230 CPA.
- **Notificación personal por prevención con efectos penales**: Arts. 72 CPA // 314 Código Penal, Ley 4573/1970.

ARTÍCULO 284- Condena de adoptar acciones u omisiones preventivas

Si se impone en la sentencia la orden de adoptar acciones u omisiones preventivas, el tribunal podrá disponer todas aquellas que sean consecuencia directa de lo resuelto y lo que como parte de ello se estime necesario para el debido control de su ejecución y la eficacia futura. Apercibirá que en caso de incumplimiento se testimoniarán piezas a la vía penal para que se le investigue por el delito de desobediencia a la autoridad; si son personas funcionarias públicas, lo será por el de incumplimiento de deberes, sin perjuicio de otras figuras delictivas.

Si se trata de instituciones públicas o de personas jurídicas, se especificará sobre quién pesará la obligación de hacer efectivo lo resuelto, en razón del cargo que ocupa, en el entendido de que esta alcanza a quien le corresponda desempeñarlo.

CONCORDANCIAS:

- **Negocios jurídicos (contratos y actos) vinculados con el ejercicio de actividades y servicios agrarios en relación con bienes, elementos y servicios ambientales (biodiversidad, agua, aire, bosque, suelo, etc.):** Arts. 46, 50, 153 Constitución Política (1949) // 282 a 290 Código Procesal Agrario (CPA), Ley 9609/2018 // 34, 46, 57 Ley de Promoción de la competencia y defensa efectiva del consumidor, Ley 7472/1994 (LPCDEC) // 17 a 24, 73, 74 Ley orgánica del ambiente (LOA), Ley 7554/1995 // 1, 3, 19 a 25, 28 a 32, 36, 52, 53, 68 Ley Forestal (LF), Ley 7575/1996 // 108 Ley de Biodiversidad (LB), Ley 7788/1998 // 3 Ley de fortalecimiento de las pequeñas y medianas empresas, Ley 8262/2002 // 1 a 4, 12, 20 a 23, 31 a 33 Ley de Desarrollo, Promoción y Fomento de la Actividad Agropecuaria Orgánica, Ley 8591/2007 // 31, 42, 59 Reglamento a la Ley Forestal (RLF), Decreto 25721/1996.
- **Controversias entre particulares por uso y aprovechamiento de bienes o servicios ambientales usados en actividades agrarias e indemnización de daños relacionados con tales:** Arts. 46, 50 Constitución Política (1949) // 25 Convención Interamericana de Derechos Humanos de las Personas Mayores (CIDHPM), Ley 9334/2016 // 1, 2, 8 a 10, 15, 16, 19 Convenio de Biodiversidad Biológica (CBD), Ley 7416/1994 // 28.2, 282 a 290 CPA // 702 a 707, 1045 a 1048 CC // 4, 5 Ley de Cercas Divisorias y Quemas, Ley 121/1909 // 38, 47 a 57, 63 a 68, 94 a 98 Ley de Aguas (LAg), Ley 276/1942 // 249 a 251, 270 a 274 Ley General de Aviación Civil (LGAV), Ley 5150/ 1973 // 1, 43, 61 a 70, 126 Ley de Conservación de la Vida Silvestre (LCVS), Ley 7317/1992 // 3 a 6, 22 Ley de Bienestar de los Animales (LBA), Ley 7451/1994 // 1, 2, 17 a 24, 39 a 72, 98, 101 LOA // 11, 45, 110 LB // 57 LF // 31, 32, 67, 84 Ley de protección fitosanitaria (LPF), Ley 7664/1997 // 56 Ley de uso, manejo y conservación de suelos (LUMCS), Ley 7779/1998 // 1, 2, 5, 8, 9, 32, 35, 37 a 43, 81, 89, 90, 98, 116, 118, 149-d Ley de Pesca y Acuicultura (LPAc), Ley 8436/2005 // 1, 3, 4, 43, 44, 45, 64, 69, 86 Ley General del Servicio Nacional de Salud Animal (Ley SENASA), Ley 8495/2006 // 21, 31 a 33 Ley de Desarrollo, Promoción y Fomento de la Actividad Agropecuaria Orgánica, Ley 8591/2007 // 1, 2, 5, 38 a 46 Ley para la Gestión Integral de Residuos (LGIR), Ley 8839/2010 // 101, 102, 110, 119, 246 Reglamento a la Ley de Protección Fitosanitaria (RLPF), Decreto 26921/1998 // 34 RLF // 157 Reglamento a la Ley de Uso, Manejo y Conservación de Suelos (RLUMCS), Decreto 29375/2000 // 1 a 4, 7, 23 a 26, 150 a 152 RLCVS // 53, 54 a 57, 59 Reglamento para el Desarrollo, Promoción y Fomento de la Actividad Agropecuaria Orgánica, Decreto 35242/2008 // 1, 2, 13 a 17 Reglamento para Quemas Agrícolas Controladas, Decreto 35368/2009 // 14 a 16, 22, 43, 44, 55 a 65, Reglamento para las actividades de aviación agrícola (RAAA), Decreto 44083/2023.
- **Tipos de condena y reglas para su ejecución: Arts.** 82, 83, 285 a 290, 291 a 296, 303 a 311 CPA.

- **Notificación personal por prevención con efectos penales**: Arts. 72 CPA // 314 Código Penal, Ley 4573/1970.
- **Desobediencia a la autoridad**: Art. 314 Código Penal, Ley 4573/1970.
- **Incumplimiento de deberes:** Art. 339 Código Penal, Ley 4573/1970.
- **Principio precautorio:** Arts. 15 Declaración de Naciones Unidas sobre medio ambiente y desarrollo (1992) (DRMD) // 42 LPF // 11 LB // 5 LGIR.
- **Principio preventivo (de prevención):** Arts. 4 inciso c LOA // 42 LPF // 11 LB // 32 LUMCS.
- **Congruencia:** Arts. 82, 209.5, 216, 265 CPA.

ARTÍCULO 285- Condena por daño ambiental

Cuando se trate de una condena por daño ambiental el tribunal dispondrá lo siguiente:

1) Ordenará la recomposición o reparación del ambiente, siempre que sea factible, a fin de procurar restablecer el estado o situación preexistente de la forma más íntegra posible, considerado a partir de la mejor información disponible. Se entenderá que no será posible cuando el daño sea irreversible. Solo excepcionalmente y fundado en criterios técnico-científicos, el tribunal podrá ordenar la adopción de medidas alternativas o equivalentes en mayor beneficio del ambiente, cuando su costo sea considerablemente menor al de la recomposición.

Podrán imponerse otras formas de reparación, cuando el daño no haya sido excesivo o el criterio técnico o científico recomiende, como solución idónea, la regeneración natural.

2) Si se impone a la persona responsable el deber de reparar, por sí misma, de forma integral, el daño causado, la sentencia establecerá los mecanismos para controlar y verificar el cumplimiento de esa obligación. Se apercibirá que en caso contrario se testimoniarán piezas a la vía penal para que se le investigue por el delito de desobediencia a la autoridad. Si el tribunal estima que la persona responsable no está capacitada para ello, técnica ni científicamente, podrá encomendar, a costa de esta, la ejecución específica a cargo de una tercera persona pública, privada u otras organizaciones civiles que sí lo estén.

3) De acogerse reclamos patrimoniales a título particular, cuando la parte demandante esté técnica y científicamente capacitada para llevar a cabo la ejecución específica de lo concedido, y haya solicitado que se le autorice hacerlo, pero a cargo de la demandada, sin que esta haya manifestado objeción, se podrá acoger la petición.

CONCORDANCIAS:

- **Controversias entre particulares por uso y aprovechamiento de bienes o servicios ambientales usados en actividades agrarias e indemnización de daños relacionados con tales:** Arts. 46, 50 Constitución Política (1949) // 25 Convención Interamericana de Derechos Humanos de las Personas Mayores (CIDHPM), Ley 9334/2016 // 1, 2, 8 a 10, 15, 16, 19 Convenio de Biodiversidad Biológica (CBD), Ley 7416/1994 // 28.2, 282 a 290 Código Procesal Agrario (CPA), Ley 9609/2018 // 702 a 707, 1045 a 1048 CC // 4, 5 Ley de Cercas Divisorias y Quemas, Ley 121/1909 // 38, 47 a 57, 63 a 68, 94 a 98 Ley de Aguas (LAg), Ley 276/1942 // 249 a 251, 270 a 274 Ley General de Aviación Civil (LGAV), Ley 5150/ 1973 // 1, 43, 61 a 70, 126 Ley de Conservación de la Vida Silvestre (LCVS), Ley 7317/1992

// 3 a 6, 22 Ley de Bienestar de los Animales (LBA), Ley 7451/1994 // 1, 2, 17 a 24, 39 a 72, 98, 101 Ley orgánica del ambiente (LOA), Ley 7554/1995 // 11, 45, 110 Ley de Biodiversidad (LB), Ley 7788/1998 // 57 Ley Forestal (LF), Ley 7575/1996 // 31, 32, 67, 84 Ley de protección fitosanitaria (LPF), Ley 7664/1997 // 56 Ley de uso, manejo y conservación de suelos (LUMCS), Ley 7779/1998 // 1, 2, 5, 8, 9, 32, 35, 37 a 43, 81, 89, 90, 98, 116, 118, 149-d Ley de Pesca y Acuicultura (LPAc), Ley 8436/2005 // 1, 3, 4, 43, 44, 45, 64, 69, 86 Ley General del Servicio Nacional de Salud Animal (Ley SENASA), Ley 8495/2006 // 21, 31 a 33 Ley de Desarrollo, Promoción y Fomento de la Actividad Agropecuaria Orgánica, Ley 8591/2007 // 1, 2, 5, 38 a 46 Ley para la Gestión Integral de Residuos (LGIR), Ley 8839/2010 // 101, 102, 110, 119, 246 Reglamento a la Ley de Protección Fitosanitaria (RLPF), Decreto 26921/1998 // 34 Reglamento a la Ley Forestal (RLF), Decreto 25721/1996 // 157 Reglamento a la Ley de Uso, Manejo y Conservación de Suelos (RLUMCS), Decreto 29375/2000 // 1 a 4, 7, 23 a 26, 150 a 152 RLCVS // 53, 54 a 57, 59 Reglamento para el Desarrollo, Promoción y Fomento de la Actividad Agropecuaria Orgánica, Decreto 35242/2008 // 1, 2, 13 a 17 Reglamento para Quemas Agrícolas Controladas, Decreto 35368/2009 // 14 a 16, 22, 43, 44, 55 a 65, Reglamento para las actividades de aviación agrícola (RAAA), Decreto 44083/2023.

- **Tipos de condena y reglas para su ejecución**: Arts. 82, 83, 285 a 290, 291 a 296, 303 a 311 CPA.
- **Reglas generales para la indemnización de daños y perjuicios**: Arts. 324, 325, 327, 702 a 704, 707, 868, 1046 Código Civil (CC), Ley XXX/1885.
- **Condena por daño ambiental en procesos agrarios**: Arts. 285, 287 a 290 CPA.
- **Notificación personal por prevención con efectos penales**: Arts. 72 CPA / 314 Código Penal, Ley 4573/1970.
- **Desobediencia a la autoridad**: Art. 314 Código Penal, Ley 4573/1970.

ARTÍCULO 286- Condena indemnizatoria

Cuando se solicite en la demanda la recomposición o reparación del ambiente, o la indemnización dineraria, independientemente de la prioridad con que se formulen, se ordenará en sentencia la recomposición. Si no es posible, se impondrá la indemnización, de manera subsidiaria.

Se exceptúan aquellos procesos en los cuales la parte actora sea la afectada directa y su pretensión consista únicamente en la indemnización, en función de su interés patrimonial particular.

CONCORDANCIAS:

- **Controversias entre particulares por uso y aprovechamiento de bienes o servicios ambientales usados en actividades agrarias e indemnización de daños relacionados con tales:** Arts. 46, 50 Constitución Política (1949) // 25 Convención Interamericana de Derechos Humanos de las Personas Mayores (CIDHPM), Ley 9334/2016 // 1, 2, 8 a 10, 15, 16, 19 Convenio de Biodiversidad Biológica (CBD), Ley 7416/1994 // 28.2, 282 a 290 Código Procesal Agrario (CPA), Ley 9609/2018 // 702 a 707, 1045 a 1048 CC // 4, 5 Ley de Cercas Divisorias y Quemas, Ley 121/1909 // 38, 47 a 57, 63 a 68, 94 a 98 Ley de Aguas (LAg), Ley 276/1942 // 249 a 251, 270 a 274 Ley General de Aviación Civil (LGAV), Ley 5150/ 1973 // 1, 43, 61 a 70, 126 Ley de Conservación de la Vida Silvestre (LCVS), Ley 7317/1992 // 3 a 6, 22 Ley de Bienestar de los Animales (LBA), Ley 7451/1994 // 1, 2, 17 a 24, 39 a 72, 98, 101 Ley orgánica del ambiente (LOA), Ley 7554/1995 // 11, 45, 110 Ley de Biodiversidad (LB), Ley

7788/1998 // 57 Ley Forestal (LF), Ley 7575/1996 // 31, 32, 67, 84 Ley de protección fitosanitaria (LPF), Ley 7664/1997 // 56 Ley de uso, manejo y conservación de suelos (LUMCS), Ley 7779/1998 // 1, 2, 5, 8, 9, 32, 35, 37 a 43, 81, 89, 90, 98, 116, 118, 149-d Ley de Pesca y Acuicultura (LPAc), Ley 8436/2005 // 1, 3, 4, 43, 44, 45, 64, 69, 86 Ley General del Servicio Nacional de Salud Animal (Ley SENASA), Ley 8495/2006 // 21, 31 a 33 Ley de Desarrollo, Promoción y Fomento de la Actividad Agropecuaria Orgánica, Ley 8591/2007 // 1, 2, 5, 38 a 46 Ley para la Gestión Integral de Residuos (LGIR), Ley 8839/2010 // 101, 102, 110, 119, 246 Reglamento a la Ley de Protección Fitosanitaria (RLPF), Decreto 26921/1998 // 34 Reglamento a la Ley Forestal (RLF), Decreto 25721/1996 // 157 Reglamento a la Ley de Uso, Manejo y Conservación de Suelos (RLUMCS), Decreto 29375/2000 // 1 a 4, 7, 23 a 26, 150 a 152 RLCVS // 53, 54 a 57, 59 Reglamento para el Desarrollo, Promoción y Fomento de la Actividad Agropecuaria Orgánica, Decreto 35242/2008 // 1, 2, 13 a 17 Reglamento para Quemas Agrícolas Controladas, Decreto 35368/2009 // 14 a 16, 22, 43, 44, 55 a 65, Reglamento para las actividades de aviación agrícola (RAAA), Decreto 44083/2023.

- **Tipos de condena y reglas para su ejecución**: Arts. 82, 83, 285 a 290, 291 a 296, 303 a 311 CPA.
- **Reglas generales para la indemnización de daños y perjuicios**: Arts. 324, 325, 327, 702 a 704, 707, 868, 1046 Código Civil (CC), Ley XXX/1885.
- **Condena por daño ambiental en procesos agrarios**: Arts. 285, 287 a 290 CPA.
- **Notificación personal por prevención con efectos penales**: Arts. 72 CPA // 314 Código Penal, Ley 4573/1970.
- **Desobediencia a la autoridad:** Art. 314 Código Penal, Ley 4573/1970.

ARTÍCULO 287- Destino de los recursos pecuniarios derivados de una condena indemnizatoria

Los recursos pecuniarios derivados de una condena indemnizatoria, en lo concerniente al daño ambiental, deberán orientarse a la reparación de la afectación concreta. De no ser posible, se deberán destinar a la protección, preservación, restauración o mejoramiento en general de bienes, recursos, servicios o ecosistemas, iguales o equivalentes a los afectados.

CONCORDANCIAS:

- **Tipos de condena y reglas para su ejecución**: Arts. 153 Constitución Política (1949) // 82, 83, 285 a 290, 291 a 296, 303 a 311 Código Procesal Agrario (CPA), Ley 9609/2018.
- **Reglas generales para la indemnización de daños y perjuicios**: Arts. 324, 325, 327, 702 a 704, 707, 868, 1046 Código Civil (CC), Ley XXX/1885.
- **Condena por daño ambiental en procesos agrarios**: Arts. 285, 286, 288 a 290 CPA.
- **Daño patrimonial individual relacionado con afectación al ambiente**: Art. 288 CPA.
- **Daño ambiental colectivo**: Art. 289 CPA.

ARTÍCULO 288- Indemnización por daño patrimonial individual

Se otorgará la indemnización a favor de la persona afectada directa, en los procesos donde se haya solicitado indemnización a título particular, por un daño ambiental que ha incidido sobre su patrimonio.

La indemnización concedida a la persona afectada directa no deberá comprender lo relativo al daño ambiental colectivo, ni tampoco lo que, de algún modo, haya sido ordenado o concedido anteriormente o en el mismo proceso, con el fin de reparar o restaurar el daño ocasionado al ambiente, y que con ello haya resultado beneficiada.

CONCORDANCIAS:

- **Tipos de condena y reglas para su ejecución:** Arts. 153 Constitución Política (1949) // 82, 83, 285 a 290, 291 a 296, 303 a 311 Código Procesal Agrario (CPA), Ley 9609/2018.
- **Reglas generales para la indemnización de daños y perjuicios**: Arts. 324, 325, 327, 702 a 704, 707, 868, 1046 Código Civil (CC), Ley XXX/1885.
- **Condena por daño ambiental en procesos agrarios**: Arts. 285, 286, 287, 289, 290 CPA.
- **Daño ambiental colectivo**: Art. 289 CPA.

ARTÍCULO 289- Indemnización en beneficio de la colectividad

Se otorgará la indemnización en beneficio de la colectividad, a favor del Estado, en los procesos en los que no proceda un reclamo indemnizatorio particular, debido a la afectación del ambiente.

La sentencia ordenará se deposite lo concedido en la caja única del Estado, en una cuenta cliente creada para tal fin, cuyo titular será el ente público designado por el tribunal. Se elegirá a aquel cuyas competencias administrativas sean las más afines o idóneas para la recomposición de ambiente, según el daño analizado en el proceso. Dicho ente deberá destinar la indemnización para ejecutar las obras de reparación y restauración necesarias, tomando en cuenta las indicaciones que el tribunal haya determinado en la sentencia. Además, ordenará al Ministerio de Hacienda tomar las previsiones financieras en el título presupuestario correspondiente.

CONCORDANCIAS:

- **Tipos de condena y reglas para su ejecución:** Arts. 153 Constitución Política (1949) // 82, 83, 285 a 290, 291 a 296, 303 a 311 Código Procesal Agrario (CPA), Ley 9609/2018.
- **Reglas generales para la indemnización de daños y perjuicios**: Arts. 324, 325, 327, 702 a 704, 707, 868, 1046 Código Civil (CC), Ley XXX/1885.
- **Condena por daño ambiental en procesos agrarios:** Arts. 285 a 288, 290 CPA.
- **Daño patrimonial individual relacionado con afectación al ambiente**: Art. 288 CPA.

- **Caja única del Estado**: Art. 43 Ley de Administración Financiera de la República y Presupuestos Públicos, Ley 8131/2001 // 1, 2, 3-b, 16, 18 Ley de Manejo eficiente de la liquidez del sector público, Ley 10495/2024.

ARTÍCULO 290- Órganos de fiscalización de las condenas por daño ambiental colectivo

La sentencia que imponga una condena por daño ambiental colectivo deberá indicar cuáles serán los órganos de fiscalización encargados de controlar que se cumpla efectivamente lo ordenado, para prevenir, proteger o restaurar los daños al ambiente.

El órgano ejecutor podrá requerir, periódicamente, a dichos órganos informes de los avances en la ejecución, con el fin de emitir los recordatorios necesarios cuando exista alguna tardanza u omisión, o bien, para tomar otras medidas legales pertinentes en función de lo ejecutoriado.

CONCORDANCIAS:

- **Tipos de condena y reglas para su ejecución**: Arts. 153 Constitución Política (1949) // 82, 83, 285 a 290, 291 a 296, 303 a 311 Código Procesal Agrario (CPA), Ley 9609/2018.
- **Reglas generales para la indemnización de daños y perjuicios**: Arts. 324, 325, 327, 702 a 704, 707, 868, 1046 Código Civil (CC), Ley XXX/1885.
- **Condena por daño ambiental en procesos agrarios**: Arts. 285 a 289 CPA.
- **Daño patrimonial individual relacionado con afectación al ambiente**: Art. 288 CPA.
- **Daño ambiental colectivo:** Art. 289 CPA.
- **Colaboración de entidades públicas para realizar actuaciones judiciales**: Arts. 116, 117, 118, 173, 174 CPA // 7 Ley Orgánica del Poder Judicial (LOPJ), Ley 8/1937 // 8 Ley General de Policía, Ley 7410/1994.

TÍTULO XIII
PROCESO DE EJECUCIÓN

CAPÍTULO I
DISPOSICIONES GENERALES

ARTÍCULO 291- Competencia en procesos de ejecución

El tribunal que emitió la resolución u homologó el acuerdo judicial o extrajudicial será competente para conocer del proceso de ejecución.

La resolución por ejecutar deberá ser cumplida, de la forma y los términos consignados en ella. Para su pronta y efectiva ejecución, la jueza o el juez dispondrá las medidas necesarias, aunque no se hayan ordenado en la resolución por ejecutar, siempre que no se altere lo otorgado o concedido en ella.

Si se ha omitido consignar las prevenciones referidas a las sanciones aplicables en caso de incumplimiento, se harán las respectivas advertencias, a fin de garantizar la efectividad de lo resuelto.

Salvo disposición en contrario, por motivos de fuerza mayor, caso fortuito o a solicitud fundada de parte, podrá ampliarse el plazo concedido para el cumplimiento de lo ordenado. Deberá ser razonable, proporcional y acorde con lo ordenado en sentencia.

CONCORDANCIAS:

- **Proceso de ejecución**: Arts. 153 Constitución Política (1949) // 20, 73, 116, 117, 118, 155, 173, 174, 292 a 295, 306 Código Procesal Agrario (CPA), Ley 9609/2018 // 1, 5, 6, 7, 167, 168 Ley Orgánica del Poder Judicial (LOPJ), Ley 8/1937.
- **Tipos de condena y reglas para su ejecución**: Arts. 82, 83, 285 a 290, 291 a 296, 303 a 311 CPA // 693 a 700, 702 Código Civil (CC), Ley XXX/1885.
- **Ejecución en procesos en donde es parte la Administración Pública:** Art. 294 CPA.
- **Ingreso forzoso para la ejecución:** Art. 295 CPA.
- **Imputación de pagos:** Art. 296 CPA.
- **Homologación de acuerdo conciliatorio**: Art. 223 CPA.

ARTÍCULO 292- Procedencia

El proceso de ejecución procederá cuando haya adquirido firmeza el pronunciamiento por ejecutar, o se hayan cumplido las condiciones dispuestas en este. Iniciará de oficio, salvo si se requiere gestión de parte para ejecutar total o parcialmente lo otorgado. La ejecutante presentará la solicitud respectiva o, en su caso, la demanda de ejecución.

CONCORDANCIAS:

- **Proceso de ejecución**: Arts. 153 Constitución Política (1949) // 20, 73, 116, 117, 118, 155, 173, 174, 291 a 295, 306 Código Procesal Agrario (CPA), Ley 9609/2018 // 1, 5, 6, 7, 167, 168 Ley Orgánica del Poder Judicial (LOPJ), Ley 8/1937.
- **Tipos de condena y reglas para su ejecución**: Arts. 82, 83, 285 a 290, 291 a 296, 303 a 311 CPA // 693 a 700, 702 Código Civil (CC), Ley XXX/1885
- **Requisitos de la demanda de ejecución:** Art. 97 CPA.
- **Ejecución en procesos en donde es parte la Administración Pública:** Art. 294 CPA.
- **Ingreso forzoso para la ejecución:** Art. 295 CPA.
- **Imputación de pagos:** Art. 296 CPA.

ARTÍCULO 293- Procedimiento

El proceso de ejecución se regirá por las siguientes disposiciones:

1) Se tramitará en el proceso principal. En tal caso y cuando se requiera gestión de parte, bastará una simple solicitud, la cual indicará los hechos específicos, las pretensiones y con ella se aportará la prueba. Si esta consta en el proceso, bastará con citarla. Si se trata de una ejecución parcial o provisional, se tramitará en carpeta o legajo separado.

2) De no ser posible tramitar la ejecución en el proceso principal, se presentará una demanda con ese fin. Esta cumplirá los requisitos generales, e indicará cuáles son los extremos concretos por ejecutar o liquidar, los montos respectivos y la prueba que le sirva de fundamento. Se aportarán los acuerdos o la ejecutoria de las resoluciones y los documentos probatorios.

3) Si la demanda debió presentarse en algún proceso principal, se procederá a su acumulación material, de oficio o a solicitud de la parte contraria.

4) De la demanda o solicitud de ejecución se conferirá traslado a la parte ejecutada por el plazo de ocho días. Podrá ofrecer prueba de descargo. Si lo ejecutado es únicamente el pago de una suma líquida y exigible o se liquidan solo intereses, el emplazamiento será de tres días.

5) De ser necesario recibir prueba ofrecida por las partes u ordenada de oficio, se convocará a una audiencia. Si debe recibirse prueba pericial, científica o informes, se tomarán las previsiones para que conste su resultado a la mayor brevedad. Se programará la audiencia una vez que pueda ser recibida e incorporada en esta.

CONCORDANCIAS:

- **Principio dispositivo.** Art. 4 Código Procesal Agrario (CPA), Ley 9609/2018.
- **Principio de oficiosidad:** Arts. 4, 25, 48.2 CPA.
- **Proceso de ejecución**: Arts. 153 Constitución Política (1949) // 20, 73, 116, 117, 118, 155, 173, 174, 291 a 295, 306 Código Procesal Agrario (CPA), Ley 9609/2018 // 1, 5, 6, 7, 167, 168 Ley Orgánica del Poder Judicial (LOPJ), Ley 8/1937.
- **Tipos de condena y reglas para su ejecución**: Arts. 82, 83, 285 a 290, 291 a 296, 303 a 311 CPA // 693 a 700, 702 Código Civil (CC), Ley XXX/1885
- **Requisitos de la demanda de ejecución:** Art. 97 CPA.
- **Ejecución en procesos en donde es parte la Administración Pública:** Art. 294 CPA.
- **Ingreso forzoso para la ejecución:** Art. 295 CPA.
- **Imputación de pagos:** Art. 296 CPA.
- **Costas del proceso de ejecución**: Art. 297 CPA.
- **Audiencia única**: Art. 192 CPA.

ARTÍCULO 294- Ejecución en procesos donde es parte la Administración Pública

En los procesos en los que la Administración Pública sea parte, las sentencias serán ejecutadas conforme a lo dispuesto y con las responsabilidades establecidas en este Código y la normativa procesal contenciosa administrativa.

CONCORDANCIAS:

- **Proceso de ejecución**: Arts. 153 Constitución Política (1949) // 20, 73, 116, 117, 118, 155, 173, 174, 291 a 295, 306 Código Procesal Agrario (CPA), Ley 9609/2018 // 1, 5, 6, 7, 167, 168 Ley Orgánica del Poder Judicial (LOPJ), Ley 8/1937.
- **Tipos de condena y reglas para su ejecución**: Arts. 82, 83, 285 a 290, 291 a 296, 303 a 311 CPA // 693 a 700, 702 Código Civil (CC), Ley XXX/1885
- **Reglas especiales para la ejecución de sentencias en contenciosos administrativos:** Arts. 155 a 178 Código Procesal Contencioso Administrativo (CPCA), Ley 8508/2006.

ARTÍCULO 295- Ingreso forzoso para la ejecución

Para la ejecución de pronunciamientos y acuerdos ejecutorios, cualquiera que sea su naturaleza, si las circunstancias lo ameritan, la persona juzgadora de ejecución podrá ordenar el ingreso forzoso, cuando sea necesario entrar a un inmueble o edificación perteneciente a una tercera persona. Salvo casos excepcionales, deberá ser ejecutado por la misma autoridad judicial que lo ordenó.

CONCORDANCIAS:

- **Proceso de ejecución**: Arts. 153 Constitución Política (1949) // 20, 73, 116, 117, 118, 155, 173, 174, 291 a 295, 306 Código Procesal Agrario (CPA), Ley 9609/2018 // 1, 5, 6, 7, 167, 168 Ley Orgánica del Poder Judicial (LOPJ), Ley 8/1937.
- **Deber de colaboración de personas ajenas al proceso:** Art. 117 CPA.
- **Ingreso o paso por propiedad privada:** Art. 118 CPA.
- **Práctica de la prueba en el lugar de los hechos o sitios distintes:** Art. 123 CPA.

ARTÍCULO 296- Imputación de pagos

Las sumas obtenidas como consecuencia de un proceso serán imputadas en el siguiente orden: costas, intereses y principal, salvo disposición legal en contrario.

CONCORDANCIAS:

- **Proceso de ejecución**: Arts. 153 Constitución Política (1949) // 20, 73, 116, 117, 118, 155, 173, 174, 291 a 295, 306 Código Procesal Agrario (CPA), Ley 9609/2018 // 1, 5, 6, 7, 167, 168 Ley Orgánica del Poder Judicial (LOPJ), Ley 8/1937.
- **Costas del proceso de ejecución**. Art. 297 CPA.

ARTÍCULO 297- Costas del proceso de ejecución

Las costas generadas en la ejecución se fijarán en la sentencia respectiva. De no ser posible, la parte interesada podrá solicitar se fije su importe y ofrecer la prueba respectiva. La gestión se resolverá en el plazo de tres días, previo a lo cual se escuchará a la contraria por el mismo lapso.

CONCORDANCIAS:

- **Proceso de ejecución**: Arts. 153 Constitución Política (1949) // 20, 73, 116, 117, 118, 155, 173, 174, 291 a 295, 306 Código Procesal Agrario (CPA), Ley 9609/2018 // 1, 5, 6, 7, 167, 168 Ley Orgánica del Poder Judicial (LOPJ), Ley 8/1937.
- **Costas**: Arts. 231 a 233 CPA.
- **Imputación de pagos**. Art. 296 CPA.

CAPÍTULO II
EJECUCIÓN PROVISIONAL

ARTÍCULO 298- Ejecución provisional de resoluciones con condena no dineraria

Las sentencias de condena patrimonial no dineraria que sean recurridas podrán ser ejecutadas de manera provisional, parcial o totalmente, solo a petición de parte. La solicitud deberá interponerse dentro del plazo otorgado para plantear el recurso de apelación o de casación, respectivamente. Se presentará ante la persona juzgadora del tribunal de primera instancia.

CONCORDANCIAS:

- **Improcedencia de la ejecución provisional:** Art. 299 Código Procesal Agrario (CPA), Ley 9609/2018.
- **Trámite de la ejecución provisional:** Art. 301 CPA.
- **Ejecución provisional de condenas dinerarias:** Art. 300 CPA.
- **Revocatoria de la sentencia ejecutada provisionalmente:** Art. 302 CPA.
- **Recurso de apelación:** Art. 202 CPA.

- **Recurso de casación:** Art. 208-3 CPA.

ARTÍCULO 299- Improcedencia de la ejecución provisional

No serán susceptibles de ejecución provisional las sentencias de condena patrimonial no dineraria cuando así lo disponga la normativa procesal civil, así como en los siguientes supuestos:

1) La modificación, nulidad o cancelación de asientos del Registro Público o la inscripción de un bien o derecho en cualquier otro tipo de registro oficial.

2) Contratos relacionados o, en general, bienes que hayan sido dotados o adjudicados mediante algún modelo de asignación de tierras o leyes y programas dirigidos al desarrollo y tutela del sector agrario y las poblaciones rurales.

3) Contratos donde forme parte alguna persona integrante de una población indígena. También cuando se decida sobre bienes ubicados en territorios indígenas o pertenecientes a sus comunidades.

4) Condenas a cargo de la Administración Pública.

5) La ejecución de algún extremo que pueda implicar u ocasionar una afectación grave e irreversible al ambiente, a sus recursos o a una actividad empresarial agraria.

De plantearse una solicitud de ejecución provisional en los supuestos mencionados, se rechazará de plano. Dicho pronunciamiento no tendrá recurso de apelación.

CONCORDANCIAS:

- **Ejecución provisional de resoluciones con condena no dineraria:** Art. 298 Código Procesal Agrario (CPA), Ley 9609/2018.
- **Trámite de la ejecución provisional:** Art. 301 CPA.
- **Ejecución provisional de condenas dinerarias:** Art. 300 CPA.
- **Revocatoria de la sentencia ejecutada provisionalmente:** Art. 302 CPA.
- **Recurso de apelación:** Art. 202 CPA.

ARTÍCULO 300- Ejecución provisional de condenas dinerarias

La ejecución provisional de sentencias de condena dineraria se limitará al embargo de bienes por la suma que haya sido otorgada. No se admitirá oposición de la persona ejecutada. Podrá levantarse el embargo si acredita que ha hecho el depósito del monto por el cual se decretó en la cuenta del tribunal respectivo.

Si la sentencia de condena dineraria provisionalmente ejecutada es revocada, se levantarán los embargos y se condenará a la ejecutante al pago de las costas de la ejecución provisional y a resarcir los daños y perjuicios causados.

CONCORDANCIAS:

- **Ejecución provisional de resoluciones con condena no dineraria:** Art. 298 Código Procesal Agrario (CPA), Ley 9609/2018.
- **Improcedencia de la ejecución provisional.** Art. 299 CPA.
- **Trámite de la ejecución provisional:** Art. 301 CPA.
- **Ejecución provisional de condenas dinerarias:** Art. 300 CPA.
- **Recurso de apelación:** Art. 202 CPA.
- **Recurso de casación:** Art. 208-3 CPA.
- **Reglas generales para la indemnización de daños y perjuicios:** Arts. 324, 325, 327, 702 a 704, 707, 868, 1046 CC.

ARTÍCULO 301- Trámite de ejecución provisional

Si la solicitud de ejecución provisional es admisible, la persona juzgadora le dará curso, conforme a las siguientes reglas:

1) La petición deberá ser fundada e indicar el monto de garantía de ejecución provisional que se ofrece.

2) Recibida la solicitud, el tribunal formará un legajo que contendrá las actuaciones indispensables, las cuales serán incorporadas de oficio. De una vez, programará una audiencia a la mayor brevedad.

3) En audiencia se escuchará a la proponente y a la contraria. Esta podrá oponerse y, además, ofrecer contragarantía para suspender la ejecución provisional en el supuesto de que sea acogida. El tribunal resolverá en el acto, con criterios de razonabilidad, racionalidad, proporcionalidad y equidad. Definirá el monto de la garantía, el cual será suficiente para restaurar la situación anterior si se revoca la sentencia, o si ello es imposible, se resarzan los daños, los perjuicios y las costas.

Otorgará tres días a la parte proponente para que deposite el monto de la garantía, con el apercibimiento de que en caso de incumplimiento se tendrá por abandonada la gestión sin necesidad de resolución que así lo declare. De haberse ofrecido contragarantía, se fijará el monto y prevendrá el depósito en los mismos tres días.

4) Si la solicitante de la ejecución provisional no asiste a la audiencia, se tendrá por desistida la gestión. Dicho pronunciamiento no tendrá recurso alguno. Si quien no asiste es la contraria, se resolverá la solicitud conforme corresponda.

5) Verificado el depósito de la garantía se procederá a ejecutar la sentencia. Si la garantía no es dineraria, se requerirá lo pertinente para su verificación.

6) De depositarse la contragarantía, no se ejecutará provisionalmente la sentencia y se procederá de inmediato a la devolución de la garantía.

7) Contra lo que se resuelva en la ejecución provisional no cabrá recurso de apelación. Lo resuelto se comunicará al tribunal que conozca el recurso de apelación o de casación, según corresponda, a efecto de que priorice la emisión de la resolución respectiva.

CONCORDANCIAS:

- **Principio de oficiosidad:** Arts. 4, 25, 48.2 Código Procesal Agrario (CPA), Ley 9609/2018.
- **Ejecución provisional de resoluciones con condena no dineraria:** Art. 298 CPA.
- **Ejecución provisional de condenas dinerarias:** Art. 300 CPA.
- **Improcedencia de la ejecución provisional:** Art. 299 CPA.
- **Ejecución provisional de condenas dinerarias:** Art. 300 CPA.
- **Recurso de apelación:** Art. 202 CPA.
- **Recurso de casación:** Art. 208-3 CPA.
- **Garantías y contracautelas:** Art. 230 CPA.
- **Audiencia única**: Art. 192 CPA.
- **Reglas generales para la indemnización de daños y perjuicios**: Arts. 324, 325, 327, 702 a 704, 707, 868, 1046 CC.

ARTÍCULO 302- Efectos de la revocatoria de la sentencia ejecutada provisionalmente

Si el superior revoca la sentencia que ha sido ejecutada provisionalmente, la jueza o el juez de ejecución procederá a la restauración de la situación anterior a la ejecución. Cuando no sea posible, deberá determinarse el monto de los daños, perjuicios y costas, haciéndose efectiva la garantía rendida.

CONCORDANCIAS:

- **Principio de oficiosidad:** Arts. 4, 25, 48.2 Código Procesal Agrario (CPA), Ley 9609/2018.
- **Ejecución provisional de resoluciones con condena no dineraria**: Art. 298 CPA.
- **Ejecución provisional de condenas dinerarias:** Art. 300 CPA.
- **Improcedencia de la ejecución provisional:** Art. 299 CPA.
- **Ejecución provisional de condenas dinerarias:** Art. 300 CPA.
- **Recurso de apelación:** Art. 202 CPA.
- **Recurso de casación:** Art. 208-3 CPA.
- **Garantías y contracautelas:** Art. 230 CPA.
- **Audiencia única**: Art. 192 CPA.
- **Reglas generales para la indemnización de daños y perjuicios**: Arts. 324, 325, 327, 702 a 704, 707, 868, 1046 CC.

CAPÍTULO III
DISPOSICIONES SEGÚN EL TIPO DE CONDENA

ARTÍCULO 303- Pago de una suma líquida y exigible

Cuando la ejecución se refiera al pago de una suma líquida y exigible, se procederá al embargo y venta forzosa de bienes, susceptibles de esa medida. El dinero que se obtenga producto de embargos deberá ser depositado, de inmediato, a favor de la parte vencedora o de quien corresponda.

Si la condenada al pago es la Administración Pública se aplicará la normativa procesal contenciosa administrativa, en lo que corresponda.

CONCORDANCIAS:

- **Ejecución de órdenes judiciales**: Arts. 153 Constitución Política (1949) // 20, 73, 116, 117, 118, 155, 173, 174, 291 a 295, 306 Código Procesal Agrario (CPA), Ley 9609/2018 // 1, 5, 6, 7, 167, 168 Ley Orgánica del Poder Judicial (LOPJ), Ley 8/1937.
- **Tipos de condena y reglas para su ejecución**: Arts. 82, 83, 285 a 290, 291 a 296, 303 a 311 CPA // 693 a 700, 702 Código Civil (CC), Ley XXX/1885
- **Extinción de obligaciones (por pago):** Arts. 633, 764, 766, 771, 772, 778 A 782, 784, 785 CC.
- **Apremio patrimonial (embargo y remate de bienes):** Arts. 311 CPA // 984 CC // 160 LOPJ // 66 Ley que transforma el Instituto de Desarrollo Agrario (IDA) en el Instituto de Desarrollo Rural (Ley Inder), Ley 903672012 // 10 Ley de Inscripción de Documentos en Registro Público, Ley 3883/1967 // 154 a 165 Código Procesal Civil (CPC), Ley 9342/2016 // Circular Consejo Superior 66-1998: Función de los Auxiliares Ejecutores // 19 a 30 circular Consejo Superior 02-2015: Reglamento para regular la función de las y los intérpretes, traductores, peritos y ejecutores en el Poder Judicial // Circular Corte Suprema de Justicia 165-2015: Anotaciones de embargos practicados en predios con limitaciones vigentes // Circular Consejo Superior 66-2018: Recomendaciones a las personas juzgadoras agrarias para su valoración con el fin de orientar y facilitar la aplicación de la materia (remate de bienes).
- **Condena por daño ambiental en procesos agrarios**: Arts. 284 a 289 CPA.
- **Pago a cargo de la Administración Pública**: Arts. 294 CPA // 122 a 127, 166 a 173 Código Procesal Contencioso-Administrativo (CPCA), Ley 8508/2006 // 16 Ley de Manejo eficiente de la liquidez del sector público, Ley 10495/2024.
- **Embargo cautelar (embargo preventivo)**: Arts. 242 CPA // 468.4, 475, 876 CC // 546, 560, 606, 674, 783 Código de Comercio (CCo), Ley 3284/1964 // 3.2, 18, 34.2 Ley Concursal, Ley 9957/2021.
- **Embargo de ejecución**: Arts. 310, 311 CPA // 468.4, 469, 471, 475, 876, 981 a 983 CC // 546, 606, 674, 783 CCo // 3.2, 18, 30.1, 34.2 Ley Concursal, Ley 9957/2021.
- **Mandamiento de embargo y de desembargo**: Art. 468.4, 475 CC // 546 CCo.
- **Bienes inembargables:** Arts. 261 a 263, 984 CC // 7 Ley de Tierras y Colonización (LTC), Ley 2825/1961 // 546 Código de Comercio (CCo), Ley 3284/1964 // 3 Ley Indígena (LI), Ley 6172/1977 // 139, 139 bis, 140 Ley Orgánica del Banco Central de Costa Rica (LOBCCR), Ley 7558/1995 // 95 Ley Orgánica de la Agricultura e Industria de la Caña de Azúcar, Ley 7818/1998 // 35 Ley de Creación de la Corporación Arrocera (Ley Conarroz), Ley 8285/2002 // 170 Código Procesal Contencioso-Administrativo (CPCA), Ley 8508/2006 // 17, 42, 66, 67-g), 69 Ley Inder // 17.7 Ley Concursal, Ley

9957/2021 // 14, 52 Ley de Creación del fondo de garantía de depósito y de mecanismos de resolución de los intermediarios financieros, Ley 9816/2020.

ARTÍCULO 304- Cantidad por liquidar

Si la condena consiste en el pago de una cantidad por liquidar, la persona ejecutante presentará la liquidación respectiva. Si la contraria no se opone, se dictará sentencia aprobando las partidas solicitadas de acuerdo con lo ejecutoriado o reduciéndolas en la forma que el tribunal considere equitativo y legal.

Cuando deba reconocerse un extremo a favor de la vencida, sin lo cual no se pueda ejecutar la sentencia a favor de la ganànciosa, esta solicitará que se requiera a la primera la presentación de la respectiva liquidación, dentro del plazo de cinco días.

De no presentarla la acreedora quedará autorizada para hacerlo. Igual plazo tendrá esta para interponer la liquidación, sin necesidad de resolución que así lo requiera, al vencer el lapso concedido a la ejecutada. La liquidación se pondrá en conocimiento de la contraria por el plazo de tres días. Si no se plantea o si presentada la contraria no se opone, se aprobarán las partidas que se consideren justas, de acuerdo con lo que conste en el proceso.

CONCORDANCIAS:

- **Ejecución de órdenes judiciales:** Arts. 153 Constitución Política (1949) // 20, 73, 116, 117, 118, 155, 173, 174, 291 a 295, 306 Código Procesal Agrario (CPA), Ley 9609/2018 // 1, 5, 6, 7, 167, 168 Ley Orgánica del Poder Judicial (LOPJ), Ley 8/1937.
- **Tipos de condena y reglas para su ejecución**: Arts. 82, 83, 285 a 290, 291 a 296, 303 a 311 CPA // 693 a 700, 702 Código Civil (CC), Ley XXX/1885
- **Extinción de obligaciones (por pago):** Arts. 303 CPA // 633, 764, 766, 771, 772, 778 a 782, 784, 785 CC.
- **Apremio patrimonial (embargo y remate de bienes):** Arts. 303, 311 CPA // 984 CC // 160 LOPJ // 10 Ley de Inscripción de Documentos en Registro Público, Ley 3883/1967 // 66 Ley que transforma el Instituto de Desarrollo Agrario (IDA) en el Instituto de Desarrollo Rural (Ley Inder) // 154 a 165 Código Procesal Civil (CPC), Ley 9342/2016 // Circular Consejo Superior 66-1998: Función de los Auxiliares Ejecutores // 19 a 30 circular Consejo Superior 02-2015: Reglamento para regular la función de las y los intérpretes, traductores, peritos y ejecutores en el Poder Judicial // Circular Corte Suprema de Justicia 165-2015: Anotaciones de embargos practicados en predios con limitaciones vigentes // Circular Consejo Superior 66-2018: Recomendaciones a las personas juzgadoras agrarias para su valoración con el fin de orientar y facilitar la aplicación de la materia (remate de bienes).
- **Condena por daño ambiental en procesos agrarios**: Arts. 284 a 289 CPA.
- **Condena a cargo de la Administración Pública**: Arts. 294, 303 CPA // 122 a 127, 166 a 173 Código Procesal Contencioso-Administrativo (CPCA), Ley 8508/2006.
- **Embargo cautelar (embargo preventivo)**: Arts. 242 CPA // 468.4, 475, 876 CC / 546, 560, 606, 674, 783 Código de Comercio (CCo): Ley 3284/1964 / 166 CPCA / Ley concursal: 3.2, 18, 34.2 Ley Concursal, Ley 9957/2021.

- **Embargo de ejecución**: Arts. 310, 311 CPA // 468.4, 469, 471, 475, 876, 981 a 983 CC/ / 546, 606, 674, 783 CCo // 166 CPCA // 3.2, 18, 30.1, 34.2 Ley Concursal, Ley 9957/2021.
- **Mandamiento de embargo y de desembargo:** Art. 468.4, 475 CC // 546 CCo.
- **Bienes inembargables:** Arts. 261 a 263, 984 CC // 7 Ley de Tierras y Colonización (LTC), Ley 2825/1961 // 546 Código de Comercio (CCo), Ley 3284/1964 // 3 Ley Indígena (LI), Ley 6172/1977 // 139, 139 bis, 140 Ley Orgánica del Banco Central de Costa Rica (LOBCCR), Ley 7558/1995 // 95 Ley Orgánica de la Agricultura e Industria de la Caña de Azúcar, Ley 7818/1998 // 35 Ley de Creación de la Corporación Arrocera (Ley Conarroz), Ley 8285/2002 // 170 Código Procesal Contencioso-Administrativo (CPCA), Ley 8508/2006 // 17, 42, 66, 67-g), 69 Ley Inder // 17.7 Ley Concursal, Ley 9957/2021 // 14, 52 Ley de Creación del fondo de garantía de depósito y de mecanismos de resolución de los intermediarios financieros, Ley 9816/2020.

ARTÍCULO 305- Rendición de cuentas

Si la sentencia condena a rendir cuentas y no establece el plazo para hacerlo, se requerirá a la parte obligada que la presente en el plazo de diez días. De no cumplirse, la ejecutante podrá presentar la liquidación. Se aplicará, en lo pertinente, lo dispuesto para la condena de pagar una cantidad por liquidar.

CONCORDANCIAS:

- **Ejecución de órdenes judiciales**: Arts. 153 Constitución Política (1949) // 20, 73, 116, 117, 118, 155, 173, 174, 291 a 295, 306 Código Procesal Agrario (CPA), Ley 9609/2018 // 1, 5, 6, 7, 167, 168 Ley Orgánica del Poder Judicial (LOPJ), Ley 8/1937.
- **Tipos de condena y reglas para su ejecución**: Arts. 82, 83, 285 a 290, 291 a 296, 303 a 311 CPA // 693 a 700, 702 Código Civil (CC), Ley XXX/1885
- **Condena de pagar una cantidad por liquidar**: Art. 304 CPA.

ARTÍCULO 306- Condena de dar

Cuando deba entregarse un bien mueble o inmueble y la parte obligada no cumpla voluntariamente, o dentro del plazo conferido, se procederá a la entrega o puesta en posesión.

Si existen indicios acerca de posibles obstáculos generados por la parte ejecutada, para acceder a un fundo o lograr la entrega o puesta en posesión, se practicará el ingreso forzoso. Se procurará hacer efectiva la ejecución, sin perjuicio de las responsabilidades penales en que pueda incurrir la ejecutada.

Los bienes muebles que no deban entregarse con un inmueble serán retirados por la ejecutada. Si la persona dueña no los retira en el acto de la expulsión, serán puestos en depósito a cargo de la ejecutante. Se levantará un inventario de estos.

La ejecutante podrá declinar asumir el depósito de tales bienes, de poder designarse como depositaria a otra persona idónea, que muestre interés en asumir ese cargo.

A quien se designe depositaria se le advertirá acerca de los derechos y las obligaciones conferidas por ley. Cuando sea una tercera persona, se le prevendrá, además, el señalamiento de medio para notificaciones.

CONCORDANCIAS:

- **Ejecución de órdenes judiciales**: Arts. 153 Constitución Política (1949) // 20, 73, 116, 117, 118, 155, 173, 174, 291 a 295, 306 Código Procesal Agrario (CPA), Ley 9609/2018 // 1, 5, 6, 7, 167, 168 Ley Orgánica del Poder Judicial (LOPJ), Ley 8/1937 // 8 inciso g Ley General de Policía, Ley 7410/1994.
- **Tipos de condena y reglas para su ejecución**: Arts. 82, 83, 285 a 290, 291 a 296, 303 a 311 CPA // 693 a 700, 702 Código Civil (CC), Ley XXX/1885.
- **Embargo cautelar (embargo preventivo):** Arts. 242 CPA // 468.4, 475, 876 CC // 546, 560, 606, 674, 783 Código de Comercio (CCo), Ley 3284/1964 // 3.2, 18, 34.2 Ley Concursal, Ley 9957/2021.
- **Embargo de ejecución**: Arts. 310, 311 CPA // 468.4, 469, 471, 475, 876, 981 a 983 CC // 546, 606, 674, 783 CCo // 3.2, 18, 30.1, 34.2 Ley Concursal, Ley 9957/2021.
- **Bienes muebles, bienes muebles por anticipación y bienes inmuebles**: Arts. 253 a 257 CC // 5.6 Ley de Garantías Mobiliarias (LGM), Ley 9246/2014.
- **Extinción de obligaciones**: Arts. 633, 769, 772, 778, 784, 785 CC.
- **Ingreso forzoso para la ejecución**: Art. 295 CPA.
- **Desalojo y puesta en posesión:** Arts. 83, 306 CPA // Circular Corte Suprema de Justicia 227-2020: Lineamientos para la realización de puestas en posesión y desalojos de personas en situación de vulnerabilidad o vulnerabilizadas, entre otras, pertenecientes a pueblos indígenas, en situación de discapacidad, adultas mayores y menores de edad.
- **Allanamiento de bienes**: Arts. 46.2.3., 137 Código Procesal Civil (CPC), Ley 9342/2016 // 205 Código Penal, Ley 4573/1970 // 193 a 197 Código Procesal Penal (CPP), Ley 7594/1996.
- **Condena por daño ambiental en procesos agrarios**: Arts. 284 a 289 CPA.
- **Condenas a cargo de la Administración Pública**: Arts. 294, 303 CPA // 122 a 129, 166 a 173 Código Procesal Contencioso-Administrativo (CPCA), Ley 8508/2006.
- **Colaboración de entidades públicas o de particulares para realizar actuaciones judiciales:** Arts. 116, 117, 118, 145, 173, 174 CPA // 7 LOPJ // 8 inciso g Ley General de Policía, Ley 7410/1994.
- **Desobediencia a la autoridad**: Art. 314 Código Penal, Ley 4573/1970.
- **Notificación personal por prevención con efectos penales**: Arts. 72 CPA // 314 Código Penal, Ley 4573/1970.
- **Depósito judicial:** Arts. 1360 a 1366 CC.

ARTÍCULO 307- Condena de hacer

En condenas de hacer, si la persona obligada realiza de modo distinto o defectuoso lo ordenado, se destruirá lo hecho y se dispondrá hacerlo conforme se ordenó en la sentencia. Todos los gastos correrán a cargo de la incumpliente, quien deberá indemnizar los daños, los perjuicios y las costas causadas con la ejecución indebida. 

CONCORDANCIAS:

- **Ejecución de órdenes judiciales:** Arts. 153 Constitución Política (1949) // 20, 73, 116, 117, 118, 155, 173, 174, 291 a 295, 306 Código Procesal Agrario (CPA), Ley 9609/2018 // 1, 5, 6, 7, 167, 168 Ley Orgánica del Poder Judicial (LOPJ), Ley 8/1937 // 8 Ley General de Policía, Ley 7410/1994.
- **Tipos de condena y reglas para su ejecución**: Arts. 82, 83, 285 a 290, 291 a 296, 303 a 311 CPA // 693 a 700, 702 Código Civil (CC), Ley XXX/1885.
- **Extinción de obligaciones**: Arts. 633, 765, 772, 778, 784, 785 CC.
- **Embargo cautelar (embargo preventivo):** Arts. 242 CPA // 468.4, 475, 876 CC // 546, 560, 606, 674, 783 Código de Comercio (CCo), Ley 3284/1964 // 3.2, 18, 34.2 Ley Concursal, Ley 9957/2021.
- **Embargo de ejecución**: Arts. 310, 311 CPA // 468.4, 469, 471, 475, 876, 981 a 983 CC // 546, 606, 674, 783 CCo // 3.2, 18, 30.1, 34.2 Ley Concursal, Ley 9957/2021.
- **Ingreso forzoso para la ejecución**: Arts. 118, 295 CPA.
- **Allanamiento de bienes:** Arts. 46.2.3., 137 Código Procesal Civil (CPC), Ley 9342/2016 // 205 Código Penal, Ley 4573/1970 // 193 a 197 Código Procesal Penal (CPP), Ley 7594/1996.
- **Condena por daño ambiental en procesos agrarios:** Arts. 284 a 289 CPA.
- **Condenas a cargo de la Administración Pública**: Arts. 294, 303 CPA // 122 a 129, 166 a 173 Código Procesal Contencioso-Administrativo (CPCA), Ley 8508/2006.
- **Colaboración de entidades públicas o de particulares para realizar actuaciones judiciales:** Arts. 116, 117, 118, 145, 173, 174 CPA // 7 LOPJ.
- **Desobediencia a la autoridad**: Art. 314 Código Penal, Ley 4573/1970.
- **Notificación personal por prevención con efectos penales**: Arts. 72 CPA // 314 Código Penal, Ley 4573/1970.
- **Reglas generales para la indemnización de daños y perjuicios**: Arts. 324, 325, 327, 702 a 704, 707, 868, 1046 CC.

ARTÍCULO 308- Condena de no hacer

Si se incumple la obligación de no hacer, se ordenarán las medidas para lograr la efectividad de lo resuelto. Cuando sea procedente, se destruirá lo hecho en contra de lo dispuesto en la sentencia. Se condenará a la parte vencida a indemnizar los daños y perjuicios ocasionados.

CONCORDANCIAS:

- **Ejecución de órdenes judiciales**: Arts. 153 Constitución Política (1949) // 20, 73, 116, 117, 118, 155, 173, 174, 291 a 295, 306 Código Procesal Agrario (CPA), Ley 9609/2018 // 1, 5, 6, 7, 167, 168 Ley Orgánica del Poder Judicial (LOPJ), Ley 8/1937.
- **Tipos de condena y reglas para su ejecución**: Arts. 82, 83, 285 a 290, 291 a 296, 303 a 311 CPA // 693 a 700, 702 Código Civil (CC), Ley XXX/1885.

- **Extinción de obligaciones**: Arts. 633, 765, 772, 778, 784, 785 CC.
- **Condena por daño ambiental en procesos agrarios:** Arts. 284 a 289 CPA.
- **Condenas a cargo de la Administración Pública**: Arts. 294, 303 CPA // 122 a 129, 166 a 173 Código Procesal Contencioso-Administrativo (CPCA), Ley 8508/2006.
- **Embargo cautelar (embargo preventivo):** Arts. 242 CPA // 468.4, 475, 876 CC // 546, 560, 606, 674, 783 Código de Comercio (CCo), Ley 3284/1964 // 3.2, 18, 34.2 Ley Concursal, Ley 9957/2021.
- **Embargo de ejecución**: Arts. 310, 311 CPA // 468.4, 469, 471, 475, 876, 981 a 983 CC // 546, 606, 674, 783 CCo // 3.2, 18, 30.1, 34.2 Ley Concursal Ley 9957/2021.
- **Desobediencia a la autoridad:** Art. 314 Código Penal, Ley 4573/1970.
- **Notificación personal por prevención con efectos penales**: Arts. 72 CPA / 314 Código Penal, Ley 4573/1970.
- **Reglas generales para la indemnización de daños y perjuicios**: Arts. 324, 325, 327, 702 a 704, 707, 868, 1046 CC.

ARTÍCULO 309- Frutos en especie y efectos de comercio

Cuando sea necesaria la ejecución, por incumplimiento de la obligación de entrega de cantidad determinada de frutos en especie o de efectos de comercio, se procederá a la conversión a dinero y a hacer efectiva la suma resultante, según los parámetros fijados en la sentencia.

La valoración de los frutos se hará por el precio corriente y actual en el mercado del lugar donde deba verificarse la entrega; en su defecto, el más próximo, al día en que se practique, salvo disposición en contrario de la sentencia o de ley especial.

El precio se acreditará, salvo normativa en contrario, con el informe de una o un corredor jurado, y si no con el de una persona que sea comerciante de reconocida honorabilidad. En el acto del nombramiento se fijarán sus honorarios. El tribunal establecerá el procedimiento de valoración o la hará prudencialmente.

CONCORDANCIAS:

- **Ejecución de órdenes judiciales:** Arts. 153 Constitución Política (1949) // 20, 73, 116, 117, 118, 155, 173, 174, 291 a 295, 306 Código Procesal Agrario (CPA), Ley 9609/2018 // 1, 5, 6, 7, 167, 168 Ley Orgánica del Poder Judicial (LOPJ), Ley 8/1937.
- **Tipos de condena y reglas para su ejecución**: Arts. 82, 83, 285 a 290, 291 a 296, 303 a 311 CPA // 693 a 700, 702 Código Civil (CC), Ley XXX/1885.
- **Condena por suma líquida**: Art. 303 CPA.
- **Embargo cautelar (embargo preventivo):** Arts. 242 CPA // 468.4, 475, 876 CC / 546, 560, 606, 674, 783 Código de Comercio (CCo), Ley 3284/1964 // 3.2, 18, 34.2 Ley Concursal, Ley 9957/2021.
- **Embargo de ejecución**: Arts. 310, 311 CPA // 468.4, 469, 471, 475, 876, 981 a 983 CC // 546, 606, 674, 783 CCo // 3.2, 18, 30.1, 34.2 Ley Concursal, Ley 9957/2021.
- **Persona corredora jurada:** Arts. 272, 296 a 300, 307, 311 CCo.

ARTÍCULO 310- Embargo en ejecución

En las sentencias de condena sobre extremos económicos determinables en dinero, cantidad por liquidar, de dar, de hacer, de no hacer, para asegurar los derechos de la parte ejecutante, se decretará embargo de bienes en cantidad suficiente, a criterio del tribunal. Se hará a instancia de parte y no se requerirá depósito alguno.

De lo actuado se levantará un acta en la que se consignarán hora, fecha y lugar, las características necesarias para identificar los bienes muebles y, en el caso de inmuebles, las citas de inscripción, su naturaleza, extensión, linderos, edificaciones, cultivos existentes, su estado y demás datos de interés.

CONCORDANCIAS:

- **Ejecución de órdenes judiciales**: Arts. 153 Constitución Política (1949) // 20, 73, 116, 117, 118, 155, 173, 174, 291 a 295, 306 Código Procesal Agrario (CPA), Ley 9609/2018 // 1, 5, 6, 7, 167, 168 Ley Orgánica del Poder Judicial (LOPJ), Ley 8/1937.
- **Tipos de condena y reglas para su ejecución**: Arts. 82, 83, 285 a 290, 291 a 296, 303 a 311 CPA // 693 a 700, 702 Código Civil (CC), Ley XXX/1885.
- **Apremio patrimonial (embargo y remate de bienes):** Arts. 311 CPA // 984 CC // 160 LOPJ // 10 Ley de Inscripción de Documentos en Registro Público, Ley 3883/1967 // 66 Ley que transforma el Instituto de Desarrollo Agrario (IDA) en el Instituto de Desarrollo Rural (Ley Inder) // 154 a 165 Código Procesal Civil (CPC), Ley 9342/2016 // Circular Consejo Superior 66-1998: Función de los Auxiliares Ejecutores // 19 a 30 circular Consejo Superior 02-2015: Reglamento para regular la función de las y los intérpretes, traductores, peritos y ejecutores en el Poder Judicial // Circular Corte Suprema de Justicia 165-2015: Anotaciones de embargos practicados en predios con limitaciones vigentes // Circular Consejo Superior 66-2018: Recomendaciones a las personas juzgadoras agrarias para su valoración con el fin de orientar y facilitar la aplicación de la materia (remate de bienes).
- **Embargo cautelar (embargo preventivo)**: Arts. 242 CPA // 468.4, 475, 876 CC // 546, 560, 606, 674, 783 Código de Comercio (CCo), Ley 3284/1964 // 3.2, 18, 34.2 Ley Concursal, Ley 9957/2021.
- **Embargo de ejecución:** Arts. 311 CPA // 468.4, 469, 471, 475, 876, 981 a 983 CC // 546, 606, 674, 783 CCo // 3.2, 18, 30.1, 34.2 Ley Concursal, Ley 9957/2021.
- **Bienes inembargables:** Arts. 261 a 263, 984 CC // 7 Ley de Tierras y Colonización (LTC), Ley 2825/1961 // 546 Código de Comercio (CCo), Ley 3284/1964 // 3 Ley Indígena (LI), Ley 6172/1977 // 139, 139 bis, 140 Ley Orgánica del Banco Central de Costa Rica (LOBCCR), Ley 7558/1995 // 95 Ley Orgánica de la Agricultura e Industria de la Caña de Azúcar, Ley 7818/1998 // 35 Ley de Creación de la Corporación Arrocera (Ley Conarroz), Ley 8285/2002 // 170 Código Procesal Contencioso-Administrativo (CPCA), Ley 8508/2006 // 17, 42, 66, 67-g), 69 Ley Inder // 17.7 Ley Concursal, Ley 9957/2021 // 14, 52 Ley de Creación del fondo de garantía de depósito y de mecanismos de resolución de los intermediarios financieros, Ley 9816/2020.
- **Requisitos de las actuaciones judiciales**. Arts. 58, 59, 60, 65, 66 CPA // 3 LOPJ.
- **Formato de actuaciones judiciales (documentación y registro):** Arts. 60, 156, 179, 180, 181 CPA // 6 bis, 147 LOPJ.
- **Principio de informalismo procesal:** Arts. 4, 46, 48.7, 58, 67 (excepciones), 70, 72, 75, 92, 226 CPA.

CAPÍTULO IV
EMBARGO Y REMATE DE BIENES

ARTÍCULO 311- Embargo y remate de bienes

En el embargo y remate de bienes, en lo pertinente, se aplicará lo dispuesto para el apremio patrimonial en la normativa especial y la legislación procesal civil siempre que sean compatibles con los principios agrarios, y las siguientes disposiciones:

1) La orden de embargo se remitirá por medios tecnológicos. Si no es posible, la parte interesada diligenciará lo pertinente. Solo podrá practicarse sobre bienes legalmente embargables.

2) Cuando se embarguen acciones o participaciones del patrimonio común de una empresa o grupos de empresas, o la mayoría de bienes o derechos pertenecientes a estas, y de designarse a una persona para su administración, el tribunal le exigirá informes periódicos de la gestión.

3) Se ampliará la orden de embargo a solicitud fundada de la parte ejecutante.

Al resolver, el tribunal verificará que no se incurra en abuso del derecho.

4) Si el embargo resulta excesivo, la parte deudora podrá solicitar su reducción y aportar de una vez la prueba que estime pertinente. Tal gestión se pondrá en conocimiento de la parte contraria por el plazo de tres días. Se procederá de inmediato a resolver, salvo que sea necesario programar una audiencia para recibir prueba, lo cual se hará con la mayor brevedad, según las reglas del proceso incidental.

5) El levantamiento se comunicará mediante oficio o mandamiento, en la misma forma dispuesta para cuando se ordena el embargo.

6) Cuando exista concurrencia de personas embargantes y acreedoras con más de un proceso en trámite, y se haya realizado en más de uno la publicación del edicto de remate el mismo día, deberán gestionarse todos los pagos en el proceso al que se le haya dado trámite primero.

7) Si se deposita un monto para cancelar la totalidad de los extremos reclamados, previamente a efectuarse el remate, se solicitará a la parte ejecutante presente en el plazo de tres días una liquidación a la fecha del depósito, con el apercibimiento de resolverse con la información que conste en autos. Cuando la suma depositada resulta suficiente, se tendrá por extinta la deuda, se dará por terminado el proceso y se dispondrá el archivo. De lo contrario, se realizarán los abonos a los extremos adeudados, en el orden legal correspondiente, y se continuará con el proceso.

8) El apremio patrimonial será realizado por persona juzgadora, quien presidirá el remate, o por quien figure como persona técnica judicial designado para ese fin.

9) Si se dispone el examen de los bienes objeto de remate en el lugar donde se encuentren, o que el remate se lleve a cabo en ese sitio, se ordenará a la persona deudora o depositaria tenerlos a la vista el día y la hora programados, en un lugar idóneo, cuando sea posible. Si se trata de animales, vehículos u otros bienes que por su naturaleza deban ser reunidos para su examen, se les requerirá que los agrupen, de forma segura y adecuada. La omisión de lo anterior, sin justa causa, se entenderá como negativa a ponerlos a

disposición del tribunal. La comunicación se hará con los apercibimientos legales y con un mínimo de tres días de antelación, para que adopte las previsiones necesarias a fin de cumplirla efectivamente. 

CONCORDANCIAS:

- **Ejecución de órdenes judiciales**: Arts. 153 Constitución Política (1949) // 20, 73, 116, 117, 118, 155, 173, 174, 291 a 295, 306 Código Procesal Agrario (CPA), Ley 9609/2018 // 1, 5, 6, 7, 167, 168 Ley Orgánica del Poder Judicial (LOPJ), Ley 8/1937.
- **Tipos de condena y reglas para su ejecución**: Arts. 82, 83, 285 a 290, 291 a 296, 303 a 311 CPA // 693 a 700, 702 Código Civil (CC), Ley XXX/1885.
- **Apremio patrimonial (embargo y remate de bienes):** Arts. 311 CPA // 984 CC // 160 LOPJ // 10 Ley de Inscripción de Documentos en Registro Público, Ley 3883/1967 // 66 Ley que transforma el Instituto de Desarrollo Agrario (IDA) en el Instituto de Desarrollo Rural (Ley Inder) // 154 a 165 Código Procesal Civil (CPC), Ley 9342/2016 // Circular Consejo Superior 66-1998: Función de los Auxiliares Ejecutores // 19 a 30 circular Consejo Superior 02-2015: Reglamento para regular la función de las y los intérpretes, traductores, peritos y ejecutores en el Poder Judicial // Circular Corte Suprema de Justicia 165-2015: Anotaciones de embargos practicados en predios con limitaciones vigentes // Circular Consejo Superior 66-2018: Recomendaciones a las personas juzgadoras agrarias para su valoración con el fin de orientar y facilitar la aplicación de la materia (remate de bienes).
- **Embargo cautelar (embargo preventivo)**: Arts. 242 CPA // 468.4, 475, 876 CC // 546, 560, 606, 674, 783 Código de Comercio (CCo), Ley 3284/1964 // 3.2, 18, 34.2 Ley Concursal, Ley 9957/2021.
- **Embargo de ejecución:** Arts. 468.4, 469, 471, 475, 876, 981 a 983 CC // 546, 606, 674, 783 CCo // 3.2, 18, 30.1, 34.2 Ley Concursal, Ley 9957/2021.
- **Bienes inembargables:** Arts. 261 a 263, 984 CC // 7 Ley de Tierras y Colonización (LTC), Ley 2825/1961 // 546 Código de Comercio (CCo), Ley 3284/1964 // 3 Ley Indígena (LI), Ley 6172/1977 // 139, 139 bis, 140 Ley Orgánica del Banco Central de Costa Rica (LOBCCR), Ley 7558/1995 // 95 Ley Orgánica de la Agricultura e Industria de la Caña de Azúcar, Ley 7818/1998 // 35 Ley de Creación de la Corporación Arrocera (Ley Conarroz), Ley 8285/2002 // 170 Código Procesal Contencioso-Administrativo (CPCA), Ley 8508/2006 // 17, 42, 66, 67-g), 69 Ley Inder // 17.7 Ley Concursal, Ley 9957/2021 // 14, 52 Ley de Creación del fondo de garantía de depósito y de mecanismos de resolución de los intermediarios financieros, Ley 9816/2020.
- **Ampliación de embargo:** Art. 154.6 CPC.
- **Abuso procesal:** Arts. 53, 54 CPA.
- **Incidente de exceso de embargo:** Art. 280 CPA.
- **Mandamiento de embargo y de desembargo:** Art. 468.4, 475 CC // 546 CCo.
- **Imputación de pagos:** Art. 296 CPA.
- **Requisitos de las actuaciones judiciales**. Arts. 58, 59, 60, 65, 66 CPA // 3 LOPJ.
- **Formato de actuaciones judiciales (documentación y registro):** Arts. 60, 156, 179, 180, 181 CPA // 6 bis, 147 LOPJ.
- **Lugar de actuaciones judiciales:** Arts. 65, 123, 124, 125, 173 CPA.
- **Momento para realizar actuaciones judiciales:** Art. 66 CPA.
- **Auxilio judicial para realizar actuaciones judiciales:** Arts. 20, 24, 73 CPA // 5, 6, 163.2, 165 LOPJ.
- **Colaboración de entidades públicas o de particulares para realizar actuaciones judiciales:** Arts. 116, 117, 118, 145, 173, 174 CPA // 7 LOPJ // 8 inciso g Ley General de Policía, Ley 7410/1994.

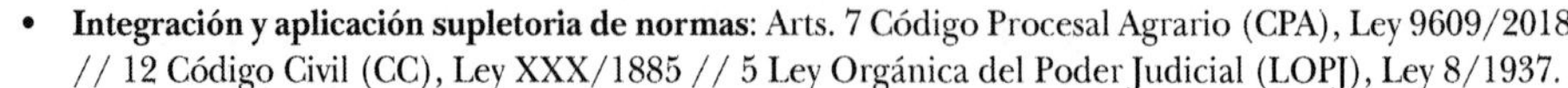

- **Integración y aplicación supletoria de normas**: Arts. 7 Código Procesal Agrario (CPA), Ley 9609/2018 // 12 Código Civil (CC), Ley XXX/1885 // 5 Ley Orgánica del Poder Judicial (LOPJ), Ley 8/1937.

CAPÍTULO V
EJECUCIÓN HIPOTECARIA Y PRENDARIA

ARTÍCULO 312- Procesos hipotecario y prendario

En los procesos de ejecución hipotecaria y prendaria, se aplicará en lo pertinente lo dispuesto en las leyes especiales y la normativa procesal civil, siempre que sean compatibles con los principios procesales agrarios, así como las siguientes disposiciones:

1) Si se solicita el remate de bienes dotados o asignados por medio de programas sociales a una persona productora agraria, se verificará su procedencia.

Si la ejecutante integra el Sistema Bancario Nacional, acreditará que con antelación informó de la situación a la entidad respectiva, para que esta ejerciera los derechos o potestades que la ley le otorga. De lo contrario, se declarará inadmisible la demanda.

2) En la resolución que dé curso a la ejecución hipotecaria o prendaria, se harán las prevenciones generales a la parte ejecutada, indicándosele que podrá liberar los bienes en ejecución si deposita todos los extremos adeudados, hasta antes de dar por iniciada la subasta.

3) Si se trata de la ejecución de frutos o productos de cualquier naturaleza, se corroborará que el privilegio prendario no se encuentre caduco. De estarlo, declarará la inadmisibilidad de la demanda.

4) Cuando se alegue desmejoramiento de la garantía, podrá practicarse un reconocimiento judicial a solicitud de parte ejecutante.

5) La aprobación del remate de los restantes bienes quedará sujeta a que lo adeudado no quede cubierto con lo subastado. Cuando uno o varios de los bienes pertenezcan a una persona que haya consentido darlos en garantía, serán los últimos en subastarse.

De ser evidente que lo obtenido en la subasta no cubre lo adeudado, se aprobará el remate, si procede. De existir duda de si cubre lo adeudado totalmente, se prevendrá a la parte ejecutante que presente la liquidación final dentro del plazo de tres días, a fin de determinar respecto de cuáles bienes deberá aprobarse el remate.

Ante su omisión, el órgano ejecutor resolverá lo procedente con lo que conste en el proceso.

CONCORDANCIAS:

- **Proceso de ejecución**: Arts. 153 Constitución Política (1949) // 20, 73, 116, 117, 118, 155, 173, 174, 291 a 295, 306 Código Procesal Agrario (CPA), Ley 9609/2018 // 1, 5, 6, 7, 167, 168 Ley Orgánica del Poder Judicial (LOPJ), Ley 8/1937.

- **Derecho real de garantía hipotecaria:** Arts. 409 a 440, 448, 459, 464, 465 Código Civil (CC), Ley XXX/1885 // 219, 228 Reglamento a la Ley 9036 Transformación del Instituto de Desarrollo Agrario (IDA) en el Instituto de Desarrollo Rural (Inder) (Reglamento Ley Inder), Decreto 43102/2021.
- **Derecho real de garantía prendaria:** Arts. 530, 531, 536 a 542, 545, 547, 551, 554 Código de Comercio (CCo), Ley 3284/1964 // 1, 3, 72, 73 Ley de Garantías Mobiliarias (LGM), Ley 9246/2014.
- **Derecho real de garantías mobiliarias:** Arts. 256 a 258, 459.2 CC // LGM excepto los arts. 72, 73, que corresponde a la garantía prendaria.
- **Caducidad prendaria:** Regulado en el derogado art. 543 CCo, según art. 80 Ley de Garantías Mobiliarias (LGM), Ley 9246/2014.
- **Apremio patrimonial (embargo y remate de bienes):** Arts. 311 CPA // 984 CC // 160 LOPJ // 10 Ley de Inscripción de Documentos en Registro Público, Ley 3883/1967 // 66 Ley que transforma el Instituto de Desarrollo Agrario (IDA) en el Instituto de Desarrollo Rural (Ley Inder) // 154 a 165 Código Procesal Civil (CPC), Ley 9342/2016 // Circular Consejo Superior 66-1998: Función de los Auxiliares Ejecutores // 19 a 30 circular Consejo Superior 02-2015: Reglamento para regular la función de las y los intérpretes, traductores, peritos y ejecutores en el Poder Judicial // Circular Corte Suprema de Justicia 165-2015: Anotaciones de embargos practicados en predios con limitaciones vigentes // Circular Consejo Superior 66-2018: Recomendaciones a las personas juzgadoras agrarias para su valoración con el fin de orientar y facilitar la aplicación de la materia (remate de bienes).
- **Embargo de ejecución:** Arts. 310, 311 CPA // 468.4, 469, 471, 475, 876, 981 a 983 CC // 546, 606, 674, 783 CCo // 3.2, 18, 30.1, 34.2 Ley Concursal, Ley 9957/2021.
- **Bienes inembargables:** Arts. 261 a 263, 984 CC // 7 Ley de Tierras y Colonización (LTC), Ley 2825/1961 // 546 CCo // 3 Ley Indígena (LI), Ley 6172/1977 // 139, 139 bis, 140 Ley Orgánica del Banco Central de Costa Rica (LOBCCR), Ley 7558/1995 // 95 Ley Orgánica de la Agricultura e Industria de la Caña de Azúcar, Ley 7818/1998 // 35 Ley de Creación de la Corporación Arrocera (Ley Conarroz), Ley 8285/2002 // 170 Código Procesal Contencioso-Administrativo (CPCA), Ley 8508/2006 // 17, 42, 66, 67-g), 69 Ley Inder // 17.7 Ley Concursal, Ley 9957/2021 // 14, 52 Ley de Creación del fondo de garantía de depósito y de mecanismos de resolución de los intermediarios financieros, Ley 9816/2020.
- **Prioridad para reintegrar bienes dotados o asignados por programas sociales**: Circular Consejo Superior 66-2018: Recomendaciones a las personas juzgadoras agrarias para su valoración con el fin de orientar y facilitar la aplicación de la materia (remate de bienes).
- **Imputación de pagos:** Art. 296 CPA.
- **Requisitos de las actuaciones judiciales.** Arts. 58, 59, 60, 65, 66 CPA // 3 LOPJ.
- **Formato de actuaciones judiciales (documentación y registro):** Arts. 60, 156, 179, 180, 181 CPA // 6 bis, 147 LOPJ.
- **Lugar de actuaciones judiciales:** Arts. 65, 123, 124, 125, 173 CPA.
- **Momento para realizar actuaciones judiciales:** Art. 66 CPA.
- **Auxilio judicial para realizar actuaciones judiciales:** Arts. 20, 24, 73 CPA // 5, 6, 163.2, 165 LOPJ.
- **Colaboración de entidades públicas o de particulares para realizar actuaciones judiciales:** Arts. 116, 117, 118, 145, 173, 174 CPA // 7 LOPJ // 8 inciso g Ley General de Policía, Ley 7410/1994.
- **Integración y aplicación supletoria de normas**: Arts. 7 Código Procesal Agrario (CPA), Ley 9609/2018 // 12 CC // 5 Ley Orgánica del Poder Judicial (LOPJ), Ley 8/1937.

TÍTULO XIV
PROCESO SUCESORIO

ARTÍCULO 313- Procedencia

Se tramitarán mediante el proceso sucesorio aquellos asuntos donde el patrimonio de la persona causante esté conformado por bienes agrarios, destinados al desarrollo rural y derechos derivados de estos, con aptitud para ser trasmisibles por causa de muerte. Quedarán incluidos aquellos dotados, asignados o traspasados por el Instituto de Desarrollo Rural (Inder), o cualquier otra entidad del sector agrario, hayan o no vencido las limitaciones o las condiciones legalmente establecidas.

CONCORDANCIAS:

- **Competencia material en proceso sucesorio**: Arts. 1, 2-1 Código Procesal Agrario (CPA), Ley 9609/2018.
- **Competencia territorial en proceso sucesorio**: Art. 21.4 CPA.
- **Bienes adjudicados por el Inder**: Arts. 45, 58 a 71 Ley que transforma el Instituto de Desarrollo Agrario (IDA) en el Instituto de Desarrollo Rural (Ley Inder), Ley 9036/2012 // 62 a 91 Ley de Tierras y Colonización (LTC), Ley 2825/1961 // 124 Reglamento a la Ley 9036 Transformación del Instituto de Desarrollo Agrario (IDA) en el Instituto de Desarrollo Rural (Inder) (Reglamento Ley Inder), Decreto 43102/2021.
- **Sucesión legítima**: Arts. 520 a 522 y 571 a 575 Código Civil (CC), Ley XXX/1885.
- **Sucesión testamentaria**: Arts. 577 a 656 CC.
- **Finalidad del sucesorio**: Art. 521 CC // 115 Código Procesal Civil (CPC), Ley 9342/2016.
- **Carácter extintivo del patrimonio de la persona causante**: Art. 521 Código Civil (CC).

ARTÍCULO 314- Sede judicial y notarial

Las sucesiones deberán tramitarse en sede judicial. Podrán ser también notariales, excepto si se trata de distribuir bienes adjudicados mediante algún modelo de asignación de tierras, si han sido dotados, asignados o traspasados por entidades del sector agrario o a cargo del desarrollo rural, o cuando exista disposición en contrario.

CONCORDANCIAS:

- **Sucesión notarial**: Arts. 129 a 137 Código Notarial // Directriz y Acuerdos Dirección Nacional de Notariado: 2014-22-02 valoración bienes, 2018-024-020 sobre procesos sucesorios notariales.
- **Bienes adjudicados por el Inder**: Arts. 45, 58 a 71 Ley que transforma el Instituto de Desarrollo Agrario (IDA) en el Instituto de Desarrollo Rural (Ley Inder), Ley 9036/2012 // 62 a 91 Ley de Tierras y Colonización (LTC), Ley 2825/1961 // 124 Reglamento a la Ley 9036 Transformación del Instituto de Desarrollo Agrario (IDA) en el Instituto de Desarrollo Rural (Inder) (Reglamento Ley Inder), Decreto 43102/2021.

ARTÍCULO 315- Trámite y requisitos del proceso sucesorio

En lo referido al proceso sucesorio, se aplicará lo dispuesto en la normativa procesal civil, leyes especiales siempre que sean compatibles con los principios procesales agrarios y las siguientes disposiciones:

1) El tribunal podrá adoptar las medidas cautelares necesarias para la preservación del haber sucesorio y garantizar la continuidad de las actividades agrarias y conexas a estas.

2) Si se plantean un proceso sucesorio judicial y otro notarial, el primero se acumulará al segundo, salvo improcedencia legal del segundo o si quienes iniciaron el judicial no quieren o no puedan hacer valer sus eventuales derechos en el notarial. En tal caso, el notarial se acumulará al judicial.

3) Los créditos serán pagados, si es posible, una vez firme la resolución que los tenga por reconocidos. De ser necesario, se dispondrá la venta de bienes que se elijan al efecto. Si tienen limitaciones legales, deberá atenderse lo dispuesto en la normativa especial, en caso de que se permitiera su enajenación.

4) El tribunal estará facultado para autorizar, sin comunicación previa a las partes interesadas, la venta anticipada de bienes perecederos o cuando sea evidentemente necesaria y útil realizarla; en especial de frutos o animales.

CONCORDANCIAS:

- **Procedimiento del proceso sucesorio**: Arts. 115 a 135 Código Procesal Civil (CPC), Ley 9342/2016.
- **Recursos**: Art. 203 párrafo 2 Código Procesal Agrario (CPA), Ley 9609/2018 // 67.3 incisos 15, 16, 17, 18, 19, 20, 21, 22 CPC.
- **Medidas cautelares**: Art. 235 CPA.
- **Bienes adjudicados por el Inder**: Arts. 45, 58 a 71 Ley que transforma el Instituto de Desarrollo Agrario (IDA) en el Instituto de Desarrollo Rural (Ley Inder), Ley 9036/2012 // 62 a 91 Ley de Tierras y Colonización (LTC), Ley 2825/1961 // 124 Reglamento a la Ley 9036 Transformación del Instituto de Desarrollo Agrario (IDA) en el Instituto de Desarrollo Rural (Inder) (Reglamento Ley Inder), Decreto 43102/2021.

ARTÍCULO 316- Bienes inventariados en posesión de terceras personas

La persona cónyuge sobreviviente o conviviente de hecho, a quien la ley le confiera derechos, la madre, el padre, los hijos e hijas que habiten en la vivienda al momento de la muerte de la causante, continuarán en ella, mientras no resulte adjudicada a otra. Si se declara en firme la indignidad de quien la habita, no podrá seguir ocupándola, excepto si existen menores de edad o incapaces, dependientes de esta. Los anteriores supuestos regirán, salvo disposición en contrario.

CONCORDANCIAS:

- **Indignidad**: Arts. 523 a 526 Código Civil (CC), Ley XXX/1885.
- **Personas en condición de vulnerabilidad**: Arts. 48.10, 59 Código Procesal Agrario (CPA), Ley 9609/2018 // Convención sobre la Eliminación de Todas las Formas de Discriminación Contra la Mujer (CEDAW), Ley 6968/1984 // Circular Corte Suprema de Justicia 173-2019: Reglas de Brasilia sobre Acceso a la Justicia de las personas en condiciones de vulnerabilidad (Reglas de Brasilia).
- **Personas con discapacidad**: Arts. 2.d, 5 a 11 Ley para promoción de la autonomía personal de las personas con discapacidad (LPAPPD), Ley 9379/2016.
- **Personas menores de edad**: Art. 28.6 CPA // 5, 107, 108, 111, 114, 115, 119, 125, 126 Código de la niñez y la adolescencia (CNA), Ley 7739/1998.
- **Desalojos**: Circular Corte Suprema de Justicia 227-2020: Lineamientos para la realización de puestas en posesión y desalojos de personas en situación de vulnerabilidad o vulnerabilizadas, entre otras, pertenecientes a pueblos indígenas, en situación de discapacidad, adultas mayores y menores de edad.

ARTÍCULO 317- Adjudicación de bienes y derechos sometidos a regímenes especiales

En procesos donde el haber sucesorio esté integrado por bienes y derechos sometidos a regímenes especiales, si fuera necesaria una autorización administrativa previa para su traspaso o dotación, se gestionará ante el ente público que corresponda.

En la resolución que declare a las personas sucesoras, se dispondrá la suspensión del proceso. Firme tal pronunciamiento, las interesadas deberán continuar el trámite ante el ente respectivo, al cual el tribunal le remitirá certificación de las piezas necesarias, para lo de su cargo. El Instituto de Desarrollo Rural (Inder) deberá informar al juzgado los avances del proceso de decisión administrativa con la periodicidad que este determine.

Una vez que conste en el expediente lo decidido en firme en sede administrativa, se procederá a ordenar la continuación del proceso. Si se ha conferido autorización para hacer el traspaso o dotación del bien o derecho a favor de una o varias de las herederas, se continuará el procedimiento de protocolización de piezas y demás trámites necesarios para la terminación del proceso.

Si existen otros bienes y derechos no sometidos a esos regímenes, el procedimiento de distribución o partición podrá continuar cuando haya acuerdo unánime de las personas herederas para que, de ser procedente, se realicen particiones únicamente respecto de estos.

CONCORDANCIAS:

- **Bienes adjudicados por el Inder**: Arts. 45, 58 a 71 Ley que transforma el Instituto de Desarrollo Agrario (IDA) en el Instituto de Desarrollo Rural (Ley Inder), Ley 9036/2012 // 62 a 91 Ley de Tierras y Colonización (LTC), Ley 2825/1961 // 124 Reglamento a la Ley 9036 Transformación del Instituto de Desarrollo Agrario (IDA) en el Instituto de Desarrollo Rural (Inder) (Reglamento Ley Inder), Decreto 43102/2021.

- **Procedimiento administrativo para designar persona heredera:** Arts. 125, 126, 12 Reglamento Ley Inder.
- **Declaratoria de personas herederas:** Arts. 596, 571, 572 Código Civil (CC), Ley XXX/1885) // 127 Código Procesal Civil (CPC), Ley 9342/2016.
- **Distribución y partición de bienes:** Art. 133 CPC.
- **Partición parcial bienes mixtos:** Arts. 132 párrafo final, 133.4 CPC.

ARTÍCULO 318- Denegatoria de la autorización para distribuir bienes y derechos en regímenes especiales

Si se deniega la autorización en sede administrativa para adjudicar o dotar bienes y derechos del sucesorio, regulados por regímenes especiales, procederá lo establecido en este Código para indemnizar o reconocer a las personas herederas declaradas lo que legalmente les corresponda, salvo normativa especial.

Para esos efectos, en el plazo de un mes después de la firmeza del acuerdo administrativo, el ente respectivo solicitará prueba pericial, a su cargo, para valorar lo que deba reconocerse a las personas herederas. Lo anterior, salvo que su valor conste en el proceso, por medio de las formas legalmente dispuestas para ello. Del resultado del avalúo pericial o, en su caso, del monto que conste, se rebajarán las deudas que la causante tuviera con el ente, hasta la fecha de la firmeza del acuerdo denegatorio.

De la suma definitiva, se dará traslado por tres días a las personas interesadas.

CONCORDANCIAS:

- **Bienes adjudicados por el Inder:** Arts. 45, 58 a 71 Ley que transforma el Instituto de Desarrollo Agrario (IDA) en el Instituto de Desarrollo Rural (Ley Inder), Ley 9036/2012 // 62 a 91 Ley de Tierras y Colonización (LTC), Ley 2825/1961 // 124 Reglamento a la Ley 9036 Transformación del Instituto de Desarrollo Agrario (IDA) en el Instituto de Desarrollo Rural (Inder) (Reglamento Ley Inder), Decreto 43102/2021.
- **Procedimiento administrativo para recuperar predio:** Arts. 69.2 LTC // 128 Reglamento Ley Inder.

ARTÍCULO 319- Reversión de la adjudicación de bienes y derechos en regímenes especiales

Si se trata de bienes otorgados por medio del contrato de asignación de tierras, el ente administrativo podrá revertir la adjudicación o dotación, si el ordenamiento jurídico lo permite.

Definido el monto de los extremos que legalmente corresponda reconocer a las personas herederas, se otorgará a la entidad o a quien corresponda un mes para que lo deposite en la cuenta del tribunal a favor de estas, salvo que sea procedente otorgar un plazo mayor por requerirse una modificación presupuestaria por el ente.

El dinero depositado se distribuirá entre las personas herederas, a menos de que deba destinarse a pagar obligaciones pendientes a cargo del sucesorio, conforme al orden de prelación legal.

Verificado el cumplimiento de lo indicado, se ordenará la reversión del inmueble a favor del ente, la respectiva inscripción del título de propiedad en el Registro Público de la Propiedad Inmueble a su nombre y la cancelación de las deudas hipotecarias o las limitaciones inscritas en beneficio de este.

Si no se cancela la suma correspondiente, en el plazo conferido, será aplicable lo establecido en el proceso de ejecución de sentencia para las condenas dinerarias a cargo de la Administración Pública.

CONCORDANCIAS:

- **Bienes adjudicados por el Inder**: Arts. 45, 58 a 71 Ley que transforma el Instituto de Desarrollo Agrario (IDA) en el Instituto de Desarrollo Rural (Ley Inder), Ley 9036/2012 // 62 a 91 Ley de Tierras y Colonización (LTC), Ley 2825/1961 // 124 Reglamento a la Ley 9036 Transformación del Instituto de Desarrollo Agrario (IDA) en el Instituto de Desarrollo Rural (Inder) (Reglamento Ley Inder), Decreto 43102/2021.
- **Procedimiento administrativo para recuperar predio**: Arts. 69.2 LTC // 128 Reglamento Ley Inder.

ARTÍCULO 320- Reconocimiento del valor de mejoras y otros extremos

Cuando la legislación especial autorice reconocer a las personas sucesoras, el valor de las mejoras necesarias y útiles, u otros extremos, se aplicará, en lo conducente, el trámite dispuesto en caso de denegatoria administrativa y reversión de bienes en regímenes especiales. Los extremos por reconocer deberán corresponder a los objetivos para los cuales fue celebrado el contrato de usufructo, arrendamiento u otra modalidad afín.

El ente estará obligado al pago, salvo que existan terceras personas interesadas dispuestas a reconocer su valor a las herederas, siempre que la ley lo autorice y se cuente con la anuencia administrativa, lo cual debe acreditarse. En tal caso, deberán depositar el monto en el plazo de un mes a partir de la firmeza del acto administrativo que lo apruebe. Si no lo hace, corresponderá realizarlo a la entidad, para lo cual se le otorgará un nuevo plazo para esos efectos.

Quien ostente el cargo de albacea, así como la persona adjudicataria, podrán solicitar al tribunal el retiro de las mejoras de puro adorno, siempre que con ello no se ocasione daño al bien o al ambiente.

CONCORDANCIAS:

- **Persona albacea:** Arts. 541 a 560, 566 Código Civil (CC), Ley XXX/1885) // 21.4.1, 177.2, 121, 124, 126.3. 131, 133 Código Procesal Civil (CPC), Ley 9342/2016.

- **Mejoras:** 330 a 332 CC // 68.d Ley de Tierras y Colonización (LTC), Ley 2825/1961 // Art. 1.29, 124 Reglamento a la Ley 9036 Transformación del Instituto de Desarrollo Agrario (IDA) en el Instituto de Desarrollo Rural (Inder) (Reglamento Ley Inder), Decreto 43102/2021.
- **Procedimiento administrativo para recuperar predio:** Arts. 69.2 LTC // 128 Reglamento Ley Inder.

TÍTULO XV
PROCESOS NO CONTENCIOSOS

ARTÍCULO 321- Procedencia

Se tramitarán mediante el procedimiento establecido para la actividad judicial no contenciosa los siguientes procesos:

1) Pago por consignación.
2) Deslinde voluntario de inmuebles.
3) Homologación de transacción y conciliación extrajudiciales.
4) Inscripción de derechos indivisos.
5) Información posesoria.
6) Cualquier otro estipulado en la ley.

CONCORDANCIAS:

- **Pago por consignación:** Arts. 324 Código Procesal Agrario (CPA), Ley 9609/2018 // 561 Código de Comercio (CCo), Ley 3284/1964 // 129 Código Notarial, Ley 7664/1998.
- **Deslinde voluntario de inmuebles:** Arts. 325 CPA // 296 a 300 Código Civil, Ley XXX/1885 // 129 Código Notarial, Ley 7664/1998.
- **Homologación de transacción y conciliación extrajudiciales:** Arts. 43 Constitución Política (CP) de 1949 // 10-5, 46, 105, 106, 186, 189, 220 a 225, 323, 326 CPA // 4 a 17 Ley resolución alterna de conflictos y promoción de la paz social, 7727/1997.
- **Inscripción de derechos indivisos:** Art. 327 CPA // 1 a 11 Ley sobre localización de derechos indivisos, 2755/1961 // 129 Código Notarial, Ley 7664/1998.
- **Información posesoria:** Arts. 328 CPA // 1 a 19 Ley de Informaciones Posesorias, 139/1941.
- **Relacionados con fideicomisos de naturaleza agraria:** Arts. 653, 661 CCo.

ARTÍCULO 322- Procedimiento

El proceso iniciará a gestión de la persona interesada, quien indicará sus calidades, formulará la pretensión y ofrecerá la prueba que le sirve de fundamento y aportará la documental. De existir omisiones, se conferirá un mes a la gestionante para que cumpla con los requerimientos legales. Se le apercibirá que de no cumplir con todo lo prevenido se dará por terminado el proceso y se archivará. La interesada podrá solicitar ampliación del plazo de manera justificada.

Se dará intervención a la Procuraduría General de la República, al Instituto de Desarrollo Rural (Inder) o a cualquier otra institución, por cinco días, conforme a las leyes especiales correspondientes.

El tribunal podrá ordenar prueba para mejor resolver, en cualquier etapa del proceso. Las pretensiones que no tengan una tramitación concreta en las siguientes normas se regirán por la normativa especial y supletoriamente por el Código Procesal Civil en lo que sean compatibles con los principios procesales agrarios.

CONCORDANCIAS:

- **Principio dispositivo**: Art. Código Procesal Agrario (CPA), Ley 9609/2018.
- **Ofrecimiento y presentación de la prueba**: Art. 98 CPA.
- **Improrrogabilidad de plazos**: Art. 86 CPA
- **Procuraduría General de la República (PGR):** Art. 13 Ley Orgánica PGR (LOPGR), Ley 6815/1982.
- **Instituto de Desarrollo Rural (Inder)**: Art. 14 Ley Transforma el Instituto de Desarrollo Agrario (IDA) en el Instituto de Desarrollo Rural (Inder), (Ley Inder), Ley 9036/2012.
- **Prueba para mejor resolver:** Art. 128 CPA.
- **Integración y aplicación supletoria de normas:** Arts. 7 CPA // 12 Código Civil, Ley XXX/1885 // 5 Ley Orgánica del Poder Judicial (LOPJ), Ley 8/1937.

ARTÍCULO 323- Oposición fundada y conciliación

Si a la solicitud se opone alguna persona de manera fundada, se dará traslado a la promovente por tres días. Cualquiera de las involucradas podrá pedir audiencia de conciliación para dirimir el conflicto. De omitirse tal petición o no lograrse un acuerdo, se dará por terminado el proceso y se remitirá a las partes a la vía ordinaria, para que la opositora presente la demanda en el plazo de un mes. En caso de no hacerlo, se continuará el proceso no contencioso, salvo impedimento legal.

La resolución que dé por terminado el proceso no contencioso no tendrá eficacia de cosa juzgada material.

CONCORDANCIAS:

- **Derecho de defensa**: Arts. 39, 41 Constitución Política (CP) (1949).
- **Procedimiento proceso no contencioso (reglas generales):** Art. 322 Código Procesal Agrario (CPA), Ley 9609/2018.
- **Conciliación judicial:** Arts. 9, 10-5, 186, 189-2, 222 CPA.
- **Conciliación extrajudicial:** Arts. 224, 326 CPA.
- **Conciliación previa facultativa:** Art. 225 CPA.
- **Proceso ordinario:** Art. 251 CPA.
- **Cosa juzgada:** Art. 85 CPA.

ARTÍCULO 324- Pago por consignación

Si lo debido es un bien determinado, el producto de una cosecha, un grupo de animales, entregables en el lugar donde se encuentren o en uno distinto del domicilio de la persona acreedora, o si el objeto no está determinado sino en su especie, no habrá necesidad de llevar el bien para hacer la oferta. En ese caso, bastará que se intime a la persona acreedora, para que acepte el pago, con indicación precisa del objeto de la prestación y, en su caso, del lugar donde se encuentra, lo cual se hará constar en el acta.

CONCORDANCIAS:

- **Pago por consignación:** Arts. 768, 797 a 802 Código Civil, Ley XXX/1885 // 561 Código de Comercio (CCo), Ley 3284/1964 // 129 Código Notarial, Ley 7664/1998.
- **Procedimiento proceso no contencioso (reglas generales):** Art. 322 Código Procesal Agrario (CPA), Ley 9609/2018.

ARTÍCULO 325- Deslinde voluntario de inmuebles

El proceso no contencioso de deslinde procederá cuando deban definirse, demarcarse o identificarse los linderos de un inmueble.

En la solicitud se expresará si el deslinde debe practicarse en todo el perímetro del terreno o en un sector de este, con indicación precisa de su ubicación. Se indicarán las calidades de las personas que deban citarse, o si se ignora esa información. Se aportará el título de propiedad, la certificación registral si es un inmueble inscrito, los planos catastrados y cualquier otra documentación útil.

Se convocará a una audiencia en la que podrán participar profesionales en topografía elegidos por las personas interesadas.

En la demarcación se considerará la aptitud o el destino dado a los inmuebles involucrados.

Si están dedicados a la protección o el aprovechamiento del recurso forestal o ambiental en general, se practicará sin afectar indebidamente el equilibrio ecológico y la belleza escénica.

Realizada la definición o la demarcación del inmueble sin oposición, se documentará el resultado en un medio idóneo. Se especificarán las circunstancias topográficas y accidentes geográficos para ubicar la línea divisoria de las fincas, el tipo de mojones, carriles o señales divisorias, su dirección, distancia entre una y otra, así como demás aspectos relevantes.

CONCORDANCIAS:

- **Deslinde voluntario de inmuebles:** Arts. 296 a 300 Código Civil, Ley XXX/1885 // 129 Código Notarial, Ley 7664/1998.

- **Derecho a un ambiente sano y ecológicamente equilibrado:** Arts. 46, 50 Constitución Política (CP) (1949).
- **Procedimiento proceso no contencioso (reglas generales):** Art. 322 Código Procesal Agrario (CPA), Ley 9609/2018.
- **Ofrecimiento de prueba:** Art. 98 CPA.

ARTÍCULO 326- Proceso de homologación

Con el proceso de homologación se verificará la legalidad de acuerdos, la transacción o conciliación extrajudiciales.

Si existe proceso judicial en trámite, la solicitud de homologación se presentará en este. De lo contrario, se presentará ante el tribunal que hubiera sido competente para conocer de lo que es objeto de acuerdo. Se indicarán las calidades de las personas que lo suscribieron, de eventuales interesadas y su domicilio. Se aportará el contrato de transacción o el convenio conciliatorio y cualquier otra documentación útil para lo pretendido.

A las personas interesadas se les comunicará la existencia del proceso y se les conferirán cinco días para que se apersonen a hacer valer sus derechos.

Si existe oposición, a solicitud fundada de parte o de oficio, el tribunal podrá programar una audiencia para aclarar o ajustar las cláusulas del acuerdo. Si no hay oposición se procederá a emitir pronunciamiento sobre el acuerdo, previa verificación del cumplimiento de los requisitos legales. La homologación podrá ser total. Será parcial, cuando las restantes cláusulas válidas sean suficientes para lograr el fin y la ejecución de lo acordado.

No se homologará el acuerdo que verse sobre bienes y derechos indisponibles e irrenunciables o que estén fuera del comercio, ni aquel que quebrante normas de orden público, trate sobre aspectos ilegales o pueda afectar derechos de terceras personas.

Las conciliaciones y transacciones extrajudiciales homologadas, en caso de incumplimiento de lo acordado, serán ejecutables mediante el proceso de ejecución.

CONCORDANCIAS:

- **Homologación de transacción y conciliación extrajudiciales:** Art. 43 Constitución Política (CP) de 1949 // 10, inciso 5, 46, 105, 106, 186, 189, 220 a 225, 323 Código Procesal Agrario (CPA), Ley 9609/2018 // 4 a 17 Ley resolución alterna de conflictos y promoción de la paz social, 7727/1997.
- **Transacción:** Art. 46, 105, 106, 107, 220, 226 CPA.
- **Conciliación extrajudicial:** Art. 224 CPA.
- **Procedimiento proceso no contencioso (reglas generales):** Art. 322 CPA.
- **Derechos indisponibles de interés para la materia agraria:** Arts. 49.3 CPA // 18, 19, 274, 621, 850, 1407 Código Civil (CC), Ley XXX/1885 // 970 Código de Comercio (CCo), Ley 3284/1964 // 59 Ley Orgánica de la Agricultura e Industria de la Caña de Azúcar, Ley 7818/1998 // 64, 143 Ley reforma integral Régimen Relaciones de Productores, Beneficiadores y Exportadores Café, Ley 9872/2020.

ARTÍCULO 327- Inscripción de derechos indivisos

La inscripción de derechos indivisos, cuando se trate de bienes de naturaleza agraria, se regirá por la ley especial y lo dispuesto en este código.

La solicitud deberá indicar el nombre, demás calidades y domicilio exacto de las y los condueños; cuando proceda, se incluirá el de sus representantes. En tal caso, se acompañarán sus personerías. Se les dará traslado por el plazo de quince días.

Cuando el derecho a localizar corresponda a una finca que colinde con calles o bienes públicos, el proceso deberá tramitarse en esta jurisdicción. En tal caso, se citarán a la Procuraduría General de la República, la municipalidad respectiva o la entidad que corresponda, en calidad de colindante.

CONCORDANCIAS:

- **Inscripción de derechos indivisos:** Arts. 1 a 11 Ley sobre localización de derechos indivisos, 2755/1961 // 129 Código Notarial, Ley 7664/1998.
- **Procuraduría General de la República (PGR):** Art. 13 Ley Orgánica PGR (LOPGR), Ley 6815/1982.
- **Municipalidad:** Art. 169 Constitución Política, 1949 // 1, 2, 3, 4, 5 Código Municipal (CM), Ley 7794/1998.
- **Bienes de dominio público.** Arts. 261 a 263 Código Civil (CC), Ley XXX/1885.
- **Caminos públicos:** Arts. 1 a 42 Ley General de Caminos Públicos (LGCP), Ley 5060/1972.

ARTÍCULO 328- Información posesoria

La obtención del título inscribible de dominio sobre inmuebles no inscritos, cuando la persona dueña carezca de él, se regirá por lo dispuesto en la Ley N.° 139, Ley de Informaciones Posesorias, de 14 de julio de 1941, vigente y lo que se regule en este Código.

Los documentos que se aporten al proceso deberán ser originales o copias certificadas.

En la resolución que dé curso a la gestión, se advertirá a la parte promovente que sus manifestaciones tendrán el carácter de declaración jurada y que cualquier falsedad podrá hacerla incurrir en el delito de perjurio, sin perjuicio de que incurra en otro de mayor gravedad. Si la titulante, o su representante legal cuando se trate de una persona jurídica, no firma la solicitud inicial, se otorgarán cinco días para que ratifique personalmente la veracidad de lo manifestado, ante el despacho o de forma escrita, con el apercibimiento de dar por terminado el proceso. A solicitud fundada de quien haya suscrito el alegato inicial, cuando se requiera un plazo adicional, podrá prorrogarse.

CONCORDANCIAS:

- **Información posesoria:** Arts. 45, 50 Constitución Política (1949) // 329 a 331 CPA // 479 Código Civil (CC), Ley XXX/1885 // Ley de Informaciones Posesorias (LIP), Ley 139/1941 // 2 Ley General de Agua Potable, Ley 1634/1953 // 7 Ley de Tierras y Colonización, Ley 2825/1961 (LTC) // 1, 2,

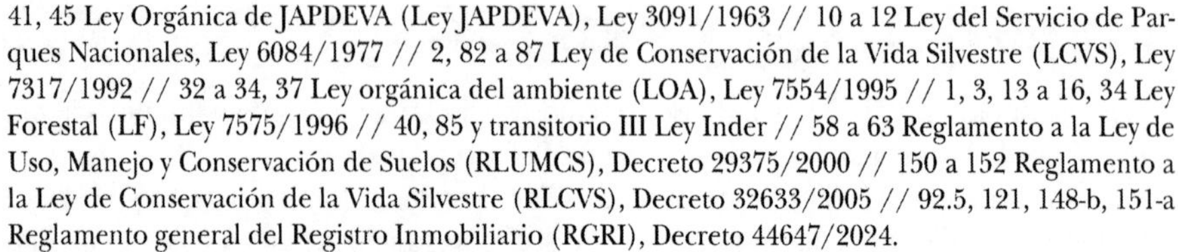

41, 45 Ley Orgánica de JAPDEVA (Ley JAPDEVA), Ley 3091/1963 // 10 a 12 Ley del Servicio de Parques Nacionales, Ley 6084/1977 // 2, 82 a 87 Ley de Conservación de la Vida Silvestre (LCVS), Ley 7317/1992 // 32 a 34, 37 Ley orgánica del ambiente (LOA), Ley 7554/1995 // 1, 3, 13 a 16, 34 Ley Forestal (LF), Ley 7575/1996 // 40, 85 y transitorio III Ley Inder // 58 a 63 Reglamento a la Ley de Uso, Manejo y Conservación de Suelos (RLUMCS), Decreto 29375/2000 // 150 a 152 Reglamento a la Ley de Conservación de la Vida Silvestre (RLCVS), Decreto 32633/2005 // 92.5, 121, 148-b, 151-a Reglamento general del Registro Inmobiliario (RGRI), Decreto 44647/2024.

- **Actos de parte:** Arts. 67, 68 Código Procesal Agrario (CPA), Ley 9609/2018.
- **Ofrecimiento de prueba:** Art. 98 CPA.
- **Perjurio:** Art. 318 Código Penal, Ley 4573/1970.

ARTÍCULO 329- Reconocimiento judicial

Se realizará un reconocimiento judicial del inmueble a titular, independientemente del área, en todos los procesos de información posesoria y de rectificación de medida. No será procedente sustituir esta prueba por la testimonial.

CONCORDANCIAS:

- **Información posesoria:** Arts. 45, 50 Constitución Política (1949) // 328 a 331 Código Procesal Agrario (CPA), Ley 9609/2018 // 479 Código Civil (CC), Ley XXX/1885 // Ley de Informaciones Posesorias (LIP), Ley 139/1941 // 2 Ley General de Agua Potable, Ley 1634/1953 // 7 Ley de Tierras y Colonización, Ley 2825/1961 (LTC) // 1, 2, 41, 45 Ley Orgánica de JAPDEVA (Ley JAPDEVA), Ley 3091/1963 // 10 a 12 Ley del Servicio de Parques Nacionales, Ley 6084/1977 // 2, 82 a 87 Ley de Conservación de la Vida Silvestre (LCVS), Ley 7317/1992 // 32 a 34, 37 Ley orgánica del ambiente (LOA), Ley 7554/1995 // 1, 3, 13 a 16, 34 Ley Forestal (LF), Ley 7575/1996 // 40, 85 y transitorio III Ley Inder // 58 a 63 Reglamento a la Ley de Uso, Manejo y Conservación de Suelos (RLUMCS), Decreto 29375/2000 // 150 a 152 Reglamento a la Ley de Conservación de la Vida Silvestre (RLCVS), Decreto 32633/2005 // 92.5, 121, 148-b, 151-a Reglamento general del Registro Inmobiliario (RGRI), Decreto 44647/2024.
- **Rectificación de medida de inmuebles de naturaleza agraria (inciso 2):** Arts. 45 Constitución Política (1949) // 12, 13, 14 LIP // 22 LCN // 92 RGRI.
- **Reconocimiento judicial:** Art. 154 y 156 CPA.

ARTÍCULO 330- Protección de recursos y bienes ambientales

El tribunal deberá verificar si se ha ejercido la posesión, en cumplimiento de lo dispuesto en la legislación especial que regula la protección del ambiente.

Tomará en consideración la anuencia de la persona promovente en adecuar el uso del bien a las actividades recomendadas en los informes que legalmente deban requerirse a las entidades o las instituciones competentes.

Deberá constatar la ejecución de prácticas encaminadas a este fin o delegar dicha fiscalización en los entes competentes.

CONCORDANCIAS:

- **Derecho a un ambiente sano y ecológicamente equilibrado:** Arts. 46, 50 Constitución Política (1949).
- **Información posesoria:** Arts. 45, 50 CP // 328 a 331 Código Procesal Agrario (CPA), Ley 9609/2018 // 479 Código Civil (CC), Ley XXX/1885 // Ley de Informaciones Posesorias (LIP), Ley 139/1941 // 2 Ley General de Agua Potable, Ley 1634/1953 // 7 Ley de Tierras y Colonización, Ley 2825/1961 (LTC) // 1, 2, 41, 45 Ley Orgánica de JAPDEVA (Ley JAPDEVA), Ley 3091/1963 // 10 a 12 Ley del Servicio de Parques Nacionales, Ley 6084/1977 // 2, 82 a 87 Ley de Conservación de la Vida Silvestre (LCVS), Ley 7317/1992 // 32 a 34, 37 Ley orgánica del ambiente (LOA), Ley 7554/1995 // 1, 3, 13 a 16, 34 Ley Forestal (LF), Ley 7575/1996 // 40, 85 y transitorio III Ley Inder // 58 a 63 Reglamento a la Ley de Uso, Manejo y Conservación de Suelos (RLUMCS), Decreto 29375/2000 // 150 a 152 Reglamento a la Ley de Conservación de la Vida Silvestre (RLCVS), Decreto 32633/2005 // 92.5, 121, 148-b, 151-a Reglamento general del Registro Inmobiliario (RGRI), Decreto 44647/2024.
- **Rectificación de medida de inmuebles de naturaleza agraria (inciso 2):** Arts. 45 Constitución Política (1949) // 12, 13, 14 LIP // 22 LCN // 92 RGRI.

ARTÍCULO 331- Reservas de ley en informaciones posesorias

En la parte dispositiva de la sentencia estimatoria, cuando proceda, se citarán, entre otras, las siguientes reservas y limitaciones:

1) Si la finca tiene frente a camino público, con un ancho inferior a veinte metros, las reservas de la Ley N.° 5060, Ley General de Caminos Públicos, de 22 de agosto de 1972. Si el ancho es mayor, deberá especificarse la medida concreta.

2) De la Ley N.° 276, Ley de Aguas, de 27 de agosto de 1942, de las referidas a álveos o cauces y vasos que sean de dominio público, servidumbres de uso público en las riberas de los ríos no navegables y las márgenes de canales, acueductos o atarjeas.

3) La prohibición de cortar o eliminar árboles en las áreas de protección estipuladas en la Ley N.° 7575, Ley Forestal, de 13 de febrero de 1996, o en otras leyes especiales.

4) La prohibición de cambiar el uso del suelo en las áreas cubiertas de bosque.

5) La prohibición de destruir ilegalmente bosques o arboledas que contengan o donde habiten especies vegetales o animales, en vías de extinción.

6) Las de las fajas de terreno de dominio público o reservas demaniales para proteger las fuentes de agua, cuando no surtan alguna población o no convengan reservarlas para tal fin.

CONCORDANCIAS:

- **Información posesoria:** Arts. 45, 50 CP // 328 a 331 Código Procesal Agrario (CPA), Ley 9609/2018 // 479 Código Civil (CC), Ley XXX/1885 // Ley de Informaciones Posesorias (LIP), Ley 139/1941 // 2 Ley General de Agua Potable, Ley 1634/1953 // 7 Ley de Tierras y Colonización, Ley 2825/1961 (LTC) // 1, 2, 41, 45 Ley Orgánica de JAPDEVA (Ley JAPDEVA), Ley 3091/1963 // 10 a 12 Ley del

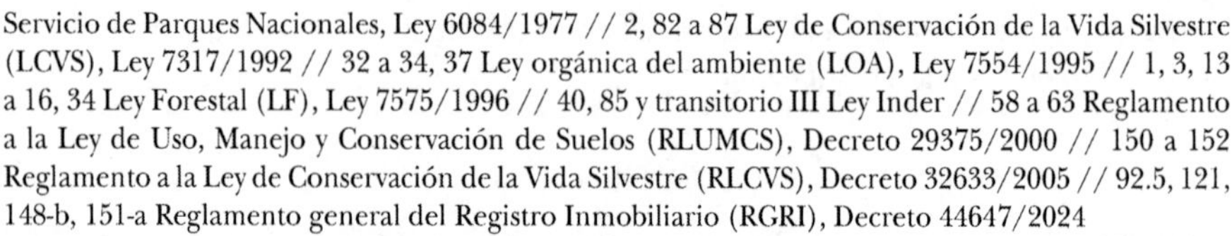

Servicio de Parques Nacionales, Ley 6084/1977 // 2, 82 a 87 Ley de Conservación de la Vida Silvestre (LCVS), Ley 7317/1992 // 32 a 34, 37 Ley orgánica del ambiente (LOA), Ley 7554/1995 // 1, 3, 13 a 16, 34 Ley Forestal (LF), Ley 7575/1996 // 40, 85 y transitorio III Ley Inder // 58 a 63 Reglamento a la Ley de Uso, Manejo y Conservación de Suelos (RLUMCS), Decreto 29375/2000 // 150 a 152 Reglamento a la Ley de Conservación de la Vida Silvestre (RLCVS), Decreto 32633/2005 // 92.5, 121, 148-b, 151-a Reglamento general del Registro Inmobiliario (RGRI), Decreto 44647/2024

- **Requisitos y contenidos de la sentencia:** Art. 81 CPA.

TÍTULO XVI
DISPOSICIONES FINALES

ARTÍCULO 332- Alcances de la palabra tribunal

Cuando en este Código se cite la palabra "tribunal", deberá entenderse como tal al tribunal de cualquier categoría e instancia, ya sea unipersonal o colegiado.

CONCORDANCIAS:

- **Tipos de tribunales agrarios**: Arts. 9 a 13 Código Procesal Agrario (CPA), Ley 9609/2018 // 92, 100, 113, 162, 167 Ley Orgánica del Poder Judicial (LOPJ), Ley 8/1937.

ARTÍCULO 333- Normas prácticas

La Corte Suprema de Justicia emitirá los reglamentos y las normas prácticas necesarias para la aplicación de este Código. Dispondrá las medidas para la preservación de los soportes de grabación de las audiencias y sus respaldos por el tiempo necesario.

CONCORDANCIAS:

- **Tipos de tribunales agrarios**: Arts. 9 a 13 Código Procesal Agrario (CPA), Ley 9609/2018 // 92, 100, 113, 162, 167 Ley Orgánica del Poder Judicial (LOPJ), Ley 8/1937.
- **Reglamentos internos del Poder Judicial**: Arts. 6 bis, 46, 59 inciso 7), 81 inciso 16) LOPJ.
- **Grabación de actuaciones judiciales:** Circular Consejo Superior 172-2021: Procedimiento para la Grabación de Audiencias Orales y Actos de Investigación.

ARTÍCULO 334- Remisión de expedientes

Los expedientes y sus legajos, físicos y electrónicos, permanecerán en custodia del tribunal competente, hasta su terminación. Si es necesario su remisión o envío a otros órganos judiciales, deberán adoptarse las previsiones a fin de garantizar su seguridad y acceso.

CONCORDANCIAS:

- **Expediente judicial electrónico:** Art. 60 Código Procesal Agrario (CPA), Ley 9609/2018 // 92, 100, 113, 162, 167 Ley Orgánica del Poder Judicial (LOPJ), Ley 8/1937 // Circular Consejo Superior 164-2021: Reglamento sobre expediente judicial electrónico ante el Poder Judicial
- **Préstamo de expedientes a "ad effectum videndi":** Art. 4 LOPJ.

ARTÍCULO 335- Ejecutorias y certificaciones judiciales

El tribunal competente, una vez firme la resolución a ejecutar, emitirá la ejecutoria.

Certificará la resolución e indicará si ha adquirido firmeza, cuando lo solicite una persona legitimada para ello.

CONCORDANCIAS:

- **Expediente judicial electrónico**: Art. 60 Código Procesal Agrario (CPA), Ley 9609/2018 // 92, 100, 113, 162, 167 Ley Orgánica del Poder Judicial (LOPJ), Ley 8/1937 // Circular Consejo Superior 164-2021: Reglamento sobre expediente judicial electrónico ante el Poder Judicial
- **Ejecución de órdenes judiciales**: Arts. 153 Constitución Política (1949) // 20, 73, 116, 117, 118, 155, 173, 174, 291 a 295, 306 CPA // 1, 5, 6, 7, 167, 168 LOPJ.
- **Ejecutorias:** Arts. 46, 293 CPA.
- **Certificaciones judiciales**: Arts. 47, 126, 144 CPA.

ARTÍCULO 336- Forma del juramento

La forma del juramento se regirá por lo dispuesto en la normativa procesal civil.

CONCORDANCIAS:

- **Juramentación y deber de veracidad:** Arts. 119, 138, 171.3, 336 Código Procesal Agrario (CPA), Ley 9609/2018 // 41.4.2 Código Procesal Civil (CPC), Ley 9342/2016.

ARTÍCULO 337- Informes sobre cobros

De todo cobro que se haga en las oficinas judiciales para efectuar alguna diligencia, prueba o actuación, deberá darse cuenta inmediata por la persona técnica judicial al Tribunal de la Inspección Judicial. A falta de ese aviso, podrá ser considerado el cobro o suma recibida como exacción indebida.

CONCORDANCIAS:

- **Cobros por actuaciones judiciales**: Art. 9.8, 9.10, 10 Ley Orgánica del Poder Judicial (LOPJ), Ley 8/1937.

ARTÍCULO 338- Creación de tribunales agrarios

La Corte Suprema de Justicia quedará autorizada para crear nuevos juzgados y tribunales agrarios, a fin de garantizar el ejercicio eficaz y eficiente de la administración de justicia agraria.

CONCORDANCIAS:

- **Tipos de tribunales agrarios:** Arts. 9 a 13 Código Procesal Agrario (CPA), Ley 9609/2018 // 92, 100, 113, 162, 167 Ley Orgánica del Poder Judicial (LOPJ), Ley 8/1937.

ARTÍCULO 339- Nombramiento de las personas juzgadoras

Las personas juzgadoras de los tribunales agrarios serán nombradas con los requisitos, los derechos y los deberes establecidos en la Ley N.° 7333, Ley Orgánica del Poder Judicial, de 5 de mayo de 1993, y, en general, en el ordenamiento jurídico.

Deberán ser personas especialistas en la materia agraria y ambiental, o tener experiencia de al menos cinco años en el ejercicio de la profesión en dicha materia

CONCORDANCIAS:

- **Requisitos generales de los nombramientos en el cargo de persona juzgadora:** Arts. 12 a 16 Ley Orgánica del Poder Judicial (LOPJ), Ley 8/1937.

ARTÍCULO 340- Organización para la tramitación de procesos

La organización para la tramitación de los procesos deberá responder a criterios de razonabilidad, racionalidad, proporcionalidad, especialidad, eficiencia y celeridad.

CONCORDANCIAS:

- **Principio de tutela judicial efectiva y de calidad en la Administración de Justicia (eficiencia y eficacia):** Arts. 4, 6, 49.1, 49.6, 49.7, 338 Código Procesal Agrario (CPA), Ley 9609/2018.

TÍTULO XVII
REFORMAS Y DEROGACIONES

ARTÍCULO 341- Reformas

Se reforman las siguientes disposiciones legales:

1) Los artículos 2, 4, 9 y 10 de la Ley N° 2755, Ley sobre Inscripción de Derechos Indivisos, de 9 de junio de 1961, y sus reformas. Los textos son los siguientes:

Artículo 2- Previamente el condueño o condueña deberá presentar una información ante el tribunal de la jurisdicción competente, correspondiente a la situación de la parcela que trate de localizar, donde indicará su deseo de llevar a cabo la localización, la descripción completa de la parcela, su estimación, así como los nombres y apellidos o razón social y domicilio de las personas colindantes, acreedoras hipotecarias, embargantes, anotantes y demás terceras que pudieran resultar directamente perjudicados con la localización.

Artículo 4- Cuando el Estado sea propietario o colindante del derecho a localizar, las diligencias se tramitarán ante el tribunal de la jurisdicción competente, según la naturaleza del inmueble sobre el cual versa dicho derecho, con la intervención de la Procuraduría General de la República.

Artículo 9- El Registro Público inscribirá la parcela como finca independiente, trasladará a la nueva inscripción los gravámenes y demás anotaciones que afecten el derecho localizado y al margen de este pondrá la razón correspondiente de haber quedado convertido en finca independiente. La cabida de la parcela a localizar no podrá ser superior a la que le corresponda de acuerdo con la proporcionalidad del derecho en relación con la cabida de la finca general, cuando esta resulte de un plano catastrado y esa circunstancia aparezca en el Registro. En los demás casos no será obstáculo para la inscripción de la escritura de localización, el hecho de que la medida de la parcela no guarde relación con la que proporcionalmente corresponda al derecho, según el Registro. En ese supuesto, se indicará esa circunstancia expresamente en la resolución final.

Artículo 10- Las inscripciones que se hagan al amparo de esta ley quedarán convalidadas si transcurren tres años a partir de la inscripción en el Registro de la localización respectiva, sin que se presente y anote en esa oficina demanda para invalidarla. El plazo de convalidación será de diez años, en relación con las personas interesadas que no hayan sido notificadas personalmente, y en los casos en los cuales se ordena la inscripción sin que exista plano catastrado de la finca madre o general. El tribunal hará constar esas circunstancias en la resolución final para que el Registro las transcriba literalmente.

2) Los artículos 68 inciso 3), 94 párrafo tercero, 95 y 177 de la Ley N° 2825, Ley de Tierras y Colonización, de 14 de octubre de 1961, y sus reformas. Los textos dirán:

Artículo 68- En el contrato que se realice con la persona parcelera y en el título que se le entregue, se harán constar las estipulaciones siguientes:

[...]

3) Que las parcelas, cosechas, semillas, animales, enseres, útiles y equipo necesario para la explotación de las parcelas no podrán ser objeto de medidas judiciales, preventivas o de ejecución, por personas terceras o acreedoras, antes de que las parceleras hayan cancelado sus obligaciones con el Instituto, salvo que tales acreedoras lo sean por haber suplido créditos debidamente autorizados por este.

Artículo 94-

[...]

Solucionado el conflicto por el Instituto, con la conformidad de quien sea propietario, u ordenada la expropiación por el Poder Ejecutivo, aquel carecerá de toda acción judicial, sea agraria o penal, contra las personas poseedoras en calidad de tales.

Caso contrario, quienes sean ocupantes quedarán expuestos a las sanciones legales comunes que puedan proceder.

[...].

Artículo 95- Para acogerse a las disposiciones de la presente ley, la persona propietaria de un inmueble o quienes sean ocupantes en precario, deberá dirigirse por escrito al Instituto formulando la consiguiente solicitud, e indicando con claridad el nombre, los apellidos, las calidades y el domicilio de la propietaria y del mayor número de ocupantes, así como la descripción y la ubicación de la finca, y si está total o parcialmente ocupada.

Una vez que el Instituto intervenga en la solución del conflicto suscitado entre la propietaria de un inmueble y las personas poseedoras en precario, podrá gestionar ante el juzgado agrario competente que ordene la anotación del conflicto al margen de la finca en el Registro Público, con el fin de que esa anotación afecte a terceras personas que quieran adquirir, hipotecar, arrendar o celebrar cualquier contratación sobre la finca anotada.

La anotación se hará por medio de mandamiento que el juzgado agrario expedirá a favor del Instituto, y quien adquiera la finca así anotada tomará el expediente tramitado en el Instituto en el estado en que se encuentre.

Artículo 177- De las resoluciones dictadas por el Instituto a que se refiere el artículo 66, cabrá recurso de apelación para ante el Tribunal Agrario, el que resolverá en definitiva dentro de los quince días siguientes.

3) Los artículos 5 párrafo tercero, 10 párrafo segundo, 17 y 18 de la Ley N° 139, Ley de Informaciones Posesorias, de 14 de julio de 1941, y sus reformas. El texto es el siguiente:

Artículo 5-

[...]

Se ordenará también tener como partes a la Procuraduría General de la República, en todo caso, y al Instituto de Desarrollo Rural (Inder), cuando el proceso corresponda conocerlo a la jurisdicción agraria. Para la notificación, se comisionará a las respectivas oficinas centralizadas de notificaciones judiciales

[...]

Artículo 10

[...]

La resolución que apruebe o impruebe la información y las que tengan ese recurso serán apelables ante el tribunal que corresponda.

Artículo 17- En cualquier tiempo mientras no hayan transcurrido los tres años a que se refiere el artículo anterior, si se demuestra que el título posesorio se obtuvo contra las leyes vigentes, podrá el tribunal decretar en el expediente original y mediante el trámite del proceso incidental o sumarísimo, según corresponda respectivamente a la jurisdicción civil o agraria, la nulidad absoluta del título y de su respectiva inscripción en el Registro Público, y librará la ejecutoria correspondiente para que este cancele el asiento.

Transcurrido el término de tres años de la inscripción del título, toda demanda deberá decidirse en proceso ordinario.

El litisconsorcio pasivo necesario deberá integrarse contra aquellas personas que puedan verse afectadas con lo pretendido en la demanda, aun cuando no hayan sido parte en el proceso de información posesoria.

Artículo 18- El conocimiento de las informaciones posesorias y rectificación de medida de título inscrito corresponderá a los tribunales competentes de la jurisdicción respectiva, según el lugar donde está el inmueble, cualquiera que sea el valor de este. Cuando el inmueble colinda con propiedades del Estado, municipalidades o instituciones públicas, el juez o la jueza tomará las providencias necesarias para que no se perjudique a tales propietarios.

4) El título de la sección IV para que se denomine "Procesos judiciales" y los artículos 51, 52 y 53 de la Ley N° 8631, Protección a las Obtenciones Vegetales, de 6 de marzo de 2008. Los textos son los siguientes:

Artículo 51- Sin perjuicio de lo ordenado en el título XI del Código Procesal Agrario, en todo proceso relativo a la protección de los derechos de titulares de obtenciones vegetales el tribunal podrá adoptar las medidas cautelares referidas en este ley.

Artículo 52- Las pretensiones de las y los titulares de obtenciones vegetales se tramitarán y decidirán mediante el proceso ordinario regulado en el Código Procesal Agrario.

Los casos de competencia desleal se tramitarán por el proceso sumario, según el artículo 17 de la Ley N° 7472, de 20 de diciembre de 1994.

Artículo 53- Dentro del proceso ordinario o en los casos de competencia desleal, dentro del proceso sumario, cuando una parte haya identificado alguna prueba pertinente para substanciar sus alegaciones y esta se encuentre bajo el control de la parte contraria, el tribunal estará facultado para ordenarle que la aporte. Si procede, la prueba será presentada a condición de que se garantice la protección de la información no divulgada.

5) Se adiciona un párrafo quinto al artículo 5, y se reforman los numerales 100 y 113 de la Ley N° 7333, Ley Orgánica del Poder Judicial, de 5 de mayo de 1993, y sus reformas. Los textos son los siguientes:

Artículo 5- Los tribunales no podrán ejercer su ministerio sino a petición de parte, a no ser en los casos exceptuados por la ley; pero, una vez requerida legalmente su intervención, deberán actuar de oficio y con la mayor celeridad, sin que puedan retardar el procedimiento valiéndose de la inercia de las partes, salvo cuando la actividad de estas sea legalmente indispensable.

Los tribunales no podrán excusarse de ejercer su autoridad o de fallar en los asuntos de su competencia por falta de norma que aplicar y deberán hacerlo de conformidad con las normas escritas y no escritas del ordenamiento, según la escala jerárquica de sus fuentes.

Los principios generales del derecho y la jurisprudencia servirán para interpretar, integrar y delimitar el campo de aplicación del ordenamiento escrito y tendrán el rango de la norma que interpreten, integren o delimiten. Cuando se trate de suplir la ausencia y no la insuficiencia de las disposiciones que regulen una materia, dichas fuentes tendrán rango de ley.

Los usos y costumbres tendrán carácter supletorio del derecho escrito.

Al resolver los asuntos propios de su competencia, los tribunales, en cualquier instancia, deberán respetar eficazmente los principios y las normas de cada disciplina jurídica, prioritariamente cuando se trate de las especializadas.

Artículo 100- El Tribunal Agrario

El Tribunal Agrario conocerá:

1) El recurso de apelación interpuesto contra los autos y contra las sentencias emitidas por los juzgados agrarios, cuando proceda.

2) Las inconformidades y los conflictos de competencia que se susciten entre los juzgados agrarios.

3) Los conflictos entre juzgados agrarios generados por la acumulación de procesos.

4) En grado y de forma definitiva, los recursos que se interpongan contra las resoluciones del Instituto de Desarrollo Rural (Inder) y demás entes que la ley disponga, cuando se vinculen con las actividades agrarias y de desarrollo rural.

5) Los impedimentos y las recusaciones de sus integrantes y de los conflictos que se susciten por dichos motivos entre las personas juzgadoras de los juzgados agrarios.

6) Los demás asuntos que determine el ordenamiento jurídico.

Artículo 113- Funciones de los juzgadores agrarios

Los juzgados agrarios conocerán los asuntos propios de su competencia, independientemente del valor económico de las pretensiones. Entre ellos se encuentran:

1) La primera instancia en todos los procesos anticipados, contenciosos, no contenciosos y de ejecución.

2) Los impedimentos y las recusaciones de sus juezas y jueces, en la forma dispuesta en la Ley N.° 7333, Ley Orgánica del Poder Judicial, de 5 de mayo de 1993.

3) El auxilio requerido por otros tribunales judiciales y arbitrales.

4) La ejecución de laudos y medidas cautelares emitidas en procesos arbitrales referidos a asuntos vinculados a la actividad de producción agraria.

5) El impulso y la práctica de conciliaciones.

ARTÍCULO 342- Derogaciones

Se deroga la Ley N° 6734, Ley de la Jurisdicción Agraria, de 29 de marzo de 1982, y sus reformaa.

DISPOSICIONES TRANSITORIAS

TRANSITORIO I

Todos los asuntos interpuestos con anterioridad a la entrada en vigencia de este Código, cualquiera sea su estado procesal, continuarán sustanciándose, en sus trámites y recursos, por las normas que regían a la fecha de su inicio. Para tal efecto, los órganos jurisdiccionales encargados de la materia, continuarán con el trámite de estos hasta su finalización. Para tal fin, contarán con los recursos humanos y materiales que fueran necesarios.

Los procesos que se inicien a partir de la vigencia de este Código serán tramitados y resueltos con las reglas de esta nueva normativa, con independencia de la fecha en que se generen los actos, las actuaciones, los contratos o las conductas objeto del proceso.

En lo posible, los órganos jurisdiccionales encargados de conocer los procesos tramitados con la anterior legislación procurarán aplicar las etapas, reglas y principios de oralidad, en todo aquello que fuera posible, siempre que con ello no se infrinja el ordenamiento jurídico.

CONCORDANCIAS:

- **Regla de priorizar la oralidad (instrumento procesal):** Arts. 46, 67, 74, 75, 79, 122, 146, 153.4, 199, 200, 202, 206, 208.4, 213, 226, 279.5 Código Procesal Agrario (CPA), Ley 9609/2018.

TRANSITORIO II

El Poder Judicial deberá designar en el plazo de seis meses, a partir de la entrada en vigencia de este Código, un equipo de personas juzgadoras conciliadoras especialistas en derecho agrario y ambiental.

CONCORDANCIAS:

- **Conciliación y otros medios de solución alterna de conflictos**: Arts. 200 a 227, 326 Código Procesal Agrario (CPA), Ley 9609/2018 // Ley Resolución Alterna de Conflictos y Promoción de la Paz Social (Ley RAC), Ley 7727/1997 // 71 Ley de Garantías Mobiliarias (LGM), Ley 9246/2014

TRANSITORIO III

Se faculta al Poder Judicial para que mantenga las plazas de judicatura, los coordinadores judiciales, los técnicos judiciales, los defensores públicos y asistentes, los letrados y las letradas que sean requeridas para continuar atendiendo de manera exclusiva los procesos anteriores a la presente reforma, los cuales deben continuarse substanciando con la

 normativa derogada, así como para crear las plazas necesarias para tramitar y resolver los procesos que se inicien con la entrada en vigencia de este Código.

CONCORDANCIAS:

- **Principio de tutela judicial efectiva y de calidad en la Administración de Justicia (eficiencia y eficacia):** Arts. 4, 6, 49.1, 49.6, 49.7, 338 Código Procesal Agrario (CPA), Ley 9609/2018.
- **Requisitos generales de los nombramientos en el cargo de persona juzgadora:** Arts. 12 a 16 Ley Orgánica del Poder Judicial (LOPJ), Ley 8/1937.
- **Requisitos especiales para nombramiento de personas juzgadoras agrarias:** Art. 339 CPA.

TRANSITORIO IV

Durante el plazo de dieciocho meses, después de publicado este Código en La Gaceta, la Corte Suprema de Justicia dictará el Reglamento de Organización Interna de la Jurisdicción Agraria.

CONCORDANCIAS:

- **Reglamentos internos del Poder Judicial**: Arts. 6 bis, 46, 59 inciso 7), 81 inciso 16 LOPJ

TRANSITORIO V

El Poder Judicial deberá tomar las medidas necesarias para que, antes de la entrada en vigencia de esta normativa, las personas servidoras judiciales que la aplicarán sean debidamente capacitados acerca de sus fines y contenido, para una mayor eficacia y efectividad de su gestión, conforme al sistema oral. Deberá adoptar las previsiones presupuestarias requeridas con ese fin y para ofrecer la infraestructura y tecnología que posibilite su aplicación óptima.

Asimismo, el Colegio de Abogados y Abogadas y las universidades públicas y privadas podrán capacitar a las abogadas y los abogados y estudiantes, según corresponda.

CONCORDANCIAS:

- **Principio de tutela judicial efectiva y de calidad en la Administración de Justicia** (eficiencia y eficacia): Arts. 4, 6, 49.1, 49.6, 49.7, 338 Código Procesal Agrario (CPA), Ley 9609/2018.

TRANSITORIO VI

Se faculta a la Corte Plena para que ajuste la categoría salarial de las personas juzgadoras agrarias, conforme a la función que desempeñen, de acuerdo con las reformas procesales laboral y civil, con el fin de garantizar la estabilidad y la especialización.

CONCORDANCIAS:

- **Principio de tutela judicial efectiva y de calidad en la Administración de Justicia (eficiencia y eficacia):** Arts. 4, 6, 49.1, 49.6, 49.7, 338 Código Procesal Agrario (CPA), Ley 9609/2018 // Ley de vacancia de la Ley 9609 Código Procesal Agrario, Ley 10344/2023.

REFERENCIAS BIBLIOGRÁFICAS
(normativa concordada ordenada por jerarquía y fecha de emisión)

Constitución Política (1949), 7 de noviembre 1949, Colección de leyes y decretos, Tomo 2, 1949, (Costa Rica).

DECLARACIONES, CONVENIOS Y TRATADOS INTERNACIONALES

Declaración Americana de los Derechos y Deberes del Hombre, 1948. [OEA]. Abril 30 de 1948.

Declaración Universal de Derechos Humanos, 1948. [ONU]. Diciembre 10 de 1948.

Convenio de OIT 107 sobre Protección de Pueblos Indígenas y Tribales, 1957. [OIT]. Junio 5 de 1957 (Ley 2330/1959).

Convenio Internacional para la Protección de las Obtenciones Vegetales, 1961. [UPOV]. Diciembre 2 de 1961 (Ley 8635/2008).

Convención Americana sobre Derechos Humanos (Pacto de San José), 1970. [ONU]. Noviembre 22 de 1969 (Ley 4534/1970).

Convención sobre la Eliminación de Todas las Formas de Discriminación Contra la Mujer, 1979. [ONU]. Diciembre 18 de 1979 (Ley 6968/1984).

Convención sobre los Derechos del Niño, 1989. [ONU]. Noviembre 20 de 1989 (Ley 7184/1990).

Convenio de OIT 169 sobre Pueblos Indígenas y Tribales en Países Independientes, 1989. [OIT]. Junio de 1889 (Ley 7316/1992).

Convenio de Biodiversidad Biológica, 1992. [ONU]. Junio 5 de 1992 (Ley 7416/1994).

Declaración de Naciones Unidas sobre medio ambiente y desarrollo (Declaración de Río), 1992. [ONU]. Junio 3 a 14 de 1992.

Convención Interamericana para prevenir, sancionar y erradicar la violencia contra la mujer "Convención Belem Do Pará", 1994. [OEA]. Junio 9 de 1994 (Ley 7499/1995).

Convención para la Salvaguardia del Patrimonio Cultural Inmaterial, 2003. [UNESCO]. Octubre 17 de 2003 (Ley 8560/2006).

Declaración sobre derechos de los pueblos indígenas, 2006. [ONU]. Junio 29, 2006.

Convención sobre los derechos de las personas con discapacidad, 2007. [ONU]. Diciembre 13 de 2006 (Ley 8661/2008).

Declaración Americana sobre los derechos de los pueblos indígenas, 2016. [OEA)]. Resolución 2888 XLVI-O/16 de 2016. Junio 14 de 2016.

Convención Interamericana de Derechos Humanos de las Personas Mayores, 2015. [OEA]. Junio 15 de 2015 (Ley 9334/2016).

LEYES (emitidas por Asamblea Legislativa)

Código Civil, 1985. Ley 30 abril 19, 1985. 01 de enero 1988 (Costa Rica).

Ley 121, 1909. Ley de cercas divisorias y quemas. Congreso de la República de Costa Rica. Colección de leyes y decretos, Tomo 2, Año 1909 (Costa Rica).

Ley 8, 1937. Ley Orgánica del Poder Judicial (reformada completamente en 1993). Congreso de la República de Costa Rica. Colección de leyes y decretos, Tomo 1, Año 1937 (Costa Rica).

Ley 139, 1941. Ley de informaciones posesorias. Asamblea Legislativa. Colección de leyes y decretos, Tomo 2, 1941 (Costa Rica).

Ley 276, 1942. Ley de Aguas. Asamblea Legislativa. Colección de leyes y decretos, Tomo 2, 1942 (Costa Rica).

Ley 833, 1949. Ley de Construcciones. Asamblea Legislativa. Colección de leyes y decretos, Tomo 2, 1949 (Costa Rica).

Ley 1634, 1953. Ley general de agua potable. Asamblea Legislativa. Colección de leyes y decretos, Tomo 2, 1953 (Costa Rica).

Ley 2247, 1958. Ley de creación de la Oficina Central de Marcas de Ganado. Asamblea Legislativa. Colección de leyes y decretos, Tomo 2, 1958 (Costa Rica).

Ley 2755, 1961. Ley sobre localización de derechos indivisos. Asamblea Legislativa. Colección de leyes y decretos, Tomo 1, 1961 (Costa Rica).

Ley 2825, 1961. Ley de tierras y colonización. Asamblea Legislativa. Colección de leyes y decretos, Tomo 1, 1949 (Costa Rica).

Ley 3091, 1963. Ley Orgánica de JAPDEVA. Asamblea Legislativa. Colección de leyes y decretos, Tomo 1, 1963 (Costa Rica).

Código de Comercio, 1964. Ley 3284 abril 30, 1964. 27 de mayo de 1964 (Costa Rica).

Ley 3883, 1967. Ley de inscripción de documentos en Registro Público. Asamblea Legislativa. Colección de leyes y decretos, Tomo 2, 1967 (Costa Rica).

Ley 4240, 1968. Ley de planificación urbana. Asamblea Legislativa. Colección de leyes y decretos, Tomo 2, 1968 (Costa Rica).

Código Penal, 1970. Ley 4573 mayo 04, 1970. 15 de noviembre de 1970 (Costa Rica).

Ley 5060, 1972. Ley general de caminos públicos. Colección de leyes y decretos, Tomo 2, 1972 (Costa Rica).

Ley 5150, 1973. Ley general de aviación civil. Colección de leyes y decretos, Tomo 2, 1973 (Costa Rica).

Ley 5932, 1976. Ley universalización seguro integral de cosechas. Colección de leyes y decretos, Tomo 2, 1976 (Costa Rica).

Ley 6084, 1977. Ley del servicio de parques nacionales. Colección de leyes y decretos, Tomo 2, 1977 (Costa Rica).

Ley 6172, 1977. Ley Indígena. Colección de leyes y decretos, Tomo 2, 1977 (Costa Rica).

Ley 6227, 1978. Ley General de la Administración Pública. Asamblea Legislativa. Alcance 90, La Gaceta 102 de 30/05/1978 (Costa Rica).

Ley 6545, 1981. Ley del Catastro Nacional. Asamblea Legislativa. Colección de leyes y decretos, Tomo 1, 1981 (Costa Rica).

Ley 6815, 1982. Ley Orgánica de la Procuraduría General de la República. Asamblea Legislativa. Colección de leyes y decretos, Tomo 1, 1982 (Costa Rica).

Ley 7064, 1987. Ley de fomento a la producción agropecuaria. Asamblea Legislativa. Colección de leyes y decretos, Tomo 1, 1987 (Costa Rica).

Ley 7092, 1988. Ley del impuesto sobre la renta. Asamblea Legislativa. Colección de leyes y decretos, Tomo 1, 1988 (Costa Rica).

Ley 7142, 1990. Ley de promoción de la igualdad social de la mujer. Asamblea Legislativa. Colección de leyes y decretos, Tomo 1, 1990 (Costa Rica).

Ley 7317, 1992. Ley de conservación de la vida silvestre. Asamblea Legislativa. La Gaceta 235 de 07/12/1992 (Costa Rica).

Ley 7410, 1994. Ley general de policía. Asamblea Legislativa. Alcance 16, La Gaceta 103 de 30/05/1994 (Costa Rica).

Ley 7451, 1994. Ley de bienestar de los animales. Asamblea Legislativa. La Gaceta 236 de 13/12/1994 (Costa Rica).

Ley 7472, 1994. Ley de promoción de la competencia y defensa efectiva del consumidor. Asamblea Legislativa. La Gaceta 14 de 19/01/1995 (Costa Rica).

Ley 7648, 1996. Ley Orgánica del PANI. Asamblea Legislativa. La Gaceta 245 de 20/12/1996 (Costa Rica).

Ley 7527, 1995. Ley general de arrendamientos urbanos y suburbanos. Asamblea Legislativa. La Gaceta 155 de 17/08/1995 (Costa Rica).

Ley 7554, 1995. Ley orgánica del ambiente. Asamblea Legislativa. La Gaceta 215 de 13/11/1995 (Costa Rica).

Ley 7558, 1995. Ley Orgánica del Banco Central de Costa Rica. Asamblea Legislativa. Alcance 55, La Gaceta 225 de 27/11/1995 (Costa Rica).

Ley 7575, 1996. Ley Forestal. Asamblea Legislativa. Alcance 21, La Gaceta 72 de 16/04/1996 (Costa Rica).

Código Procesal Penal, 1996. Ley 7594 abril 10, 1996. 01 de enero de 1998 (Costa Rica).

Ley 7600, 1996. Ley de igualdad de oportunidades para las personas con discapacidad. Asamblea Legislativa. La Gaceta 102 de 29/05/1996 (Costa Rica).

Ley 7623, 1996. Ley de Defensa del Idioma Español y Lenguas Aborígenes Costarricenses. Asamblea Legislativa. La Gaceta 193 de 09/10/1996 (Costa Rica).

Ley 7664, 1997. Ley de protección fitosanitaria. Asamblea Legislativa. La Gaceta 83 de 02/05/1997 (Costa Rica).

Ley 7727, 1997. Ley Resolución Alterna de Conflictos y Promoción de la Paz Social. Asamblea Legislativa. La Gaceta 9 de 14/01/1998 (Costa Rica).

Código de la niñez y la adolescencia (CNA), 1998. Ley 7739 junio 01, 1998. 06 de febrero 1998 (Costa Rica).

Código Notarial, 1998. Ley 7764, abril 17, 1998. 22 de noviembre 1998 (Costa Rica).

Ley 7770, 1998. Ley reforma integral Fondo Nacional de Estabilización Cafetalera. Asamblea Legislativa. La Gaceta 86 de 06/05/1998 (Costa Rica).

Ley 7779, 1998. Ley de uso, manejo y conservación de suelos. Asamblea Legislativa. La Gaceta 97 de 21/05/1998 (Costa Rica).

Ley 7788, 1998. Ley de Biodiversidad. Asamblea Legislativa. La Gaceta 101 de 27/05/1998 (Costa Rica).

Código Municipal, 1998. Ley 7794, abril 30, 1998.18 de mayo 1998 (Costa Rica).

Ley 7818, 1998. Ley orgánica de la agricultura e industria de la caña de azúcar. Asamblea Legislativa. La Gaceta 184 de 22/09/1998 (Costa Rica).

Ley 7933, 1999. Ley reguladora de la propiedad en condominio. Asamblea Legislativa. La Gaceta 229 de 25/11/1999 (Costa Rica).

Ley 7935, 1999. Ley Integral para la Persona Adulta Mayor. Asamblea Legislativa. Alcance 88, La Gaceta 221 de 15/11/1999 (Costa Rica).

Ley 7975, 2000. Ley de información no divulgada. Asamblea Legislativa. La Gaceta 12 de 18/01/2000 (Costa Rica).

Ley 7978, 2000. Ley de marcas y otros signos distintivos. Asamblea Legislativa. La Gaceta 22 de 01/02/1992 (Costa Rica).

Ley 8039, 2000. Ley de procedimientos de observancia de los derechos de propiedad intelectual. Asamblea Legislativa. La Gaceta 206 de 27/10/2000 (Costa Rica).

Ley 8131, 2001. Ley de administración financiera de la República y presupuestos públicos. Asamblea Legislativa. La Gaceta 198 de 16/10/2001 (Costa Rica).

Ley 8262, 2002. Ley de fortalecimiento de las pequeñas y medianas empresas. Asamblea Legislativa. La Gaceta 94 de 17/05/2002 (Costa Rica).

Ley 8285, 2002. Ley de creación de la Corporación Arrocera. Asamblea Legislativa. La Gaceta 114 de 14/06/2002 (Costa Rica).

Ley 8436, 2005. Ley de pesca y acuicultura. Asamblea Legislativa. La Gaceta 78 de 25/04/2005 (Costa Rica).

Ley 8454, 2005. Ley de certificados, firmas digitales y documentos electrónicos. Asamblea Legislativa. La Gaceta 197 de 13/04/2005 (Costa Rica).

Ley 8495, 2006. Ley general del servicio nacional de salud animal. Asamblea Legislativa. La Gaceta 93 de 16/05/2006 (Costa Rica).

Código procesal contencioso-administrativo, 2006. Ley 8508 abril 28, 2006. 01 de enero de 2008 (Costa Rica).

Ley 8591, 2007. Ley de desarrollo, promoción y fomento de la actividad agropecuaria orgánica. Asamblea Legislativa. La Gaceta 155 de 14/08/2007 (Costa Rica).

Ley 8631, 2008. Ley de protección de las obtenciones vegetales. Asamblea Legislativa. La Gaceta 56 de 19/03/2008 (Costa Rica).

Ley 8687, 2008. Ley de notificaciones judiciales. Asamblea Legislativa. La Gaceta 20 de 29/01/2009 (Costa Rica).

Ley 8799, 2010. Ley para el control de ganado bovino, prevención y sanción de su robo, hurto y receptación. Asamblea Legislativa. La Gaceta 88 de 07/05/2010 (Costa Rica).

Ley 8839, 2010. Ley para la gestión integral de residuos. Asamblea Legislativa. La Gaceta 135 de 13/07/2010 (Costa Rica).

Ley 8968, 2011. Ley de protección de la persona frente al tratamiento de sus datos personales. Asamblea Legislativa. La Gaceta 170 de 05/09/2011 (Costa Rica).

Ley 9036, 2012. Ley que transforma el Instituto de Desarrollo Agrario (IDA) en el Instituto de Desarrollo Rural (Inder). Asamblea Legislativa. La Gaceta 103 de 29/05/2012 (Costa Rica).

Ley 9246, 2014. Ley de garantías mobiliarias. Asamblea Legislativa. Alcance 17, La Gaceta 95 de 20/05/2014 (Costa Rica).

Código Procesal Civil, 2016. Ley 9342 marzo 02, 2016. 08 de octubre de 2018 (Costa Rica).

Ley 9379, 2016. Ley para promoción de la autonomía personal de las personas con discapacidad. Asamblea Legislativa. Alcance 153, La Gaceta 166 de 30/08/2016 (Costa Rica).

Ley 9593, 2018. Ley de acceso a la justicia de los pueblos indígenas de Costa Rica. Asamblea Legislativa. Alcance 174, La Gaceta 179 de 28/09/2018 (Costa Rica).

Ley 9602, 2018. Ley para fortalecimiento de la seguridad registral inmobiliaria. Asamblea Legislativa. La Gaceta 194 de 22/10/2018 (Costa Rica). Asamblea Legislativa. La Gaceta 194 de 22/10/2018 (Costa Rica).

Código Procesal Agrario, 2018. Ley 9609 setiembre 27, 2018. 28 de febrero de 2025 (Costa Rica).

Código Procesal de Familia, 2019. Ley 9747 octubre 23, 2019. 01 de enero 2024 (Costa Rica).

Ley 9816, 2020. Ley de Creación del fondo de garantía de depósito y de mecanismos de resolución de los intermediarios financieros. Asamblea Legislativa. Alcance 19, La Gaceta 28 de 12/02/2020 (Costa Rica).

Ley 9872, 2020. Ley reforma integral régimen relaciones de productores, beneficiadores y exportadores café (sustituyó texto de Ley 2762/1961). Asamblea Legislativa. Alcance 213, La Gaceta 200 de 12/08/2020 (Costa Rica).

Ley 9957, 2021. Ley concursal de Costa Rica. Asamblea Legislativa. Alcance 109, La Gaceta 103 de 31/05/2021 (Costa Rica).

Ley 10495, 2024. Ley de manejo eficiente de la liquidez del sector público. Asamblea Legislativa. Alcance 114, La Gaceta 110 de 18/06/2024 (Costa Rica).

Ley 10597/2024. Ley para establecer el correo electrónico como medio de notificación para las sociedades mercantiles. Alcance 195, La Gaceta 227 de 03/12/2024 (Costa Rica).

DECRETOS EJECUTIVOS (REGLAMENTACIÓN DE LEYES) (emitidos por Poder Ejecutivo)

Decreto ejecutivo 4, 1966. [Poder Ejecutivo] Declara ríos navegables en el territorio nacional. 23 de febrero, 1966 (Costa Rica).

Decreto ejecutivo 8487, 1978. [Poder Ejecutivo] Reglamento a la Ley Indígena. 26 de abril, 1978 (Costa Rica).

Decreto ejecutivo 25721, 1996. [Poder Ejecutivo] Reglamento a la Ley Forestal. 17 de octubre, 1996 (Costa Rica).

Decreto ejecutivo 26921, 1998. [Poder Ejecutivo] Reglamento a la Ley de protección fitosanitaria. 20 de marzo, 1998 (Costa Rica).

Decreto ejecutivo 27782, 1999. [Poder Ejecutivo] Reglamento a Ley Creación Fondo Nacional de Estabilización Cafetalera. 10 de febrero, 1999 (Costa Rica).

Decreto ejecutivo 28665, 2000. [Poder Ejecutivo] Reglamento Ley Orgánica Agricultura e Industria de la Caña de Azúcar. 27 de abril, 2004 (Costa Rica).

Decreto ejecutivo 29375, 2000. [Poder Ejecutivo] Reglamento a la Ley de uso, manejo y conservación de suelos. Poder Ejecutivo. 8 de agosto, 2000 (Costa Rica).

Decreto ejecutivo 32303, 2005. [Poder Ejecutivo] Reglamento a la Ley reguladora de la propiedad en condominio. 02 de marzo, 2005 (Costa Rica).

Decreto ejecutivo 32633, 2005. [Poder Ejecutivo] Reglamento a la Ley de conservación de la vida silvestre. 10 de marzo, 2005 (Costa Rica).

Decreto ejecutivo 34927, 2008. [Poder Ejecutivo] Reglamento a la Ley de información no divulgada. 28 de noviembre, 2008 (Costa Rica).

Decreto ejecutivo 35242, 2008. [Poder Ejecutivo] Reglamento para el desarrollo, promoción y fomento de la actividad agropecuaria orgánica. 18 de noviembre, 2008 (Costa Rica).

Decreto ejecutivo 35368, 2009. [Poder Ejecutivo] Reglamento para quemas agrícolas controladas. 06 de mayo, 2009 (Costa Rica).

Decreto ejecutivo 35677, 2009. [Poder Ejecutivo] Reglamento a la Ley de protección de las obtenciones vegetales. 19 de noviembre, 2009 (Costa Rica).

Decreto ejecutivo 35959, 2010. [Poder Ejecutivo] Declara de interés público la solución de la problemática de tenencia de la tierra en territorios rurales ocupados por campesinos y trabajadores rurales. 07 de abril, 2010 (Costa Rica).

Decreto ejecutivo 37262, 2012. Reglamento para el trámite de desalojos administrativos presentados ante el Ministerio de Seguridad Pública (RPDAMSP). 13 de junio 2012 (Costa Rica).

Decreto ejecutivo 37567, 2012. [Poder Ejecutivo] Reglamento General a la Ley para la gestión integral de residuos. 02 de noviembre, 2012 (Costa Rica).

Decreto ejecutivo 37899, 2013. [Poder Ejecutivo] Reglamento a la Ley de promoción de la competencia y defensa efectiva del consumidor 7472. 08 de julio, 2013 (Costa Rica).

Decreto ejecutivo 39277, 2015. Crea Comisión de Atención Integral a los Desalojos y del Procedimiento especial para la atención de desalojos considerados como vulnerabilidad social. 20 de octubre, 2015 (Costa Rica).

Decreto ejecutivo 41087, 2018. [Poder Ejecutivo] Reglamento a la Ley para Promoción de la Autonomía Personal de las Personas con Discapacidad. 30 de abril, 2018 (Costa Rica).

Decreto ejecutivo 43102, 2021. [Poder Ejecutivo] Reglamento a la Ley 9036 Transformación del Instituto de Desarrollo Agrario (IDA) en el Instituto de Desarrollo Rural (Inder). 29 de junio, 2021 (Costa Rica).

Decreto ejecutivo 43794, 2022. [Poder Ejecutivo] Reglamento a la Ley de Relaciones entre Productores, Beneficiadores y Exportadores de Café. 27 de octubre, 2022 (Costa Rica).

Decreto ejecutivo 44083, 2023. [Poder Ejecutivo] Reglamento para las actividades de aviación agrícola. Poder Ejecutivo. 13 de febrero, 2023 (Costa Rica).

Decreto ejecutivo 44647, 2024. [Poder Ejecutivo] Reglamento general del Registro Inmobiliario (sustituye el Reglamento del Registro Público 26771/1998, vigente hasta marzo 2025). 28 de agosto, 2024 (Costa Rica).

REGLAMENTOS ADMINISTRATIVOS (emitidos por instituciones estatales)

Reglamento 5, 1994. [Comisión Nacional de Asuntos Indígenas] Reglamento del programa de recuperación de tierras en reservas indígenas. 12 de julio, 1994 (Costa Rica).

Reglamento 47, 2004. [Colegio de Abogados y Abogadas] Código de Deberes Jurídicos, Morales y Éticos del Profesional en Derecho. 11 de noviembre, 2004 (Costa Rica).

Acuerdo 20, 2018 [Dirección Nacional de Notariado] Sobre procesos sucesorios notariales. 11 de octubre, 2018 (Costa Rica).

Reglamento 6411, 2019. [Instituto de Vivienda y Urbanismo] Reglamento de Fraccionamiento y Urbanizaciones. 24 de octubre, 2019 (Costa Rica) (versión vigente, se actualiza periódicamente). La versión 6411 del 2019 ha sido reformada en los años 2020 y 2022.

Acuerdo 02, 2014 [Dirección Nacional de Notariado] Directriz sobre valoración de bienes. 16 de diciembre, 2014 (Costa Rica).

DIRECTRICES Y CIRCULARES DEL PODER JUDICIAL (emitidos por Corte Suprema de Justicia o por el Consejo Superior)

Circular 66, 1998. [Consejo Superior] Función de los Auxiliares Ejecutores. 08 de setiembre, 1998 (Costa Rica).

Circular 64, 2000. [Presidencia de la Corte] Sustitución de los jueces cuando tengan que separarse del conocimiento de un asunto, por motivo de impedimento, recusación, excusa u otro motivo (Artículo 29, inciso 1° de la Ley Orgánica del Poder Judicial). 27 de junio, 2000 (Costa Rica) (adicionada en circular 128-2000).

Circular 10, 2003. [Corte Suprema de Justicia] Deber de los despachos y oficinas judiciales de realizar las comunicaciones a las personas indígenas en sus propios idiomas. 31 de enero, 2003 (Costa Rica).

Circular 28, 2003. [Corte Suprema de Justicia] Normas prácticas para el trámite de las comisiones para notificar y posibilidad de suministrar información sobre el estado de un asunto por vía telefónica. 31 de julio, 2003 (Costa Rica) (reiterada en circular 157-2018).

Circular 38, 2003. [Corte Suprema de Justicia] Sobre la aplicación del artículo 4 de la Ley de Notificaciones, Citaciones y otras comunicaciones judiciales. 16 de mayo, 2003 (Costa Rica).

Circular 15, 2004. [Consejo Superior] Obligación de brindar buen trato y respeto a los usuarios, así como deber de informar a testigos y partes cuando sea suspendida una audiencia o debate. 12 de febrero, 2004 (Costa Rica).

Circular 67, 2009. [Consejo Superior] Aclaración de la Circular 32-09 sobre "Políticas de accesibilidad para las personas con discapacidad" (lenguaje lesco). 22 de junio, 2009 (Costa Rica).

Circular 91, 2010. [Consejo Superior] Acceso a los expedientes judiciales. 28 de agosto, 2012 (Costa Rica).

Circular 32, 2011. [Corte Suprema de Justicia] Debido comportamiento de los abogados y abogadas en los despachos judiciales. 04 de abril, 2011 (Costa Rica).

Circular 42, 2011. [Corte Suprema de Justicia] Aplicación del artículo 38 de la Ley de Notificaciones Judiciales. 05 de abril, 2011 (Costa Rica).

Circular 193, 2014. [Corte Suprema de Justicia] Reglamento de actuación de la Ley de Protección de la persona frente al tratamiento de sus datos personales en el Poder Judicial. 08 de octubre, 2014 (Costa Rica).

Circular 02, 2015. [Consejo Superior] Reglamento para regular la función de las y los intérpretes, traductores, peritos y ejecutores en el Poder Judicial. 06 de enero, 2015 (Costa Rica).

Circular 165, 2015. [Corte Suprema de Justicia] Anotaciones de embargos practicados en predios con limitaciones vigentes. 28 de setiembre, 2015 (Costa Rica).

Circular 215, 2015 [Consejo Superior] Sobre la existencia de la reforma a la Ley 2755, denominada "Ley sobre Localización de Derechos Indivisos". 31 de agosto, 2015 (Costa Rica).

Circular 8, 2016. [Corte Suprema de Justicia] Reiteración de la circular 91-2010 "Acceso a los expedientes judiciales". 12 de enero, 2016 (Costa Rica).

Circular 66, 2018. [Consejo Superior] Recomendaciones a las personas juzgadoras agrarias para su valoración con el fin de orientar y facilitar la aplicación de la materia (remate de bienes). 21 de mayo, 2018 (Costa Rica).

Circular 71, 2018. [Consejo Superior] Sobre la responsabilidad de indicar en las sentencias judiciales la existencia de datos sensibles. 14 de junio, 2018 (Costa Rica).

Circular 173, 2019. [Corte Suprema de Justicia] Reglas de Brasilia sobre Acceso a la Justicia de las personas en condiciones de vulnerabilidad. 13 de abril, 2019 (Costa Rica).

Circular 188, 2019. [Corte Suprema de Justicia]. Modificación a la circular 123-2019 Sobre los 21 ejes de acción recomendados por Comisión de Acceso a la Justicia con ocasión del cumplimiento de las Medidas Cautelares N°321-12 del 30 de abril de 2015 establecidas por la Comisión Interamericana de Derechos Humanos (CIDH) contra Costa Rica. Octubre 17, 2019. (Costa Rica).

Circular 227, 2020. [Corte Suprema de Justicia]. Lineamientos para la realización de puestas en posesión y desalojos de personas en situación de vulnerabilidad o vulnerabilizadas, entre otras, pertenecientes a pueblos indígenas, en situación de discapacidad, adultas mayores y menores de edad. Octubre 12, 2020. (Costa Rica).

Circular 32, 2021. [Corte Suprema de Justicia]. Lineamientos para las personas servidoras judiciales en relación con las Medidas Cautelares 321-12 de la Comisión Interamericana de Derechos Humanos contra el Estado, y aplicación de la normativa internacional de derechos humanos a personas indígenas. Febrero 12, 2021. (Costa Rica).

Circular 108, 2021. [Corte Suprema de Justicia]. Reiteración de la circular 10-09 sobre las Reglas Prácticas para facilitar el acceso a la justicia de las Poblaciones Indígenas. Mayo 14, 2021. (Costa Rica).

Circular 164, 2021. [Consejo Superior] Reglamento sobre expediente judicial electrónico ante el Poder Judicial. 15 de julio, 2021. (Costa Rica).

Circular 172, 2021. [Consejo Superior] Procedimiento para la Grabación de Audiencias Orales y Actos de Investigación (reitera circulares 198-2013 y 177-2015). 5 de setiembre, 2021 (Costa Rica).

Circular 123, 2023 [Dirección Ejecutiva] Asignación de intérpretes indígenas y pago de honorarios con facturas ocasionales. 13 de octubre, 2023. (Costa Rica).

Circular 57, 2024. [Corte Suprema de Justicia] Reiteración de la circular No. 206-2021 denominada "Guía práctica de comunicaciones judiciales", la cual lleva adjunta las "Reglas generales que contemplan la Ley de Notificaciones Judiciales". 18 de marzo, 2024 (Costa Rica).

Circular 240, 2024. [Corte Suprema de Justicia] Deber de todas las personas servidoras judiciales que laboran en los ámbitos Jurisdiccional, Auxiliar de Justicia y Administrativo, de gestionar los riesgos vinculados al servicio que brindan a los Pueblos Indígenas beneficiarios de las Medidas Cautelares. 28 de noviembre, 2024 (Costa Rica).

Circular 30, 2025. [Consejo Superior] Parámetros para definir la competencia entre la Jurisdicción Agraria y la Jurisdicción Civil y de Cobro en procesos cobratorios donde el bien dado en garantía esté destinado a la actividad de producción agraria. 11 de febrero, 2025 (Costa Rica).